U0139749

国家“十四五”重点出版物出版专项规划

重大出版工程项目

总主编
李振宏

春秋繁露学术史

吴涛 著

山东城市出版传媒集团·济南出版社

图书在版编目（CIP）数据

《春秋繁露》学术史 / 吴涛著. —济南：济南出版社，2023. 7

（中华元典学术史 . 李振宏主编）

ISBN 978 - 7 - 5488 - 5771 - 6

Ⅰ. ①春… Ⅱ. ①吴… Ⅲ. ①儒家②《春秋繁露》 - 研究 Ⅳ. ①B234. 55

中国国家版本馆 CIP 数据核字（2023）第 128581 号

《春秋繁露》学术史

CHUNQIUFANLU XUESHUSHI

出 版 人　田俊林
图书策划　朱孔宝　张雪丽
责任编辑　乔俊连　戴　月　张　静
装帧设计　牛　钧

出版发行　济南出版社
地　　址　山东省济南市二环南路 1 号（250002）
发行热线　0531 - 86922073　67817923
　　　　　86131701　86131704
印　　刷　山东临沂新华印刷物流集团有限责任公司
版　　次　2023 年 7 月第 1 版
印　　次　2023 年 7 月第 1 次印刷
成品尺寸　148mm × 210mm　32 开
印　　张　14. 25
字　　数　308 千
定　　价　88. 00 元

总　序

从春秋战国到秦汉之际，中国历史经历了一个长达六百年的大动荡、大变革时代。在这场深刻的历史变迁中，此前思想文化领域中各种处于萌芽状态的意识形态、哲学观念、历史意识、宗教神学、文化科学等，都以成熟的形态凝聚、荟萃，而涌现出一批文化元典，为后世中华文化的发展，奠定了一个义域广阔的开放性基础。这些文化元典，包括传统所谓“六经”和先秦诸子之书，历史地奠定了中国文化的发展道路，塑造了中国文化的精神面貌，中国传统文化的文化基因，就深埋在这批文化典籍之中。

这批文化典籍以及后世原创性的具有开创意义的文化典籍，传统称之为“中华经典”，从 20 世纪 90 年代开始，人们改用“元典”的称谓。这一改变确有深意，但却为人留下疑惑。以笔者之见，这一称谓的改变，反映着文化观念的一大进步。“经典”表征着典籍的神圣性和权威性，经典思想意味着它的只能遵循而不能分析和质疑的属性，经典思维束缚了思想的发展。我们知道，马克思主义哲学的本质属性是其革命性和批判性，它要求我们以科学理性的态度对待传统文化，要求我们从对

“经典”膜拜和盲从的传统积习中解放出来，以更科学的态度对待传统，以更理性的态度研究传统。从“经典”到“元典”，这一典籍称谓的改变，意味着我们对传统文化的研究，正在走上更为科学而理性的道路。那么，何谓“元典”？

元者，始也，首也，意谓“第一”和“初始”。这是中国最早的一批文化典籍，对于后世思想文化的发展，具有初始意义。

元者，大也，意谓宏大而辽阔。这批文化典籍提供的思想场域，涵盖了后世中国思想发展的诸多问题意识，具有全覆盖的特点。

元者，善也，吉也，有美好、宝贵和嘉言之意。这批文化典籍提供了后世中国最宝贵、善良和美好的思想修养资源。

元者，基也，根也，具有基础、根本、本源之意。这批文化典籍是后世中国文化的基础和出发点，一切思想元素都来源于此，一切思想的发展都以此为根基。

元者，要也，有主要、重要之意。这批文化典籍不是中国文化典籍的全部，但却是中国文化中最重要、最核心的部分。

总之，“元典”包含有始典、首典、基本之典及大典、善典、宝典等意蕴。“元典”称谓，既在某种程度上包含了传统的圣典、经典之义，又避开了对传统典籍非理性尊崇的嫌疑。

这是笔者以前曾经做过的表述，转述于斯。这批文化元典，包含了中国文化的基本要义，奠定了后世中华文化的发展方向，但并不意味着由文化元典所奠定的文化精神是一成不变的。从先秦元典到现代的中华文化，是一个生成、发展、传承、演变而不断提升的历史过程，是一个思想发展的生生不息的过程。

思想发展的动力何在？马克思、恩格斯说过："思想的历史除了证明精神生产随着物质生产的改造而改造，还证明了什么呢？"（《马克思恩格斯选集》第1卷，人民出版社1995年版，第292页）的确如此，中国元典精神的发展，就是和中国社会经济的发展、中国历史进程的演变，平行而进的。中国历史的每一次变革，以至每一个新的历史时代，都催促当时代哲人从元典著作中寻找答案，并从新的历史条件出发，对元典著作做出符合新时代需要的创造性阐释，为时代的发展提供精神动力。这种不断地返本开新的思想创造活动，就形成了生生不息的元典文化的学术史、思想史。

历代学人对元典精神的时代性阐释，都是元典文化精髓在更高层次上的发扬和转换，是将原有文化元典本已蕴含的文化意蕴在新形势下重新发现、重新唤起，并赋之以新的生命活力。这样，历代学人对文化元典的重新阐释，就构成了中华文化精神的发展史。我们今人所继承的中华文化传统，就是这样伴随着时代的发展在不断的阐释中形成的。中国文化精神，不仅深埋在固有的文化元典中，也活跃在历代学人对元典不断阐释的学术史之中。而要认识今天中国文化的基本精神，理解这种文化的思维特性，洞彻我们的民族心理，就需要下功夫去做元典学术史的研究工作，并把研究的成果向社会推广。济南出版社策划出版的这套《中华元典学术史》丛书，立意就正在这里。本丛书的组织者，希望我们的社会大众，能够在这套书中，看到我们民族文化的精髓和内核，了解中国思想文化发展的历史轨迹，明白民族文化的发展趋势和历史走向，从而更加科学而理性地看待我们所传承并将继续发扬光大的民族文化传统。

从这样的著述宗旨出发，我们要求著述者坚持学术史研究最重要的方法论思想，深刻揭示元典著作被不断阐述、返本开新的时代内涵，从中国历史的发展过程中阐释元典精神的生命力；

从学术史著述的基本特性出发，我们要求著述者严格遵循传统的“辨章学术、考镜源流”的学术史逻辑，清晰地描述元典精神发展演变的历史线索，以揭示中国文化精神的思想轨迹；

从本丛书的社会使命出发，我们要求著述者偏重从思想史的角度，梳理元典思想发展的线索，而不囿于传统元典研究的文献考订方面，将读者定位于社会大众，希望社会读者能够真正得到思想的启发；

从本丛书的预期效果出发，我们要求著述者恪守“学术著作、大众阅读”的著述风格，要求在坚持学术性的同时强调可读性，把适合大众阅读作为在写作方面的基本原则。

经过几年的努力，本丛书终于要和读者见面了。自我检视，这些著述已经实现了丛书设计者的初衷，达成了预期目标，可以放心地交给社会大众去接受检验了。当然，文化著述的最终评判者是读者，是真正喜欢它们的社会大众。我们真诚地希望丛书可以唤起人们对元典文化的热爱，唤起人们对自我文化传统学术史和思想史的关注，从民族文化的历史脉络中汲取营养，从而更自觉地承担起传承中华民族优秀文化传统的历史使命。

李振宏

2022 年 7 月 20 日

目　录

第一章　董仲舒与《春秋繁露》 / 01

董仲舒的生平 / 02

《春秋繁露》的流传及其版本 / 82

第二章　《春秋繁露》的内容 / 107

《春秋繁露》的《春秋》学 / 108

《春秋繁露》的阴阳五行思想 / 165

《春秋繁露》的政治思想 / 197

第三章　清代以前的《春秋繁露》研究 / 231

汉唐时期的《春秋繁露》研究 / 232

理学兴起背景下的《春秋繁露》研究 / 267

第四章　清代学者的《春秋繁露》研究 / 301

汉学流行时期的《春秋繁露》研究 / 302

今文经学兴起后的《春秋繁露》研究 / 345

第五章　现当代学者的《春秋繁露》研究 / 389
民国时期的《春秋繁露》研究 / 390
新中国成立后的《春秋繁露》研究 / 412

结　语 / 440
后　记 / 444

第一章
董仲舒与《春秋繁露》

一代大儒董仲舒的出现并非偶然，其思想体系的形成既得益于儒学自身的发展，也得益于西汉大一统王朝现实政治的塑造。因此，对董仲舒及《春秋繁露》的理解也应还原到西汉具体的社会历史背景中。《春秋繁露》是后人整理的董仲舒的部分作品集，在其流传过程中也产生了一些比较重要的版本，如南宋楼钥校定本、《永乐大典》本、武英殿本、卢文弨校本、凌注本、苏舆注本等。

董仲舒的生平

董仲舒是中国思想史上举足轻重的人物，但是关于他的生平，仅有《史记·儒林列传》和《汉书·董仲舒传》两篇传记有所记述。虽然这两篇传记中的记述也有许多矛盾和谜团，但经过前辈学者的不懈探索，我们对董仲舒的生平已经有了比较详细的认识。大体上，董仲舒的生平可分为三个阶段：早年致力于学术，元光元年（前 134）贤良对策后真正进入仕途[①]，晚年退隐长安。

一、董仲舒的早年经历

（一）董仲舒的籍贯

司马迁《史记·儒林列传》记载："董仲舒，广川人也。"[②]这里的广川，有两个含义：西汉中期的广川国和汉代的广川县。广川国首建于汉景帝前元二年（前 155），汉景帝封皇子刘彭祖

① 虽然董仲舒在汉景帝时期曾经担任博士官，已经踏入仕途，但是他的政治生涯，应该从完成对策之后开始。

② ［汉］司马迁：《史记·儒林列传》，北京：中华书局，1982，第 3127 页。

为广川王。不久，刘彭祖改封赵王，广川国改为信都郡。汉景帝中元二年（前148），皇子刘越被封为广川王，后历四世五王，传爵近百年。广川国又下辖有广川县，董仲舒就是西汉广川国广川县人。①

颜师古在《汉书·地理志》“广川县”条下的注释中说：“阚骃云其县中有长河为流，故曰广川也。至隋仁寿元年，初立炀帝为皇太子，以避讳故，改为长河县，至今为名。”② 广川县在隋朝被改名为长河县。《旧唐书·地理志》记载：“隋于旧广川县东八十里置新县，今治是也。寻改为长河县，为水所坏。元和四年十月，移就白桥，于永济河西岸置县，东去故城十三里。十年，又置河东小胡城。”③ 由此可知，隋唐时期长河县的县城曾经多次迁移，相应的县域也应该会有所变更。而到了五代时期，长河县又被撤销，并入将陵县之中。因而两千多年后，董仲舒的籍贯到底是今天的什么地方，就有了很大的争议。

清代学者齐召南提出“今直隶枣强县有广川镇，与景州相近，即汉广川故县”④，于是有人认为董仲舒的籍贯在枣强县。今天广川镇属河北省衡水市景县管辖，位于景县、枣强、故城三县交界处。今天河北省景县广川镇大董故庄村和枣强县王常乡旧县村，都自称为董子故里，两地相距仅数里。双方各自都

---

① 司马迁曾经向董仲舒学习《春秋》，司马迁对董仲舒的籍贯肯定是熟悉的。他绝对不会仅仅笼统地说董仲舒是广川国人，而不清楚其具体是哪个县的。假如董仲舒是广川国其他县人氏，司马迁会明确记载为“广川某县人也”。而司马迁之所以不再进一步明确董仲舒是广川县人，因为“广川广川人也”的表达实在不成样子。

② ［汉］班固：《汉书·地理志》，北京：中华书局，1962，第1633—1634页。

③ ［后晋］刘昫：《旧唐书》，北京：中华书局，1975，第1509—1510页。

④ ［清］王先谦：《汉书补注》，北京：书目文献出版社，1995，第1138页。

提出了一些依据，但这些依据都非过硬的第一手材料。枣强县旧县村有一座明代立的董仲舒石像，为明万历年间乡民捐刻，被列为河北省级文物保护单位。这是目前关于董仲舒故里较早的文物证据。[①] 另有河北省故城县、衡水市冀州区、山东省德州市等地也都宣称为董子故里。即便我们不考虑夸饰乡里的成分，这些纷争对于我们理解董仲舒与《春秋繁露》而言也并没有实际的意义。

（二）董仲舒的生卒年

无论司马迁还是班固，都没有记载董仲舒的生卒年，但是人们并不满足于笼统地说董仲舒生活于西汉的前中期。对于董仲舒这样一个重要的思想家，进一步考证其生卒年，对于认识其生平与思想，有着比较大的意义。

清末民初的苏舆在其《春秋繁露义证》中最早对董仲舒的生卒年进行了推测，他认为董仲舒大体上生于汉文帝前元元年（前179），卒于汉武帝太初元年（前104）。[②] 如今一般性的著作中提到董仲舒的生卒年，大多采用这种说法，但是这一说法并没有被普遍接受。侯外庐先生在其《中国思想通史》中提出董仲舒大约“生于高祖中年”，而卒于“元狩之间”（前122—前117）。[③] 林丽雪先生在其《董仲舒》一书中提出董仲舒大约

① 该石像原本立于村西，“文革”中被扑倒，部分受损，“文革”后当地村民建屋以保护。2009年，石像头部被盗，破案后，于2013年修复。

② ［清］苏舆撰、钟哲点校：《春秋繁露义证》附录《董子年表》，北京：中华书局，1992，第475—486页。

③ 侯外庐、赵纪彬、杜国庠、邱汉生：《中国思想通史》（第二卷），北京：人民出版社，1957，第90页。

生于汉惠帝到吕后执政期间，而卒于元鼎元年到元鼎二年之间（前116—前115）。章权才先生在其《董仲舒生卒年考》中提出董仲舒当“生于高祖初年，卒于武帝元狩之末或元鼎之初（前117—前116）”[①]。中华人民共和国成立以来，对于董仲舒研究做出突出贡献的周桂钿先生在其《董学探微》一书中也对董仲舒的生卒年提出了自己的看法，他认为董仲舒生于汉高祖末年，“公元前200年至公元前196年”，而董仲舒的卒年在“元封四年（前107）以后，太初元年（前104）之前。寿达90余岁”。[②] 王永祥先生在其《董仲舒评传》中提出，董仲舒约生于惠帝三年至四年（前192—前191），约卒于元封四年至太初元年（前107—前104）之间，享年约84—87岁。[③] 石冬煤先生在《董仲舒生平考辨》一文中提出，董仲舒“约生于汉惠帝三年（前192），卒于汉武帝元狩六年（前117）”[④]。所有的这些推测，所依据的材料都是一致的，都来自《汉书》不同篇章的语句，所不同的是他们对这些语句的理解而已。

根据《史记》《汉书》的记载，董仲舒得享高年，这是没有疑问的。班固称董仲舒“年老，以寿终于家”[⑤]。因而以上诸家考证董仲舒享年都在七十岁以上。这与司马迁、班固所记并无矛盾，但诸家考证多有机械比附的成分。比如，根据传世文献记载，古人有七十悬车致仕之说。这里的“致仕”就是辞去官职的意思。董仲舒辞去胶西王相一职之后，“朝廷如有大议，

---

① 章权才：《董仲舒生卒年考》，《社会科学评论》1986年第2期。

② 周桂钿：《董学探微》，北京：北京师范大学出版社，1989，第5—9页。

③ 王永祥：《董仲舒评传》，南京：南京大学出版社，1995，第60页。

④ 石冬煤：《董仲舒生平考辨》，《保定师范专科学校学报》2003年第1期。

⑤ ［汉］班固：《汉书·董仲舒传》，北京：中华书局，1962，第2525页。

使使者及廷尉张汤就其家而问之”[①]。根据《汉书·百官公卿表》，张汤担任廷尉的时间是公元前126年到公元前121年，因而董仲舒致仕之年肯定在公元前121年之前。很多人的考证都是由此上推七十年，认为董仲舒约生于汉惠帝三年（前192）之前。这未免就有些机械了。这里并不是绝对地认为诸先生的考证是错误的，而是说这种考证方法未免失当。董仲舒之所以辞去胶西王相，乃是因为自己“两相骄王”“恐久获罪”，于是以病免官，而并非因为年满七十而致仕。[②] 因而，以此为基础的考证就未必能够成立。

《汉书·匈奴传》称董仲舒“亲见四世之事”[③]，对于这句话的不同理解也是造成诸多纷争的重要原因。董仲舒亲眼得见文、景、武三世，对此大家没有异议，但是对于再往上推应该截止到哪里，却有不同的认识。比如周桂钿先生认为董仲舒生于汉高祖末年，他解释说董仲舒在汉高祖时期年仅三四岁而已，还不懂事，不能算是有所见。[④]

至于董仲舒的卒年，诸家考证多认为董仲舒当卒于太初元年（前104）之前，但对于具体是哪一年却又有很大的分歧。石

---

① ［汉］班固：《汉书·董仲舒传》，北京：中华书局，1962，第2525页。

② 董仲舒致仕之年对考证董仲舒生年意义并不大。首先，在汉代，七十致仕并未形成制度，年过七十而未致仕者比比皆是，公孙弘本人卒于丞相任上时已经八十有余。在汉武帝时期，高年而未致仕者还可以举出多个例子。其次，年未满七十而主动致仕者在汉武帝时代也非个例。因而，董仲舒的致仕年并不能作为考证其生年的依据。

③ ［汉］班固：《汉书·匈奴传》，北京：中华书局，1962，第3831页。

④ 周桂钿先生还用孔子的事例进行了解释，《春秋》三传说孔子所见三世为昭、定、哀，因为虽然孔子生于鲁襄公二十年，生平跨过了四个国君，但鲁襄公时期孔子尚年幼无所识，因而不能有所见。

冬煤先生认为，汉武帝曾与儒生们议论封禅仪式，而史籍之中没有留下汉武帝曾经咨询董仲舒的记录，这说明董仲舒在此之前可能已经离世。石先生的考证有使用默证之嫌。没有记录并不意味着一定没有，即便没有咨询董仲舒，也并不意味着董仲舒就一定已经离世。《汉书·食货志》记载："仲舒死后，功费愈甚，天下虚耗，人复相食。"① 很多学者根据《汉书》中的相关记载，认为班固所指的"人复相食"是由太初元年（前104）所发生的蝗灾所致；而且根据班固的语气，这次"人复相食"是在董仲舒死后不久发生的。由此将董仲舒卒年的下限定在太初元年之前是有一定道理的。

结合诸家考证可知，董仲舒生于汉高祖、汉惠帝之际，卒于太初元年（前104）之前不久的时间内，享年应该在九十岁以上。

（三）董仲舒的青少年时光

司马迁和班固对于董仲舒的出身和早年生活，都没有留下任何记录。不过，我们还是可以在这里做一点推测。

董仲舒的姓氏，应该来自晋国。《左传·昭公十五年》记载："及辛有之二子董之晋，于是乎有董史。"② 董仲舒即其后人。三家分晋之后，董氏其中一支迁移到赵国境内。董仲舒出生之时，刘邦虽已登基称帝建立汉朝，但在西汉初年，关东各国的疆界并未根本改变，汉中央政府直辖的区域并不比战国末年秦国的疆域大许多。董仲舒的出生地广川，此时还在赵国的

---

① ［汉］班固：《汉书·食货志》，北京：中华书局，1962，第1137页。

② ［清］阮元校刻：《十三经注疏·春秋左传正义》，北京：中华书局，1980年影印本，第2078页。

管辖范围内。只不过，此时的赵王姓刘，应该是刘如意。在刘如意被杀之后，赵国又先后迎来了刘友和刘恢两位赵王。他们和刘如意一样，都直接或间接死于吕后之手。紧接着，吕后封族人吕禄为赵王。不过吕禄并没有来到赵国，而是留于长安统领北军。不久后，吕后去世，周勃、陈平等人发动政变，铲除吕后的势力，吕禄也被杀身亡。汉文帝即位后，又封刘友之子刘遂为赵王。

虽说赵王如同走马灯一般换了好几个，但这并没有给董仲舒的少年生活带来什么影响。西汉前期中央政府中的激烈权争并没有影响到汉初的根本国策——休养生息，从刘邦建国到汉武帝亲政，休养生息的基本国策并未发生根本性改变。董仲舒与其他西汉百姓一样，有了一个难得的和平岁月，政府也不去折腾百姓。由董仲舒后来能够成为大儒可以推测，他在少年时期应该很早就接受了比较正规的教育，而这显然并不是普通百姓可以享有的。西汉前期，政府对于教育几乎是放任自流的，没有设官学，也不限制民间办学。虽说私学对于学生的身份没有限制，但贫寒之家显然无法为子弟提供正规的教育。根据后来的记载以及董仲舒本人所表现的性格来看，董仲舒也并非出身于大富之家。因此，说董仲舒出身于一个西汉前期赵国地区的小康之家，应该不会有太大的错误。至于董仲舒的家庭情况，父母为谁，兄弟几人，只能付诸阙如。

虽说西汉前期号称是无为而治的时代，黄老之学大行其道，但相对宽松的政治环境，也为儒学的复兴提供了难得的外部环境。儒学是西汉前期非常活跃的一个学派，在许多领域都发挥了重要的作用，呈现出非常明显的复兴态势。

早在西汉王朝建立过程中，儒生郦食其、随何、陆贾等人都已经积极地参与其中。西汉王朝建立后，叔孙通、贾谊等人又在政权建设方面做出了重要的贡献。叔孙通为汉高祖刘邦起朝仪，使刘邦对儒学的看法发生了根本性的改变。早年的刘邦“溺儒者冠”，动不动就把人家的儒冠摘下来，毫无顾虑地往里边撒尿，后来却在平定英布之后不顾身有箭伤亲自到曲阜以太牢祭孔，他是第一个以太牢祭孔的皇帝。贾谊在汉文帝时期虽说不受重视，但他的很多建议还是被汉文帝采纳了，比如“众建诸侯而少其力”①，意思是分封更多的诸侯来削减单个诸侯的势力。儒家有重视教育的传统，西汉前期很多儒生也都积极投身于传道授业，甚至很多皇族都是儒生的门徒，比如刘邦任命叔孙通担任太子太傅，教育汉惠帝刘盈，贾谊也曾经担任梁怀王太傅。

秦始皇的“焚书坑儒”曾经对经学、儒学的发展造成了沉重的打击，导致大批典籍被焚毁。而在西汉前期宽松的政治环境下，经籍逐渐被整理恢复。比如，汉文帝时济南儒生伏胜已经在传授自己所藏的《尚书》，朝廷闻知以后，派晁错前往济南向伏胜学习《尚书》。

正是在这样的社会历史背景中，董仲舒终于成长为一代大儒。

（四）《公羊》学在西汉前期的发展和董仲舒的师承

司马迁和班固都记载了董仲舒的所学为《春秋》，司马迁还

---

① ［汉］班固：《汉书·贾谊传》，北京：中华书局，1962，第2237页。

强调了董仲舒的所学为《公羊》，是西汉《公羊》学史上举足轻重的人物，因而很有必要介绍一下《公羊》学在西汉前期的发展。

早在秦代，《公羊传》中的词句就出现在秦二世的宫廷中。陈胜起义的消息传到咸阳，秦二世召集博士儒生进行讨论，三十多个博士说："人臣无将，将即反，罪死无赦。愿陛下急发兵击之。"[①] 这里所谓的"无将"见于《公羊传·庄公三十二年》。进入西汉以后，《公羊传》的影响日益扩大，《公羊传》开始越来越多地出现在人们的言论和著作当中，其中比较典型的如陆贾、贾谊[②]、邹阳、袁盎、韩婴、《淮南子》等。在朝堂的决策中，《公羊传》也往往成为公卿立论的依据。比如景帝前元七年（前150）正月，太子刘荣被废为临江王，窦太后希望汉景帝把她的小儿子梁王刘武立为后嗣，汉景帝表面上不好反对母亲的意愿，又不愿将来皇位旁落弟弟之手，就召集了一批"通经术"的大臣商量对策，袁盎等人就在汉景帝的支持之下发表了一通《公羊传》阐发的"大居正"的道理："故《春秋》所以非宋宣公。宋宣公死，不立子而与弟。弟受国死，复反之与兄之子。弟之子争之，以为我当代父后，即刺杀兄子。以故国乱，祸不绝。故《春秋》曰'君子大居正，宋之祸宣公为之'。"[③] 从而打消了窦太后的念头，于是就有了这一年四月胶东王刘彻——后来的汉武帝——被立为太子之事。这里所引用的"大居正"之义见于《公羊传·隐公三年》。结果，梁王刘武大怒，派人刺

---

① ［汉］司马迁：《史记·刘敬叔孙通列传》，北京：中华书局，1982，第2720页。
② 吴涛：《贾谊〈新书〉引〈春秋〉述略》，《洛阳师范学院学报》2009年第3期。
③ ［汉］司马迁：《史记·梁孝王世家》，北京：中华书局，1982，第2091页。

杀了袁盎。当朝廷很快就把案子查到刘武头上时，刘武惊恐不已，于是派邹阳入京游说汉景帝妻舅王长君。邹阳说王长君道："鲁公子庆父使仆人杀子般，狱有所归，季友不探其情而诛焉；庆父亲杀闵公，季子缓追免贼，《春秋》以为亲亲之道也。"①这一段言论成了汉景帝赦免梁王刺杀袁盎的依据，而这一依据见于《公羊传·闵公二年》。

上述可知，一些后世《公羊》学家们所强调的《公羊》大义已经非常广泛地出现于西汉前期人们的言谈之中，成为人们立论的主要依据，也成为许多重大政治决策的理论基础，从而使后来的独尊成为可能。

这里还要加以讨论的是《公羊传》的成书过程。按照传统的说法，《公羊传》最初只是停留在口耳相传阶段，到了汉景帝时才由胡毋生（字子都）书于竹帛。这一说法最早见于《公羊传·隐公二年》东汉何休注，到了唐代，徐彦在《春秋公羊传疏》中引用东汉戴宏的言论，详细列出了《公羊》的传授世系②："戴宏序云：子夏传与公羊高，高传其子平，平传其子地，地传其子敢，敢传其子寿，寿与弟子胡毋子都著于竹帛是也。"③何休对《公羊传》一直靠口耳相传的解释是孔子"畏时远害"，仔细推敲这种说法可知它是靠不住的。④ 我们并不否认在古代有

① ［汉］班固：《汉书·贾邹枚路传》，北京：中华书局，1962，第2355页。

② 这样的谱系是靠不住的，崔适的《春秋复始》对此进行了辩驳，可参看。

③ ［清］阮元校刻：《十三经注疏·春秋公羊传注疏》，北京：中华书局，1980年影印本，第2192页。

④ 蒋庆在《公羊学引论》中认为何休是将他自己所处的时代理解为孔子的时代了。这是有一定道理的。先秦虽有"去籍"事件发生，但文网远不及后世严密。

许多书是靠口耳相传的,《诗经》之所以能经秦火而未残,就是因为它可以通过人们的讽诵而流传,“不独著于竹帛”。但是,广泛的口耳相传,在传播过程中必然会发生文本的歧变,如目前我们知道的《诗经》在汉代至少就有五个版本:齐、鲁、韩、毛、阜阳简本。由前述可知,汉初《公羊传》的流传十分广泛,上述提及诸人中,陆贾、袁盎是楚人,邹阳是齐人,贾谊是洛阳人,韩婴是燕人,另外,《公羊》学大师董仲舒是赵人。他们的分布如此广泛,而后世却没有听说过《公羊传》有什么文本上的歧义,这只能说明在西汉初年以前,《公羊传》已经有了一个固定的文本。董仲舒在年岁上比胡毋生略小,前人已经考证他们之间没有师承关系,此处暂不展开。因此,我们很难理解在《公羊》学大师董仲舒手中竟然没有一个完整的《公羊传》文本。所以,书于竹帛的《公羊传》的出现时间应早于汉初。

如果孔子修《春秋》的说法不错的话,那么在孔子身后,《春秋》就开始得以在儒者中间传授,但是如果仅是一部经而没有传,我们实在无法想象一部“断烂朝报”该如何讲授。《公羊传》本身也提及《公羊》学的一些先师,这就证明《公羊传》是早就有了的,只不过后来在传授过程中经过了不断的完善,而这个过程可能一直持续到了汉初。洪业在《春秋经传引得·序》中就认为《公羊传》与《穀梁传》都应成书于孟子之后、周亡之前,而且认为今本《公羊传》与《穀梁传》是秦火之后的劫余,其依据是今本《公羊传》与《穀梁传》中有很多一整年都没有传的情况。“必有竹帛,然后可焚,口说非烈火所能及。现二传之残缺状态，更似非口说遗忘之缺也。”[①] 洪氏之说甚为可取。徐复观认为，“应当是孔门中属于齐国这一系统的第三代弟子，就口耳相传加以整理，记录了下来”[②]。章权才在《两汉经学史》中举出了《荀子》对《公羊传》的六处引用[③]，段熙仲在《春秋公羊学讲疏》中也举出《韩非子》对《公羊传》的三处引用[④]，这也从一个侧面证明了《公羊传》成书是比较早的。另外，王绍玺认为《公羊传》是由“七十子”（孔门七十二贤）或其后学传述并逐步整理成书的，似乎又推之过早了。[⑤] 因为，《公羊传》中有对孟子言论的引用，所以其成书最早也不可能早于孟子。其实崔适早就提出了《公羊传》成书甚早，只是极端的今文家立场使他的说法不易为人们接受而已。[⑥] 唐代陆德明《经典释文》举《公羊传》中“启阳”作“开阳”以证实《公羊传》于汉景帝时书于竹帛，这也是不能成立的，因为这样的避讳很可能是胡毋生在整理转抄时改的。“邦”“国”“恒”“常”“启”“开”“通”“彻”之类的混乱在经典中有很多，我们不能说它们都是在汉代始书于竹帛的。另外，《公羊传》中提到秦则多有嘉许之辞，而在汉代，秦是普遍

---

① 刘梦溪主编：《中国现代学术经典·洪业、杨联陞卷》，石家庄：河北教育出版社，1996，第194页。

② 徐复观：《两汉思想史》（第二卷），上海：华东师范大学出版社，2001，第200页。

③ 章权才：《两汉经学史》，广州：广东人民出版社，1990，第114页。

④ 段熙仲：《春秋公羊学讲疏》，南京：南京师范大学出版社，2002，第729页。

⑤ 尹继佐、周山主编：《相争与相融——中国学术思潮史的主动脉》，上海：上海社会科学院出版社，2003，第97页。王氏在《经学思潮》中认为《公羊传》不适合背诵，所以不可能单靠口说流传，当早已成书。这一点却不一定成立，今天有人能背诵近万位的圆周率，所以我们也不能排除古人能背诵《公羊传》。

⑥ 崔适：《春秋复始》（卷一），见《续修四库全书》，北京：北京大学出版部1918年排印本。

被否定的。《公羊传》的这一态度当是战国后期齐秦关系的反映，这也从一个侧面证明了它应成书于先秦。

那么，该如何解释何休的说法呢？很可能是胡毋生整理了一个《公羊传》的定本，后来被立于学官。[1] 如果《公羊传》成书早于汉初的说法能够成立的话，那么《公羊传》也存在着一个由古文转写成今文的过程，而这个过程很有可能是由胡毋生完成的。汉代的经师们对传到自己手中的文本并不一定完整地传递下去，比如在《论语》的流传过程中就先后有张禹、郑玄等人对其文本进行过整理。因此，胡毋生在转写的过程中对文本进行了一定程度上的整理也是可能的。据唐代《文馆词林》载东汉李固祀胡毋生之文，可知胡毋生曾为《公羊传》制作了章句。

何休自称是“略依胡毋生条例”，而他在注中的许多说法却是和董仲舒相同的。[2] 实际的可能首先是如朱维铮先生所指出的：在汉代，师承关系是非常重要的，没有明确的师承则不能被社会所承认，而董仲舒的师承谱系不明，很可能像公孙弘一样是“颇受焉”，所以何休拒绝承认董仲舒为祖师。[3] 王先谦在

---

① 汉景帝时，胡毋生和董仲舒都曾经担任博士，但是那时的博士和后来的五经博士有着很大不同，这一点我们在后面还会讲到。汉景帝时的博士只是掌古今的学术顾问而已，而五经博士，尤其是在为其设置弟子员以后，他就是负责国家意识形态和教育的官员了。负责诏问的博士不一定需要有官定的文本，而五经博士则不然。在立五经博士尤其是在为其设置弟子员后，则需要有固定的课本了。董仲舒作为一个大师不甚关注文本的整理，所以虽然首位《公羊》博士由董仲舒的弟子褚大担任（见沈文倬氏的考证），但是所使用的课本则是由胡毋生所整理的。另，胡毋生的本子之所以能立于学官，也和他的非正式弟子公孙弘仕宦显达有关。

② 当然董何之间也是有区别的，但他们之间同大于异。关于他们的异同，见本书第三章相关介绍。

③ 朱维铮：《中国经学史十讲》，上海：复旦大学出版社，2002。

回答苏舆对这一问题的疑问时认为是眭弘的缘故。何休自己说是去掉了一些“非常异义可怪之论”的。在他的眼里，“虽有继体守文之君，不害圣人之受命。汉家尧后，有传国之运”[①]，显然是典型的“非常异义可怪之论”，而眭弘称这一段话是自己闻之于董仲舒，因而何休不愿提及董氏。所以，王氏之说颇有一定道理。[②] 而且何休作注所依据的文本当是以胡毋生的本子为祖本的。董仲舒作为一个思想家，与一般经师的区别就在于经典的文本只是他借以发挥的依据，他并不太关注经典文本的本身[③]，这就是他所说的“《春秋》无达辞”[④]。而胡毋生，正如马勇所言，“胡毋生的《公羊》学仍是对《春秋》经文依据史事进行阐发和分析的学究式研究，尚未上升到抽象的哲理分析与议论”[⑤]。何休在作注时十分强调自己所依据的祖本的权威性，所以特别提到了胡毋生。但是他把胡毋生对《公羊传》的转写过程当成了书于竹帛的过程。[⑥]

---

① ［汉］班固：《汉书·眭弘传》，北京：中华书局，1962，第3154页。

② 王氏之说见于其为苏舆《春秋繁露义证》所作序中。

③ 曾祥旭在《士与西汉思想》中对汉初的儒生进行了分类：“汉初的儒士实际由三类人构成：第一类是儒学实践型，以叔孙通及其弟子为代表，他们着重继承和改革先秦儒家礼仪，为汉立法；第二类是理论型，以陆贾、贾谊为代表，他们居官为政，直接从事政治和理论文化的思想建树；第三类是教师型，主要从事儒家学术义理的研究，并开门授徒，薪火相传，以专门的学术集团为代表。”（曾祥旭：《士与西汉思想》，哈尔滨：黑龙江人民出版社，2005，第38页）一般而言这样的划分是可以的，但不可拘泥。比如，贾谊何尝不想实践，只是没有实践的机会。董仲舒可以算教师型的，但他的弟子太多，以至于没办法给每个学生亲自面授。

④ ［清］苏舆撰、钟哲点校：《春秋繁露义证·精华》，北京：中华书局，1992，第95页。

⑤ 马勇：《汉代春秋学研究》，成都：四川人民出版社，1990，第55页。

⑥ 吴涛：《略论〈公羊传〉在西汉初期的发展》，《文艺评论》2011年第2期。

至于董仲舒的师承关系，无论司马迁还是班固，都没有给出一个准确的说法，在两汉其他可靠的文献中，也都找不到任何详细的记载。与董仲舒关系密切的《公羊》学学者有公羊寿、胡毋生、公孙弘等人，于是有学者试图从这些人的身上一窥究竟。班固在《汉书·儒林传》中说董仲舒和胡毋生“同业”，“胡毋生字子都，齐人也。治《公羊春秋》，为景帝博士，与董仲舒同业，仲舒著书称其德。年老，归教于齐，齐之言《春秋》者宗事之”①。陈其泰据此认为董仲舒也是公羊寿的弟子。② 其实，“同业”并不一定就是“同门”，这是两个不同的概念。所以，我们并不能据此认定董仲舒就是公羊寿的弟子。

至于胡毋生，班固明确指出“齐之言《春秋》者宗事之”，而董仲舒是赵人。但可以肯定的是，董仲舒在一定程度上受到过胡毋生的影响。在汉景帝时期，董仲舒和胡毋生都曾经担任博士官，二人在长安可能存在过交集。董仲舒对胡毋生十分钦佩，据东汉李固的记载，董仲舒曾经写下这样的评价：“胡毋子都贱为布衣，贫为匹夫，然而乐义好礼，正行至死。故天下尊其身而俗慕其声。甚可荣也。”③ 虽说这段话看起来文字并不古雅，可信度值得商榷，但董仲舒曾经“著书称其德”则是无疑的。因而，关于董仲舒与胡毋生的关系，我以为马勇先生所言相对就比较公允：“胡毋生肯定对董仲舒《春秋》学有莫大影响，否则董仲舒也不必著书称其德，但也必须承认，胡董二学

---

① ［汉］班固：《汉书·儒林传》，北京：中华书局，1962，第3615—3616页。

② 陈其泰：《清代公羊学》，北京：东方出版社，1997，第8页。

③ ［唐］许敬宗等编：《文馆词林》，见［清］唐晏著、吴东民点校：《两汉三国学案》，北京：中华书局，1986，第417页。

有别。否则不足以明了董仲舒《春秋》学之特色及其在儒学发展中之地位。”[①] 二人在长安之时，董仲舒或许曾经就某些问题向胡毋生请教，他们也可能有过比较深入的学术交流，但绝非正式的师承关系。董仲舒和胡毋生关系比较密切，后来胡毋生的弟子又都转入董仲舒的门下。吕步舒、褚大等人都是胡毋生与董仲舒共同的学生。董仲舒不同于胡毋生，胡毋生应该是一位比较纯粹的《公羊》学学者，而董仲舒的思想则是远远超越了《公羊》学的范围。

从《春秋繁露》可知，董仲舒所学非常驳杂，不仅有《公羊》学，还有许多非儒家的思想痕迹。比如，我们可以在《春秋繁露》中找到董仲舒受到墨家学派影响的例证。董仲舒的天命思想和墨子的天命观之间有着很大的重合度，都认为存在着有意志的人格化的天。比如《春秋繁露》有些篇章中明确出现了“兼爱”一词，而“兼爱”正是墨家学派的标志性主张。又如《春秋繁露》中有大量有关灾异、阴阳的内容，还讲了如何求雨，以至于董仲舒本人被看作汉代灾异五行学说的重要代表人物。扬雄在其《法言》中说道：“灾异，董相、夏侯胜、京房。”[②] 而这些东西都在“子不语”之列，显然董仲舒是受了战国时期阴阳学家们的影响。《春秋繁露》中还有许多关于礼的论述，《公羊传》对礼措意不多，董仲舒关于礼的思想或许是来自荀子后学的熏陶。董仲舒和荀子都是赵人，从时间上也相差不

---

① 马勇：《汉代春秋学研究》，成都：四川人民出版社，1990，第185页。
② 汪荣宝撰、陈仲夫点校：《法言义疏》（卷十七），北京：中华书局，1987，第450页。

远。[1] 从《春秋繁露》中我们也可以看到董仲舒不仅对《公羊传》非常熟稔，对《诗》《书》等典籍也有很深的了解。这都说明董仲舒的师承是非常复杂的。正如子贡评价孔子："夫子焉不学？而亦何常师之有？"[2] 一流大师往往没有非常明确的师承，广泛地学习，恰是他们能够成为一流大师的重要原因。

早年的董仲舒求学肯定是非常勤奋的，这为后来他成长为一代大儒奠定了基础。从孔子开始，儒家就有尊师重教的传统。董仲舒在学有所成以后，也开始承担起传道授业的责任，开门授徒。当然，我们无从考证董仲舒早年的学生都有哪些人，但我们可以肯定的是，董仲舒的开门授徒在很大程度上提高了他的学术声誉，甚至远在长安的皇帝也听闻了他的名声，把他召到长安出任博士一职。

（五）初任博士官

"博士"在中国古代是一个官职。博士最早出现于战国后期，是战国时期养士之风的制度化。[3] 秦朝建立以后，秦始皇设博士官七十人作为自己的顾问。这些博士在秦朝的政治生活中发挥了很大的作用，即便是"焚书坑儒"之后，秦二世依然会就关东地区的动乱等重大事项征求博士们的意见。汉承秦制，也设立了博士官。汉文帝时，青年才俊贾谊就曾经担任博士官。西汉前期的博士依然是承担顾问的职责，从整体上看，他们只

---

① 前已述及，《荀子》书中有六处与《公羊传》有关，这说明《荀子》学派与《公羊》学派之间有比较密切的关联。

② ［清］阮元校刻：《十三经注疏·论语注疏》，北京：中华书局，1980 年影印本，第 2532 页。

③ 可以参看王国维《汉魏博士考》、钱穆《两汉博士家法考》等。

具有象征意义："博士具官待问，未有进者"[①]。名义上他们可以参政议政的范围很广，而实际所能发挥的作用非常有限。西汉前期的博士，并不是儒家的专利品，除了儒生还有一些其他学派的学者出任博士官。目前没有发现可靠的证据证明西汉前期的博士官有人员数量的限制或年龄方面的限制，只要学有所长，具有一定的学术声望而被朝廷知晓，就有可能出任博士官。汉文帝时期还设置了专书博士，其中就有研究《孟子》的专书博士。在整个西汉一朝，博士官的任职都是采取中央政府征辟的方式。朝廷闻知某位学者学有所长之后，就可以征辟他来到中央担任博士，其间并不需要考试之类的程序，对博士也没有考核的要求。[②] 博士官虽说不受重用，但也没有太多繁杂的政务，四百石[③]的俸禄也可以使他们有轻松悠闲的生活，这也为董仲舒成长为"当世儒宗"提供了外在的保障。

汉景帝即位后，汉中央政府和东方各诸侯国之间的力量对比发生了根本性变化，中央政府具备了控制东方各诸侯国的绝对实力。在这种情况之下，汉中央政府和东方各诸侯国之间的矛盾有了一次大爆发，这就是吴楚七国之乱。七国之乱被平定后，各诸侯国基本上就成了汉中央政府统治下的一个地方行政区划，汉帝国的凝聚力空前加强，原东方各国的百姓也越来越多地参与到中央政府之中。也正是在这样一个背景之下，董仲舒来到长安出任博士。虽说我们不能考证出董仲舒具体是在哪

---

① ［汉］班固：《汉书·儒林传》，北京：中华书局，1962，第3592页。

② 吴涛：《西汉博士官杂考》，《洛阳师范学院学报》2014年第3期。

③ 《汉书·公卿百官表》在记载博士官时有一条本注："本四百石，宣帝增秩。"在汉宣帝之前，博士官的俸禄是四百石。四百石俸禄属于中下级官员，虽不能大富大贵，但也衣食无忧。

一年到的长安，但是把他出任博士的时间放在七国之乱被平定后不久，应该距离事实不远。

来到长安的董仲舒并没有太多的公务，他将闲暇时光主要用于钻研学术、教授弟子，“下帷讲诵”成为其生活的主要内容。因为董仲舒在学术上造诣很深，前来向他求学的人络绎不绝，以至于学生多到他没有办法亲自给每个学生上课，只能“弟子传以久次相受业”①。也就是说，董仲舒首先给一部分高才弟子授课，然后由这些弟子再把他所讲的内容转授给其他后来的学生，甚至于有些学生在董仲舒门下多年，竟然“或莫见其面”②，意思是不曾与老师见面。

董仲舒无心于富贵，心思根本不在产业上。司马迁称：“盖三年董仲舒不观于舍园，其精如此。”③ 班固也有类似的表达：“盖三年不窥园，其精如此。”④ 无论是司马迁还是班固，都在称赞其专心致志的精神状态，应该是虚指，不必将这些记载实指化。⑤“不窥园”的记载在两汉时期也所在多有，比如桓荣曾经“十五年不窥家园”⑥，赵昱“历年潜志，不窥园圃，亲疏希见

---

① ［汉］班固：《汉书·董仲舒传》，北京：中华书局，1962，第2495页。

② 徐仁甫先生在《董仲舒“三年不窥园”辨》中认为应将《史记》中的“或莫见其面盖三年董仲舒不观于园舍”断句为“或莫见其面盖三年，董仲舒不观于园舍”，意为学生在董仲舒门下三年而未得见面。或可备一说。见《文史杂志》1986年第5期。

③ ［汉］司马迁：《史记·儒林列传》，北京：中华书局，1982，第3127页。

④ ［汉］班固：《汉书·董仲舒传》，北京：中华书局，1962，第2495页。

⑤ 周桂钿先生在其《董学发微》中曾经考证，董仲舒“三年不窥园”发生在董仲舒在广川原籍时。2003年周先生又在《董子菜园在何处——我研究董仲舒中的一点错误》一文中进行了纠正，认为“三年不窥园”发生在董仲舒到长安之后。见《学术界》2003年第6期。

⑥ ［南朝宋］范晔撰、［唐］李贤等注：《后汉书·桓荣列传》，北京：中华书局，1965，第1249页。

其面"[①]，何休"覃思不窥门，十有七年"[②]。这些记载都在于表彰他们专心治学的精神。这里的"三年"也是虚指，泛指很长一段时间。[③]

在长安期间的广授门徒进一步扩大了董仲舒的学术声望，而且其品行也逐渐为人所知，"进退容止，非礼不行"，逐渐成为世人心目中的"儒宗"，"学士皆师尊之"。[④] 正因为此，董仲舒交游的范围也有了进一步扩大。保留在今《春秋繁露》中的《五行对》一篇就记载了董仲舒与河间献王刘德之间的对话。[⑤] 在这篇文章中，董仲舒向刘德讲述了五行之间的相生关系，并且指出五行之中土为贵，进而以此论述了自己的一些伦理主张。

西汉前期儒学虽说获得了一定的发展，但高居庙堂之上的依然是黄老无为之学。尤其是汉景帝的母亲窦太后深好黄老之

---

① ［晋］陈寿：《三国志》，卷八裴松之注引谢承《后汉书》，北京：中华书局，1959，第249页。

② ［南朝宋］范晔撰、［唐］李贤等注：《后汉书·儒林列传》，北京：中华书局，1965，第2583页。

③ 东汉时王充曾经质疑过"三年不窥园"的记载："儒书言：'董仲舒读《春秋》，专精一思，志不在他，三年不窥园菜。'夫言不窥园菜，实也；言三年，增之也。仲舒虽精，亦时解休，解休之间，犹宜游于门庭之侧，则能至门庭，何嫌不窥园菜？闻用精者，察物不见，存道以亡身，不闻不至门庭，坐思三年，不及窥园也。《尚书·毋佚》曰：'君子所其毋逸，先知稼穑之艰难乃佚。'佚者，解也。人之筋骨，非木非石，不能不解。故张而不弛，文王不为；弛而不张，文王不行；一弛一张，文王以为常。圣人材优，尚有弛张之时，仲舒材力劣于圣，安能用精三年不休？"（黄晖：《论衡校释·儒增》，北京：中华书局，1990，第373—375页。）

④ ［汉］司马迁：《史记·儒林列传》，北京：中华书局，1982，第3127页。

⑤ 河间献王刘德是汉景帝比较年长的儿子，很早就被封为河间王。刘德比较喜欢儒学，他的河间王国也成为西汉前期儒学发展的重镇，古文经学发展尤其得益于刘德的扶持。刘德与董仲舒的这次对话，应该是发生在刘德到长安朝见汉景帝之时，具体时间不可详考。

学，汉景帝等人都被迫听从她的指令读黄老之术："窦太后好黄帝、老子言，帝及太子诸窦不得不读黄帝、老子，尊其术。"①随着儒学的不断发展，黄老之学与儒学的冲突在所难免。正如司马迁所言："世之学老子者则绌儒学，儒学亦绌老子。'道不同不相为谋'，岂谓是邪？"② 儒学与黄老道家之学的冲突日趋激烈。

窦太后作为黄老之学的总后台，更是亲自上阵与儒生进行辩论。当时的《诗经》学者辕固生以敢于论辩而闻名，曾经在汉景帝面前与精通黄老之学的黄生论辩，辩得黄生哑口无言，迫使汉景帝出来打圆场。窦太后亲自把辕固生召来询问他对《老子》一书的看法，辕固生倒也没有客气，直接答道："此家人言矣。"意思是说《老子》书不过是诸子百家之书，不如自己所研究的《诗经》是王官之书。窦太后立即反唇相讥："安得司空城旦书乎？""司空城旦书"指的是法律文书，窦太后的意思是法律文书也是王官之书，有什么高贵的？按理说，两个人你来我往的辩论，到此也该打住了。无奈，窦太后不甘心，竟然下令让辕固生去猪圈里斗野猪。辕固生此时已经八十多岁了，显然窦太后希望借野猪之口出自己的恶气。汉景帝也知道耿直的辕固生是无罪的，于是悄悄给了辕固生一把锋利的匕首。好在辕固生也不是手无缚鸡之力的弱书生，他下到猪圈里以后，一刀将野猪刺死，"固刺彘正中其心，彘应手而倒"③，窦太后这

---

① ［汉］司马迁：《史记·外戚世家》，北京：中华书局，1982，第1975页。

② ［汉］司马迁：《史记·老子韩非列传》，北京：中华书局，1982，第2143页。

③ ［汉］班固：《汉书·儒林传》，北京：中华书局，1962，第3612页。

才无话可说。班固认为导致博士官“具官待问，未有进者”[1] 的根本原因就在窦太后。

在这样的政治环境里，董仲舒除了读书授徒，并无再多的事情可做。

二、董仲舒的仕宦生涯

（一）汉武帝即位之初的儒道斗争

公元前140年，年仅十六岁的汉武帝登基，董仲舒的仕途也逐渐出现了转机，而这一转机是伴随着激烈的政治斗争出现的。[2]

本来汉武帝的即位就是窦太后所不乐意见到的事情，窦太后的本意是希望汉景帝能将皇位传给梁王刘武，但因为袁盎的劝说而作罢。在汉景帝的众多儿子之中，窦太后更喜欢的是长孙刘荣，刘荣本来被立为太子，但在宫廷权争中败下阵来，被封为临江王，并最终因事自杀。在这一过程中，汉武帝的母亲王娡起到了推波助澜的作用。窦太后对此一直耿耿于怀。

汉武帝即位后，窦太后一直牢牢地掌握着权力，而不知天高地厚的汉武帝竟然莽撞地向窦太后发动了挑战。建元元年（前140），丞相卫绾上奏说：“所举贤良，或治申、商、韩非、

---

① ［汉］班固：《汉书·儒林传》，北京：中华书局，1962，第3592页。

② 在中国古代，学术与政治之间有着复杂的关联，学术纷争的背后往往有政治的因素，而有些政治斗争则是以学术纷争的形式而展开的。

苏秦、张仪之言，乱国政，请皆罢。”① 汉武帝批准了这一建议。这应该也是汉武帝所做的一次试探。② 对此，窦太后并没有做出任何反应，毕竟黄老道家之学和“申商、韩非、苏秦、张仪之言”还是不同的。③ 同年，丞相窦婴、太尉田蚡以及鲁《诗》学者申公的两个学生御史大夫赵绾、郎中令王臧④又向皇帝建议“务隆推儒术，贬道家言”⑤，此建议导致好黄老之言的窦太后非常不满。虽说窦太后还没有出手，但此建议也未能很好地实行。

这一年，年过八旬的申公被请到了长安，但他到长安之后

---

① ［汉］班固：《汉书·武帝纪》，北京：中华书局，1962，第156页。

② 朱维铮先生说：“卫绾出身武士，以谨守职分受文、景赏识，‘自初宦以至相，终无可言’（《汉书·卫绾传》）。武帝被立为太子后，他曾任太子太傅，与王臧同事，而武帝即位不久，他就因不称职罢相。可以推知此疏不可能出自他本人的主意。”（朱维铮：《中国经学史十讲》，上海：复旦大学出版社，2002，第93页）。林剑鸣将卫绾作为独尊儒术的发起者，说明林氏显然没有认识到这一点。（林剑鸣：《秦汉史》，上海：上海人民出版社，2003，第305—306页）而庄春波认为所谓的丞相绾指的是秦时的丞相王绾，而非卫绾，并认为：“‘罢黜法、纵横家’奏议始作俑者是秦丞相王绾。”（庄春波：《汉武帝评传》，南京：南京大学出版社，2001，第88页）想象力不可谓不丰富，但是学术研究不能仅凭想象力，不能仅是大胆假设，还需要小心求证才是。

③ 西汉前期的黄老道家之学，也不是战国时期道家学派的简单延续，而是一个以道家为中心融合了其他思想学术流派的综合性学术体系。如同司马谈在《论六家要旨》中所说：“道家使人精神专一、动合无形、赡足万物。其为术也，因阴阳之大顺，采儒墨之善，撮名法之要，与时迁移，应物变化，立俗施事，无所不宜，指约而易操，事少而功多。”不过相对而言，西汉前期的黄老道家之学更多地表现为道家和法家的综合体。可以参看吴涛撰《政无为而法有为——浅谈西汉前期黄老政治的特点》，《华北水利水电学院学报》2010年第4期。

④ 《史记·儒林列传》记载，王臧在汉景帝时期曾经担任太子少傅。我们从《汉书·百官公卿表》中没有查到王臧出任太子少傅的时间。但是，汉武帝即位以后，王臧立即上书要求“宿卫上”，也就是要求保卫皇帝，汉武帝也很快任命他为郎中令，负责宫廷的安全保卫。由此可见，汉武帝和王臧个人关系非同一般。极有可能王臧担任太子少傅的时候，太子正是后来的汉武帝刘彻。

⑤ ［汉］班固：《汉书·窦田灌韩传》，北京：中华书局，1962，第2379页。

向汉武帝发表的言论却是:“为治者不在多言，顾力行何如耳。”[①]这让汉武帝感到很是无趣。申公如此言论，不仅是因为鲁学朴实的风格，还与他的经历有关。早年他就曾因为没有做到见好就收而被楚王戊施以“胥靡”之刑，有了如此经历，申公肯定不会如同他的两个学生那样冲动，正如陈桐生所言：“申公考虑到朝廷上好黄老的窦太后还有很大的势力，而新天子只有十六岁，无论如何不敢与祖母抗衡，自己不能再往刀口上碰。”[②] 但是，申公的冷静并没有能够阻止汉武帝继续犯下冲动的错误。

第二年，申公的两个学生就倒了霉。建元二年（前139），赵绾再次建议“请毋奏事东宫”[③]。窦太后大怒，说道：“此欲复为新垣平也!”[④] 将赵绾等人与汉文帝时期装神弄鬼的术士新垣平相提并论。汉武帝被迫罢免上述数人，后来窦太后又借故将赵绾、王臧下狱，迫使他们在狱中自杀，甚至汉武帝本人的帝位也一度岌岌可危。[⑤]

---

① ［汉］司马迁:《史记·儒林列传》，北京：中华书局，1982，第3121—3122页。

② 杨树增、陈桐生、王传飞:《盛世悲音——汉代文人的生命感叹》，保定：河北大学出版社，2001，第49—50页。

③ ［汉］班固:《汉书·窦田灌韩传》，北京：中华书局，1962，第2379页。

④ ［汉］班固:《汉书·儒林传》，北京：中华书局，1962，第3608页。

⑤ 汉武帝即位之初的斗争十分激烈。建元二年，淮南王刘安来朝，武安侯田蚡对他说：“方今上无太子，宫车一日晏驾，非王而谁可立者?”对此，何新认为：“此时之刘彻，年方十七八岁，正值盛年。除非遭遇突然之变，发生非正常死亡，怎么谈得上‘宫车一日晏驾’？……由此可见当时刘彻政治地位之孤弱与危险矣。”（何新：《雄·汉武帝评传及年谱》，北京：中国民主法制出版社，2008，第10页）所谓的罢黜百家、表彰六经必须放在这样一个激烈政治斗争的背景下去认识。要知道当时汉武帝才十七八岁，而刘安已经五十多岁。对一个五十多岁的人说，你极有可能继承十七八岁青年的天子之位，这不是开玩笑吗?而刘安听了以后竟然信以为真，这绝对不是正常现象。这透露出汉武帝此时的处境十分凶险。

经过了这次莽撞之后，汉武帝算是知道了祖母的厉害。从此之后，他一直老老实实、俯首帖耳，当好自己的孙皇帝。三年后，汉武帝又按捺不住了，他决定再次试探一下。这次，他采取的是小步骤。建元五年（前136），汉武帝设立了五经博士。如前所述，西汉前期的博士是顾问官，五经博士也是顾问官。不过，五经博士不同于其他的博士，而只能由对五经学有所长的学者出任。虽说并未限定只有儒生才能担任五经博士，而事实上在经历了战国到西汉前期三四百年的发展之后，五经已成为儒生的专长。[①] 因而，设立五经博士等同于设立儒学博士，诸如黄老等学派无法染指。可能是窦太后此时真的年老了，懒得管那么多，也可能是她没有注意到汉武帝的小动作，对汉武帝的这次试探，窦太后没有再反击。

（二）元光对策

建元六年（前135）窦太后病死，汉武帝告别孙皇帝的尴尬地位，开始了真正的亲政。但是，窦太后虽死，并不意味着窦太后的影响已经不存在了。窦太后死后，汉武帝开始了对窦

① 儒学和经学的概念是不同的，经学是以经典的研究和传承为标志，而儒学则是以儒家的一些基本理念与其他学派相区分。五经本为王官之书，是春秋以前学在王官阶段里贵族们用来教育子弟的教材。孔子打破了学在王官的传统，顺应历史潮流最早办起了私学，平民也因此获得了受教育的机会。而孔子也拿经书作为教育子弟的教材，在教书的同时，他也对经典的文本有所整理。在孔子之后，儒家继承了孔子“诲人不倦”的传统，经书也同样是他们的教科书。儒家后学也继承了整理文本的传统。战国是经典文本逐渐定型的时期，在这个过程中儒生发挥了至关重要的作用。荀子就是其典型代表。进而儒生垄断了经典文本的阐释，注入了儒家的理念。以至于进入汉代以后，研究五经的经学成了儒生的专利。但我们一定要清楚，毕竟儒学和经学是不同的。这一点，我们还会多次讲到。

太后势力的全面清算，其中就包括清除窦太后在思想文化领域内的影响。元光元年（前134）的贤良对策就发生于这一背景之下。①

窦太后去世不久，汉武帝就以“丧事不办”为由罢免了丞相许昌，改任舅舅武安侯田蚡为丞相。田蚡早在汉武帝即位之初出任太尉时就热衷于儒学，出任丞相后便立即开始向黄老道家之学开战，正如《汉书·儒林传》记载，“黜黄老、刑名百家之言，延文学儒者以百数”②。

其实，汉高祖刘邦早就认识到不能把选官的范围仅局限在军功集团范围内，并曾一再下令求贤。汉惠帝四年（前191）正月，朝廷下令举荐“民孝弟力田者复其身”③，《史记·孝文本纪》记载汉文帝曾下令举荐“贤良方正能直言极谏者”④。发展到汉武帝，察举制基本成熟。其中举贤良方正是汉代察举制的一个重要科目，举贤良方正又可以简称为举贤良，始于汉文帝前元二年（前178），此后往往在新皇帝登基或者遇到天灾等困难时下令举荐贤良方正。元光元年的汉武帝虽说已经即位多年，但这是他真正亲政的第一年，其重要性不亚于登基。《汉书·武帝纪》记载，就在这年五月，汉武帝下诏举荐贤良，并对各地

---

① 关于董仲舒的对策之年历来颇有争论，有建元元年、建元五年、元光元年、元朔元年、元朔五年等多种说法。其中，元光元年是最为普遍接受的说法，朱维铮先生在《儒术独尊的转折过程》一文中对此进行了详细的考证。关于公孙弘的对策之年也是有疑问的。《史记·平津侯主父列传》中把公孙弘的对策之年说成是元光五年，但在他处有说是元光元年的。经过朱先生考证应是元光元年。这里均不再展开。

② ［汉］班固：《汉书·儒林传》，北京：中华书局，1962，第3593页。

③ ［汉］班固：《汉书·惠帝纪》，北京：中华书局，1962，第90页。

④ ［汉］司马迁：《史记·孝文本纪》，北京：中华书局，1982，第422页。

举荐来的贤良进行策试："贤良明于古今王事之体，受策察问，咸以书对，著之于篇，朕亲览焉。"班固紧接着说道："于是董仲舒公孙弘等出焉。"①《汉书·董仲舒传》也记载说："武帝即位，举贤良文学之士前后百数，而仲舒以贤良对策焉。"② 汉武帝先后问了董仲舒三个问题，董仲舒写了三篇策论来回答。这三篇对策的原文保留在《汉书·董仲舒传》中，史称《天人三策》。③

在《天人三策》中，主要有以下几个方面的内容：

第一，董仲舒回答了汉武帝关于政权合法性的疑惑。所谓"受命之符"不是人力可为的，只要上合天心，就会受到天的嘉奖。董仲舒指出天下治乱的根本在于君主："《春秋》深探其本，而反自贵者始。故为人君者，正心以正朝廷，正朝廷以正百官，正百官以正万民，正万民以正四方。"④ 只要君主尽职尽责，"受命之符"自然就会出现。但同时董仲舒强调"天人相与之际，甚可畏也"⑤。他以天为最高的权威提出了对君权的限制，也就是著名的"灾异说"。董仲舒结合他的《春秋》学，在论述了

---

① ［汉］班固：《汉书·武帝纪》，北京：中华书局，1962，第161页。

② ［汉］班固：《汉书·董仲舒传》，北京：中华书局，1962，第2495页。

③ 《史记·董仲舒列传》中并没有记载这次对策以及《天人三策》的任何信息。但是，并不能因为司马迁的缺载就质疑《天人三策》的真实性。比如《南京社会科学》2000年第10期刊登了孙景坛先生的文章《董仲舒的〈天人三策〉是班固的伪作》，孙先生所提出的五条质疑意见都是不成立的。我们只需要将《天人三策》与《春秋繁露》对看就知道，这二者的思想观点是一致的。而且对照《汉书》中其他几处董仲舒的对策文字就会发现，《天人三策》的文风和其他几处对策的文风也是一致的。这些都足以证明《天人三策》的真实性。

④ ［汉］班固：《汉书·董仲舒传》，北京：中华书局，1962，第2502—2503页。

⑤ ［汉］班固：《汉书·董仲舒传》，北京：中华书局，1962，第2498页。

“君权神授”的同时更加强调了君权一定要秉承天意，“上承天之所为，而下以正其所为，正王道之端”①。一旦君主失德违背天意，就会受到天的惩罚，“国家将有失道之败，而天乃先出灾害以谴告之，不知自省，又出怪异以警惧之，尚不知变，而伤败乃至”②。

第二，董仲舒提出了“德主刑辅”的治国主张。董仲舒心目中的天意就是“德主刑辅”。虽说西汉前期号称黄老无为而治，但汉承秦制不仅继承了秦朝所确立的专制集权体制，也在很大程度上继承了秦代的苛法酷刑。③ 董仲舒提出德治与法治都是不可缺少的，如同阴阳二气一样，“天道之大者在阴阳。阳为德，阴为刑；刑主杀，而德主生。是故阳常居大夏，而以生育养长为事；阴常居大冬，而积于空虚不用之处。以此见天之任德不任刑也”。既然上天好阳而远阴，由此可知人主治国也应该实行“德主刑辅”，“王者承天意以从事，故任德教而不任刑。刑者不可任以治世，犹阴之不可任以成岁也。为政而任刑，不顺于天，故先王莫之肯为也”。同时董仲舒也对汉代的任刑不任德提出了批评，说“今废先王德教之官，而独任执法之吏治民，毋乃任刑之意与”。④

第三，董仲舒认为西汉王朝建立七十多年还没有实现大治的根本原因就是没有实现“更化”，应该对西汉王朝的制度进行改弦更张式的彻底变革。董仲舒说：“道之大原出于天，天不变，

---

① ［汉］班固：《汉书·董仲舒传》，北京：中华书局，1962，第2502页。
② ［汉］班固：《汉书·董仲舒传》，北京：中华书局，1962，第2498页。
③ 吴涛：《政无为而法有为——浅谈西汉前期黄老政治的特点》，《华北水利水电学院学报》2010年第4期。
④ ［汉］班固：《汉书·董仲舒传》，北京：中华书局，1962，第2502页。

道亦不变。”[①] 过去人们对他的这句话有过很多的抨击，认为他是在为剥削制度辩护。且不说政治人物，就连一些学者对此也有误读。[②] 这里董仲舒并不是在孤立地论述道的问题，他的这句话主要是针对现实不合于道而说的，他是在用天的权威来强调他心目中的道的重要性和神圣性。在他看来，现世中的制度并不符合他心目中的王道，他是用这句话来强调改制的必要性。董仲舒心目中的道是什么呢？他说：“道者，所繇适于治之路也，仁义礼乐皆其具也。”[③] 现实政制显然不符合“礼乐仁义”，既然现实政制不合王道，那么现实政制就必须变！他说：“繇是观之，继治世者其道同，继乱世者其道变。”[④] 他强调，尧舜禹文武周公所行之道是符合天意的，而周末以及秦朝所行之道与天意是背离的。而汉朝现实所继承的是秦朝以来不合天意的道，因而应变回符合天意的道上。他所谓的“不变”恰是为了强调“变”！总体上考察董仲舒的思想，我们不难发现，他的思想特

---

① ［汉］班固：《汉书·董仲舒传》，北京：中华书局，1962，第2518—2519页。

② 比如张秋升专著《天人纠葛与历史运演——西汉儒家历史观的现代诠释》（齐鲁书社，2003）对于董仲舒的“道”的考察。但研究了张氏的考察后，不得不说他根本没有读懂董仲舒的“道”。脱离具体的历史语言环境而孤立地解读是根本不可能得出正确的认识的。杨树增在其著作《汉代文化特色及形成》中也认为：“这就是所有社会的最高原则——‘道’，而‘道之大原出于天，天不变，道亦不变’（《汉书·董仲舒传》），完全适应封建统治阶级要求万世一系、永远维持统治的政治需要。”（杨树增：《汉代文化特色及形成》，北京：人民出版社，2008，第408页）许殿才在其主编的《中国文化通史·秦汉卷》中也讲道：“大儒董仲舒发挥春秋公羊学的大一统论点为汉皇朝的统一事业服务，宣扬三纲的论点为维护封建统治秩序辩护，宣传三统继运以补充五德终始学说的不足，倡言‘天不变，道亦不变’，强调封建统治的永恒秩序。”（许殿才：《中国文化通史·秦汉卷·绪言》，北京：北京师范大学出版社，2009，第3页）这些显然也都是误读。

③ ［汉］班固：《汉书·董仲舒传》，北京：中华书局，1962，第2499页。

④ ［汉］班固：《汉书·董仲舒传》，北京：中华书局，1962，第2519页。

色就在于“变”。[①]

第四，董仲舒向汉武帝提出了“兴建太学”的主张。一方面董仲舒认为德治的具体表现就是礼乐教化，“是故南面而治天下，莫不以教化为大务”[②]。另一方面，董仲舒认为治理国家需要人才，而学校是培养人才的主要渠道，“故养士之大者，莫大乎太学；太学者，贤士之所关也”[③]。西汉王朝建立后，草莽出身的刘邦君臣并没能够把构建国家教育体系、掌控教育权纳入视野。在无为而治的大背景下，西汉前期对学校教育也始终是放任的。董仲舒这一建议，也意在恢复官师合一的传统。元光元年（前134），正是汉武帝准备大有作为的时候，而人才无疑是其得以实现抱负的重要条件。董仲舒基于太学养士的主张，也进一步提出在全国建立学校系统，“立大学以教于国，设庠序以化于邑”[④]。在此基础上，各级官员悉心查访举荐人才，“臣愚以为使诸列侯、郡守、二千石各择其吏民之贤者，岁贡各二人

---

① 章启群在其著作《经世与玄思——秦汉魏晋南北朝的精神文明》中称：“汉武帝将《公羊》家捧上正统宝座，从而兴起一场复古‘更化’运动。汉武帝‘更化’的最重要的内容是‘更定律令’。董仲舒认为，汉朝建立后法制数变，主要的原因是学术不统一。只有罢黜百家，独尊儒术，才能使统纪可一而法度可明。这一主张的具体含义是要求汉武帝用儒术，特别是《公羊》家所阐释的‘《春秋》之义’去改造法律，将儒家衡量是非之尺度纳入汉朝律令之中，从而将承秦而来的汉朝法律改造成推行道德教化的工具。武帝命张汤、赵禹‘更定律令’，正体现了这一精神。由此形成的汉朝律令修改、增加许多篇章和条文。这些变化体现了儒家思想特别是‘《春秋》决狱’之说的影响，是中国法律儒家化的开端。”（章启群：《经世与玄思——秦汉魏晋南北朝的精神文明》，北京：北京大学出版社，2009，第17—18页）实则汉武帝的“更定律令”只不过是以儒术缘饰法治而已，与董仲舒所倡导的“更化”完全不是一回事。

② ［汉］班固：《汉书·董仲舒传》，北京：中华书局，1962，第2503页。

③ ［汉］班固：《汉书·董仲舒传》，北京：中华书局，1962，第2512页。

④ ［汉］班固：《汉书·董仲舒传》，北京：中华书局，1962，第2503页。

以给宿卫，且以观大臣之能；所贡贤者有赏，所贡不肖者有罚。夫如是，诸侯、吏二千石皆尽心于求贤，天下之士可得而官使也”①。

当然，在董仲舒所设想的学校里，肯定不会允许其他的思想学术自由地传播。他提出：“《春秋》大一统者，天地之常经，古今之通谊也。今师异道，人异论，百家殊方，指意不同，是以上亡以持一统；法制数变，下不知所守。臣愚以为诸不在六艺之科孔子之术者，皆绝其道，勿使并进。邪辟之说灭息，然后统纪可一而法度可明，民知所从矣。”② 即一切与董仲舒心目中的儒学不相符的学说都在禁止之列，从而达到“邪辟之说灭息”“纲纪可一”的效果。

对于董仲舒在《天人三策》中所提出的各条建议，汉武帝并没有全部接受，比如董仲舒建议汉武帝进行改弦更张式的“更化”，这是汉武帝所绝对不能接受的。班固在《汉书・礼乐志》中也引述了董仲舒《天人三策》中的部分内容，并说道：“是时，上方征讨四夷，锐志武功，不暇留意礼文之事。”③ 因此，董仲舒绝大多数想法都落了空。有些是做了一些表面文章，比如在礼乐教化方面，汉武帝后来也曾“制礼作乐”，但那不过是一些花架子而已，并没有进行任何实质性的改变。有些建议虽然被接受了，但没有落实，比如兴太学的建议，汉武帝接受了，但直到十年以后元朔五年（前124）公孙弘建议设博士弟子员之后才得以落实。董仲舒的建议唯独被汉武帝立即接纳的就

① ［汉］班固：《汉书・董仲舒传》，北京：中华书局，1962，第2513页。
② ［汉］班固：《汉书・董仲舒传》，北京：中华书局，1962，第2523页。
③ ［汉］班固：《汉书・礼乐志》，北京：中华书局，1962，第1032页。

是最后的这条："诸不在六艺之科孔子之术者，皆绝其道，勿使并进。"①

为什么汉武帝仅仅对董仲舒洋洋洒洒数千言《天人三策》中的最后一句如此感兴趣呢？这时，汉武帝刚刚亲政不到一年，他急需在各个领域内摆脱其祖母窦太后的影响。在人事方面，窦太后所亲信的人都在罢免之列；在政策方面，窦太后所倡导的"无为而治"被汉武帝全面抛弃，长期高居于庙堂之上、作为无为而治国策指导思想的黄老道家之学也必然在清除之列。而董仲舒所谓"诸不在六艺之科孔子之术者"，虽未明指，其实所指主要为黄老之学。汉代学者将战国诸子总结为九流十家，进入西汉之后，诸子学说虽有所复兴，但在西汉前期一些学派已经不复存在，或者说没有什么影响力，比如名辨之风消歇之后，名家已经基本消失；墨家学派的一些主张被其他学派消解，其学术也没有了传人。有些则是因为时过境迁失去了社会环境，比如进入大一统的时代里，纵横家很快就没有用武之地了；法家因为秦朝的暴政而声名狼藉，进入西汉后，法家虽然没有中绝，但也失去了高居殿堂的荣耀，而且早在建元元年（前140）就已经提出"所举贤良，或治申、商、韩非、苏秦、张仪之言，乱国政，请皆罢"②；阴阳家则是因为其学说在很大程度上是那个时代里人们普遍接受的一种世界观，是那个时代里的科学，无论哪个学派都会或多或少接受他们的思想，后来便渐渐不再作为学派而存在了。因而在元光元年，唯一可以和儒家相抗衡

① ［汉］班固：《汉书·董仲舒传》，北京：中华书局，1962，第2523页。
② ［汉］班固：《汉书·武帝纪》，北京：中华书局，1962，第156页。

的就是黄老道家，董仲舒所说的“不在六艺之科孔子之术者”其实就是黄老道家学派。这当然是汉武帝所非常愿意接受的事情。在汉武帝本身就准备采取相关措施的时候，董仲舒及时地提出了自己的建议，于是就有了汉武帝的“卓然罢黜百家，表彰六经”。正如朱维铮先生所说：“倘说董仲舒对策所起的作用，充其量不过是对既定政策作出理论说明，就是说替一种由统治阶级内部利益冲突中间产生出的实际事实编造幻想，如此而已。”①

我们注意到，《汉书·董仲舒传》在转载了《天人三策》之后，并没有直接讲述汉武帝对董仲舒建议的态度是什么，而是开始把话题转到其他事情上。相反《汉书·儒林传》中说，“及窦太后崩，武安君田蚡为丞相，黜黄老、刑名百家之言，延文学儒者以百数”②。把罢黜黄老道家之功归到了田蚡的头上，而没有董仲舒什么事情。世人常说的那句“汉武帝采纳了董仲舒的建议‘罢黜百家，独尊儒术’”，显然是过分夸大了《天人三策》在汉武帝决策中的作用。因而，《天人三策》的价值更多地体现在思想史上，而不是体现在西汉的现实政治中。董仲舒的建议只不过使得汉武帝的举措显得更加冠冕堂皇而已。当然，我们不能说董仲舒是在进行政治投机，董仲舒的这一主张是建立在他自身的学术立场上提出的，同时他的这一主张也是与西汉前期数十年的儒道互绌一脉相承的。

这里还需要说明的是，《汉书》在总结汉武帝一生的时候

---

① 朱维铮：《中国经学史十讲》，上海：复旦大学出版社，2002，第 82 页。
② ［汉］班固：《汉书·儒林传》，北京：中华书局，1962，第 3593 页。

说:“孝武初立，卓然罢黜百家，表彰六经。”[①] 这里并没有“独尊儒术”的话。在汉朝人的心目中，儒学也是百家中的一家，《汉书·艺文志》就是先列六艺，然后把儒家放在诸子之首，而不是简单地将儒家与六艺画等号。只不过在经历了战国到秦汉的发展之后，儒家垄断了六经的传习以及解释，从而使得“表彰六经”变成了事实上的表彰儒家。同时我们还要辨析的是，汉武帝本人并不能简单地被看作一个儒家的信徒。如汉武帝时期大臣汲黯就曾经当面向汉武帝指出：“陛下内多欲而外施仁义，奈何欲效唐虞之治乎?”[②] 对于汉武帝时期第一个封侯拜相的儒者公孙弘，司马迁也留下了一段记载：“于是天子察其行敦厚，辩论有余，习文法吏事，而又缘饰以儒术，上大说之。”[③] 可见，公孙弘不过是用儒学装点一下门面而已。而且，司马迁着重强调了一个“术”字，明白告诉世人汉武帝看重的不是“学”，而不过是“君人南面之术”罢了。易白沙在《孔子平议》一文中总结道：“罢黜百家，独尊儒术，利用孔子为傀儡，垄断天下思想，使其失去自由。”第一次将“罢黜百家”和“独尊儒术”联系在了一起，久而久之，这就成了中国史上的常识。

汉武帝的“罢黜百家”具体落实在什么方面呢?

首先，六经和孔夫子堂而皇之地走入殿堂，成为西汉政府各项政策的理论依据。天子诏书，群臣奏议，“莫不援引经义以为据依”，都要去寻找六经所提供的背书。这一点我们在后面会

① ［汉］班固:《汉书·武帝纪》，北京：中华书局，1962，第212页。
② ［汉］司马迁:《史记·汲黯列传》，北京：中华书局，1982，第3106页。
③ ［汉］司马迁:《史记·平津主父列传》，北京：中华书局，1982，第2950页。

多次提到。汉武帝也多次要求臣下奏对要依据儒学和经义，比如汉武帝曾明确要求严助“具以《春秋》对，毋以苏秦纵横”。①

其次，体现在博士官的变化上。汉武帝之前，博士是顾问官，以备皇帝咨询，并非儒生的专利。但在汉武帝罢黜百家之后，非儒家的博士肯定都在罢黜之列，因而此后的博士全都是五经博士。最初五经博士有七家，分别是《周易》、《尚书》、齐《诗》、鲁《诗》、韩《诗》、《礼》和《春秋公羊传》。元朔五年（前124），汉武帝批准了公孙弘设博士弟子员的建议。至此儒家学派获取一尊地位的过程完成了。所以朱维铮先生指出：“所谓‘独尊儒术’，发难于田蚡而成功于公孙弘，则是没有疑问的。”②

再次，一些儒生出身的官员逐渐受到重用。《史记·儒林列传》说：“自此以来，公卿大夫士吏斌斌多文学之士矣。”③ 正是在这一大背景下，董仲舒也真正开始了他的仕途。

（三）出相江都

董仲舒在对策之后直至退休之前主要做了三件事情：一是在地方任职，具体实践自己的政治主张；二是以自己的所学为汉中央政府的政策提供指导，试图将汉家政权纳入儒学体系之

① ［汉］班固：《汉书·严朱吾丘主父徐严终王贾传》，北京：中华书局，1962，第2789页。严助，本名庄助，避明帝刘庄讳。

② 朱维铮：《中国经学史十讲》，上海：复旦大学出版社，2002，第94页。

③ ［汉］司马迁：《史记·儒林列传》，北京：中华书局，1982，第3119—3120页。陈梦家认为：“汉世所谓文学，乃指经学。”（见《武威汉简·叙论》，转引自沈文倬《宗周礼乐文明考论》第513页。）

中；三是推动《公羊》学派的发展。

对策之后不久，董仲舒被任命为江都王相。[①] 吴楚七国之乱后，诸侯王失去了治国之权，诸侯国相成为事实上的治国者，地位与郡守相当，诸侯王也都变成了富家翁，不再参与政治。但是，这时的江都王刘非却并不在“一般”之列。刘非年长汉武帝十二岁，汉景帝即位后被封为汝南王。七国之乱爆发的时候，刘非主动请缨攻打吴王刘濞，汉景帝非常高兴，赏赐他将军印绶。七国之乱平定后，刘非被封为江都王，治理吴王刘濞的故国，他甚至被“以军功赐天子旗”。元光二年（前 133），汉武帝拉开了对匈奴作战的序幕，刘非又主动上书要求带兵出征。至于在江都国内，刘非则“好气力，置宫馆，招四方豪杰，骄奢甚”[②]。

元光之后的汉武帝正准备大有作为，通过对策，他对董仲舒有了比较全面的了解。在他看来，董仲舒并不具备实际的政治才能，在对董仲舒的重用上就应该是充分发挥董仲舒当世大儒的影响力。汉武帝时期，中央政府和诸侯王之间的矛盾还比较尖锐，汉武帝在位期间曾多次发动对诸侯王势力的打击。但是，汉武帝对自己的兄弟还算比较包容，他们也都得到善终。汉武帝之所以任命董仲舒为江都王相，在一定程度上也是对江都王刘非的一种保全措施，希望当世大儒董仲舒能够用礼乐感化这位骄奢的兄长。事实上董仲舒也的确是这么做的：“仲舒以

---

① 《史记》《汉书》都没有明确记载董仲舒出任江都王相的时间。司马迁笼统地说：“今上即位，为江都相。”班固的记载是：“对既毕，天子以仲舒为江都相，事易王。”从班固的叙述次序来看，董仲舒出任江都王相应该就在元光元年。

② ［汉］班固：《汉书·景十三王传》，北京：中华书局，1962，第 2414 页。

礼谊匡正，王敬重焉”[1]。董仲舒的匡正也赢得了刘非的敬重。

《汉书》里还保留了董仲舒以“礼谊匡正”刘非的具体事例。有一次，刘非主动问董仲舒：“当初越王勾践和大夫泄庸、文种、范蠡等人共谋讨伐吴国，最终取得了胜利。孔子曾经将箕子、微子、比干称为殷商的三位仁人，我觉着泄庸、文种、范蠡也可以称为越国的三位仁人。昔日齐桓公有了疑惑就向管仲询问，我今天有了疑问，就来询问您了。”董仲舒先是客套了一句“臣愚不足以奉大对”，然后说道：“从前鲁国国君准备讨伐齐国，来询问柳下惠的意见，柳下惠答道：‘不可！’然后柳下惠忧心忡忡地回到家中，说道：‘我听说从来不会询问一个仁人有关打仗的事情，而国君竟然问我是否赞同讨伐齐国，看来我还不是一个仁人啊！’柳下惠仅仅是因为被别人问了打仗的事情就感觉到了羞愧，以为自己还不是一个仁人，至于那些主动参谋讨伐吴国的三位就更称不上仁人了。拿柳下惠的标准来看，越国根本就没有一个仁人。”接着董仲舒正面向刘非阐释了他对仁人的理解，说道：“夫仁人者，正其谊不谋其利，明其道不计其功”[2]。真正的仁人，应该把道义放在首位，而不能是功利。董仲舒说，当年孔子门下的五尺幼童都以五霸为耻，就是因为五霸崇尚诈力，而把仁义排在后面。对于崇尚诈力之人，君子之门是羞于谈论的。虽说五霸比一般的诸侯要好一些，但将他们与古代的圣王相比，就如同将普通的武夫和美玉相比。董仲舒这里所要着重强调的就是把仁义放在首位，至于功利则不应

---

① ［汉］班固：《汉书·董仲舒传》，北京：中华书局，1962，第2523页。

② ［汉］班固：《汉书·董仲舒传》，北京：中华书局，1962，第2524页。

是君子所考虑的重点。[①] 至于江都王刘非到底有没有受到匡正，我们并不清楚，但至少刘非在表面上对其赞不绝口。而且，事实上，后来文献中也没有记载刘非又有了什么恶行，看来董仲舒的匡正多少还起到了一点儿作用。

前已述及诸侯王相等同于事实上的太守，要承担起治民之责。于是，董仲舒得到了一次真正施展自己抱负的机会，得以将自己的设想付诸实践。董仲舒的政治主张无非是实现其构建于《公羊》学理论基础上的王道社会理想，而它具体如何落实呢？董仲舒的很多论述都强调了君主的重要性，在董仲舒的思想体系中，基于阴阳五行天人感应理论的灾异学说是确保君主能够施行仁政的重要保障。因此我们就能明白，为什么董仲舒好不容易有了一次从政的机会，却把践行阴阳灾异学说作为自己施政的主要任务。

对于董仲舒在江都王相任上的“政绩”，《史记》《汉书》并无异词：“以《春秋》灾异之变推阴阳所以错行，故求雨闭诸阳，纵诸阴，其止雨反是”[②]。《春秋繁露》里甚至保留有与求雨、止雨有关的文献，在第七十四篇《求雨》中，董仲舒详细讲述了求雨的原则、仪轨、内涵，在第七十五篇《止雨》中则讲述了如何通过“闭阴开阳”而止雨。

至于这次止雨的措施到底效果如何，文献并没有留下什么记录。以常识来说，雨总是要停的，而董仲舒完全有理由相信，停雨是其下令“废阴起阳”的直接结果。

---

① 这篇问答，《春秋繁露》记载为董仲舒与胶西王刘端的问答。笔者以为很有可能是后来《春秋繁露》的整理者以董仲舒最后的官职来记载了这篇问答。

② ［汉］司马迁：《史记·儒林列传》，北京：中华书局，1982，第3128页。

另外，在《续汉书·礼仪志·请雨条》中，刘昭注又记载了董仲舒“求雨”的过程。

司马迁称董仲舒在江都的这些所作所为“行之一国，未尝不得所欲”，恐怕也是为尊者讳的曲笔。假如真的“未尝不得所欲”，那就不会有后来的“废为中大夫”了。大概汉武帝也知道了董仲舒在江都的这些装神弄鬼的行为，这已经与任命他为江都王相时“以礼谊匡王”的初衷相背离，于是汉武帝就将董仲舒召回了长安。

作为当世大儒，董仲舒不仅注重亲身实践其阴阳灾异学说，也很关注民生疾苦。班固在《汉书·循吏传》中说道：“孝武之世，外攘四夷，内改法度，民用凋敝，奸轨不禁。时少能以化治称者，惟江都相董仲舒、内史公孙弘、兒[1]宽，居官可纪。三人皆儒者，通于世务，明习文法，以经术润饰吏事，天子器之。”[2] 班固显然把董仲舒作为汉武帝在位五十年间“循吏”[3]的代表了。从后来董仲舒能够写出《春秋决狱》（又称《春秋决事比》）这样的著作来看，董仲舒对法律文书显然是非常熟悉的。而董仲舒在施政过程中，往往都要从儒家典籍中寻找依据，这也符合他儒者的身份。虽说同样是“以经术润饰吏事”，但从传世的《春秋决狱》的内容来看，董仲舒的“润饰”要更利于百姓，与那些酷吏有着本质的区别。

接着，班固带着遗憾的语气说道：“仲舒数谢病去。”由此

---

① “兒”，作姓氏时今写作“倪”。

② ［汉］班固：《汉书·循吏传》，北京：中华书局，1962，第3623—3624页。

③ “循吏”之名最早见于《史记》的《循吏列传》，后为《汉书》《后汉书》直至《清史稿》所承袭，成为正史中记述那些重农宣教、清正廉洁、所居民富、所去见思的州县级地方官的重要体例。循吏即奉公守法的好吏。

可知，董仲舒的被免职并不是一次。汉代官制，久病是可以免职的。董仲舒作为当世大儒，有很高的威望，汉武帝纵然对他的求雨、止雨等行径不满，也不便直接将他免职。当时董仲舒已经六七十岁，老年人身体多病也属正常，以有病为借口将他免职，也说得过去。董仲舒被免职后，朝廷又安排他出任中大夫，可以看作对董仲舒的尊重和特殊照顾。

（四）牢狱之灾

对于董仲舒何时回到长安，《史记》《汉书》都没有明确记载，我们只能借助史书对同一时期史实的记载进行推测。《汉书·礼乐志》记载："是时，河间献王有雅材，亦以为治道非礼乐不成，因献所集雅乐……河间献王聘求幽隐，修兴雅乐以助化。时，大儒公孙弘、董仲舒等皆以为音中正雅，立之大乐。"[①] 而《史记·汉兴以来诸侯王年表》记载河间献王仅在元光五年（前130）有一次入朝。河间献王所献雅乐受到董仲舒、公孙弘的肯定，显然董仲舒在此之前就已经回到了长安。

回到长安之后的董仲舒被任命为中大夫。《汉书·百官公卿表》称："大夫掌议论，有太中大夫、中大夫、谏大夫，皆无员，多至数十人。"可见，大夫一职与西汉初年的博士官基本相同，也是朝廷的高级顾问。不过，中大夫的级别却比博士官要高很多，"太初元年更名中大夫为光禄大夫，秩比二千石，太中大夫秩比千石如故"。[②]《汉书补注》引刘敞的说法，

---

① ［汉］班固：《汉书·礼乐志》，北京：中华书局，1962，第1070—1072页。
② ［汉］班固：《汉书·百官公卿表》，北京：中华书局，1962，第727页。

“此言太中大夫秩比千石如故，则中大夫旧小于太中秩无二千石，故言更名中大夫为光禄大夫秩比二千石，太中大夫秩比千石也”。[①]

对于董仲舒而言，虽说中大夫的级别低于诸侯王相，但是中大夫更靠近权力的中枢。大夫们的日常活动主要是在宫内，与皇帝有比较密切的接触，多为受到皇帝信任的近臣。更大范围内的议事权应该是作为大儒的董仲舒所看重的。从这个意义上来说，董仲舒未必会带着被“贬谪”的心态回到长安，他甚至可能会怀有某种期待。中大夫是一个闲职，但董仲舒却并不打算以安闲的心态来出任此职。果然，回到长安之后的董仲舒不断地对朝廷的各项大政方针提出自己的看法。《汉书》中记载的许多条董仲舒的奏对，应该就是这一时期的产物。

在农业方面，董仲舒主张推广冬小麦。西汉中期以后，气温下降明显，北方地区的很多湖泊都逐渐干涸。在这种情况之下，“不窥园”的董仲舒向朝廷提出建议，在北方地区推广种植冬小麦：“《春秋》它谷不书，至于麦禾不成则书之，以此见圣人于五谷最重麦与禾也。今关中俗不好种麦，是岁失《春秋》之所重，而损生民之具也。愿陛下幸诏大司农，使关中民益种宿麦，令毋后时。”[②] 这篇奏对依然从经典中寻求理论依据，把推广种植冬小麦解释为符合圣人所期待的正确举措。对于这种奏对，汉武帝是很乐意采纳的。此后冬小麦引起了汉武帝的重视，比如元狩三年（前120），汉武帝下诏：“遣谒者劝有水灾

---

① ［清］王先谦：《汉书补注》，北京：书目文献出版社，1995，第277页。
② ［汉］班固：《汉书·食货志》，北京：中华书局，1962，第1137页。

郡种宿麦。”① 把冬小麦的种植推广到更多的地方。②

在经济政策上，董仲舒主张减轻民众的负担、限制土地兼并、改善奴婢待遇等。西汉王朝的“汉承秦制”也体现在经济领域内，如同前人多次讲过的，西汉前期的“过秦”其实就是“过汉”。董仲舒先是描绘了古代理想中的圣王是如何治民的，说：“古者税民不过什一，其求易共；使民不过三日，其力易足。民财内足以养老尽孝，外足以事上共税，下足以畜妻子极爱，故民说从上。”然后开始了对秦朝暴虐的批评：“至秦则不然，用商鞅之法，改帝王之制，除井田，民得卖买，富者田连仟佰，贫者亡立锥之地。又颛川泽之利，管山林之饶，荒淫越制，逾侈以相高；邑有人君之尊，里有公侯之富，小民安得不困？又加月为更卒，已复为正，一岁屯戍，一岁力役，三十倍于古；田租口赋，盐铁之利，二十倍于古。或耕豪民之田，见税什五。故贫民常衣牛马之衣，而食犬彘之食。重以贪暴之吏，刑戮妄加，民愁亡聊，亡逃山林，转为盗贼，赭衣半道，断狱岁以千万数。”对于西汉当世，董仲舒只说了“循而未改”四个字。对此，董仲舒主张限制民众拥有田宅的数量，他说：“古井田法虽难卒行，宜少近古，限民名田，以澹不足，塞并兼之路。盐铁皆归于民。去奴婢，除专杀之威，薄赋敛，省繇役，以宽

---

① ［汉］班固：《汉书·武帝纪》，北京：中华书局，1962，第 177 页。

② 有学者据此认为董仲舒向汉武帝提议种植宿麦发生在元狩三年（前 120），实际上这并不是一件事情。董仲舒的建议是在关中推广种植，元狩三年的诏令针对的是关东各郡国。元狩三年董仲舒已经退隐长安，《汉书》强调朝廷会主动咨询董仲舒，但作为布衣的董仲舒是否还会主动向皇帝上书就是值得商榷的事情了。相反，在中大夫任上，发表议论、参政议政本是董仲舒的职责所在。因而，本文将董仲舒的这条建议放在了这里。

民力。然后可善治也。”[①]

西汉王朝虽说田租很轻，号称三十税一，但是民众的劳役负担和人头税却很重。从汉文帝之后，国家不再对民间土地买卖设限[②]，因而土地问题成为西汉中后期社会矛盾的焦点。即使在和平年代里，贫富分化也日趋严重。显然，在江都王相任上的几年，使董仲舒对西汉社会现实有了更为真切的认识，因而他所提出的建议也具有很强的针对性。不过汉武帝显然此时并没有接纳董仲舒的建议，“仲舒死后，功费愈甚，天下虚耗，人复相食”[③]。

汉武帝在元光二年（前133）之后开始了大规模对匈奴作战。战端一开，正如金春峰先生所说：“全部国家生活，实际上转入了战时体制。”[④] 这不是董仲舒愿意看到的事情。对此，董仲舒也提出了自己的意见。他主张采取和平的经济与政治手段来解决匈奴问题。他说：“义动君子，利动贪人，如匈奴者，非可以仁义说也，独可说以厚利，结之于天耳。故与之厚利以没

---

① ［汉］班固：《汉书·食货志》，北京：中华书局，1962，第1137页。有学者认为，此处标点宜为：“又加月为更卒已，复为正一岁，屯戍一岁，力役三十倍于古。”

② 王彦辉：《张家山汉简〈二年律令〉与汉代社会研究》，北京：中华书局，2010。

③ ［汉］班固：《汉书》，北京：中华书局，1962，第1137页。《汉书·食货志》并没有记载董仲舒这一建议具体提出的时间。有学者认为应当是在汉武帝推广盐铁官营政策之后，这样董仲舒“盐铁皆归于民”的主张才有了针对性。比如王泽先生认为董仲舒提出这一建议的时间是在元狩四年（前119）。笔者以为，董仲舒在经历了牢狱之灾后，不仅不敢再讲灾异学说，而且也不敢再对西汉政治提出具体的建议了。盐铁官营是汉武帝经济政策的重点之一，董仲舒断然不敢再主动去触霉头。董仲舒所提建议中，“盐铁皆归于民”应该是一般性的泛论，未必是针对西汉的具体政策。

④ 金春峰：《汉代思想史》，北京：中国社会科学出版社，1997，第302页。

其意，与盟于天以坚其约，质其爱子以累其心，匈奴虽欲展转，奈失重利何，奈欺上天何，奈杀爱子何。夫赋敛行赂不足以当三军之费，城郭之固无以异于贞士之约，而使边城守境之民父兄缓带，稚子咽哺，胡马不窥于长城，而羽檄不行于中国，不亦便于天下乎！”[①] 对于董仲舒的这条建议，班固评价为“察仲舒之论，考诸行事，乃知其未合于当时，而有阙于后世也”[②]。汉宣帝以后，汉政府的对匈政策大体与董仲舒的设想吻合，但在汉武帝时期缺乏实践的基础，自然，董仲舒的这条建议被汉武帝忽略了。

董仲舒显然并不满足于一般性的议政，他给自己的目标定位是帝王师，甚至是天意的人间代言人。这一点在《天人三策》中已充分体现，而在他任职中大夫期间的参政议政中，董仲舒再次借天意发言。《汉书·五行志》中保留了许多董仲舒的言论，这些言论肯定不是董仲舒被捕入狱之后所发。虽然班固没有说明这些言论发表的具体时间，但这些言论在董仲舒下狱前应当已经在很大范围内流传。董仲舒入狱后，不仅不敢再讲灾异，而且也不会再敢散布此前所发表过的言论，因而，见于《汉书》的这些言论多是在他入狱之前就已经广为人知了。这些言论大多是就《春秋》所记 242 年间的灾异所发的议论；但董仲舒的阴阳灾异学说并不仅仅是用来解释《春秋》的，他的最终目标还是要用来指导西汉的现实政治。我们虽然并不清楚董

① ［汉］班固：《汉书·匈奴传》，北京：中华书局，1962，第 3831 页。笔者以为，董仲舒在经历了牢狱之灾后，应该不会再就国家的根本大计方针发言。更何况，他的这番言论明显不合时宜，与汉武帝的对匈政策相左。因而笔者断定，董仲舒关于匈奴问题的言论也应该发表于下狱之前。

② ［汉］班固：《汉书·匈奴传》，北京：中华书局，1962，第 3831 页。

仲舒都说了些什么，但可以看出，汉武帝对他的不满肯定已经蓄积了许久，正在等待一个合适的时机给董仲舒一个下马威。

董仲舒在长安任职期间本来就广授门徒，后来名头更大。当时汉武帝号称“表彰六经”，于是指派宠臣吾丘寿王到董仲舒门下学习《春秋》学。当时前往董仲舒门下求教者应当远不止于吾丘寿王一人。对于这些人，董仲舒出于儒者本分循循善诱，以诚待人，并未设防。其中有人除了向董仲舒求学，暗中也承担了寻找董仲舒把柄的任务，此人就是主父偃。主父偃在此时深得汉武帝信任，虽史无文字证明他和董仲舒之间有师徒关系，但从主父偃可以在董仲舒家中翻看文稿可知，主父偃与董仲舒关系比较密切。

果然，主父偃没有让汉武帝失望，很快他就在董仲舒的家中拿到了董仲舒的一份手稿。此前在建元六年（前135），辽东高庙和汉高祖刘邦长陵发生火灾，董仲舒根据自己的阴阳灾异学说，认为这并非一场简单的火灾，而是上天在给汉武帝以警告。[①]《史记·董仲舒传》记载：“中废为中大夫，居舍，著灾异之记。是时辽东高庙灾，主父偃疾之，取其书奏之天子。”[②]董仲舒只是写了篇稿子，这个稿子是书稿还是奏稿，司马迁并没有明言。《汉书·董仲舒传》也只是说董仲舒写了篇并没有上

---

① 钱大昕曾经质疑，辽东高庙火灾发生在建元六年，主父偃入长安在元光元年，时间顺序上有误。王先谦《汉书补注》解释道：“《史记》：‘中废为中大夫，居舍，著灾异之记，是时辽东高庙灾。’是灾在为中大夫后。此云‘先是’则灾在为中大夫前。按《武帝纪》高庙高园灾在建元六年，此时仲舒尚未对策，班氏知《史记》之误，故易是时为先是也。”“灾在建元六年，仲舒草稿未上，其后偃窃奏之，非一时事也。钱氏献疑未当。”（［清］王先谦：《汉书补注》，北京：书目文献出版社，1995，第1147页。）

② ［汉］司马迁：《史记·儒林列传》，北京：中华书局，1982，第3128页。

奏的草稿："先是辽东高庙、长陵高园殿灾，仲舒居家推说其意，屮稿未上"[①]。至于董仲舒是没有来得及上奏，还是原本就不打算公开，我们无从判断。就这样一份稿子，却被主父偃发现了。

《汉书》对这件事情的记载更为详细："主父偃候仲舒，私见，嫉之，窃其书而奏焉。"[②] 古汉语中"候"字有窥视的意思，也有问候的意思。主父偃前去"候"董仲舒，包含了这两个含义，即借着去拜访问候的由头前去窥视。至于这个窥视的任务是他自己主动承担的，还是汉武帝授意的，以主父偃的为人看恐怕是兼而有之。主父偃的年纪比董仲舒小很多，他多少学过一点《春秋》学，但也不是很精，"学长短纵横术，晚乃学《易》、《春秋》、百家之言"[③]。主父偃也曾担任中大夫，与董仲舒为同僚，想必经常在公务之余向董仲舒请教一些有关《春秋》的问题。对于主父偃的到访，董仲舒也习以为常。当主父偃在董仲舒家中发现董仲舒的文稿时，司马迁称主父偃的心理活动为"疾之"，意思是对这篇文稿的内容非常不满。而班固却改为"嫉之"，这一字之别，更能反映出主父偃的小人心态。至于接下来的举动，司马迁只是平实性地叙述"取其书奏之天子"，班固则是明白指出了主父偃行为是人所不齿的偷窃，"窃其书而奏之"。

到底董仲舒说了些什么呢？《汉书·五行志》保留了这份草稿的原文：

---

① ［汉］班固：《汉书·董仲舒传》，北京：中华书局，1962，第2524页。
② ［汉］班固：《汉书·董仲舒传》，北京：中华书局，1962，第2524页。
③ ［汉］班固：《汉书·董仲舒传》，北京：中华书局，1962，第2798页。

《春秋》之道举往以明来，是故天下有物，视《春秋》所举与同比者，精微眇以存其意，通伦类以贯其理，天地之变，国家之事，粲然皆见，亡所疑矣。按《春秋》鲁定公、哀公时，季氏之恶已孰，而孔子之圣方盛，夫以盛圣而易孰恶，季孙虽重，鲁君虽轻，其势可成也。故定公二年五月两观灾。两观，僭礼之物，天灾之者，若曰，僭礼之臣可以去。已见罪征，而后告可去，此天意也。定公不知省。至哀公三年五月，桓宫、釐宫灾。二者同事，所为一也，若曰燔贵而去不义云尔。哀公未能见，故四年六月亳社灾。两观、桓、釐庙、亳社，四者皆不当立，天皆燔其不当立者以示鲁，欲其去乱臣而用圣人也。季氏亡道久矣，前是天不见灾者，鲁未有贤圣臣，虽欲去季孙，其力不能，昭公是也。至定、哀乃见之，其时可也。不时不见，天之道也。今高庙不当居辽东，高园殿不当居陵旁，于礼亦不当立，与鲁所灾同。其不当立久矣，至于陛下时天乃灾之者，殆亦其时可也。昔秦受亡周之敝，而亡以化之；汉受亡秦之敝，又亡以化之。夫继二敝之后，承其下流，兼受其猥，难治甚矣。又多兄弟亲戚骨肉之连，骄扬奢侈恣睢者众，所谓重难之时者也。陛下正当大敝之后，又遭重难之时，甚可忧也。故天灾若语陛下："当今之世，虽敝而重难，非以太平至公，不能治也。视亲戚贵属在诸侯远正最甚者，忍而诛之，如吾燔辽〔东〕高庙乃可；视近臣在国中处旁仄及贵而不正者，忍而诛之，如吾燔高园殿乃可"云尔。在外而不正者，虽贵如高庙，犹灾燔之，况诸侯乎！在内不正者，虽贵如高园殿，犹燔灾之，况大臣乎！此天意也。罪在外者天灾外，罪在内者天灾内，燔甚罪当重，燔简罪当轻，承天意之道也。①

董仲舒所讲的这套灾异学说，无异于给皇帝套上了一个紧箍咒，“屈民而伸君，屈君而伸天，《春秋》之大义也”②。萨孟武先生指出：“人主既不受人的牵制，又不受法的约束，于是董仲舒就于天子之上，置之以天。”③ 葛兆光先生也说：“其实就是在权力已经无限的君主之上再安放一个权力更加无限的‘天’。”④ 萧公权先生总结道：“天权对君权之限制有二：一曰予夺国祚，二曰监督政事。”⑤ 汉儒们以天的代言人自居，把己意说成是天意，这当然是汉武帝所不能容忍的。汉武帝并非儒学的信徒，他只不过是要拿儒学来装点门面而已。汉武帝在拿到这篇奏对的时候，肯定是非常愤怒的，虽然其中所提的建议，如处置诸侯王、惩罚当权大臣之类，未必不是汉武帝想要做的事情。他不能容忍的是董仲舒以“帝王师”的姿态对朝政指手画脚，于是决心要处置董仲舒。汉武帝此时虽然三十岁上下，但对于运用权谋之术已得心应手。拿到这篇奏对之后，汉武帝并没有立即发作，他还需要有人来配合演一出双簧，这个人就是吕步舒。

---

① ［汉］班固：《汉书·五行志（上）》，北京：中华书局，1962，第1331—1333页。
② ［清］苏舆撰、钟哲点校：《春秋繁露义证·玉杯》，北京：中华书局，1992，第32页。
③ 萨孟武：《中国政治思想史》，北京：东方出版社，2008，第169页。
④ 葛兆光：《中国思想史》（第一卷），上海：复旦大学出版社，2001，第269页。
⑤ 萧公权：《中国政治思想史》，沈阳：辽宁教育出版社，1998，第278页。

吕步舒也是董仲舒的弟子，无论是《史记》还是《汉书》都把吕步舒作为董仲舒众弟子中的佼佼者来介绍，他对董仲舒的思想学术应该是非常熟悉的。我们注意到董仲舒草稿中的立论依据依然是他的《春秋》学理论。董仲舒先是讲述了自己对《春秋》的有关理解，再把它运用到汉代的具体事例之中。吕步舒在看到这篇稿子的时候完全可以看出这是老师的文笔。而且，作为高才弟子，吕步舒对老师的笔迹也应该是熟悉的，没有证据证明汉武帝给吕步舒看的稿子是经过誊写的。

大庭广众之下，吕步舒当着满朝大臣看了董仲舒的草稿后，装着不知道是谁写的，立即慷慨激昂地对它进行讨伐。《史记》记载："天子召诸生示其书，有刺讥。董仲舒弟子吕步舒不知其师书，以为下愚。"既然你的学生都认为这篇稿子是大逆不道的"下愚"之作，你董仲舒还有何话可说？于是汉武帝毫不客气地把董仲舒下狱，判了死刑，"于是下董仲舒吏，当死"①。

但董仲舒毕竟是当世大儒，号称"儒者宗"，乃一代宗师。汉武帝这个时候又需要儒学这件华丽的外衣来装点门面，真的把董仲舒处死了，"表彰六经"的戏就唱不下去了。很快，汉武帝便下令赦免了董仲舒。但汉武帝的目的已经实现，"仲舒遂不敢复言灾异"②。董仲舒尚且识趣地闭上了嘴巴，何况他人？汉武帝不是杀鸡给猴看，而是直接杀猴给鸡看！

保留在《古文苑》中还有一篇《雨雹对》，提到了元光元年七月所发生的冰雹。在这篇文献中，董仲舒解释了为什么会

① ［汉］司马迁：《史记·儒林列传》，北京：中华书局，1982，第3128页。
② ［汉］班固：《汉书·董仲舒传》，北京：中华书局，1962，第2524页。

出现冰雹，并且委婉地提到圣人在世的时候，“太平之世则风不鸣条，开甲散萌而已；雨不破块，润叶津茎而已；雷不惊人，号令启发而已；电不炫目，宣示光耀而已；雾不塞望，浸淫被洎而已；雪不封条，凌殄毒害而已。云则五色而为庆，三色而成矞，露则结味而成甘，结润而成膏。此圣人之在上，则阴阳和风雨时也”。国有乱政则相反，“政多纰缪则阴阳不调，风发屋，雨溢河，雪至牛目，雹杀驴马，此皆阴阳相荡而为祲沴之妖也”。[①] 这篇文章并没有将冰雹指向具体的人和事，只是笼统地讲了一些阴阳二气运行的规律和冰雹产生的原因，并不会招惹太大的麻烦，因而，这篇《雨雹对》应该在此之前就已经公开发表过了，它和董仲舒的牢狱之灾没有太大关系。

在这场风波中，主父偃和吕步舒为汉武帝立下了大功，赢得了汉武帝的宠信，很快就受到重用。主父偃官至齐王相，吕步舒官至丞相长史，都是二千石的高官，但是这些无耻小人后来都没有好下场，主父偃得罪了公孙弘而被灭族，而吕步舒最终的下场也是灭族。《盐铁论》记载：“吕步舒弄口而见戮，行身不谨，诛及无罪之亲。”[②]

对于董仲舒入狱是哪一年，《史记》《汉书》都没有记载。不过，根据《汉书》记载，主父偃在元朔二年（前 127）出任齐相，他盗窃董仲舒草稿只可能是在元朔二年之前。《秦汉经学学术编年》等著作把董仲舒入狱之年定在元朔元年。而在元朔元年，主父偃还曾经告发了燕王刘定国的隐私，刘定国自杀，

---

① 严可均：《全上古三代秦汉三国六朝文》，北京：中华书局，1958，第 257 页。

② 王利器：《盐铁论校注》，北京：中华书局，1992，第 309 页。

“发燕王定国阴事，偃有功焉”①。当时群臣都对主父偃敬而远之：“大臣皆畏其口，赂遗累千金。”主父偃的人品暴露无遗。“或说偃曰：‘大横！’偃曰：‘臣结发游学四十余年，身不得遂，亲不以为子，昆弟不收，宾客弃我，我厄日久矣。丈夫生不五鼎食，死则五鼎亨耳！吾日暮，故倒行逆施之。”② 对于这样一位倒行逆施之辈，董仲舒肯定不会与之结交，让他随意出入自己的家中。因而，笔者以为董仲舒入狱之年应该是在元朔元年之前，很有可能是元光六年（前129）。

（五）再相骄王

出狱后的董仲舒又恢复了中大夫之职。汉元帝时刘向上书称：“董仲舒坐私为灾异书，主父偃取奏之，下吏，罪至不道，幸蒙不诛，复为太中大夫，胶西相，以老病免归。汉有所欲兴，常有诏问。仲舒为世儒宗，定议有益天下。”③ 刘向上书中的“太中大夫”应该是“中大夫”之误，董仲舒能够被赦免已经是幸运，断然没有升官为太中大夫的道理。

有学者认为董仲舒在出狱后，又回到了江都王相的任上。对此，王泽在《董仲舒年谱考补》一文中认为董仲舒并未再任

---

① ［汉］班固：《汉书·严朱吾丘主父徐严终王贾传》，北京：中华书局，1962，第2803页。关于燕王刘定国之死，《史记·荆燕世家》《汉兴以来诸侯年表》都记为元朔元年。《汉书·诸侯王表》也记在元朔元年，而《汉书·荆燕吴传》笼统地说是在“元朔中”，并且说刘定国在位四十二年。综合这几条材料，刘定国自杀应该在元朔元年，《汉书》本传中的四十二年，王先谦《汉书补注》引宋祁之说认为这是二十四年的倒文。宋说可从。

② ［汉］班固：《汉书·严朱吾丘主父徐严终王贾传》，北京：中华书局，1962，第2803页。

③ ［汉］班固：《汉书·楚元王传》，北京：中华书局，1962，第1930页。

江都王相。他认为，江都王刘非去世后，刘非之子刘建所为狂悖，董仲舒若担任江都王相，肯定会有所匡正。再说，公孙弘为丞相期间，董仲舒曾经与瑕丘江公辩论《春秋》学。假如董仲舒再次出任江都王相的话，远在江都的董仲舒肯定无法与瑕丘江公辩论。由此，王泽的说法可以成立。[①] 其实，之所以有人会误以为董仲舒再次回到江都王相任上，一个重要的依据是保留在《古文苑》里的一篇署名董仲舒的《诣丞相公孙弘记室书》。在这篇书信里，董仲舒自称“江都相董仲舒”，于是很多人以为董仲舒出狱后又回到了江都。在笔者看来，这篇《诣丞相公孙弘记室书》的真伪存疑。这篇书信是如此开头的：“江都相董仲舒叩头死罪，再拜上言。”[②] 西汉人臣之间的书信不会用“叩头死罪”这样的谦辞，这样的谦辞只可能出现在给皇帝的奏对之中，而且文中也一再出现“叩头死罪”的字眼，显然与董仲舒、公孙弘二人的关系不符。《史记》《汉书》都对董仲舒的人品称赞有加，董仲舒纵然给公孙弘写信也不会如此自贬，而且董仲舒在经历了牢狱之灾以后，也不太可能如此莽撞地给公孙弘写信，教导他该如何做一个称职的丞相。此前公孙弘已经在主父偃之死、郭解之死中充分暴露了其阴险的本性，董仲舒虽说看不起公孙弘的为人，也没有必要主动去得罪公孙弘。所以，这篇《诣丞相公孙弘记室书》极有可能是后世的伪作，我们更不能以这篇伪作为依据，认为董仲舒在出狱后又回到了江都王相的任上。

---

① 王泽：《董仲舒年谱考补》，《衡水学院学报》2019 年第 3 期。

② ［清］严可均：《全上古三代秦汉三国六朝文》，北京：中华书局，1958，第 257 页。

公孙弘狱吏出身，其学驳杂，后来跟着胡毋生多少学了一点《春秋》学，司马迁用“颇受焉”三个字道出了公孙弘的学术水平。相传公孙弘第一次到长安的时候，见到著名《诗经》学者辕固生“仄目而事固”，辕固生就警告公孙弘：“公孙子，务正学以言，无曲学以阿世!”[①] 但是，公孙弘“习文法吏事，而又缘饰以儒术”的特点深受汉武帝的欣赏，“上大说之”[②]。另外，他那一套阿谀奉承的功夫，也让汉武帝很受用。于是，数年间公孙弘平步青云，得以封侯拜相。在公孙弘之前，西汉都是由列侯出任丞相，这一惯例由公孙弘打破，汉武帝特地封公孙弘为平津侯。对于公孙弘的为人，董仲舒不用公开表达对他的不满，仅董仲舒的廉正品格本身就足以让公孙弘若芒刺在背了，而且公孙弘自己那点儿“《春秋》杂说”也让他在董仲舒面前自惭形秽。

在董仲舒任职中大夫期间，汉匈战争进入白热化阶段。司马迁在《史记·儒林列传》中说“是时方外攘四夷”[③]，意在强调战争期间大儒董仲舒无用武之地，实则也不全是如此。汉武帝无论对外作战，还是对内加强中央集权，都需要儒生对其既定政策提供论证，因此大儒董仲舒的象征意义不可小视。

汉武帝发动对匈作战，并非没有遭到反对，他需要来自儒学的理论支撑。在汉武帝罢黜百家之后，地位最为尊崇的是《公羊》学派。虽说《公羊》学派获得这一地位的原因有很多，但《公羊》学派“尊王攘夷”的学说无疑是汉武帝所需要的。

---

① ［汉］班固：《汉书·儒林传》，北京：中华书局，1962，第3612页。
② ［汉］司马迁：《史记·平津侯主父列传》，北京：中华书局，1982，第2950页。
③ ［汉］司马迁：《史记·儒林列传》，北京：中华书局，1982，第3128页。

“内其国而外诸夏，内诸夏而外夷狄”是《公羊》学派的重要立场，《公羊传》对诸夏反击夷狄的战争一直持肯定的态度。比如，庄公十九年“夏，公追戎于济西”，对此《公羊传》的解说是：“此未有言伐者，其言追何？大其为中国追也。此未有伐中国者，则其言为中国追何？大其未至而豫御之也。其言于济西何？大之也。”[①] 对鲁庄公主动追击诸戎，《公羊传》给予了高度的肯定。《公羊》学派也强调复仇，后来《公羊传》的复仇理论也成了汉武帝再次出兵的直接借口：“高皇帝遗朕平城之忧，高后时单于书绝悖逆。昔齐襄公复九世之仇，《春秋》大之。”[②] 春秋时期齐襄公讨伐纪国，借口是要复九世之仇，对此《公羊传》也是赞赏的。《公羊传》强调哪怕是百世之仇也是可以复的。汉高祖刘邦曾经被围困于白登山七天七夜，到吕后时冒顿单于又写信羞辱吕后。刘邦、吕后距离汉武帝仅四世，汉武帝的复仇更是天经地义的，从而使汉武帝的对匈战争具有了正义性。既然汉武帝要利用《公羊传》，董仲舒作为《公羊》学大家，即便他不敢随便说话，他的影响力还是在的，对于汉武帝装点门面的目的来说，董仲舒还是不可或缺的。

西汉前期，《春秋》三传都有所恢复，获得了一定的发展。《公羊》学派一家独大，其他学派自然会向《公羊》学派发起挑战。《穀梁》学者瑕丘江公和董仲舒的辩论就在这一历史背景下发生了：

---

① ［清］阮元校刻：《十三经注疏·春秋公羊传》，北京：中华书局，1980 年影印本，第 2235 页。

② ［汉］司马迁：《史记·匈奴列传》，北京：中华书局，1982，第 2917 页。

瑕丘江公受《穀梁春秋》及《诗》于鲁申公，传子至孙为博士。武帝时，江公与董仲舒并。仲舒通五经，能持论，善属文。江公呐于口，上使与仲舒议，不如仲舒。而丞相公孙弘本为《公羊》学，比辑其议，卒用董生。于是上因尊《公羊》家，诏太子受《公羊春秋》，由是《公羊》大兴。太子既通，复私问《穀梁》而善之。①

丞相公孙弘也是《公羊》学派，自然会对《公羊》学派有所偏向，但能决定到底选取哪家学说的还是汉武帝。《公羊传》的一个重要特点是，它对于《春秋》的解释具有开放性，用董仲舒的话讲就是："所闻《诗》无达诂，《易》无达占，《春秋》无达辞，从变从义，而一以奉人。"② 这恰是汉武帝所需要的。《公羊》学派对汉武帝既定政策的"缘饰"作用，无疑是汉武帝倾向《公羊》学派的重要原因。至于江公口头表达能力不及董仲舒，并不会对最后汉武帝的选取结果产生太大的影响。此前曾经发生过《诗经》学者韩婴与董仲舒的辩论，董仲舒没有占到上风："武帝时，婴尝与董仲舒论于上前，其人精悍，处事分明，仲舒不能难也。"③ 但韩《诗》学派也没有能够取得如同《公羊》学派的影响力，缺乏《公羊》学派的灵活性、开放性应当是一个重要的原因。④

---

① ［汉］班固：《汉书·儒林传》，北京：中华书局，1962，第3617页。

② ［清］苏舆撰、钟哲点校：《春秋繁露义证·精华》，北京：中华书局，1992，第95页。

③ ［汉］班固：《汉书·儒林传》，北京：中华书局，1962，第3613页。

④ 董仲舒与韩婴辩论发生的时间史无明文，但韩婴在汉文帝时已经担任博士，汉景帝时出任诸侯王太傅，韩婴应当年长于董仲舒。他们的辩论应当是发生在董仲舒回到长安任中大夫之后、出任胶西王相之前的某个时间。

同为《公羊》学派的公孙弘一方面需要《公羊》学大家董仲舒的支持，另一方面他又对董仲舒的学术、人品充满了忌恨。一旦忌恨超过需要，公孙弘就要向董仲舒下手了。公孙弘一贯的手法是，陷害别人总有冠冕堂皇的理由，而且义正词严。这一次公孙弘打算假借胶西王刘端之手除掉董仲舒。

胶西王刘端也是汉武帝的兄长，《汉书》称其"为人贼盭(戾)"，"数犯法，汉公卿数请诛端，天子弗忍，而端所为滋甚"。[①] 在汉武帝的容忍下，刘端更加放纵。在这种情况之下，胶西王相是一个风险指数很高的职务："相二千石至者，奉汉法以治，端辄求其罪告之。亡罪者诈药杀之。所以设诈究变，强足以距谏，知足以饰非。相二千石从王治，则汉绳以法。故胶西小国，而所杀伤二千石甚众。"[②] 于是公孙弘向汉武帝建议，董仲舒于当今之世德行罕有其匹，声望海内无二，董仲舒之前在江都能够"以礼谊匡正"，赢得了江都王刘非的尊重，相信董仲舒也应该能够匡正胶西王刘端的过失，所以董仲舒出任胶西王相再合适不过了！如此冠冕堂皇的理由，汉武帝当然没有拒绝。就这样，董仲舒再度离开长安到地方任职。

关于董仲舒任胶西王相的时间，《史记》《汉书》均无文字记载，但从淮南王刘安谋反事件来看，胶西王刘端的表态显然是由董仲舒所授。刘安谋反发生于元狩元年（前122），董仲舒出任胶西王相应该在此之前。公孙弘担任丞相是在元朔五年（前124）至元狩二年（前121），由此本文把董仲舒出任胶西王

---

① ［汉］班固：《汉书·景十三王传》，北京：中华书局，1962，第2418页。
② ［汉］班固：《汉书·景十三王传》，北京：中华书局，1962，第2419页。

相的时间定在元朔六年（前123）。

打击地方诸侯王是汉武帝施政的一个重点，汉武帝与地方诸侯之间的矛盾也日趋尖锐，因此在这种情况之下发生了淮南王刘安谋反事件。《史记》用了很大篇幅记载刘安的“谋反”。读了司马迁的记载，我们会发现，刘安始终处于“谋而未反”的状态。汉武帝该如何在处置刘安的同时又能堵天下悠悠之口呢？这个时候汉武帝又想到了董仲舒那篇草稿中的“视亲戚贵属在诸侯远正最甚者，忍而诛之”，这不正是汉武帝准备做的事情吗？此前吕步舒的卖师求荣，也让汉武帝印象深刻，于是“上思仲舒前言，使仲舒弟子吕步舒持斧钺治淮南狱，以《春秋》谊颛断于外，不请”①。吕步舒获得了皇帝的充分授权后，在淮南衡山兴起大狱，数万人被株连而死。吕步舒处置淮南衡山谋反案的依据就是“《春秋》谊”。汉武帝对吕步舒的处置非常满意，“持节使决淮南狱，于诸侯擅专断不报，以《春秋》之义正之，天子皆以为是”②。

吕步舒所依据的《春秋》大义是什么呢?《公羊传·庄公三十二年》有这样一段记载：“公子牙今将尔，辞曷为与亲弑者同？君亲无将，将而诛焉。”③ 公子牙即将谋反，结果被公子友依法诛杀，因为作为臣子不能对君亲有任何犯罪的想法，一旦有了这样的想法，将要犯罪，就等同于犯罪，对君亲的犯罪连“将”都是不可以的。而这里，给刘安、刘赐等人所定的罪名就

---

① ［汉］班固：《汉书·五行志》，北京：中华书局，1962，第1333页。

② ［汉］司马迁：《史记·儒林列传》，北京：中华书局，1982，第3129页。

③ ［清］阮元校刻：《十三经注疏·春秋公羊传注疏》，北京：中华书局，1980年影印本，第2242页。

是“将”。

刘安等人谋反的罪状被公布于天下之后，各地诸侯纷纷表态拥护汉武帝的英明决策。其中刘端在上书中说：“安废法度，行邪辟，有诈伪心，以乱天下，营惑百姓，背畔宗庙，妄作妖言。《春秋》曰‘臣毋将，将而诛。’安罪重于将，谋反形已定。臣端所见其书印图及它逆亡道事验明白，当伏法。论国吏二百石以上及比者，宗室近幸臣不在法中者，不能相教，皆当免，削爵为士伍，毋得官为吏。其非吏，它赎死金二斤八两，以章安之罪，使天下明知臣子之道，毋敢复有邪僻背畔之意。”①这篇奏对显然不可能出自刘端之手，而只能来自胶西王相董仲舒。这篇奏对不仅根据《春秋》之义强调刘安其罪当诛，支持汉武帝的决定，而且还主张不大规模株连，除了主张刘安死罪之外，其他人不过是免职、罚金而已。这和吕步舒在淮南的所作所为截然相反，反而与董仲舒一贯反对酷刑滥杀的观点相一致。

胶西王刘端虽一贯骄奢不法，但对于当世大儒董仲舒还是十分尊重的，并没有加害董仲舒。而此时的董仲舒已无意于仕途，继续待下去又怕刘端会故态复发，于是决定终结战战兢兢的仕宦生涯。根据汉制，请病假超过三个月就会被免官，董仲舒于是以此免官。董仲舒免官后回到长安，汉武帝曾经派廷尉张汤向董仲舒咨询朝廷事务。张汤于元狩二年（前121）升任御史大夫，由此推算，董仲舒免官最晚不会超过元狩二年。

---

① ［汉］班固：《汉书·淮南衡山济北王传》，北京：中华书局，1962，第2152—2153页。

对于董仲舒的仕宦生涯，班固给予了高度的评价："凡相两国，辄事骄王，正身以率下，数上疏谏争，教令国中，所居而治。"[1] 可见董仲舒在胶西王相任上，对刘端多少起到了一些匡正作用。董仲舒廉直的品格对于他治下的吏治也会有很大程度的改善，儒生治国，所看重的除了钱粮刑狱之外，还有移风易俗，其中"教令国中"就是将儒家所主张的伦理道德转化为民间可以执行的具体条令，同时以教化来推广其主张。在班固看来，董仲舒的这些举措取得了很好的效果，"所居而治"。在诞生了众多酷吏的汉武帝时代里，董仲舒的作为实属难能可贵。

三、退隐长安

根据汉武帝时期的"迁豪令"，曾经担任过二千石级别以上的官员，都需要迁居关中。董仲舒免官以后没有能够回到他的广川老家，而是再次回到了长安。晚年的董仲舒值得说的有两件事：一是继续发挥顾问的作用，为汉武帝提供咨询；二是著书立说，完善自己的学术体系。

（一）顾问应对

元狩二年（前121），汉武帝即位已整整二十年，他的执政思路更为清晰，执政目标也更为明确，对内加强中央集权，对外强势扩张，执政策略更为成熟稳重。他需要表里兼顾，既能得到自己想要的效果，又能收服天下人心。对于汉武帝来说，董仲舒这样的循吏型官员待在地方上，并不是他所期望的，他

---

① ［汉］班固：《汉书·董仲舒传》，北京：中华书局，1962，第2525页。

需要的是酷吏。他把董仲舒召到中央，不仅可以体现朝廷尊儒的姿态，而且也可以让董仲舒随时为自己的内外政策提供论证。晚年的董仲舒虽说不会改变自己的品行，但他也不会再主动去触汉武帝的逆鳞。他也清楚，皇帝所谓的咨询并不是要自己提供意见，而是为皇帝既定的政策提供理论背书而已。因而，虽说汉武帝并没有再任命董仲舒任何职务，但晚年的董仲舒在长安享受了很高的礼遇。班固在《汉书》中称董仲舒“及去位归居，终不问家产业”①，其实只是表明董仲舒志不在此，并不表示董仲舒生活穷苦。在一定程度上，晚年的董仲舒象征着朝廷的脸面。

如此说来，董仲舒岂不也成了逢迎之辈、阿谀之徒？先秦士人可以傲视王侯，比如孟子在游说诸侯的时候曾经说：“说大人则藐之。”但秦汉以后就不同了，如同扬雄所说：“当今县令不请士，郡守不迎师，群卿不揖客，将相不俛眉”②。大将军卫青战功显赫，但是一直非常低调。苏建曾经劝卫青也应该效仿古代的名将，结交士人，卫青回答道：“自魏其、武安之厚宾客，天子常切齿。彼亲待士大夫，招贤黜不肖者，人主之柄也。人臣奉法遵职而已，何与招士！”③ 可见士人已经失去了高调的外在条件，更何况董仲舒面对的是一代雄主汉武帝？

汉武帝加强中央集权的一个重要内容就是钳制言论，在这一点上汉武帝和秦始皇是一脉相承的。元朔六年（前123），大司农颜异仅仅因为在讨论政策的时候“微反唇”，就被张汤奏请

---

① ［汉］班固：《汉书·董仲舒传》，北京：中华书局，1962，第2525页。
② ［汉］班固：《汉书·扬雄传》，北京：中华书局，1962，第3570页。
③ ［汉］班固：《汉书·卫青传》，北京：中华书局，1962，第2493页。

判处死刑："汤奏当异九卿见令不便，不入言而腹非，论死。自是后有腹非之法比，而公卿大夫多谄谀取容。"① 在这种情况之下，董仲舒如果不想步颜异的后尘，只能选择沉默。当士人已经开始低下高昂的头颅时，我们便不能苛责董仲舒了。

汉武帝加强中央集权的一个重要措施是设立内朝，给一些低级别官员加上"侍中""给事中"等官衔，让他们进宫参与决策，而作为百官之首的丞相逐渐失去了决策权，仅能执行内朝的决策。汉武帝设立的内朝所信用的人主要有严助、朱买臣、吾丘寿王、主父偃、徐乐、严安、终军等人。这些人除了自身的才能以外，也都能对汉武帝投其所好，因而深受汉武帝信任。然而在汉武帝要制礼作乐表彰六经的时候，上述诸人却多是杂学出身，他们虽能够帮助汉武帝实现其政治意图，却不能配合汉武帝进行政治表演。早在董仲舒担任中大夫之时，汉武帝就下令让吾丘寿王向董仲舒学习《春秋》学，汉武帝也曾经要求严助"具以《春秋》对，毋以苏秦纵横"②。虽说我们不清楚严助的《春秋》学是向谁学的，但从其给汉武帝的上书中引用《公羊传》来看，他曾向董仲舒学习的可能性是很大的。其他像吾丘寿王一样奉命向董仲舒学习的人也不少。董仲舒回到长安以后，虽已年迈，但向他拜师的人也有一些。这里还需要特别提出一个人，他就是张汤。张汤虽不能算董仲舒的正式弟子，但他多次奉命向董仲舒咨询，"仲舒在家，朝廷如有大议，使使者及廷尉张汤就其家而问之"③。

---

① ［汉］班固：《汉书·食货志》，北京：中华书局，1962，第1168页。
② ［汉］班固：《汉书·严助传》，北京：中华书局，1962，第2789页。
③ ［汉］班固：《汉书·董仲舒传》，北京：中华书局，1962，第2525页。

张汤出身于一个法律世家，早在孩童时代就表现出法律方面的天分，但其生性刻薄寡恩，是典型的酷吏代表。在进入仕途后，他参与审理皇后陈阿娇巫蛊一案，因“深竟党与”[①] 大肆株连无辜，深受汉武帝的赏识。西汉前期的黄老政治，毕竟在一定程度上纠正了秦法的严苛。汉武帝为加强中央集权对汉代的法律也进行了大规模的修订，张汤和赵禹成为汉武帝的重要帮手。元朔三年（前126），张汤被任命为廷尉。不过，不同于一般的酷吏，张汤很能跟上时代的脚步：“是时，上方乡文学，汤决大狱，欲傅古义，乃请博士弟子治《尚书》《春秋》，补廷尉史，平亭疑法。”[②] 而且，张汤手下聚集的爪牙也都懂得附会经义，“而深刻吏多为爪牙用者，依于文学之士”[③]。张汤为人虽有刻薄寡恩的一面，但也有谦恭念旧的一面，“汤至于大吏，内行修，交通宾客饮食，于故人子弟为吏及贫昆弟，调护之尤厚。其造请诸公，不避寒暑”[④]。在这种情况下，张汤主动结交大儒董仲舒也是情理之中的事。当然，对于张汤的主动结交，董仲舒也不敢断然拒绝。

《春秋》决狱是汉代法治的一个特色，前述淮南王刘安谋反案中，《春秋》就成为判决的重要依据。而张汤也是淮南、衡山大狱的重要参与者，“及治淮南、衡山、江都反狱，皆穷根本”[⑤]。《春秋》学恰是张汤所欠缺的，虽手下多博士弟子，但假如自己一窍不通，也无法充分发挥儒学的“缘饰”作用。既然朝廷经

---

① ［汉］班固：《汉书·张汤传》，北京：中华书局，1962，第2638页。
② ［汉］班固：《汉书·张汤传》，北京：中华书局，1962，第2639页。
③ ［汉］班固：《汉书·张汤传》，北京：中华书局，1962，第2639页。
④ ［汉］班固：《汉书·张汤传》，北京：中华书局，1962，第2639页。
⑤ ［汉］班固：《汉书·张汤传》，北京：中华书局，1962，第2640页。

常派张汤向董仲舒咨询，张汤借机向董仲舒请教《春秋》学也在情理之中。如前所述，《公羊》学派的特点之一是其解释的开放性，不同的人在使用同一条经义时可能会有不同的结论。从董仲舒所留下的《春秋决狱》逸文可以看出，董仲舒在把《春秋》运用到法律实践时总朝着宽松的方向解释。我们不知道今天所留下的这几条逸文是在什么环境下写出的，但假如有张汤这样的酷吏主动请教的话，董仲舒也有可能想借助讲解《春秋》，试图影响这位酷吏。

《春秋繁露》中有一篇与张汤奉命咨询有关的文献，这就是《郊事对》。在正式介绍这篇文献之前，首先介绍一下西汉的礼制建设。对于一个古代的皇朝而言，礼制建设不仅能彰显皇家的威仪，更是强调政权合法性的一个重要手段。通过各种祭典活动，汉家天子的威权获得上天的证明，其重要性不言而喻。西汉初年刘邦君臣基本沿用秦朝旧制，汉文帝、汉景帝清静无为，也都没有进行有效的建设。汉武帝即位后，儒生们都期待天子来个大改观，“汉兴已六十余岁矣，天下艾安，缙绅之属皆望天子封禅改正度也”[①]。但是看《史记·封禅书》就明白，汉武帝热衷的是“尤敬鬼神之祀”[②]，庄严的国家祀典被各路方士搞得乌烟瘴气，李少君、少翁、栾大等人纷纷登场。痴迷于求仙的汉武帝，也把封禅等儒家所向往的礼制盛典搞成了求仙仪式。对此，儒生肯定是不满的。比如后来的泰山封禅，因为和儒生们产生了分歧，汉武帝干脆将儒生们甩在山下，晾在一边。

---

① ［汉］司马迁：《史记·封禅书》，北京：中华书局，1982，第1384页。
② ［汉］司马迁：《史记·封禅书》，北京：中华书局，1982，第1384页。

董仲舒和张汤的问答就是在这一背景下发生的。

在汉朝礼制中，郊祀之礼是古代最为隆重的典礼，郊祀的对象就是“天”。古人说“性与天道不可得闻”，虽说是孔门之徒，但后世儒生也逐渐吸收了阴阳学派的主张，把“天”作为最高的理论支撑，儒学呈现出一定的神学化倾向。在儒学所理解的祀典中，郊祀也处于最高的位置。相对于方士们的装神弄鬼，儒学更倾向于把郊祀看成是天子向上天汇报工作的一种仪式。儒生既用天来论证现行秩序的合理性，又需要用天来限制君权。对于董仲舒来说，灾异可以不再讲，但天却不能不祭祀。天是董仲舒思想体系的根基。

在《郊事对》中，董仲舒首先强调了郊祀的重要性：“所闻古者天子之礼，莫重于郊。郊常以正月上辛者，所以先百神而最居前。礼，三年丧，不祭其先，而不敢废郊。郊重于宗庙，天尊于人也。”[①] 在所有的祭祀活动中，郊祀是最先举行的。即便是天子处于三年丧期间，也不能停止对天的祭祀。然后董仲舒引用《王制》对郊祀所使用的牺牲进行了解释：“《王制》曰：‘祭天地之牛茧栗，宗庙之牛握，宾客之牛尺。’此言德滋美而牲滋微也。《春秋》曰：‘鲁祭周公，用白牡。’色白，贵纯也。帝牲在涤三月，牲贵肥洁，而不贪其大也。凡养牲之道，务在肥洁而已。驹犊未能胜刍豢之食，莫如令食其母便。”[②] 这里所强调的是，祭天所用的牺牲应当重视其洁净，而并不追求其大。

---

① ［清］苏舆撰、钟哲点校：《春秋繁露义证·郊事对》，北京：中华书局，1992，第414页。

② ［清］苏舆撰、钟哲点校：《春秋繁露义证·郊事对》，北京：中华书局，1992，第414—415页。

接下来董仲舒解释了鲁国祭祀周公使用“白牡”的原因。根据礼制，周公作为臣子，祭祀他的时候不能使用纯色的牺牲。但由于周公在西周初年做出了巨大历史贡献，“继文武之业，成二圣之功，德渐天地，泽被四海”①，所以成王为了报答周公特别允许周公享有天子才能用的祀典，只不过所用牺牲的颜色和周天子有所区别罢了。也正是因为周公伟大的历史贡献，周天子特许作为周公后裔的鲁国可以祭天，而祭天本是天子的特权。这里都强调了周公的圣德。

根据礼制，在宗庙祭祀的时候需要使用野鸭，但野鸭并不能随时得到。汉武帝就委托张汤询问是否可以用家鸭来代替，董仲舒则立即否定了。董仲舒强调，宗庙祭祀是非常严肃的事情，皇帝陛下既然已经斋戒沐浴以表达自己的敬重，为何在鸭子这样的小事情上反倒不谨慎了呢？当然，最后董仲舒还少不了表达对朝廷派九卿下问的荣幸和感激。

“儒”本是一种职业，相当于重大礼仪场合下的傧相或司仪。孔子出现后，儒家学派建立，儒者才有了“德性”的方向，通过追随孔子学习儒学、自身修养等，变成后世所讲的儒者。礼崩乐坏下的春秋时期，孔子所办的私学里依然把礼作为重要教学内容。孔子周游列国的时候还不忘带着学生教他们礼。比如在宋国的时候，孔子还曾经和学生们一起在大树之下行礼；在卫国的时候，孔子还特别向卫灵公强调自己的特长是礼。但是，孔子对礼进行了创造性转化，赋予了礼以“仁”的内核，

---

① ［清］苏舆撰、钟哲点校：《春秋繁露义证·郊事对》，北京：中华书局，1992，第416页。

礼的仪式是仁外化的表现。当然孔子也告诫自己的学生，要做君子儒，不要做小人儒。所谓小人儒，就是把礼当成混饭吃的工具而已。孔子之后，儒家重视礼，强调规则秩序，同时赋予礼以理性化的色彩。董仲舒讲天，虽说有神学化的倾向，但并没有离开儒学的根本范围，与方士们所鼓捣的各种活动有着本质的区别。这一点在《郊事对》中有很充分的体现，董仲舒还是试图将汉武帝拉回到儒家的框架内。

《郊事对》这篇奏对总体上是温和的，虽和汉武帝求仙尚鬼的风格不同，但也不至于触碰汉武帝的逆鳞。类似野鸭这种小问题，接纳董仲舒的意见，还能彰显汉武帝的尊贤纳谏。至于根本性问题，汉武帝依然故我。汉武帝时期的国家祀典继续朝着巫术化方向前进。“汉有所欲兴，常有诏问。仲舒为世儒宗，定议有益天下。”① 然而这不过是刘向等儒生虚幻放大之后的历史记忆，将朝廷偶尔的垂问看成了一种常态。

（二）著书立说

对于一个学者而言，其学术生命远远比其政治生命重要。董仲舒在晚年终结了其政治生命，却书写了其学术生命的华章。晚年的董仲舒在学术上主要有两点值得称道，一是诲人不倦，二是著书立说。

如前所述，除了有张汤等显贵出于种种原因而向董仲舒问学之外，晚年的董仲舒还培养出了一些优秀的弟子，被称为“儒者宗”的弟子众多，其中比较突出的有“兰陵褚大，东平嬴

① ［汉］班固：《汉书·楚元王传》，北京：中华书局，1962，第1930页。

公，广川段仲，温吕步舒”①。

河内温县人吕步舒卖师求荣，得以飞黄腾达，显赫一时，但最终也被汉武帝所抛弃，死于非命，而且从传世文献来看，吕步舒在学术上也并没有值得称道之处。

兰陵人褚大，也是董仲舒早年重要的弟子，是最早的五经博士之一。董仲舒在《天人三策》中向汉武帝提议兴建太学，但一直到十年后的元朔五年（前124）公孙弘再度向汉武帝提出具体意见之后，董仲舒的提议才落到实处。而当时，褚大就是五经博士，可见其学术水平之高。事实上褚大也很自负。褚大担任博士时，倪宽是博士弟子，他们之间有师生名分。后来朝廷御史大夫空缺，褚大作为候选人也被征召。褚大走到洛阳听说朝廷已经任命倪宽为御史大夫，遂哈哈大笑。到长安以后，褚大在汉武帝面前与倪宽就封禅等问题展开辩论，倪宽占了上风，褚大才不得不承认学不如人。其实对于褚大，汉武帝也还是欣赏的，曾委以重任。元狩六年（前117）对匈奴作战取得巨大战果后，汉武帝派博士褚大等人巡行郡国，“持节巡行天下，存赐鳏寡，假与乏困，举遗逸独行君子诣行在所。郡国有以为便宜者，上丞相、御史以闻。天下咸喜”②。褚大的这次巡行对汉武帝而言非常重要。汉武帝时期社会矛盾空前尖锐，几乎到了总爆发的边缘。而汉武帝之所以派褚大等人出巡，就是为了缓和社会矛盾。对此，《汉书》也有记载：“犯法者众，吏不能尽诛，于是遣博士褚大、徐偃等分行郡国，举并兼之徒守相为

---

① ［汉］班固：《汉书·儒林传》，北京：中华书局，1962，第3616页。
② ［汉］班固：《汉书·五行志》，北京：中华书局，1962，第1409页。

利者。”①

董仲舒弟子之中，学术水平最高的是东平嬴公，“唯嬴公守学不失师法”②。嬴公致力于学术，无意于仕途，到汉昭帝的时候才被任命为谏大夫，但是，董仲舒所有弟子之中，最重要的应该就是嬴公了，因为整个西汉后期《公羊》学的主流都传自董仲舒、嬴公这一谱系。

汉武帝的宠臣吾丘寿王也算是董仲舒的入室弟子。不过，吾丘寿王显然无论是人品还是学术，都不及他老师的万分之一。另外，深受汉武帝欣赏的少年才俊终军也曾经向董仲舒问学。从时间上说，终军到长安时，董仲舒退居长安，终军完全具备向董仲舒请教的条件。而且，元鼎年间（前116—前111）博士徐偃在奉命出巡过程中，擅自下令废除了有些地区的盐铁官营政策。汉武帝勃然大怒，要治徐偃的罪。徐偃却引用《公羊传》的典故辩驳道：“大夫出疆，有可以安社稷，存万民，颛之可也。”③ 汉武帝派终军来折服徐偃，终军质问道：“古者诸侯，国异俗分，百里不通，时有聘会之事，安危之势，呼吸成变，故有不受辞造命颛已之宜；今天下为一，万里同风，故《春秋》‘王者无外’。偃巡封域之中，称以出疆何也?”④ 徐偃哑口无言。终军这里所讲的《春秋》“王者无外”，也是《公羊》学

---

① ［汉］班固：《汉书·食货志》，北京：中华书局，1962，第1168页。

② ［汉］班固：《汉书·儒林传》，北京：中华书局，1962，第3616页。

③ ［汉］班固：《汉书·严朱吾丘主父徐严终王贾传》，北京：中华书局，1962，第2818页。徐偃这句话出自《春秋公羊传》中的“大夫受命不受辞，出竟有可以安社稷、利国家者，则专之可也。”（［清］阮元校刻：《十三经注疏·春秋公羊传注疏》，北京：中华书局，1980年影印本，第2236页。）

④ ［汉］班固：《汉书·严朱吾丘主父徐严终王贾传》，北京：中华书局，1962，第2818页。

说。由此可见，终军的《春秋》学也有较高的造诣。

最后还要说一个重量级人物，他就是司马迁。司马迁并没有明确说自己是董仲舒的学生，班固也没有把司马迁纳入董仲舒弟子之列，但司马迁与董仲舒有过交集是可以肯定的事。司马迁在《太史公自序》中回答上大夫壶遂关于“昔孔子何为而作《春秋》哉?”的问题时说：“余闻董生曰：‘周道衰废，孔子为鲁司寇，诸侯害之，大夫壅之。孔子知言之不用，道之不行也，是非二百四十二年之中，以为天下仪表，贬天子，退诸侯，讨大夫，以达王事而已矣。’子曰：‘我欲载之空言，不如见之于行事之深切著明也。’”[①] 司马迁在书中郑重地把董仲舒搬出来，可见对司马迁而言，董仲舒并非一般意义上的道听途说，或私淑而已。司马迁担任郎官以及在任职太史令之初的几年里，董仲舒尚且在世，司马迁完全可以向董仲舒请教。而且从《史记》可以看出，司马迁的《春秋》学造诣很深，对于《春秋》三传都非常熟稔。就史实而言，司马迁多采纳《左传》，但对于人和事的评价，司马迁更倾向于《公羊传》。

董仲舒弟子之中，“通者，至于命大夫；为郎、谒者、掌故者以百数”[②]。我们完全可以借用白居易的一首诗来评价董仲舒的教师生涯：“绿野堂开占物华，路人指道令公家。令公桃李满天下，何用堂前更种花。”

晚年的董仲舒依然笔耕不辍，“以修学著书为事”[③]。对于董仲舒晚年的著述事业，班固的记载更为详细：“仲舒所著，皆明

---

① ［汉］司马迁：《史记·太史公自序》，北京：中华书局，1982，第 3297 页。
② ［汉］司马迁：《史记·儒林列传》，北京：中华书局，1982，第 3129 页。
③ ［汉］司马迁：《史记·儒林列传》，北京：中华书局，1982，第 3128 页。

经术之意，及上疏条教，凡百二十三篇。而说《春秋》事得失，《闻举》《玉杯》《蕃[1]露》《清明》《竹林》之属，复数十篇，十余万言，皆传于后世。掇其切当世施朝廷者著于篇。"[2] 关于《春秋繁露》的事，将在下节展开讨论，这里仅介绍一下《春秋繁露》之外的作品。

根据《汉书》的记载，董仲舒除《春秋繁露》之外的作品大体上包括两个方面的内容，一是"明经术之意"，二是"上疏条教"。董仲舒虽说以《公羊》学而闻名于世，但他作为一代"儒宗"，其学术并非仅限于《公羊》学，从现存董仲舒的作品中也可以看出，董仲舒对其他典籍也非常熟悉。阐述经义，肯定是董仲舒作品的重要主题。董仲舒阐述经义的显著特点是，他并非仅就经典的文本进行阐释，而是将经典纳入其思想体系之中，有些"六经注我"的特点，而非"我注六经"。《汉书·五行志》中保留了董仲舒的《高庙灾对策》和七十七条关于灾异的看法，这些应该属于"明经术之意"的范围，不仅涉及《春秋》学，也包括《尚书》等其他内容。但所有这些，都从属于董仲舒所构建起的阴阳五行体系。由《汉书·五行志》对董仲舒言论的大量引用可知，董仲舒关于灾异解说肯定有成文的作品流传至班固的时代。在牢狱之灾后，董仲舒虽说不复讲灾异学说，但其实是董仲舒不再用灾异理论评论汉代的现实政治，而不是说董仲舒绝对不再讲灾异。《汉书·五行志》所记董仲舒的言论除了被主父偃窃走的那篇之外，其余都与汉代无

---

① "蕃"通"繁"，下同。

② ［汉］班固：《汉书·董仲舒传》，北京：中华书局，1962，第2525—2526页。

关。董仲舒借助于《春秋》讲灾异，远离西汉的人和事，并不会触犯任何忌讳。当然这些言论也还会具有一定的批判性，比如董仲舒对春秋时期人和事的批评，在很大程度上可以作为西汉社会现实的参照物。但毕竟董仲舒所讲的事都是发生在春秋时期，距离汉代数百年之遥，不能说董仲舒影射。至于班固在《汉书·五行志》中所引用的董仲舒作品是什么篇名、具体写于什么时代，已不可详考。董仲舒退居长安后，晚年有十多年的安闲时光，对自己过去的作品进行整理、删削是完全有可能的。我们有理由相信，班固所引用的作品是董仲舒晚年删削整理过的定本。董仲舒过去论述灾异不可能仅仅讲了辽东高庙、元光元年雨雹等有关汉代一二事，极有可能还有些别的内容，而这些内容都在董仲舒晚年的著作整理中被删掉了。

西汉经学的主要表达形式是章句之学，不过董仲舒显然志不在此。今传《春秋繁露》中讲《春秋》学（主要是《公羊学》）是其重要内容，但《春秋繁露》并非章句之学。董仲舒主张经学要“一以奉人”，文本不是其重点。但在朝廷的太学里不可能没有一个固定的文本，而这个文本应该是当初由胡毋生整理的。董仲舒的后学发展到西汉后期，形成了两个《公羊》学派，分别是《公羊》颜氏（安乐）学派和《公羊》严氏（彭祖）学派。这两个分支之下，还有一些更小的学派，他们构成了汉代《公羊》学派的主流。虽说他们所用的文本不是董仲舒整理的，但他们也都在很大程度上继承了董仲舒的学术特点：阐释的开放性。

董仲舒作为朝廷高官，还留下了很多公文，其中包括两方面的内容：一是给皇帝的上疏奏对，二是对百姓的“条教”。前面已大致介绍了董仲舒的上疏奏对，这里有必要介绍的是“条教”。“条教”是西汉循吏型官员施政的重要手段，比如著名循吏黄霸在担任丞相后考核地方官吏的标准就是：“为民兴利除害成大化条其对，有耕者让畔，男女异路，道不拾遗，及举孝子弟弟贞妇者为一辈，先上殿，举而不知其人数者次之，不为条教者在后叩头谢。”① 再如丞相薛宣在地方任职时，“为吏赏罚明，用法平而必行，所居皆有条教可纪，多仁恕爱利”②。这些“条教”多为地方官所制定，是现行法律体系之外具有一定约束力的制度性规定。“条教”的可执行性是评价条教的一个重要标准，而西汉“条教”所关注的重点多是社会风俗，儒家所倡导的伦理是其主要指导思想。汉中央政府对“条教”的态度是复杂的：一方面“条教”可以弥补法律规定的不足，起到一定的社会治理效果，有利于维护统治秩序；另一方面，地方官制定“条教”行为本身就是对中央立法权的一种破坏。汉宣帝时的大臣张敞就在上书中对黄霸提出批评：“汉家承敝通变，造起律令，所以劝善禁奸，条贯详备，不可复加。宜令贵臣明饬长吏守丞，归告二千石，举三老孝弟力田孝廉廉吏务得其人。郡事皆以义法令检式，毋得擅为条教；敢挟诈伪以奸名誉者，必先受戮，以正明好恶。”结果“天子嘉纳敞言”。③ 从整体上，人们对“条教”还是肯定的。所以，班固才会在介绍董仲舒著作时特别提及“条教”。

至于董仲舒具体都制定了哪些“条教”，其具体格式是什

① ［汉］班固：《汉书·循吏传》，北京：中华书局，1962，第3632页。
② ［汉］班固：《汉书·薛宣朱博传》，北京：中华书局，1962，第3390页。
③ ［汉］班固：《汉书·循吏传》，北京：中华书局，1962，第3633页。

么，今天已不得而知。不过，董仲舒作为学者型官员，很善于将经典与汉代的实际情况相结合。根据《汉书·艺文志》，董仲舒还有一部《公羊治狱》十六篇，即后世所称《春秋决狱》。《后汉书·应劭传》记载："故胶东（西）相董仲舒老病致仕，朝廷每有政议，数遣廷尉张汤亲至陋巷，问其得失，于是作《春秋决狱》二百三十二事，动以经对，言之详矣。"[①] 有学者以为《公羊治狱》与《春秋决狱》是两部书，[②] 实则是一部书的不同表达而已。如司马迁所言："故汉兴至于五世之间，唯董仲舒名为明于《春秋》，其传《公羊》氏也。"[③] 董仲舒的《春秋》学即《公羊》学，因而《公羊治狱》即《春秋决狱》。此书一共十六篇，记载了二百三十二个案例，是把《公羊》学的基本理论运用到汉代法律实践中的一些案例汇编。当然，这些案例是否曾真实发生过并不重要，重要的是体现了董仲舒的法律思想。

《春秋决狱》早已散佚，清人马国翰《玉函山房辑佚书》有辑本行世。[④] 马辑本一共六条，摘引如下：

> 【藏匿养子案】时有疑狱曰："甲无子，拾道旁弃儿乙，养之，以为子。及乙长，有罪杀人，以状语甲，甲藏匿乙。甲当何论?"仲舒断曰："甲无子，振活养乙。虽非所生，

---

① ［南朝宋］范晔撰、［唐］李贤等注：《后汉书·应邵传》，北京：中华书局，1965，第1612页。

② 王永祥：《董仲舒评传》，南京：南京大学出版社，1995，第85页。

③ ［汉］司马迁：《史记·儒林列传》，北京：中华书局，1982，第3128页。此处原文为"公羊氏"，应指"《公羊》学派"，所以标点注为"《公羊》氏"。

④ ［清］马国翰：《玉函山房辑佚书》，扬州：广陵书社，2005，第1220—1221页。

谁与易之?《诗》云:‘螟蛉有子,蜾蠃负之。’《春秋》之义:父为子隐。甲宜匿乙,而不当坐。”

【弃儿殴父案】甲有子乙以乞丙,乙后长大,而丙所成育。甲因酒色谓乙曰:“汝是吾子。”乙怒杖甲二十。甲以乙本是其子,不胜其忿,自告县官。仲舒断之曰:“甲生乙,不能长育,以乞丙,于义已绝矣。虽杖甲,不应坐。”(《通典》卷六十九)

【违命纵麑案】君猎得麑,使大夫持以归。大夫道见其母随而鸣,感而纵之。君愠。议罪未定,君病恐死,欲托孤幼。乃觉之,大夫其仁乎?遇麑以恩,况人乎?乃释之,以为子傅。于议何如?仲舒曰:“君子不麛不卵,大夫不谏,使持归,非义也。然而中感母恩,虽废君命,徒之可也。”(《白孔六帖》卷二十六)。

【盗窃武库案】甲为武库卒,盗强弩弦一,时与弩异处,当何罪?论曰:“兵所居,比司马,阑入者髡,重武备,责精兵也。弩蘖、机郭、弦轴异处,盗之不至,盗武库兵陈。”论曰:“大车无輗,小车无軏,何以行之?甲盗武库兵,当弃市乎?”曰:“虽与弩异处,不得弦,不可谓弩矢射不中与无矢同,不入与无镞同。律曰:此边鄙兵,所赃直百钱者,当坐弃市。”(《白孔六帖》卷九十一)

【误伤己父案】甲父乙与丙争言相斗,丙以佩刀刺乙,甲即以杖击丙,误伤乙,甲当何论?或曰:“殴父也,当枭首。”论曰:“臣愚以为父子至亲也,闻其斗,莫不有怵怅之心,扶杖而救之,非所以欲诟父也。《春秋》之意,许止父病,进药于其父而卒,君子原心,赦而不诛。甲非律所

谓殴父，不当坐。”（《太平御览》卷六百四十）

【私为人妻案】甲夫乙将船，会海风盛，船没溺流死亡，不得葬。四月，甲母丙即嫁甲，欲皆何论？或曰：“甲夫死未葬，法无许嫁。以私为人妻，当弃市。”议曰：“臣愚以为《春秋》之义，言夫人归于齐，言夫死无男，有更嫁之道也。妇人无专制擅恣之行，听从为顺。嫁之者归也。甲又尊者，所嫁无淫行之心，非私为人妻也。明于决事，皆无罪名，不当坐。”（《太平御览》卷六百四十）

以上六条，除盗窃武库案外，都明显有一个共同的特点，那就是以《春秋》大义作为立论的依据，从而来解释现实生活中的疑义，再根据汉代法律对案情作出判断，德教为主，刑罚为辅。比如第一条，董仲舒引用《诗经》论述养父子等同于亲生父子，而后引用《春秋》大义说明甲庇护乙是以父庇子。根据汉代法律，父亲庇护儿子，无罪。上述六条，虽非完璧，但也可窥一斑。除了对盗窃武库案的解释略显从严外，董仲舒基本上都朝着无罪或轻罪的方向立论。这都体现了董仲舒重民、重义、重志的思想。

汉武帝时法律烦苛，可谓摇手触禁。《汉书·刑法志》称：“及至孝武即位，外事四夷之功，内盛耳目之好，征发烦数，百姓贫耗，穷民犯法，酷吏击断，奸轨不胜。于是招进张汤、赵禹之属，条定法令，作见知故纵、监临部主之法，缓深故之罪，急纵出之诛。其后奸猾巧法，转相比况，禁罔浸密。律令凡三百五十九章，大辟四百九条，千八百八十二事，死罪决事比万三千四百七十二事。文书盈于几阁，典者不能遍睹。是以郡国承用者驳，或罪同而论异。奸吏因缘为市，所欲活则傅生议，所欲陷则予死比，议者咸冤伤之。”① 由此我们就能明白董仲舒的良苦用心了。

在董仲舒的作品中还有一篇非常特殊的文学作品《士不遇赋》。孔子的学生颜回就曾经说过“不容而后见君子”，意思是说，思想家往往会超越他所处时代的人，而这种超越往往会造成思想家本人的人生悲剧，那就是思想家很难被社会所接受。在中国历史上，这样的例子不胜枚举，而在不同的时期，又会有所不同。先秦时期，思想家虽说很少有得志者，但至少还有选择的自由，如孔子所言：“鸟能择木，木岂能择鸟乎?”② 先秦士人还可以保持精神的高贵，傲视王侯，如同田子方曾经说过的：“亦贫贱者骄人耳。夫诸侯而骄人则失其国，大夫而骄人则失其家。贫贱者，行不合，言不用，则去之楚、越，若脱蹝然，奈何其同之哉!”③ 秦灭六国之后，一切都变了！士人不再是自己命运的主宰，在时代洪流的裹挟之下，只能随波逐流。个人对道德学术的追求，未能成为改变命运的重要砝码。

晚年的董仲舒回首自己一生的时候，更是感慨万端。他的品行是时人所共许的，他的学问无两，号称一代“儒宗”，从其两相骄王来看，他也具有一定的行政能力，有循吏之风。那么，董仲舒到底算不算“遇”呢？从表面上看，官至二千石，退职后皇帝还时常派九卿下问，这样的礼遇不是一般人可以奢望的，但董仲舒也深知“言之不用，道之不行”。孔子还可以寄深意于

① ［汉］班固：《汉书·刑法志》，北京：中华书局，1962，第1101页。
② ［汉］司马迁：《史记·孔子世家》，北京：中华书局，1982，第1934页。
③ ［汉］司马迁：《史记·魏世家》，北京：中华书局，1982，第1838页。

《春秋》，"是非二百四十二年之中，以为天下仪表，贬天子，退诸侯，讨大夫，以达王事而已矣"[①]，董仲舒的无限深意又有何处可以抒发呢？《士不遇赋》一文正是董仲舒晚年这一心态的真实反映：

> 呜呼嗟乎，遐哉邈矣。时来曷迟，去之速矣。屈意从人，非吾徒矣。正身俟时，将就木矣。悠悠偕时，岂能觉矣？心之忧兮，不期禄矣。皇皇匪宁，只增辱矣。努力触藩，徒摧角矣。不出户庭，庶无逼（过）矣。
>
> 重曰："生不丁三代之盛隆兮，而丁三季之末俗。末俗以辩诈而期通兮，贞士以耿介而自束，虽日三省于吾身兮，繇怀进退之维谷。彼实繁之有徒兮，指其白以为黑。目信嫮而言眇兮，口信辩而言讷。鬼神之不能正人事之变戾兮，圣贤亦不能开愚夫之违惑。出门则不可与偕往兮，藏器又蚩其不容。退洗心而内讼兮，固未知其所从也。观上世之清晖兮，廉士亦茕茕而靡归。殷汤有卞随与务光兮，周武有伯夷与叔齐。卞随、务光遁迹于深渊兮，伯夷、叔齐登山而采薇。使彼圣贤其繇周遑兮，矧举世而同迷。若伍员与屈原兮，固亦无所复顾。亦不能同彼数子兮，将远游而终古。于吾侪之云远兮，疑荒涂而难践。惮君子之于行兮，诫三日而不饭。嗟天下之偕违兮，怅无与之偕返。孰若返身于素业兮，莫随世而轮转。虽矫情而获百利兮，复不如正心而归一善。纷既迫而后动兮，岂云禀性之惟褊。昭同

① ［汉］司马迁：《史记·太史公自序》，北京：中华书局，1982，第3297页。

人而大有兮，明谦光而务展。遵幽昧于默足兮，岂舒采而蕲显？苟肝胆之可同兮，奚须发之足辨也？”①

大约就在太初元年（前104）前不久的某一天，董仲舒带着苦闷的心情离世而去。《汉书》称董仲舒“以寿终于家”，得享高年当然是幸福的，但董仲舒晚年看到大汉帝国朝着危机不断加深的方向前进，在朝着远离自己理想的方向前进，心中也不好过。到汉昭帝时，眭弘上书要求汉昭帝退位所引用的理论依据就是董仲舒的话：“先师董仲舒有言，虽有继体守文之君，不害圣人之受命。汉家尧后，有传国之运。”② 这极有可能是董仲舒晚年在极端失望的情况下私下里对可靠弟子说的肺腑之言。儒生与西汉现实政治之间的矛盾在不断积聚，《公羊》学批判性的一面逐渐开始显现，并成为西汉中后期儒生批判现实的主要依据，这一点在汉昭帝召开盐铁会议时已经表现得非常明显了。

董仲舒去世后就葬在了长安。关于董仲舒的葬地，王先谦《汉书补注》记载：“董仲舒死葬长安。宋敏求《长安志》云：‘蛤蟆陵在万年县南六里，韦述《西京记》：本仲舒墓。’李肇《国史补》曰：‘昔汉武帝幸芙蓉园，即秦之宜春苑也。每至此墓下马，时人谓之下马陵，岁月深远，误传为蛤蟆耳。’《陕西通志》引《马溪田集》：‘墓在长安故城二十里，武帝幸芙蓉园过此下马，一时文士罔不下马，故名。’按在西汉府城内，《长

① 严可均：《全上古三代秦汉三国六朝文》（第一册），北京：中华书局，1958，第250页。

② ［汉］班固：《汉书·眭弘传》，北京：中华书局，1962，第3154页。

安县志》：在城内胭脂坡下。"① 董仲舒去世后，汉武帝完全可以根据自己的需要来装扮他，大儒董仲舒的招牌对于汉武帝而言还有一定的价值。于是，董仲舒生前尽管"不遇"，但死后却受到皇帝的尊崇，以至于汉武帝路过董仲舒墓都要为之下马。在陕西方言里，下往往读"哈"，于是久而久之，汉武帝下马的地方被误传为蛤蟆陵。今天西安市东南靠近城墙，距离碑林博物馆不远处，从和平门到文昌门一带，有一条东西向街道被称为下马陵街。在这条街偏东北侧就是董仲舒墓所在。民国时期封冢高 6 米，直径 40 余米，墓前有清代陕西巡抚毕沅所立"汉董仲舒墓"碑一通。20 世纪 50 年代，董仲舒墓被严重破坏，现残高 2 米左右。如今，董仲舒墓已经是陕西省文物保护单位。后人在董仲舒墓前建有纪念性建筑，目前暂未对公众开放。也有说法认为董仲舒死后陪葬茂陵，根据汉制，皇帝往往会允许一些重要的大臣陪葬皇陵附近。据说在今天茂陵北 500 米左右，有一座南北长 71 米、东西宽 30 米、封土残高 14.3 米的古冢，村民称为"策冢"。到底哪里是董仲舒墓的所在，由于尚未有过考古发现，目前还不能贸然断定。

西汉后期著名学者刘向对董仲舒非常钦佩，给予高度评价，他甚至称赞董仲舒是王佐之才："董仲舒有王佐之材，虽伊吕亡以加，管晏之属，伯者之佐，殆不及也。"② 对于这个评价，刘向之子刘歆显然并不认同，他说："伊吕乃圣人之耦，王者不得则不兴。故颜渊死，孔子曰'噫！天丧余！'唯此一人为能当

① 王先谦：《汉书补注》，北京：书目文献出版社，1995，第 1148 页。
② ［汉］班固：《汉书·董仲舒传》，北京：中华书局，1962，第 2526 页。

之。自宰我、子赣、子游、子夏不与焉。仲舒遭汉承秦灭学之后，六经离析，下帷发愤，潜心大业，令后学者有所统壹，为群儒首，然考其师友渊源所渐，犹未及乎游夏，而曰管晏弗及，伊吕不加，过矣!”这在很大程度上也是他们父子两人学派不同的表现，刘向号称是《穀梁传》的传人，但受《公羊》学的影响很大，而刘歆则是一个《左传》学者。同样是倾向古文经学的班固对于他们父子两人的差异并没有直接给出评判，而是依然采用他们刘家人的观点，说：“向曾孙龚，笃论君子也，以歆之言为然。”① 当然，称董仲舒为“王佐之材”肯定有些过当，但董仲舒也并非一个简单的学者，董仲舒的影响也不仅是在经学领域，无论是在汉代，还是在后世，董仲舒都产生了非常重要的影响，是中国文化史上值得充分关注的重要思想家。

董仲舒去世后，其家眷迁居到茂陵。汉武帝生前就已经开始营建茂陵，为了充实关中实力，在修建茂陵的同时，还下令将各地豪强之家迁到茂陵附近的茂陵邑。董仲舒生前官至二千石，所以他的家人也都被迁移到茂陵。董仲舒的子孙也在很大程度上继承了董仲舒的家学，“子及孙皆以学至大官”②。在西汉时期，“大官”一般指的是二千石以上的官员，可见董仲舒后人在相当长的时间内保持了家族的荣耀。不过关于董仲舒后裔的详情，我们并不清楚。今天，河北、陕西、江西、福建、山东等地都有人自称董仲舒后裔。

---

① ［汉］班固：《汉书·董仲舒传》，北京：中华书局，1962，第2526页。
② ［汉］司马迁：《史记·儒林列传》，北京：中华书局，1982，第3129页。

《春秋繁露》的流传及其版本

《春秋繁露》在中国文化史上有着深远的影响，但关于它的成书和流传，传世文献的记载却非常模糊，因而对此有详细梳理的必要。

一、《春秋繁露》的成书

董仲舒在西汉以善于“下笔属文”而著称，《汉书·董仲舒传》称：“仲舒所著，皆明经术之意，及上疏条教，凡百二十三篇。而说《春秋》事得失，《闻举》《玉杯》《蕃露》《清明》《竹林》之属，复数十篇，十余万言，皆传于后世。”[1]《汉书·艺文志》著录了董仲舒的两部著作，一是在“六艺略”《春秋》类著录“《公羊董仲舒治狱》十六篇”[2]，一是在“诸子略”“儒”家类著录“董仲舒百二十三篇”[3]，显然这两部著作并没有包括“说《春秋》事得失，《闻举》《玉杯》《蕃露》《清明》《竹林》之属，复数十篇，十余万言”。历代有很多学者把以

① ［汉］班固：《汉书·董仲舒传》，北京：中华书局，1962，第2526页。
② ［汉］班固：《汉书·艺文志》，北京：中华书局，1962，第1714页。
③ ［汉］班固：《汉书·艺文志》，北京：中华书局，1962，第1727页。

《闻举》等篇为代表的“十余万言”与“凡百二十三篇”相混淆，比如苏舆《春秋繁露义证》例言称：“是《蕃露》止一篇名，当在百二十三篇中。”① 根据班固原文，一方面“而”字表示了递进关系，此后的内容与前面并不相同；另一方面“复数十篇”中的“复”字更是明确强调了“十余万言”与“凡百二十三篇”是两回事。班固强调这“十余万言”和其他作品同样“皆传于后世”，这应该就是构成今传《春秋繁露》主体的内容。在班固的划分中，“十余万言”与“凡百二十三篇”最大的不同就是这“十余万言”以阐发《春秋》学为主。

根据班固的记录，这“十余万言”和“凡百二十三篇”同样都没有一个统一的名称，这一点与先秦、秦汉时期的著述情况是吻合的。先秦两汉时期的著作大多是单篇流传，流传至今的许多先秦、秦汉时期的作品都是后人编辑整理的结果，《春秋繁露》也不例外。晚年的董仲舒有时间对自己的作品进行整理，删削出一个定本。但如同很多学者一样，董仲舒并没有把这些作品汇编为一部书，并给予一个整体的命名，否则班固在《董仲舒传》中应该不会漏载。这就如同司马迁生前也没有给《史记》命名，人们只是根据司马迁曾经担任太史令而称之为“《太史公书》”，后来才改称《史记》。

《汉书·艺文志》脱胎于刘向的《别录》和刘歆的《七略》。刘歆《七略》之所以没有著录《春秋繁露》，很大程度上是因为《春秋繁露》尚处于单篇流传的状态中。刘氏父子在整

---

① ［清］苏舆撰、钟哲点校：《春秋繁露义证·例言》，北京：中华书局，1992，第1页。

理图书时，并没有把天下图书一一穷尽，尤其是作为古文经学家的刘歆，不愿整理《春秋繁露》也在情理之中。刘向没来得及编辑董仲舒的作品就已经去世，继承整理职责的刘歆出于学术立场，仅将董仲舒的部分作品“凡一百二十三篇”汇编为一书加以著录，而对《春秋》学的“十余万言”并未整理著录，而著录《春秋决狱》则是因为董仲舒生前已经将这部分内容十分集中的作品整理成书，并在很大范围内流传，因无法忽视而不得不加以著录。班固在《汉书·艺文志》中补充了一些《七略》所未载的书，但也没有把当世之书都补充完备。有学者因为《汉书·艺文志》并没有著录《春秋繁露》而对其真实性提出质疑，显然是不能成立的。

两汉之际的社会动荡并未对董仲舒作品造成巨大的伤害。进入东汉以后，董仲舒的作品依然在很大的范围内流传。据《后汉书·皇后纪》记载：“能诵《易》，好读《春秋》《楚辞》，尤善《周官》《董仲舒书》。”原文并没有明确《董仲舒书》究竟所指为何，章怀太子李贤注称：“《仲舒书》，《玉杯》《蕃露》《清明》《竹林》之属也。”[1] 除《清明》不见于今本《春秋繁露》外，李贤所举其他篇目均见于今本《春秋繁露》。如此说来，李贤认为《董仲舒书》就是《春秋繁露》，但实则未必。从班固修《汉书》对董仲舒作品的大量引用可知，董仲舒作品在东汉流传很广。根据班固的语气“掇其切当世施朝廷者著于篇”[2] 可知，他似乎通读过董仲舒的作品。马皇后所喜好的《董

---

① ［南朝宋］范晔撰、［唐］李贤等注：《后汉书·皇后纪》，北京：中华书局，1965，第409页。

② ［汉］班固：《汉书·董仲舒传》，北京：中华书局，1962，第2526页。

仲舒书》，很难断定到底是“百二十三篇”的内容，还是“十余万言”的内容。在李贤作注时，《春秋繁露》早已汇编成书，所以李贤就想当然地以为马皇后所喜好的《董仲舒书》就是《春秋繁露》，因而举《春秋繁露》的篇名来解释《董仲舒书》。

东汉的传世文献中，还有多条与董仲舒有关的记录。比如王充《论衡》就把董仲舒作为一个论辩的对象，而何休《春秋公羊经传解诂》也大量采用董仲舒的观点。许慎《说文解字》卷一“王”字曾引用“董仲舒曰：古之造文者，三画而连其中谓之王，三者天地人也，而参通之者王也”①，见今本《春秋繁露》第四十四篇《王道通三》，但许慎并未称所引之书为《春秋繁露》。郑玄《三礼注》也曾引用《春秋繁露》，同样未称之为《春秋繁露》。可见，从东汉的文献中找不到《春秋繁露》已经汇编成书的记录。

传世文献中，关于《春秋繁露》的最早记录是《西京杂记》。《西京杂记》托名西汉刘歆所著，学界一般认为是出自东晋初年葛洪之手。根据余嘉锡先生考证，《西京杂记》大概是葛洪根据前代流传书籍编撰抄录而成：“此书固非洪所自撰，然是杂抄诸书，左右采获，不专出于一家。”②《西京杂记》卷二有一条：“董仲舒梦蛟龙入怀，乃作《春秋繁露》词。”③ 我们并不清楚葛洪这条记录抄自何书，但在葛洪之时已有《春秋繁露》之名则是无疑的。由此是否可以断定，《春秋繁露》在葛洪之前已经汇编成书呢？恐亦不必然：一则仅此孤证，二则葛洪也未

---

① ［汉］许慎著、［宋］徐铉校定：《说文解字》，北京：中华书局，1963，第9页。
② 余嘉锡：《四库提要辨证》，昆明：云南人民出版社，2004，第862页。
③ ［晋］葛洪著、周天游校注：《西京杂记》，西安：三秦出版社，2006，第96页。

明言《春秋繁露》是一部书还是一篇文章。我们只能据此断定，《春秋繁露》之名已经出现，《春秋繁露》有可能在此之前已经汇编成书。但南朝萧梁刘昭为司马彪《续汉书·礼仪志》所作的注已经明确引用了《春秋繁露》：

> 《春秋繁露》曰：大旱雩祭而请雨，大水鸣鼓而攻社。天地之所为，阴阳之所起也。或请焉，或（怒）〔攻〕焉，何（如）也？曰：大旱，阳灭阴也。阳灭阴者，尊厌卑也。固其义也，虽大甚，拜请之而已，敢有加也？大水者，阴灭阳也。阴灭阳者，卑胜尊也。以贱陵贵者，逆节，故鸣鼓而攻之，朱丝而胁之，为其不义，此亦《春秋》之不畏强御也。变天地之位，正阴阳之序，（贞）〔直〕行其道而不（忘）〔忌〕其难，义之至也。①

刘昭所引文字见于今本《春秋繁露·精华第五》篇，文字略有出入。由此可知，在刘昭之前，《春秋繁露》绝对已经汇编成书。

综上所述，大体可以推知《春秋繁露》的成书过程如下：董仲舒生前著述丰厚，晚年闲居删削定本，除《公羊治狱》（又名《春秋决狱》）外，其他作品以单篇形式流传。刘向、刘歆父子整理图书时，将一百二十三篇文字汇编为一书，与《公羊治狱》一并著录。班固《汉书·艺文志》沿袭《七略》著录“《公

---

① 〔晋〕司马彪：《续汉书·礼仪志》，见〔南朝宋〕范晔撰、〔唐〕李贤等注：《后汉书》，北京：中华书局，1965，第3117—3118页。

羊董仲舒治狱》十六篇”和“董仲舒百二十三篇”，并在《汉书·董仲舒传》中对董仲舒其他作品情况进行说明。以上作品在东汉都有较大范围的传播，读者群体上至太后，下至普通学者。

至迟在南朝萧梁时代，《春秋繁露》已经汇编成书，具体编者已不可详考。从曹魏到萧梁的数次图书整理工作，应该成为探究《春秋繁露》成书的关键时间点。曹魏时郑默在秘书郎任上曾“考核旧文，删省浮秽”，受到时人好评：“中书令虞松谓曰：‘而今而后，朱紫别矣。’”① 郑默出身荥阳郑氏，家学渊源，功底深厚，具备整理《春秋繁露》的能力，在秘书郎任上也具备整理《春秋繁露》的条件。西晋代魏后，荀勖与张华也曾整理图书，“俄领秘书监，与中书令张华依刘向《别录》整理记籍”②。荀勖与张华都是当世才俊，分别任职秘书监和中书，也完全具备整理《春秋繁露》的可能。永嘉南渡后，东晋学者李充也曾整理图书。李充为大著作郎，“于时典籍混乱，充删除烦重，以类相从，分作四部，甚有条贯，秘阁以为永制”③。南朝刘宋元嘉年间，朝廷委派谢灵运整理图书，“使整理秘阁书，补足遗阙”④。南朝刘宋元徽年间，朝廷又委派王俭整理图书，“(王俭) 解褐秘书郎、太子舍人，超迁秘书丞。上表求校坟籍，依《七略》撰《七志》四十卷，上表献之，表辞甚典。又撰定《元徽四部书目》”⑤。南朝萧梁初年，任昉也曾任校理秘书：“自齐永元以来，秘阁四部，篇卷纷杂，昉手自雠校，由是篇目

① ［唐］房玄龄：《晋书·郑默传》，北京：中华书局，1974，第1251页。
② ［唐］房玄龄：《晋书·荀勖传》，北京：中华书局，1974，第1154页。
③ ［唐］房玄龄：《晋书·李充传》，北京：中华书局，1974，第2391页。
④ ［南朝齐］沈约：《宋书·谢灵运》，北京：中华书局，1974，第1772页。
⑤ ［南朝梁］萧子良：《南齐书·王俭传》，北京：中华书局，1972，第433页。

定焉。”[1] 郑默、荀勖、张华、李充、谢灵运、王俭、任昉等人都可能是《春秋繁露》的编者。但由于东晋渡江以后政局相对稳定，很少出现大规模图书损失的情况，因而谢灵运、王俭、任昉等人很有可能仅是在前人的基础上略有整理。因此，相对而言，《春秋繁露》的编辑整理出于郑默、荀勖、张华、李充四人之手的可能性要更大一些。

董仲舒是著名《春秋》学者，因而编者将“春秋”二字冠于前端。《繁露》本为篇名，今本《春秋繁露》并无《繁露》篇。今本以《楚庄王》为第一，而《楚庄王》篇的命名仅是因为开篇有“楚庄王”三字，似乎《楚庄王》篇原题并非如此。苏舆认为：“此取篇首字为名，独异他篇。疑本名为《繁露》，后人以避总书，改今篇名。”[2] 笔者以为，今本《楚庄王》篇本名为《繁露》，编者以《繁露》篇最能代表董仲舒《春秋》学说，故将《繁露》篇冠于全书之首，并结合“春秋”二字，取书名为《春秋繁露》；同时为避书名，而将《繁露》篇名改为开篇首字“楚庄王”。

《春秋繁露》材料来源有二：一为“说《春秋》事得失，《闻举》《玉杯》《蕃露》《清明》《竹林》之属，复数十篇，十余万言”，一为将“百二十三篇”部分内容汇编为一书。但《春秋繁露》并非将董仲舒全部作品搜罗净尽，对见于班固《汉书》所引者则多不取。刘昭注《续汉书·礼仪志》时，在引用

---

① ［隋］姚察、［唐］姚思廉：《梁书·任昉传》，北京：中华书局，1973，第254页。

② ［清］苏舆撰、钟哲点校：《春秋繁露义证·楚庄王》，北京：中华书局，1992，第2页。

《春秋繁露》后还引用了董仲舒《奏江都王》。《奏江都王》不见于今本《春秋繁露》，刘昭亦不称其出于《春秋繁露》，可知《奏江都王》本不在《春秋繁露》书中。《士不遇赋》一文因与全书风格不合，也被舍弃。《春秋决狱》早已独立成书，而且其时尚存，所以《春秋决狱》也未被编入《春秋繁露》。《隋书·经籍志》还著录《董仲舒集》一书，其书在阮孝绪撰《七录》时有二卷，至修《隋志》时仅剩其半。此书已经散佚，其内容无从得见，然推想可知，当为后人将《春秋繁露》《春秋决狱》两书之外董仲舒的作品汇编为一册，名之曰《董仲舒集》。其书宋代尚存，从清人严可均《全上古三代秦汉三国六朝文》中所辑可窥当年《董仲舒集》之大概。

二、历代对《春秋繁露》的著录

《春秋繁露》无论在其作为单篇流传的时代，还是在它被汇编为一书之后，都深为学者所看重。《春秋繁露》成书之后，历代著录不绝，梳理其著录情况，也是认识《春秋繁露》的重要角度。

有记载称阮孝绪《七录》已经著录《春秋繁露》，无奈《七录》久已散佚，现存最早关于《春秋繁露》的著录见于《隋书·经籍志》。《隋书·经籍志》的蓝本是《隋大业正御书目》。隋朝建立后，也曾大规模收集整理图书，在此基础上编有《隋大业正御书目》。唐初修《五代史志》时，魏征等人以《隋大业正御书目》为底本，并参考王俭《七志》、阮孝绪《七录》撰成《经籍志》。后来《经籍志》随《五代史志》一起被编入《隋书》，称《隋书·经籍志》。根据《隋书·经籍志》的著录，

"《春秋繁露》十七卷"自注"汉胶西相董仲舒撰"①。此前提及《春秋繁露》的葛洪、刘昭等人，都没有介绍《春秋繁露》的篇卷情况，《隋书·经籍志》首次明确了《春秋繁露》为十七卷。对于作者，后世称董仲舒，或称董江都，或称胶西相，临文之际并无区别，但是《隋书·经籍志》并没有进一步介绍《春秋繁露》的篇目。

唐朝建立后也曾多次收集整理图书。开元三年（715），唐玄宗下诏整理图书，由元行冲总领其事，还有毋煚、韦述、殷践猷、余钦分部编撰，岁余成书奏上之，名为《群书四录》（又称《群书四部录》），共200卷。在《群书四录》修成不久，毋煚就指出它"礼有未惬""书阅不遍""所分书类皆据《隋·经籍志》。理有未允，体有不通"②，于是决心改定体例，充实书目，编成《古今书录》，仍按经史子集分类，部下分家，共有45家，著录图书3036部，51852卷，此外还收有佛教和道教典籍，其所收书止于开元年间。后晋修《旧唐书·经籍志》（以下简称《旧唐志》）二卷，以毋煚《古今书录》为蓝本，甲部12类，乙部13类，丙部14类，丁部3类，共42类，收书3062部，51852卷。这与毋煚基本相同，但是把原书的小序和注都删了，因此《旧唐志》只有书名、卷数和作者，而且《旧唐志》所收的书目止于开元以前，此后的李杜韩柳等名家著作都没有收入，可以说《旧唐志》是《古今书录》的一个拙劣的抄本。欧阳修、宋祁等人的《新唐书·艺文志》四卷，仍以《古今书

① ［唐］魏征：《隋书·经籍志》，北京：中华书局，1973，第930页。
② ［后晋］刘昫等：《旧唐书》，北京：中华书局，1975，第1964页。

录》为蓝本，但所收之书增加了《旧唐志》不曾收入的唐人著作27217卷，且在著录、分类和编排等方面都有变动。因此，新、旧《唐书》对于《春秋繁露》的著录基本相同。《旧唐书》中“《春秋繁露》十七卷，自注：董仲舒撰”①、《新唐书》中“董仲舒《春秋繁露》十七卷”② 这样的著录，并没有提供更多的历史信息。

景祐元年（1034）宋仁宗命王尧臣、欧阳修等仿唐代元行冲等《群书四录》对政府藏书机构中昭文、集贤、国史三馆和秘阁图书进行著录。庆历元年（1041）书成，被赐名为《崇文总目》，共收书30669卷，分为四部四十五类。此书在南宋以后被删除了序和释，现存书名，元初已无完本，明清只剩下了简目，今存钱侗辑本和四库全书本。《春秋繁露》著录于今本《崇文总目》卷二：“《春秋繁露》十七卷。汉胶西相董仲舒撰。案：仲舒本传：‘说《春秋》事得失，《闻举》《玉杯》《蕃露》《清明》《竹林》之属数十篇，十余万言。’解者但谓所著书名，而《隋、唐志》《繁露》卷目与今正同。案其书尽八十二篇，义引宏博，非出近世。然其间篇第已舛，无以是正。又即用《玉杯》《竹林》题篇，疑后取而附著云。”③《崇文总目》首次明确了《春秋繁露》的篇目为八十二篇。

曾参与编撰《崇文总目》的欧阳修，也在其文集中留下了对《春秋繁露》的题跋：

---

① ［后晋］刘昫等：《旧唐书》，北京：中华书局，1975，第1979页。
② ［宋］欧阳修、宋祁等：《新唐书》，北京：中华书局，1975，第1437页。
③ ［清］苏舆撰、钟哲点校：《春秋繁露义证·附录二》，北京：中华书局，1992，第494—495页。

> 《汉书·董仲舒传》载仲舒所著书百余篇，第云《清明》《竹林》《玉杯》《繁露》之书，盖略举其篇名。今其书才四十篇，又总名《春秋繁露》者，失其真也。予在馆中校勘群书，见有八十余篇，然多错乱重复。又有民间应募献书者，献三十余篇。其间数篇在八十篇外，乃知董生之书流散而不全矣。方俟校勘，而予得罪夷陵。秀才田文初以此本示余，不暇读。明年春，得假之许州，以舟下南郡，独卧阅此，遂志之。董生儒者，其论深极《春秋》之旨，然惑于改正朔，而云王者大一元者，牵于其师之说，不能高其论，以明圣人之道，惜哉，惜哉！①

欧阳修对《春秋繁露》内容的评价可以不论，由这段跋文可知，《春秋繁露》在北宋民间有数个版本流传，欧阳修本想校勘一下，却没有完成。

宋代私家藏书兴起，两宋之际的晁公武即其代表。晁公武根据自己的藏书撰成《郡斋读书志》，著录了《春秋繁露》："《春秋繁露》十七卷，右汉董仲舒撰。史称仲舒说《春秋》事得失，《闻举》《玉杯》《繁露》《清明》《竹林》之属数十篇，十余万言，传于后世。今溢而为八十二篇，又通名《繁露》，皆未详。隋、唐卷目与今同，但多讹舛。"② 可见南宋初年，《春秋繁露》尚无善本。

---

① ［清］朱彝尊：《经义考》，北京：中华书局，1998，第883页。

② 晁公武：《郡斋读书志》，上海：上海古籍出版社，1990，第104—105页。

宋室南渡后，皇家藏书逐渐恢复。淳熙四年（1177）陈骙等人编成《中兴馆阁书目》，又称《南宋馆阁书目》，其中也著录了《春秋繁露》：“《春秋繁露》，汉胶西相董仲舒撰。仲舒，广川人。说《春秋》事得失，《闻举》《玉杯》《蕃露》《清明》《竹林》之属数十篇。颜师古注：‘皆其所著书名。’今《繁露》中有《玉杯》《竹林》二篇。《隋、唐书》及《三朝国史志》十七卷。今十卷。《繁露》之名，先儒未有释者。案《逸周书·王会解》：‘天子南面立，絻无繁露。’注云：‘繁露，冕之所垂也，有联贯之象。’《春秋》属辞比事，仲舒立名，或取诸此。”[①] 南宋馆阁本或有残缺，仅有十卷。《中兴馆阁书目》对“繁露”的解释，虽说不无附会之嫌，然其说也自可通。

宋孝宗时，程大昌任秘阁修撰，他对《春秋繁露》有过两次著录，第一次是淳熙二年（1175）在秘书省《春秋繁露》书后所题：

> 右《繁露》十七卷，绍兴间董某所进。臣观其书，辞意浅薄，间掇取董仲舒策语，杂置其中，辄不相伦比，臣固疑非董氏本书矣。又班固记其说《春秋》凡数十篇，《玉杯》《繁露》《清明》《竹林》各为之名，似非一书。今董某进本，通以《繁露》冠书，而《玉杯》《清明》《竹林》特各居其篇卷之一，愈益可疑。他日读《太平寰宇记》及杜佑《通典》颇见所引《繁露》语言，顾董氏今书无之。

---

① ［清］苏舆撰、钟哲点校：《春秋繁露义证·附录二》，北京：中华书局，1992，第495页。

《寰宇记》曰："三皇驱车抵谷口。"《通典》曰："剑之在左，苍龙之象也；冠之在首，玄武之象也。四者，人之盛饰也。"此数语者，不独今书所无，且其体致全不相似，臣然后敢言今书之非本真也。牛享问崔豹："冕旒以繁露者何?"答曰："缀玉而下垂，如繁露也。"则"繁露"也者，古之冕旒，似露而垂，是其所从假以名书也。以杜乐所引，推想其书，皆句用一物，以发己意，有垂旒凝露之象焉。则《玉杯》《竹林》同为说物，又可想见也。汉魏间人所为文，有名连珠者，其联贯物象，以达己意，略与杜、乐所引同。如曰"物胜权则衡殆，形过镜则影穷"者，是其凡最也。以连珠而方古体，其殆"繁露"之所自出欤？其名其体皆契合无殊矣。[①]

其后程大昌又有所补充：

淳熙乙未，予佑蓬监馆本，有《春秋繁露》，既尝书所见于卷，而定正其为非古矣。后又因读《太平御览》凡其部汇列，叙古《繁露》语特多。如曰："禾实于野，粟缺于仓。皆奇怪非人所意，此可畏也。"又曰："金干土，则五谷伤，土干金则五谷不成。"张汤欲以鹜当凫，祠祀宗庙，仲舒曰："鹜非凫，凫非鹜，愚以为不可。"又曰："以赤统者，帻尚。"诸如此类，亦皆附物着理，无凭虚发语者。然后益自信予所正定不谬也。《御览》太平兴国间编辑，此时

① 钟肇鹏主编：《春秋繁露校释》，济南：山东友谊出版社，1994，第943—944页。

《繁露》之书尚存，今遂逸不传，可叹也已。[1]

程大昌是最早对《春秋繁露》真实性提出质疑的人，他的质疑并不能成立。钟肇鹏先生在《春秋繁露校释》中引用董天工《春秋繁露笺注》按语予以辩证："程大昌未细读《繁露》而好逞胸臆，先立一《繁露》非古之成见，又妄自悬揣推断，说愈多而愈妄，卤莽灭裂甚矣。董氏斥其猖獗狂瞽，贻笑通人，信哉！"[2] 程大昌的质疑虽不能成立，却影响颇大，后世之质疑多拾其余唾。

鄞县楼氏家族早在北宋就已经开始关注《春秋繁露》，庆历年间有人拿家藏《春秋繁露》请楼郁作序，楼郁欣然命笔："六经道大而难知，唯《春秋》圣人之志在焉。自孔子没，莫不有传。名于传者五家，用于世，才三而止。尔其后传出学散，源迷而流分。盖《公羊》之学，后有胡毋子都。董仲舒治其说信勤矣，尝为武帝置对于篇，又自著书以传于后。其微言至要，盖深于《春秋》者也。然圣人之旨在经，经之失传，传之失学。故汉诸儒多病专门之见，各务高师之言，至穷智毕学，或不出圣人大中之道，使周公、孔子之志既晦而隐焉。董生之书视诸儒尤博极闳深者也！本传称《玉杯》《繁露》《清明》《竹林》之属，今其书十卷，又总名《繁露》，其是非请俟贤者辨之。太原王君，家藏此书，常谓仲舒之学久郁不发，将摹印以广之于天下，就予求序，因书其本末云。"[3] 楼郁的序本是迄今可知

① 钟肇鹏主编：《春秋繁露校释》，济南：山东友谊出版社，1994，第944页。
② 钟肇鹏主编：《春秋繁露校释》，济南：山东友谊出版社，1994，第944页。
③ 《北京图书馆古籍珍本丛刊》（第二册），北京：书目文献出版社，1988，第507页。

《春秋繁露》最早的刻本。

宋室渡江后，楼氏后人楼钥多方搜求，终于从著名藏书家潘景宪处得到《春秋繁露》足本，并进行一番校勘之后将其托付友人刻版付梓。楼钥所校本历来被视为善本，其《跋春秋繁露》云：

> 《繁露》一书凡得四本，皆有余高祖正议先生序文。始得写本于里中，亟传而读之，舛误至多，恨无他本可校。已而得京师印本，以为必佳，而相去殊不远。又窃疑《竹林》《玉杯》等名与其书不相关。后见尚书程公跋语，亦以篇名为疑。又以《通典》《太平御览》《太平寰宇记》所引《繁露》之书，今书皆无之，遂以为非董氏本书。且以其名，谓必类小说家。后自为一编，记杂事，名《演繁露》，行于世。开禧三年，今编修胡君仲方榘宰萍乡，得罗氏兰堂本，刻之县庠，考证颇备。凡程公所引三书之言，皆在书中。则知程公所见者未广，遂谓为小说者，非也。然止于三十七篇，终不合《崇文总目》及欧阳文忠公所藏八十二篇之数。余老矣，犹欲得一善本。闻婺女潘同年叔度景宪多收异书，属其子弟访之，始得此本，果有八十二篇。是萍乡本犹未及其半也，喜不可言。以校印本，各取所长，悉加改定，义通者两存之。转写相讹，又古语亦有不可强通者。《春秋会解》一书，年所集仲方摭其引《繁露》十三条，今皆具在。余又据《说文解字》王字下引董仲舒曰："古之造文者，三画而连其中谓之王，三者天地人也，而参通之者王也。"许叔重在后汉和帝时，今所引在《王道通三

第四十四篇》中。其余传中对越三仁之问，朝廷有大议，使使者及廷尉张汤就其家问之，求雨闭诸阳，纵诸阴，其止雨反是，三策中言天之仁爱人君，天道之大者在阴阳，阳为德，阴为刑，故王者任德教而不任刑之类，今皆在其书中。则其为仲舒所著无疑，且其文词亦非后世所能到也。《左氏传》犹未行于世，仲舒之言《春秋》多用《公羊》之说。鸣呼，汉承秦敝，旁求儒雅，士以经学专门者甚众，独仲舒以纯儒称。人但见其潜心大业，非礼不行，对策为古今第一。余窃谓，惟仁人之对，曰："仁人者，正其谊不谋其利，明其道不计其功。"又有言曰："不由其道而胜，不如由其道而败。"此类非一，是皆真得吾夫子之心法，盖深于《春秋》者也！自扬子云犹有愧于斯，况其它乎？其得此意之纯者，在近世惟范太史《唐鉴》为庶几焉，褒贬评论，惟是之从，不以成败为轻重也。潘氏本《楚庄王》篇为第一，他本皆无之。前后增多凡四十二篇，而三篇阙焉。惟《玉杯》《竹林》二篇之名，未有以订之，更俟来哲。仲方得此，尤以为前所未见。相与校雠，将寄江右漕台长兄秘阁公刻之，而谓余记其后。嘉定三年中伏日，四明楼钥书于攻媿（"愧"的异体字）斋。[1]

楼钥将校定本交于友人胡榘。胡榘乃南宋初年名臣胡铨之孙，胡榘委托长兄胡槻在江西刻版。胡榘在跋语中对此作了说明："榘顷岁刻《春秋繁露》于萍乡，凡十卷三十七篇，虽非全

① 《北京图书馆古籍珍本丛刊》（第二册），北京：书目文献出版社，1988，第607页。

书，然亦人间之所未见，故乐与吾党共之。后五年，官中都，复从攻媿先生大参楼公得善本，凡八十二篇，为十七卷。视《隋唐志》《崇文总目》诸家所纪篇卷皆同，惟三篇亡耳。先生又手自校雠，是正讹舛，今遂为全书。乃录本属秘阁兄重刊于江右之计台，以惠后学云。"①

陈振孙，字伯玉，浙江吉安人，南宋著名藏书家，曾在江西、福建、浙江等地任官，收集了大量的图书。陈氏晚年用时二十多年，仿照晁公武的《郡斋读书志》，撰成《直斋书录解题》。陈振孙虽然见到了《春秋繁露》的善本，但在《直斋书录解题》中依然表达了对《春秋繁露》的质疑："《春秋繁露》十七卷，汉胶西相广川董仲舒撰。案《隋、唐》及《国史志》卷皆十七，《崇文总目》凡八十二篇，《馆阁书目》止十卷，萍乡所刻亦才三十七篇。今乃楼攻媿得潘景宪本，卷篇皆与前《志》合，然亦非当时本书也。先儒疑辨详矣。其最可疑者，本传载所著书百余篇，《清明》《竹林》《繁露》《玉杯》之属，今总名曰《繁露》，而《玉杯》《竹林》则皆其篇名，此绝非其本真。况《通典》《御览》所引，皆今书所无者，尤可疑也。然古书存于世者希矣，姑以传疑存之可也。又有写本作十八卷，而但有七十九篇。考其篇次皆合。但前本《楚庄王》在第一卷首，而此本乃在卷末，别为一卷。前本虽八十二篇，而阙文者三，实七十九篇也。"② 陈氏之所以在看到全本之后仍未能完全释疑，是因其未能详考《春秋繁露》成书经过，未明了《春秋

---

① 《北京图书馆古籍珍本丛刊》（第二册），北京：书目文献出版社，1988，第607页。

② ［宋］陈振孙：《直斋书录解题》，上海：上海古籍出版社，1987，第55页。

繁露》乃魏晋时所编，而非董仲舒生前所手订。

南宋末年著名藏书家王应麟在其《玉海》中详细记载了《春秋繁露》的篇目，与今传本相合。黄震在《黄氏日抄》中也提及《春秋繁露》，但也是存《春秋繁露》为伪书之念在先，加之对《春秋繁露》书中所言并不认同，进而怀疑其为伪书。事实上，《春秋繁露》所言是否正确，与其真伪并不相关。

明代经学不盛，提及《春秋繁露》的人也不多。清朝以后，经学渐兴，《春秋繁露》也逐渐为学者所重视。清代著名学者朱彝尊《经义考》是第一部经学专门书目，他在著录《春秋繁露》时罗列了班固、《崇文总目》、欧阳修、程大昌、晁公武、陈振孙、楼钥等人的著录、题跋，但未加案语。之后著录、题跋《春秋繁露》的人逐渐多了起来，其中以《四库全书总目》对《春秋繁露》的著录影响最大：

《春秋繁露》十七卷，汉董仲舒撰。繁或作蕃，盖古字相通。其立名之义不可解，《中兴馆阁书目》谓：繁露，冕之所垂，有联贯之象。《春秋》比事属辞，立名或取诸此。亦以意为说也。其书发挥《春秋》之旨，多主《公羊》，而往往及阴阳五行。考《仲舒本传》《蕃露》《玉杯》《竹林》皆所著书名，而今本《玉杯》《竹林》乃在此书之中。故《崇文总目》颇疑之，而程大昌攻之尤力。今观其文，虽未必全出仲舒，然中多根极理要之言，非后人所能依托也。是书宋代已有四本，多寡不同。至楼钥所校，乃为定本。钥本原阙三篇。明人重刻，又阙第五十五篇及第五十六篇首三百九十八字，第七十五篇中一百七十九字，第四

> 十八篇中二十四字，又第二十五篇颠倒一页，遂不可读。其余讹脱，不可胜举。盖海内藏书之家不见完本，三四百年于兹矣。今以《永乐大典》所存楼钥本，详为勘订，凡补一千一百二十一字，删一百二十一字，改定一千八百二十九字。神明焕然，顿还旧笈。虽曰习见之书，实则绝无仅有之本也。倘非幸遇圣朝右文稽古，使已湮旧籍复发幽光，则此十七卷者，竟终沈于蠹简中矣，岂非万世一遇哉。[①]

《四库全书总目》对《春秋繁露》的著录，最有价值的就是介绍了四库馆臣[②]从《永乐大典》中辑出楼钥校定本的情况。当时楼钥校定的宋嘉定本尚存内府，只不过四库馆臣没有看到，所以才又从《永乐大典》中辑出。作为钦定书目，《四库全书总目》代表了清代官方对《春秋繁露》的看法，也在一定程度上代表了乾嘉汉学盛行时期的学术观点。

清代从事校定、注释《春秋繁露》的学者值得介绍的还有戴震、卢文弨、凌曙、董天工等人，相关内容将在第四章中加以介绍。

三、《春秋繁露》的版本

当今世上流传的《春秋繁露》，比较重要的版本有南宋嘉定刻本、明代《永乐大典》本、武英殿本、明清时期其他版本、

---

① ［清］永瑢等：《四库全书总目》，北京：中华书局，1965，第 244 页。

② “四库馆臣”指的是清乾隆年间参与编纂《四库全书》的学者，其中有朝廷官员，也有民间学者，统称“四库馆臣”。

苏舆《春秋繁露义证》本等。

（一）南宋嘉定刻本

此本经楼钥校定，胡榘、胡槻兄弟在江西刻版。嘉定四年（1211）胡槻在江西转运使司任职，转运使司又有计台的别称，握有地方财政经济大权，《春秋繁露》的刻版发行显然获得了江西转运使司的资助。此本现存国家图书馆，“此本每半叶十行，行十八字，白口，左右双边。[①] 字体端正，刀法严整。皮纸印造，墨色精纯，开本宏朗，不失官本规制。书中‘让’字有缺末笔避讳的，亦有不避讳的。遇桓、慎等字皆缺末笔以避讳，此亦为宋版书的常见现象。版心上镌字数，下镌刊工姓名。计有胡俊、邓安、翁遂、王相、王礼、宁、黄鼎、郁等，似都是当地刻工”[②]。李致忠先生《宋版书叙录》记载，此书先后经过皇甫冲（明代）、朱大韶（明代）、徐乾学（清代）等人收藏，后入秘府成为清代皇家藏书楼“天禄琳琅”的收藏，最终为北京图书馆（今国家图书馆前身）所藏。起初，北京图书馆所藏缺第一卷和第二卷。1975 年，中国古籍收藏家周叔弢先生在天津古旧书店发现了此本的第一册，北京图书馆得以购入，此本遂成完璧。

---

① 这里所使用的是描述古籍的专门术语。雕版印刷的古籍为单面印刷，之后沿中缝对折，有字的一面朝外。对折后的每一面，称为“半叶”。介绍一部古籍的版本情况，一定要介绍其页面，每半叶有多少行，每行有多少字。对折后的中缝，称为书口。为了方便对折时找齐，书口处会有鱼尾样图案，有上下两个鱼尾图案者称双鱼尾，有一个者称单鱼尾。为了对齐，有时候还会在书口处印一条黑线，有黑线的称为黑口，反之称为白口。

② 李致忠：《宋版书叙录》，北京：北京图书馆出版社，1994，第 221 页。

宋嘉定刻本在世间很少见到。苏舆在《春秋繁露义证》中感叹："是书宋本不多见。"近代藏书大家张元济、傅增湘等人亦与此本无缘。1988年，北京图书馆出版社影印出版《北京图书馆藏古籍珍本丛刊》时，将《春秋繁露》收入第二册影印发行。2002年有关部门启动"中华再造善本工程"，又影印出版了单行本。昔日秘府之珍，今日已寻常可见！

（二）明代《永乐大典》本

《春秋繁露》明代版本中最重要的是《永乐大典》本。《永乐大典》是明成祖永乐年间下令解缙、姚广孝等人编辑的一部大型类书。类书是中国古代一种大型资料图书，也可看成是中国古代的大百科全书。《永乐大典》修成之初，一共22877卷（目录60卷，共计22937卷），11095册，约3.7亿字，汇集图书七八千种。修《永乐大典》时，《春秋繁露》被分别编入不同的词条之下。据前人研究，《永乐大典》本所依据的底本就是南宋嘉定刻本。但前人研究也表明，《永乐大典》并未严格按照底本抄入，而是有所点窜。《永乐大典》今已散佚而不可见，清乾隆间修《四库全书》曾经从《永乐大典》中辑出《春秋繁露》，并据以刻成武英殿本。

（三）武英殿本

武英殿是一组始建于明永乐年间的宫殿建筑，位于北京故宫外朝中路熙和门以西，现为故宫博物院典籍馆和书画馆所在。清康熙年间就在武英殿设立了刻印图书的机构，图书的出版刻印一直持续到清末，其高潮在乾隆年间。在长达200余年的历史中，武英殿先后刊行书籍数百种，所刻印图书即为“武英殿刻本”（简称“殿本”）。乾隆年间修《四库全书》时，先将其中一部分价值较大的图书制版印行，《春秋繁露》也得以在武英殿以铜活字的方式印刷，这就是《春秋繁露》殿本的由来。殿本《春秋繁露》依照的底本是《永乐大典》本，在刻印时注明了对底本的改动，以存底本之旧。

殿本《春秋繁露》是影响最大的一个版本。一则，宋本藏入秘府，世间难得一见，殿本则是比较容易获得的。再则，相对明清诸本，殿本经过了四库馆臣的校勘，版本质量较高。

殿本《春秋繁露》印行之后，诸家校注大多以殿本为底本。比如卢文弨就以殿本《春秋繁露》为底本，参校明嘉靖蜀中本和程荣、何允中本，这就是卢校本。卢文弨《抱经堂文集》卷八《书春秋繁露目录后》一文详载其事：“谨就二三学人，覆加考核，合资雕版，用广其传，冀无负朝廷昌明正学，嘉惠士林之至意。”[1] 卢校本现存浙江大学图书馆，“版口署‘抱经堂校定本’，十行二十字，小字双行同，单鱼尾，白口，左右双边”[2]。卢校本已由浙江大学出版社于2021年影印出版。苏舆在《春秋繁露义证》中称参与“抱经堂校定本”校勘者有赵曦明、江恂、秦黉、张坦、陈桂森、段玉裁、吴典、钱唐、秦恩复、陆时化、陈兆麟、齐韶等人。较早为《春秋繁露》作注的凌曙所用底本也是殿本，参校以明王道焜本和清张惠言读本。凌曙注本有清嘉庆二十年刻本，藏浙江大学，“四册，十行二十一

---

① ［清］卢文弨：《抱经堂文集》，北京：中华书局，1990，第113页。

② 崔涛：《现存〈春秋繁露〉单行本版本考略》，《华中科技大学学报》2004年第3期。

字，小字双行同，单鱼尾，白口，左右双边。有凌曙《自序》及新安洪梧嘉庆二十年作《春秋繁露序》"[①]。中华书局于1975年将凌注本点校出版。

（四）明清时期其他版本

除以上三个版本之外，根据记载，明清时期还有如下一些版本。

明影宋刻本。此本原藏于商务印书馆涵芬楼，现藏于国家图书馆。近代学者冒广生曾经借出，现一般称为冒校本，"半叶十行，一行十八字"[②]。

明正德铜活字本。此本于明正德十一年（1516）刻于锡山华坚兰雪堂。华坚，字允刚，明江苏无锡人，生卒年不详。《春秋繁露》正德活字本现存国家图书馆，半叶十四行（七栏，每栏两行），行十三字，"白口，黑鱼尾。版心上刻'兰雪堂'"[③]。

明嘉靖周采刻本。此本刻于明嘉靖三十三年（1554），"六册，九行十七字，四周双边，黑口，单黑鱼尾"[④]。据赵维垣《序》可知，此本刻于四川布政使司。

明天启王刻本。此本为明天启五年（1625）王道焜等人所刻，"九行十八字，白口，左右双边"[⑤]。此本流传较广，董天工

---

① 崔涛：《现存〈春秋繁露〉单行本版本考略》，《华中科技大学学报》2004年第3期。

② 崔富章、崔涛：《〈春秋繁露〉的宋本及明代传本》，《文献》2007年第3期。

③ 崔涛：《现存〈春秋繁露〉单行本版本考略》，《华中科技大学学报》2004年第3期。

④ 崔涛：《现存〈春秋繁露〉单行本版本考略》，《华中科技大学学报》2004年第3期。

⑤ 崔涛：《现存〈春秋繁露〉单行本版本考略》，《华中科技大学学报》2004年第3期。

《春秋繁露笺注》就是以此本为主要工作底本的，“董天工并未明白交代其笺注的底本及参校本等信息，不过这里透露出王道焜刊本及孙月峰评本是其利用的主要本子”[①]。

明天启沈刻本。此本为天启五年（1625）刻，正文卷首有“汉广川董仲舒著，明东海孙矿月峰评，西湖沈鼎新自玉、朱养纯元一参评，朱养和元冲订”[②] 等字，“九行二十字，白口，四周单边，单白鱼尾”[③]。这个版本流传也比较广泛。

明清时期还有一些其他的本子，其中有单行本，也有丛书本，总体来说较诸以上数本价值不大。如同《四库全书总目》所称，很多本子除了脱简、错简之外，“其余讹脱，不可胜举”，因而影响有限。

以上诸本，学者评价不一，李致忠先生以宋嘉定刻本为优，崔富章、崔涛先生认为宋嘉定本与殿本相较，各有长短。这个分歧对于普通读者而言，意义并不大。

（五）苏舆《春秋繁露义证》本

清代《春秋繁露》注本之中，影响最大的是清末苏舆的《春秋繁露义证》，其在宣统元年（1909）、二年（1910）分别有两种刻本，现在通行的则是钟哲点校的本子。钟哲点校本被中华书局收入“新编诸子集成”丛书第一辑，1992 年出版。

---

① ［清］董天工笺注、黄江军整理：《春秋繁露笺注 · 整理说明》，上海：华东师范大学出版社，2017，第 5 页。

② ［清］董天工笺注、黄江军整理：《春秋繁露笺注 · 整理说明》，上海：华东师范大学出版社，2017，第 5 页。

③ 崔涛：《现存〈春秋繁露〉单行本版本考略》，《华中科技大学学报》2004 年第 3 期。

《春秋繁露义证》点校本发行量很大，是目前为止影响最大的版本。

当代还有钟肇鹏主编的《春秋繁露校释》本，曾振宇、傅永聚注《春秋繁露新注》本，张世亮、钟肇鹏、周桂钿译注的《中华经典名著全本全注全译丛书·春秋繁露》本，朱永嘉、王知常译注的《新译春秋繁露》本等。

第二章
《春秋繁露》的内容

今本《春秋繁露》一共82篇，其中第39篇、第40篇和第54篇早在南宋楼钥校定之际就已经缺失，实际只有79篇。该本大体可分为两部分，董仲舒的《公羊》学说和董仲舒的哲学思想，它们都从属于董仲舒的思想体系，最终落实于董仲舒的现实政治主张之中。《天人三策》等《春秋繁露》之外董仲舒的作品，也可以起到与《春秋繁露》相互参看的作用。

《春秋繁露》的《春秋》学

董仲舒在两汉经学史上占据着非常重要的位置，《春秋繁露》是认识董仲舒《春秋》学的主要途径[①]。《春秋繁露》虽不是直接对《春秋》文本进行解说的章句之学，却构建起了《公羊》学的基本框架。

一、孔子与《春秋》

以今人的眼光来看，《春秋》是一部极为简略的编年体史书，仅16000多字的篇幅就记载了从鲁隐公元年（前722）到鲁哀公十四年（前481）一共242年的历史。自孟子以来，历代儒生都认为《春秋》出自孔子的手笔。传世五经文本中，《春秋》

---

① 徐复观先生认为，《春秋繁露》中，《楚庄王》第一到《俞序》第十七，大体以讲《春秋》学为主，而《离合根》第十八到《天道施》第八十二，大体以讲阴阳五行为主。徐复观先生的划分并没有成为学界共识，也有学者提出其他的划分方法。笔者以为，《春秋繁露》是一个整体，讲《春秋》学的部分并非不讲阴阳五行。阴阳五行是董仲舒解释《春秋》的重要理论基础，比如在《十指》篇中，董仲舒就将“木生火，火为夏，天之端”作为《春秋》所探讨的根本大义之一；而讲哲学的部分也并非不讲《春秋》，《春秋》往往成为董仲舒讲阴阳五行的重要佐证。与其对篇章进行划分，不如对其内容进行划分更为简单，也更为合理。

是唯一被认为是孔子亲手完成的作品。“是以孔子明王道，干七十余君，莫能用，故西观周室，论史记旧闻，兴于鲁而次《春秋》。上记隐，下至哀之获麟，约其辞文，去其烦重，以制义法，王道备，人事浃。”① “孔子在位听讼，文辞有可与人共者，弗独有也。至于为《春秋》，笔则笔，削则削，子夏之徒不能赞一辞。”② 既然是出自圣人手笔，自然意义非凡：“孔子成《春秋》而乱臣贼子惧。”③ 242 年的历史记录被圣人赋予无限的深意，“其事则齐桓晋文，其文则史。孔子曰：其义则丘窃取之矣”④。孔子以为空谈事理，不如借助于史事更为明白：“我欲载之空言，不如见之于行事之深切著明也。”⑤ 孔子本人也最看重《春秋》，“知我者，其惟《春秋》乎，罪我者，其惟《春秋》乎”⑥。

在历代儒生心目中，《春秋》绝非一部简单的史书。今本《论语》是后人的撰集，只有《春秋》是孔子本人生前完成的作品。因而，只有通过《春秋》才能真正认识孔子心中的大道。无奈《春秋》本身又太过简略，直接读《春秋》经文简直如同读天书。东汉初年学者桓谭曾说：“经而无传，使圣人闭门思之，十年不能知也。”⑦ 解释《春秋》的传，是后儒认识《春

---

① ［汉］司马迁：《史记·十二诸侯年表》，北京：中华书局，1982，第 509 页。
② ［汉］司马迁：《史记·孔子世家》，北京：中华书局，1982，第 1944 页。
③ ［清］阮元校刻：《十三经注疏·孟子注疏》，北京：中华书局，1980 年影印本，第 2715 页。
④ ［清］阮元校刻：《十三经注疏·孟子注疏》，北京：中华书局，1980 年影印本，第 2728 页。
⑤ ［汉］司马迁：《史记·太史公自序》，北京：中华书局，1982，第 3297 页。
⑥ ［清］阮元校刻：《十三经注疏·孟子注疏》，北京：中华书局，1980 年影印本，第 2714 页。
⑦ ［汉］桓谭撰、朱谦之校辑：《新辑本桓谭新论》，北京：中华书局，2009，第 39 页。

秋》的必由之路。在历史上有过五部解释《春秋》的传：《春秋左氏传》（简称《左传》）、《春秋公羊传》(简称《公羊传》)、《春秋穀梁传》（简称《穀梁传》）、《春秋夹氏传》、《春秋邹氏传》。《春秋夹氏传》和《春秋邹氏传》先后失传，只有《左传》《公羊传》和《穀梁传》流传至今。后人认为《春秋》三传，分别从不同方面解读了《春秋》。清末学者皮锡瑞在《经学通论》中说："综而论之，《春秋》有大义有微言，大义在诛乱臣贼子，微言在为后王立法。惟《公羊》兼得大义微言，《穀梁》不传微言，但传大义。《左氏》并不传义，特以记事详赡，有可以证《春秋》之义者。故三传并行不废。"①

二、《公羊》学

《春秋》三传中关系与《春秋繁露》最为密切的，就是《公羊传》。司马迁明说董仲舒是《春秋》学大家，"上大夫董仲舒推《春秋》义，颇著文焉"②，而董仲舒的《春秋》学就是《公羊》学派，"故汉兴至于五世之间，唯董仲舒名为明于《春秋》，其传公羊氏也"③。首先介绍一下《公羊传》和《公羊》学，这将更有助于理解《春秋繁露》中的内容，以及认识《春秋繁露》在《公羊》学史上的地位。

《公羊传》的作者，旧署子夏弟子公羊高，之后在公羊家族内部传授："戴宏《序》云：子夏传与公羊高，高传与其子平，平传与其子地，地传与其子敢，敢传与其子寿。至汉景帝时，

---

① ［清］皮锡瑞：《经学通论》（卷四），北京：中华书局，1954，第 19 页。
② ［汉］司马迁：《史记·十二诸侯年表》，北京：中华书局，1982，第 510 页。
③ ［汉］司马迁：《史记·儒林列传》，北京：中华书局，1982，第 3128 页。

寿及其弟子齐人胡毋子都著于竹帛。”① 对于这个传授谱系，前人多有怀疑。但历代《公羊》学家却坚信，《公羊》学说是由子夏上接孔子，是孔子内心真实想法的表达。抛开经学家的立场，不管如何，它是先秦古籍则是无可置疑的。《公羊传》全书三万余字，以问答体的形式对《春秋》经文进行解说，通过对经文的解说，构建了《公羊》学说体系。在《公羊》学家看来，看似简略的《春秋》蕴含无穷无尽的深奥之道：“《春秋》文成数万，其指数千。万物之聚散皆在《春秋》。”② 由无穷大道所构建的《公羊》学说体系，由两部分组成：大义和微言。大义在于对春秋时期社会现实的批判，以维护儒生心目中的社会规则；微言则是孔子对王道的向往，通过对春秋史事的叙说，构建出了孔子心目中的理想世界。

（一）《春秋》大义

1. 寓褒贬

儒生认为，孔子生于乱世，礼崩乐坏。孔子一度出仕，试图扭转乱局，但最终却一事无成。晚年的孔子终于认识到自己的理想不能实现，于是“是非二百四十二年之中，以为天下仪表，贬天子，退诸侯，讨大夫，以达王事而已矣”③。孔子依托

---

① ［清］阮元校刻：《十三经注疏·春秋公羊传注疏》，北京：中华书局，1980年影印本，第2190页。

② ［汉］司马迁：《史记·太史公自序》，北京：中华书局，1982，第3297页。

③ ［汉］司马迁：《史记·太史公自序》，北京：中华书局，1982，第3297页。本节所引用《史记·太史公自序》中关于《春秋》的观点，司马迁明确说是“闻之于董生”。这些观点，司马迁本人也是接受的。司马迁虽说并非严格意义上的儒生，但在这些观点上，和一般的儒生看法并没有不同。

鲁国旧有的编年史，修成了今天我们所看到的《春秋》。在《春秋》中，孔子对春秋时期各社会阶层的荒谬错误都进行了讨伐和讽刺，所以出现了“孔子成《春秋》，而乱臣贼子惧”的现象。

由《论语》可知，孔子在日常谈及时政时多有批判，而在《公羊》学家看来，一切不合理的现象都在其贬斥之列，上至天子，下至大夫，一切不合礼的行为举止，都会遭到孔子的批判。比如，鲁僖公二十四年，《春秋》经文有“天王出居于郑”的记载，《公羊传》认为这是在对周惠王不孝的行为进行讨伐。这就是“贬天子”的典型。《公羊》学派所说的“退诸侯”就是对天下诸侯的批判。仅以鲁国为例，春秋十二公都遭到了《春秋》的批判，甚至在位仅仅两年的鲁闵公也不能例外。至于《春秋》中的“讨大夫”，即对大夫们的言行进行批判，就不胜枚举了。儒生认为孔子虽是一介平民，但在修《春秋》过程中的褒贬严于现实生活中的刑罚：“《春秋》为孔子刑书，一字之褒，荣于华衮。一字之贬，严于斧钺。”①

也正因为这样，在《公羊》学派看来，《春秋》是一部政治教科书。对照孔子在《春秋》中的讥刺贬绝，就可以知道现实政治的是非对错：“故有国者不可以不知《春秋》，前有谗而弗见，后有贼而不知。为人臣者不可以不知《春秋》，守经事而不知其宜，遭变事而不知其权。为人君父而不通于《春秋》之义者，必蒙首恶之名。为人臣子而不通于《春秋》之义者，必陷篡弑之诛，死罪之名。”②

---

① 徐文靖：《管城硕记》，北京：中华书局，1998，第159页。

② ［汉］司马迁：《史记·太史公自序》，北京：中华书局，1982，第3298页。

2. 别是非

《公羊》学家认为，孔子修《春秋》对各种丑恶现象都进行了批判，至于灭国、弑君等重大事件，更是给予充分关注。所有重大罪恶，都是由小的罪恶发展而来的。孔子不仅对各种重大罪恶进行了充分的讨伐，而且也揭示了大奸大恶是如何养成的："臣弑君，子弑父，非一旦一夕之故也，其渐久矣。"因而，孔子特别强调对各种细小罪恶的批判和辨别。通过对这些细小罪恶的批判和辨别，更能起到防微杜渐的效果，"故《春秋》者，礼义之大宗也。夫礼禁未然之前，法施已然之后；法之所为用者易见，而礼之所为禁者难知"。[1] 在儒生看来，《春秋》并非是空谈事理，而是完全可以用于现实政治实践，"《春秋》辨是非，故长于治人"[2]。

《公羊》学派认为，《春秋》通过"属辞比事"来实现其"明是非"的功能。对不同的历史事件，通过记录方式的不同，来表达对其是非的判断，于细微之处彰显是非善恶之别，《春秋》这一点尤其被儒生们所看重。

3. 尊王攘夷

春秋时期也是民族交融的关键阶段，不同族群的冲突与融合不断上演。在这一过程中，以周天子为代表的中原农耕文化受到周边族群的强烈冲击，最终形成了汉民族的前身——华夏族，而礼乐文明是将中原族群凝聚在一起的精神纽带，也是民族认同的标志。《公羊》学派解读《春秋》，"尊王攘夷"是一

---

① ［汉］司马迁：《史记·太史公自序》，北京：中华书局，1982，第 3298 页。
② ［汉］司马迁：《史记·太史公自序》，北京：中华书局，1982，第 3297 页。

个非常重要的话题。

在诸夏与蛮夷之间，《公羊传》站在诸夏的立场上，“内诸夏而外夷狄”，“不与夷狄”之辞全书一共有5处。《公羊传》对春秋时期周边族群的威胁充满了忧虑，形容为“南蛮与北狄交，中国不绝若线”，尤其是对于南方楚、吴、越等国的北上争霸，站在维护华夏礼乐秩序的立场上，《公羊传》都给予了讨伐。《公羊传》渴望诸夏能够团结起来，共同对抗蛮夷的入侵。从这个意义上，《公羊传》主张尊王。不过，《公羊传》所尊却不是现实中的周王，而是他所渴望的理想王。《公羊传》强调春秋是“上无天子”的时代，它呼唤能够有新王出现，而且历史上能够主动承担起攘夷重担者，都会受到《公羊传》的嘉许。比如对于齐桓公南伐荆楚，《公羊传》高度评价：“楚有王者则后服，无王者则先叛。夷狄也，而亟病中国，南夷与北狄交，中国不绝若线。桓公救中国，而攘夷狄，卒怗荆，以此为王者之事也。”①

不同于《左传》的“非我族类其心必异”，《公羊传》更强调以礼乐文明来作为夷夏之辨的标尺，如同韩愈后来所总结的，“孔子之作《春秋》也，诸侯用夷礼则夷之，夷而进于中国则中国之”②。周边族群主动向中原礼乐文明靠拢，会受到《公羊传》的嘉许；而诸夏③抛弃礼乐文明，则会受到《公羊传》的讥讽。比如，鲁昭公二十三年，《公羊传》批评诸夏破坏礼乐文

---

① ［清］阮元校刻：《十三经注疏·春秋公羊传注疏》，北京：中华书局，1980年影印本，第2249页。

② 韩愈著，刘真伦、岳珍校笺：《韩愈文集汇校笺注·卷一·原道》，北京：中华书局，2010，第3页。

③ 诸夏，指周代分封的中原各个诸侯国，泛指中原地区。

明时说："中国亦新夷狄也。"[1] 至于中原各国之间的征伐战争，更受到《公羊传》的强烈批评。比如鲁成公三年，郑国讨伐许国，何休在注中就将郑国看作夷狄："恶郑襄公与楚同心，数侵伐诸夏。自此之后，中国盟会无已，兵革数起，夷狄比周为党，故夷狄之。"[2]

4. 复仇

原始儒学主张复仇，《论语》就云："或曰以德报怨何如？子曰：何以报德？以直报怨，以德报德。"[3] 《礼记》中也讲"父之仇弗与共戴天"[4]。《公羊传》对复仇也多次强调。鲁桓公十八年，鲁桓公在齐国被杀。对此，《公羊传》引用"子沈子"的话说："子沈子曰：君弑臣不讨贼，非臣也。不复仇，非子也。"[5] 后来鲁庄公与杀父仇人齐襄公一起狩猎，对于鲁庄公这种不仅不复仇反而与仇敌一起狩猎的行为，《公羊传》明确给予批判。相反，复仇受到《公羊传》高度赞许。鲁庄公九年，鲁国主动发动对齐国的战争，虽然战败，但因为是复仇战争而受到《公羊传》的好评。齐襄公对纪国发动战争，"复九世之仇"，也受到《公羊传》的称许。而且在《公羊传》中，国君也可以

---

① ［清］阮元校刻：《十三经注疏·春秋公羊传注疏》，北京：中华书局，1980 年影印本，第 2327 页。

② ［清］阮元校刻：《十三经注疏·春秋公羊传注疏》，北京：中华书局，1980 年影印本，第 2291 页。

③ ［清］阮元校刻：《十三经注疏·论语注疏》，北京：中华书局，1980 年影印本，第 2513 页。

④ ［清］阮元校刻：《十三经注疏·礼记注疏》，北京：中华书局，1980 年影印本，第 1250 页。

⑤ ［清］阮元校刻：《十三经注疏·春秋公羊传注疏》，北京：中华书局，1980 年影印本，第 2210 页。

是复仇的对象。比如关于伍子胥对楚平王的复仇，《公羊传》认为："事君犹事父也，此其为可以复仇奈何？曰：父不受诛，子复仇可也。父受诛，子复仇，推刃之道也。"[①] 如果父亲无罪而被国君杀害，作为儿子完全可以复仇。

5. 守经与权变

《孟子》中有一段权变思想的精彩对话："淳于髡曰：'男女授受不亲，礼与？'孟子曰：'礼也。'曰：'嫂溺则援之以手乎？'曰：'嫂溺不援，是豺狼也！男女授受不亲，礼也。嫂溺援之以手者，权也。'"[②] 《公羊传》也主张权变。鲁桓公十一年，郑国贵族祭仲被宋国人抓获，宋国人威胁祭仲把当时的郑国国君赶跑，而让另外一个与宋国有血缘关系的郑国公子回国当国君，祭仲竟然同意了。《公羊传》认为祭仲的行为是值得肯定的，因为在那种情况之下，如果不同意宋国的要求，将会有亡国的危机；而同意宋国的要求，一方面新国君也是郑国的公子，另一方面现在的国君将来也还有机会复国。同时，《公羊传》认为行权变，也不能是无原则的："行权有道，自贬损以行权，不害人以行权。杀人以自生，亡人以自存，君子不为也。"[③] 春秋时期，政事云谲波诡、瞬息万变，《公羊传》认为在有利于国家和天下的大原则下，臣子不妨独断专行。《公羊传》认为春秋时代是"上无天子，下无方伯"，在这种情况之下，作为诸侯

① ［清］阮元校刻：《十三经注疏·春秋公羊传注疏》，北京：中华书局，1980 年影印本，第 2337 页。

② ［清］阮元校刻：《十三经注疏·孟子注疏》，北京：中华书局，1980 年影印本，第 2722 页。

③ ［清］阮元校刻：《十三经注疏·春秋公羊传注疏》，北京：中华书局，1980 年影印本，第 2220 页。

应该主动承担起责任："上无天子，下无方伯，天下诸侯有相灭亡者，力能救之，则救之可也。"[①] 作为臣子，也不可机械墨守君命："聘礼，大夫受命，不受辞。出竟有可以安社稷利国家者，专之可也。"[②]

（二）夫子微言

1. 为后圣制法

在《公羊》学家看来，孔子修《春秋》本身就是一件意义非凡的伟大历史事件。孔子一生困顿，游说诸侯没有任何效果。晚年的孔子回到鲁国，整理文献，教育子弟。相传鲁哀公十四年四月，有人在鲁国曲阜城西打猎，得到了一头奇怪的动物，众人不认识，请博学的孔子去看。孔子一看，原来此人打死了一头麒麟！麒麟本是仁兽，当圣人出现，太平盛世降临的时候，麒麟就会出现。但在春秋乱世，麒麟为什么要出现呢？结果白白地被猎人打死了。进而孔子想到自己也仿佛这头麒麟，"天下无道久矣，莫能宗予"[③]，在乱世中一事无成，上天派自己来世间又是为何？孔子不禁掩面而泣。根据纬书[④]的记载，不久曲阜东门端门上出现了血书，孔子派子夏等人去看，血书叫"《演孔图》"："趋作法，孔圣没，周姬亡，彗东出，秦政起，胡破术，

---

① ［清］阮元校刻：《十三经注疏·春秋公羊传注疏》，北京：中华书局，1980 年影印本，第 2346 页。

② ［清］阮元校刻：《十三经注疏·春秋公羊传注疏》，北京：中华书局，1980 年影印本，第 2236 页。

③ ［汉］司马迁：《史记·孔子世家》，北京：中华书局，1982，第 1944 页。

④ "纬书"是后世托名孔子所作，是解释经书的书，主要出现于西汉后期到东汉初年，内容大多荒诞不经，但其中也有一些材料具有一定的史料价值。

书记散，孔不绝。"《演孔图》中还有“作图制法之状”①。孔子终于明白了自己人生意义何在，那就是“为后圣制法”，为将来的社会描绘一幅美好的蓝图。《公羊传》认为孔子修《春秋》，是通过对242年史事的记录，来实现拨乱反正的目的，“君子曷为为《春秋》？拨乱世反诸正，莫近诸《春秋》”，《春秋》蕴含着尧舜以来的大道。孔子修《春秋》，是留待后世圣人遵照执行，“制《春秋》之义，以俟后圣”。纬书中更是明确称汉王朝就是孔子所期待的“后圣”：“孔子仰推天命，俯察时变，却观未来，豫解无穷，知汉当继大乱之后，故作拨乱之法以授之。”②这种看似荒唐的言论表达了《公羊》学派儒生对汉王朝的强烈期待，“为后圣制法”是《公羊》学派经世精神的主要体现之一。

2.《公羊》三世

《公羊》三世又称为“张三世”。《公羊》学家认为，孔子修《春秋》选取从鲁隐公元年到鲁哀公十四年这段历史，并非偶然，其中也寄托着孔子的无限深意：“《春秋》何以始乎隐？祖之所逮闻也。所见异辞，所闻异辞，所传闻异辞。何以终乎哀十四年？曰：‘备矣。’”③《公羊传》将春秋242年分为三个时段，分别为所见世、所闻世、所传闻世，而孔子在作《春秋》时分别采用了不同的写作方式，即所谓“所见异辞，所闻异辞，所传闻异辞”。

到底三世之中孔子的笔法是什么，《公羊传》并没有解释。

---

① 黄奭辑：《春秋纬》，上海：上海古籍出版社，1993，第26页。

② ［清］阮元校刻：《十三经注疏·春秋公羊传注疏》，北京：中华书局，1980年影印本，第2354页。

③ ［清］阮元校刻：《十三经注疏·春秋公羊传注疏》，北京：中华书局，1980年影印本，第2353页。

董仲舒认为这三个时段里孔子遣词用笔的原则是："所见六十一年，所闻八十五年，所传闻九十六年。于所见微其辞，于所闻痛其祸，于传闻杀其恩，与情俱也。"[①] 意思是说，所传闻世的人和事距离孔子本人已经很远了，孔子也没有太深的情感，故不妨直书其事；所闻世的人和事，和孔子关系比较近，孔子的情感自然会更深厚些，对于当事人的事情，孔子就不忍直写了；孔子自己所见世的人和事，由于当事人或当事人的子孙都还在世，孔子更无法直接写了，只能采取"微辞"的办法来表达。

何休在《春秋公羊经传解诂》中，赋予了《公羊》三世以更多的意义，"于所传闻之世，见治起于衰乱之中……于所闻之世，见治升平……至所见之世，著治大平"[②]。在《公羊》学家看来，孔子修《春秋》在所传闻世中为世人描绘了乱世的惨象，在所闻世中为世人描绘了升平世的愿景，而在所见世中为人们描绘了太平世的蓝图。按照《公羊》学的理解，孔子修《春秋》并不是依据已经发生过的历史而修撰史书，而是依托过去的历史写出了孔子所理解的历史发展轨迹，这不是已然的历史，而是应然的历史。《公羊》学家所理解的历史发展规律就是从乱世到升平世，最终达到太平世。

至于《公羊》三世是否符合孔子的原意，这并不重要。重要的是，汉代的儒生认为孔子修《春秋》所要表达的就是三世

---

① ［清］苏舆撰、钟哲点校：《春秋繁露义证·楚庄王》，北京：中华书局，1992，第10页。《春秋公羊传注疏》中还提到纬书《孝经援神契》以81年为一世，颜安乐把襄公二十一年以后孔子生定为所见世。见［清］阮元校刻：《十三经注疏·春秋公羊传注疏》，北京：中华书局，1980年影印本，第2195页。

② ［清］阮元校刻：《十三经注疏·春秋公羊传注疏》，北京：中华书局，1980年影印本，第2200页。

不断演进的历史规律，人类社会发展的最终目标就是太平世。

3. 大一统

春秋战国是中国历史上非常重要的时期。从经济史上说，这一时期出现了牛耕、铁制工具的普及，生产力有了巨大发展。从政治史上说，这一时期有了新的社会制度，郡县制官僚制取代了宗法制。从思想史上说，这一时期被许多学者称为中华轴心时代。但是，身处其中的人们却并不这么看。春秋战国时期的人们都认为自己生活在一个乱世，他们都在渴望混乱的终结，比如孟子就明确提出天下将会“定于一”。

《公羊传》在解释鲁隐公元年第一条经文“元年，春，王正月”时提出“大一统”的主张。这里的“大”并非大小的大，而是“认可、肯定、赞美”之意。为什么要在隐公元年提出“大一统”呢？因为在《公羊》学家看来,“统”有开始的含义。《公羊》学家解释“元年，春，王正月”：元者，是天地之始；春者，是岁之始；王者，是人道之始；正月者，政教之始。另外“即位”是一国之始，在鲁隐公元年讲“大一统”，所强调的就是正元立始。

4. 三统说与受命改制

《公羊》学家认为，历史的发展规律是黑、白、赤三统的交替循环，每一统当值，都会有与之相应的制度。现实中的夏、商、周，分别代表了黑、白、赤三统。《公羊》学派认为，当代的帝王应该明确自己在三统中的地位，并与此前的两代帝王一起组成黑、白、赤的统序。东汉何休总结三统说：“王者存二王之后，使统其正朔，服其服色，行其礼乐，所以尊先圣，通三统，师法之义，恭让之礼，于是可得而观之”①。《公羊》学家认为，新的朝代建立之后，就应该明确自己在黑、白、赤三统之中的地位，进而建立与其相适应的制度，比如改正朔、易服色、徙居处等，以彰显自己所获得的天命，使百姓明白新的朝代并非前朝的简单延续，而是一个全新受命的王朝。

《公羊》学家其实讨论了一个非常严肃的话题：政权的合法性。在人们笼统的观念里，君权神授是常识，但君权神授如何体现呢？《公羊》学家认为，所谓天命就体现在黑、白、赤的统序之中。三统说既可以为现实的政权提供合法性论证，同时也要求现实中的政权承担起自己应尽的义务，按照儒家所设想的王道理想来施政理民。

5. 孔子素王

在一般人眼中，孔子不过是一介平民，没有什么特别之处，但在《公羊》学家看来，孔子却是一个“素王”。“素王”是有资格当王，而没有机会当王的人。《公羊》学家认为孔子作为天纵之圣，具备了为王的条件，但上天并没有给孔子做王的机会。现实中孔子没有机会施展自己的抱负，实现其王道理想，于是通过修《春秋》，虚构了一个新的王朝，我们姑且称之为“《春秋》朝”。这个“《春秋》朝”又没有办法体现，只能依托现实中的鲁国。这就是《公羊传》的重要理念：“新周，故宋，王鲁”。结合前述三统说，《公羊传》构建了一个宋、周、鲁的统序，以鲁为王，实际上就是以孔子为王。

---

① ［清］阮元校刻：《十三经注疏·春秋公羊传注疏》，北京：中华书局，1980 年影印本，第 2203 页。

为了强调自己学说的合法性和神圣性，《公羊》学家后来还借助纬谶来进一步神化孔子。对此，周予同先生有过一篇很有趣的文章：《纬谶中的孔圣与他的门徒》。[①] 纬谶简直都把孔子神化为非人了，不仅说其出生时出现了很多神异现象，说其长相也很奇特，已经超越了正常人所能理解的范围。神化孔子，其用意不过是神化《公羊》学家的学说而已。

后世儒生将《公羊》学的微言大义总结为“三科九旨”。唐代徐彦《公羊传疏》解释“三科九旨”是：“设三科九旨其义如何？答曰：何氏之意以为，三科九旨正是一物，若总言之谓之三科。科者，段也。若析而言之，谓之九旨。旨者，意也。言三个科段之内，有此九种之意，故何氏作文谥例云，三科九旨者：新周，故宋，以《春秋》当新王，此一科三旨也；又云‘所见异辞，所闻异辞，所传闻异辞’，二科六旨也；又‘内其国而外诸夏，内诸夏而外夷狄’，是三科九旨也。”[②] 这是最为广泛接受的“三科九旨”的解释，涵盖了上述“通三统”“张三世”和“攘夷狄”。这是《公羊》学说最为核心的内容。

三、《春秋繁露》的《公羊》学说体系

董仲舒在《公羊》学史上的地位是无可替代的，甚至可以说，《公羊》学说体系经董仲舒之手才得以大体完备。皮锡瑞《经学通论》说：“孟子之后，董子之学最醇。然则《春秋》之学，孟子之后，亦当以董子之学为最醇矣。”[③] 董仲舒对《公

---

① 朱维铮编：《周予同经学史论著选集》，上海：上海人民出版社，1996。

② ［清］阮元校刻：《十三经注疏·春秋公羊传注疏》，北京：中华书局，1980年影印本，第2195页。

③ ［清］皮锡瑞：《经学通论》（卷四），北京：中华书局，1954，第4页。

羊》学的贡献主要体现在如下几方面。

(一) 董仲舒的“《春秋》观”

所谓“《春秋》观”是对《春秋》一书的认识。“《春秋》观”应该包括孔子素王说、为后圣制法说等。

1. 孔子素王说

素王的说法由来已久，但并没有人明确孔子和素王之间的关系。最早记录孔子作《春秋》的是《孟子》：“世衰道微，邪说暴行有作。臣弑其君者有之，子弑其父者有之。孔子惧，作《春秋》。《春秋》，天子之事也。是故孔子曰：‘知我者其惟《春秋》乎？罪我者其惟《春秋》乎？”[①] 孟子认为孔子作《春秋》的目的是拨乱反正，但孔子以平民之身作《春秋》，颇有僭越之嫌，所以孔子才会说“知我”“罪我”的话。有一点是可以肯定的，在孔子之前，六经都是王官之书，经典的制作之权掌握在政府手中。随着春秋时期礼崩乐坏政权下移，也出现了学术的下移，王官失守，学在四夷。孔子顺应了学术下移的历史潮流，最早办起了私学。在孟子看来，孔子继承了王官之书的传统，在王官之书的基础上修订而为《春秋》：“王者之迹熄而《诗》亡，《诗》亡然后《春秋》作。晋之《乘》，楚之《梼杌》，鲁之《春秋》，一也。其事则齐桓晋文，其文则史，孔子曰：其义，则丘窃取之矣。”[②] 笔者以为，《春秋》大约就是孔

① ［清］阮元校刻：《十三经注疏·孟子注疏》，北京：中华书局，1980 年影印本，第 2714 页。

② ［清］阮元校刻：《十三经注疏·孟子注疏》，北京：中华书局，1980 年影印本，第 2727—2728 页。

子在日常教学中所使用的教学大纲，因而才如此简略；其间是否有无限深意，以今人的眼光来看，恐怕难以断定。《春秋》的底本应该就是鲁国官修史书。孔子对鲁史的记载未必会完全认同。《春秋》就是孔子由鲁史删削而成、供自己教学用的大纲。这也是私家著书的开始。[①] 孟子虽认为孔子作《春秋》的意义可以与大禹治水相提并论，但也只认为孔子是以布衣的身份修官书的。可见，在孟子的时代里，孔子并无“素王”之称。此后《庄子》、贾谊《过秦论》等文章中也出现过“素王”一词，但都与孔子无关。

直到董仲舒才明确将孔子称为“素王”。[②] 在《天人三策》中，董仲舒说：“孔子作《春秋》，先正王而系万事，见素王之文焉。”当时人们的观念是，王必须获得天命：“王者必受命而后王。”[③] 而在董仲舒看来，“西狩获麟”就是孔子受天命的标志：“有非力之所能致而自至者，西狩获麟，受命之符是也。”[④] 如同当年的文王受命是西周王朝建立的标志一样，孔子的西狩获麟是一个新王朝建立的标志。孔子新王朝的建立通过修《春秋》而实现，孔子说：“吾因行事，加吾王心焉。”[⑤] 孔子建立的新王朝，依托于现实中的鲁国，“以《春秋》当新王”只能

---

① 罗根泽：《战国前无私家著作说》，见《罗根泽说诸子》，上海：上海古籍出版社，2001。

② 黄开国：《公羊学发展史》，北京：人民出版社，2013，第163—164页。

③ ［清］苏舆撰、钟哲点校：《春秋繁露义证·三代改制质文》，北京：中华书局，1992，第185页。

④ ［清］苏舆撰、钟哲点校：《春秋繁露义证·符瑞》，北京：中华书局，1992，第157页。

⑤ ［清］苏舆撰、钟哲点校：《春秋繁露义证·俞序》，北京：中华书局，1992，第163页。

表现为“王鲁”，“今《春秋》缘鲁以言王义”。[①] 董仲舒在《春秋繁露·三代改制质文》一篇中，详细解释了“以《春秋》当新王”的含义：“故天子命无常，唯命是德庆。故《春秋》应天作新王之事，时正黑统，王鲁，尚黑，绌夏，亲周，故宋。”[②]“王者之法，必正号，绌王谓之帝，封其后以小国，使奉祀之。下存二王之后以大国，使服其服，行其礼乐，称客而朝。故同时称帝者五，称王者三。所以昭五端，通三统也。是故周人之王，尚推神农为九皇，而改号轩辕谓之皇帝，因存帝颛顼、帝喾、帝尧之帝号，绌虞而号舜曰帝舜，录五帝以小国。下存禹之后于杞，存汤之后于宋，以方百里爵号公，皆使服其服，行其礼乐，称先王客而朝。《春秋》作新王之事，变周之制，当正黑统。而殷周为王者之后，绌夏改号禹谓之帝，录其后以小国，故曰绌夏存周，以《春秋》当新王。”[③] 这个新建立的“《春秋》朝”被纳入上古以来的帝王统序之中，不仅获得了历史的合法性，而且在黑、白、赤三统之中占据黑统，从而获得理论的合法性，“而欲以上通五帝，下极三王，以通百王之道”。[④]

董仲舒对孔子素王的宣扬，对后世产生了很大的影响，即便是一些古文经学家，他们不一定认可“以《春秋》当新王”，但也大多接受孔子素王的身份。比如王应麟在《困学纪闻》中

---

① ［清］苏舆撰、钟哲点校：《春秋繁露义证·奉本》，北京：中华书局，1992，第279页。

② ［清］苏舆撰、钟哲点校：《春秋繁露义证·三代改制质文》，北京：中华书局，1992，第187—189页。

③ ［清］苏舆撰、钟哲点校：《春秋繁露义证·三代改制质文》，北京：中华书局，1992，第198—200页。

④ ［清］苏舆撰、钟哲点校：《春秋繁露义证·符瑞》，北京：中华书局，1992，第158页。

说："董仲舒《对策》云：'见素王之文。'贾逵《春秋序》云：'立素王之法。'郑玄《六艺论》云：'自号素王。'卢钦《公羊序》云：'制素王之道。'"[①] 可以说，董仲舒的素王说，极大地提高了孔子的地位。

2. 为后圣制法

董仲舒理论的构建，不仅使《公羊》学说得以神化，提高了孔子的地位，还将本不存在的"《春秋》朝"与现实中的汉王朝联系在了一起。

在董仲舒看来，孔子修《春秋》虚拟出一个"《春秋》朝"并不是自娱自乐的文字游戏，而是寄托了无限深意。虽然仅是素王，但孔子在《春秋》中的遣词用句，完全是站在天子的立场上关照整个天下："(《春秋》)一统乎天子，而加忧于天下之忧也，务除天下所患。"[②] 表面看，孔子以鲁国的立场来说历史，其实是在讲天下，"因其国而容天下"[③]。孔子通过《春秋》构建了一个完备的体系，"《春秋》论十二世之事，人道浃而王道备"[④]。孔子将实现这一体系的希望寄托于未来的新王，"是故孔子立新王之道"[⑤]。新王，也称为"后圣"，"仲尼之作《春秋》也，上探正天端王公之位，万民之所欲，下明得失，起贤才，

---

① 王应麟撰、孙通海点校：《困学纪闻》，沈阳：辽宁教育出版社，1998，第190页。

② ［清］苏舆撰、钟哲点校：《春秋繁露义证・符瑞》，北京：中华书局，1992，第158页。

③ ［清］苏舆撰、钟哲点校：《春秋繁露义证・俞序》，北京：中华书局，1992，第161页。

④ ［清］苏舆撰、钟哲点校：《春秋繁露义证・玉杯》，北京：中华书局，1992，第32页。

⑤ ［清］苏舆撰、钟哲点校：《春秋繁露义证・玉杯》，北京：中华书局，1992，第28页。

以待后圣”[1]。孔子的颠沛流离使他认识到现实中的周王及以周王为中心的宗法体系下的君主们，都不足以承担兴太平的重任，他只能将希望寄托于未来的新王朝。孔子认识到自己的使命就是将治天下的大道留传给后人：“所闻天下无二道，故圣人异治同理也。古今通达，故先贤传其法于后世也。”[2]

具体到董仲舒而言，他心目中的“新王”“后圣”就是汉代君主。这一点完全可以通过《天人三策》中董仲舒对汉武帝的期待之辞得到验证。在《天人三策》中，董仲舒一再强调秦的暴政。秦朝在董仲舒看来没有丝毫的合法性可言，汉朝应该越过秦朝直接继承周的统序，汉朝就成为孔子所预设周朝之后的“新王”“后圣”。

3. 以《春秋》治国

在董仲舒看来，孔子的《春秋》并非空谈理论，而具有很强的实践性，完全可以施用于现实的政治生活。儒生心目中的六经，都蕴含着无穷无尽的大道，但六经又各有不同：“《诗》《书》序其志，《礼》《乐》纯其美，《易》《春秋》明其知。六学皆大，而各有所长。《诗》道志，故长于质。《礼》制节，故长于文。《乐》咏德，故长于风。《书》著功，故长于事。《易》本天地，故长于数。《春秋》正是非，故长于治人。能兼得其所长，而不能遍举其详也。”[3] 既然孔子作《春秋》寄希望于后圣，后圣就

---

① ［清］苏舆撰、钟哲点校：《春秋繁露义证・俞序》，北京：中华书局，1992，第158—159页。

② ［清］苏舆撰、钟哲点校：《春秋繁露义证・楚庄王》，北京：中华书局，1992，第14—15页。

③ ［清］苏舆撰、钟哲点校：《春秋繁露义证・玉杯》，北京：中华书局，1992，第35—37页。

应该体谅圣人之心，把《春秋》作为施政教科书来看待。

孔子曾经说过："工欲善其事，必先利其器。"董仲舒也说，各行各业都离不开自己的专用工具："是故虽有巧手，弗修规矩，不能正方圆。虽有察耳，不吹六律，不能定五音。"[①] 要治理天下，所需要依靠的就是先王之道，"虽有知心，不览先王，不能平天下。然则先王之遗道，亦天下之规矩六律已"。遵从先王之道就可以实现天下大治，不遵从先王之道就会天下大乱，"故圣者法天，贤者法圣，此其大数也。得大数而治，失大数而乱，此治乱之分也"。[②] 孔子所作的《春秋》就是先王之道的载体。

在董仲舒等《公羊》学家看来，《春秋》内容博大精深，包罗万象："《春秋》二百四十二年之文，天下之大，事变之博，无不有也。"[③] 董仲舒认为之所以出现历史上那些乱象，就是人们不读《春秋》之故："其为切而至于杀君亡国，奔走不得保社稷，其所以然，是皆不明于道，不览于《春秋》也。"董仲舒还引用子夏的言论，强调无论帝王还是臣民，都应该熟读《春秋》："故卫子夏言，有国家者不可不学《春秋》，不学《春秋》，则无以见前后旁侧之危，则不知国之大柄，君之重任也。故或胁穷失国，掩杀于位，一朝至尔。苟能述《春秋》之法，致行其道，岂徒除祸哉，乃尧舜之德也。"董仲舒认为如果统治

---

① ［清］苏舆撰、钟哲点校：《春秋繁露义证・楚庄王》，北京：中华书局，1992，第 14 页。

② ［清］苏舆撰、钟哲点校：《春秋繁露义证・楚庄王》，北京：中华书局，1992，第 14 页。

③ ［清］苏舆撰、钟哲点校：《春秋繁露义证・十指》，北京：中华书局，1992，第 145 页。

者熟读《春秋》并用它治国，王霸之业可轻松得到：“《春秋》之道，大得之则以王，小得之则以霸。”[①] 在《史记·太史公自序》中司马迁几乎完全照搬了这些内容，可知董仲舒关于《春秋》的看法是被普遍接受了的。

董仲舒认为《春秋》主要通过正名来治国。孔子十分重视正名，他说：“名不正，则言不顺；言不顺，则事不成；事不成，则礼乐不兴；礼乐不兴，则刑罚不中；刑罚不中，则民无所措手足。”（《论语·子路》）董仲舒认为治国必须从正名开始，“治国之端在正名”[②]，正名是伸张大义的重要手段，“故正名以名义也”[③]。孔子修《春秋》也强调正名，“《春秋》大元，故谨于正名”[④]。《春秋》的正名做到了不失毫厘，“《春秋》辨物之理，以正其名，名物如其真，不失秋毫之末”[⑤]。董仲舒极度推崇《春秋》的正名，使君君臣臣父父子子各归其本位。在董仲舒看来，正名不仅可以治国，而且也可以安身，“以故用则天下平，不用则安其身，《春秋》之道也”[⑥]。

主张以《春秋》治国，是汉儒的共识。比如司马迁在《太

---

① ［清］苏舆撰、钟哲点校：《春秋繁露义证·俞序》，北京：中华书局，1992，第160—161页。

② ［清］苏舆撰、钟哲点校：《春秋繁露义证·玉英》，北京：中华书局，1992，第68页。

③ ［清］苏舆撰、钟哲点校：《春秋繁露义证·天道施》，北京：中华书局，1992，第472页。

④ ［清］苏舆撰、钟哲点校：《春秋繁露义证·深察名号》，北京：中华书局，1992，第305页。

⑤ ［清］苏舆撰、钟哲点校：《春秋繁露义证·深察名号》，北京：中华书局，1992，第293页。

⑥ ［清］苏舆撰、钟哲点校：《春秋繁露义证·楚庄王》，北京：中华书局，1992，第13页。

史公自序》中称自己闻于董生云“《春秋》辨是非，故长于治人”[①]。班固在《汉书·艺文志》中也说：“《春秋》以断事，信之符也。”[②]《春秋》正名，也不是董仲舒个人的观点，就连《庄子·天下》篇中也有类似的表达：“《诗》以道志，《书》以道事，《礼》以道行，《乐》以道和，《易》以道阴阳，《春秋》以道名分。”[③] 这些观念在《春秋繁露》中得到了全面的论证，进而成为儒生的共识。

（二）通三统、存三正

《公羊》学家认为历史的发展规律就是黑、白、赤三统的交替，而董仲舒正是三统说的提出者[④]。董仲舒在《春秋繁露》中对三统说进行了系统论述，构建了《公羊》学派的历史哲学。冯友兰先生曾说：“（三统说）在哲学史上不失为一有系统的历史哲学也。”[⑤]

董仲舒认为黑、白、赤三统分别对应了天、地、人。三统说的提出，也与三正密切关联。三正就是夏、商、周三代的正

---

① ［汉］司马迁：《史记·太史公自序》，北京：中华书局，1982，第3297页。

② ［汉］班固：《汉书·艺文志》，北京：中华书局，1962，第1723页。

③ 王先谦：《庄子集解·天下篇》，见《新编诸子集成》（第三册），北京：中华书局，1954，第216页。

④ 董仲舒的三统说也不是凭空产生的。首先，夏商周三代是真实的历史存在，这是构建历史哲学的前提。关于三代礼制、正朔的不同，前人也时常提及，比如孔子就曾经讲道：“夏人殡于东阶，周人于西阶，殷人两柱间。”（《史记·孔子世家》）《礼记·檀弓》中就有“夏后氏尚黑”“殷人尚白”“周人尚赤”的记载。其次，天地人的观念也早已有之。再次，人们构建历史哲学的努力也并非从董仲舒开始，战国时期五德终始说的萌芽就是其开端。但对三统说的系统论述，构建《公羊》学派的历史哲学，则是从董仲舒开始的。

⑤ 冯友兰：《中国哲学史》（下册），上海：华东师范大学出版社，2000，第33页。

朔，夏代历法以正月为岁首，商代历法以十二月为岁首，而周代历法以十一月为岁首。

黑、白、赤三统中，黑统最先当值。“以黑统初，正日月朔于营室，斗建寅，天统气始通化物，物见萌达，其色黑。故朝正服黑，首服藻黑，正路舆质黑，马黑，大节绶帻尚黑，旗黑，大宝玉黑，郊牲黑，牺牲角卵。冠于阼，昏礼逆于庭，丧礼殡于东阶之上，祭牲黑牡，荐尚肝，乐器黑质，法不刑有怀任新产，是月不杀，听朔废刑发德，具存二王之后也。亲赤统，故日分平明，平明朝正。”[①] 历史上的夏朝体现了黑统，夏历以正月为岁首，正月是万物萌发的时节，阳气开始化育万物。夏朝在天、地、人之中代表人。

之后是白统当值。“正白统者，历正日月朔于虚，斗建丑。天统气始蜕化物，物始芽，其色白，故朝正服白，首服藻白，正路舆质白，马白，大节绶帻尚白，旗白，大宝玉白，郊牲白，牺牷角茧。冠于堂，昏礼逆于堂，丧事殡于楹柱之间。祭牲白牡，荐尚肺，乐器白质。法不刑有身怀任，是月不杀。听朔废刑发德，具存二王之后也。亲黑统，故日分鸣晨，鸣晨朝正。”[②] 历史上的商朝体现了白统，“故汤受命而王，应天变夏作殷号，时正白统”[③]。商朝以十二月为岁首，十二月是万物开始孕育其萌芽的阶段。商朝在天、地、人中代表地，属阴气。

---

① ［清］苏舆撰、钟哲点校：《春秋繁露义证・三代改制质文》，北京：中华书局，1992，第191—193页。

② ［清］苏舆撰、钟哲点校：《春秋繁露义证・三代改制质文》，北京：中华书局，1992，第193—194页。

③ ［清］苏舆撰、钟哲点校：《春秋繁露义证・三代改制质文》，北京：中华书局，1992，第186页。

最后是赤统当值。“正赤统者，历正日月朔于牵牛，斗建子。天统气始施化物，物始动，其色赤，故朝正服赤，首服藻赤，正路舆质赤，马赤，大节绶，帻尚赤，旗赤，大宝玉赤，郊牲骍，牺牷角栗。冠于房，昏礼逆于户，丧礼殡于西阶之上。祭牲骍牡，荐尚心，乐器赤质。法不刑有身，重怀藏以养微，是月不杀。听朔废刑发德，具存二王之后也。亲白统，故日分夜半，夜半朝正。”[①] 历史上的周朝就是赤统的体现，“文王受命而王，应天变殷作周号，时正赤统”[②]。周历以十一月为岁首，冬至一般都在十一月，阳气始生。周朝在天、地、人中代表天。

三统不仅意味着正朔的不同，还包括制度和治国之道的不同，主要体现于一文一质的变化。在孔子那里就有“文”“质”之说，“文胜质则史，质胜文则野，文质彬彬然后君子”（《论语·雍也》）。董仲舒将它运用到世道变迁之中，“王者以制，一商一夏，一质一文”[③]。历史上的商朝以“质”为特征，而“质”之弊要靠“文”来挽救，于是继商而起的周就以“文”为特征。“文”之弊，同样也要用“质”来救，将来继周而兴的王朝就主要表现为“质”。对于这个未来的王朝，孔子通过修《春秋》而实现，“《春秋》之救文以质也”[④]。

董仲舒认为，一个王朝的建立，一方面要明确自己在三统

---

① ［清］苏舆撰、钟哲点校：《春秋繁露义证·三代改制质文》，北京：中华书局，1992，第194—195页。

② ［清］苏舆撰、钟哲点校：《春秋繁露义证·三代改制质文》，北京：中华书局，1992，第187页。

③ ［清］苏舆撰、钟哲点校：《春秋繁露义证·三代改制质文》，北京：中华书局，1992，第204页。

④ ［清］苏舆撰、钟哲点校：《春秋繁露义证·王道》，北京：中华书局，1992，第123页。

中的位置，另一方面也必须明确自己的正朔："其谓统三正者，曰：正者，正也，统致其气，万物皆应，而正统正，其余皆正，凡岁之要，在正月也。法正之道，正本而末应，正内而外应，动作举错，靡不变化随从，可谓法正也。"① 这不仅意味着要有一个好的开端，而且在古人的观念中，正朔、历法具有丰富的文化内涵，可以为生产生活提供指导，同时又是沟通天人的重要渠道。

存三正是通三统的具体表现。所谓存三正，就是任何一个王朝建立后，都要把此前两代王朝的后裔作为客人，给他们一定的封地和封号，让他们在其封地内使用各自王朝原有的正朔、服色。在后世政治史上，董仲舒存三正的主张被普遍接受。王莽登基之后，封孺子婴为安定公，安定公国内行汉正朔；曹丕登基之后，封汉献帝为山阳公，山阳公国内行汉正朔；司马炎登基之后，封魏元帝曹奂为陈留王，陈留王国内行曹魏正朔……

董仲舒的三统说不仅用来解释既有的历史，也用基于夏商周三代而构建的历史规律来主导未来的历史发展。在董仲舒所设计的历史统序中，周代之后应该还是黑统当值，正朔回归到以建寅之月为岁首。因而，秦朝的存在以三统说来评价的话，是没有任何合法性可言的。西汉王朝建立后，历史合法性论证始终处于缺失的状态。董仲舒的三统说，在一定程度上弥补了这个空缺，这也是汉武帝时期经学兴起的一个重要原因。②

---

① ［清］苏舆撰、钟哲点校：《春秋繁露义证·三代改制质文》，北京：中华书局，1992，第 197 页。

② 吴涛：《"为汉制法"——汉武帝时期经学兴起原因浅析》，见《华中国学》2017 年秋之卷，武汉：华中科技大学出版社，2018。

（三）受命改制

董仲舒的三统说并没有止于解释历史的统序，还用于国家的制度建设。董仲舒认为，天子受命于天，接受天命之后一定要改制，改制是为了进一步彰显天子所获得的天命。在《楚庄王》一文中，董仲舒详细论证了改制的意义："今所谓新王必改制者，非改其道，非变其理。受命于天，易姓更王，非继前王而王也。若一因前制，修故业，而无有所改，是与继前王而王者无以别。受命之君，天之所大显也。事父者承意，事君者仪志。事天亦然。今天大显已，物袭所代而率与同，则不显不明，非天志。故必徙居处、更称号、改正朔、易服色者，无他焉，不敢不顺天志而明自显也。"① 改制就是要通过迁都、改国号、改正朔和官服的色调图案等让百姓耳目一新，明白一个新的王朝已经建立，新的王朝并非前朝的简单继续。

董仲舒在《三代改制质文》中还详细讲了每一统当值时服色、正朔等制度的细节，但是董仲舒又强调，所有这些改制不过都是些表面文章，治国理民的根本之道是贯穿始终的："若夫大纲、人伦、道理、政治、教化、习俗、文义尽如故，亦何改哉？故王者有改制之名，无易道之实。"② 董仲舒所讲的"道"就是由天命而来的王道，"道之大，原出于天"③，治国必须尊"道"而行，"道者所繇适于治之路也"，而仁义礼乐则是道的

---

① ［清］苏舆撰、钟哲点校：《春秋繁露义证·楚庄王》，北京：中华书局，1992，第17—18页。

② ［清］苏舆撰、钟哲点校：《春秋繁露义证·楚庄王》，北京：中华书局，1992，第18—19页。

③ ［汉］班固：《汉书·董仲舒传》，北京：中华书局，1962，第2518—2519页。

具体表现，“仁义礼乐皆其具也”①。以“仁义礼乐”为标志的仁政是亘古不变的，“天不变，道亦不变”②。

董仲舒的三统说在为西汉政权提供合法性论证的同时，也对西汉政权提出了改制的要求。“汉承秦制”是秦汉史的常识，西汉不仅从秦朝继承了服色、正朔等，更继承了以重刑为标志的专制集权制度。如前所述，黄老无为而治的表象下是法家政治的内核，这是儒生们所无法接受的。西汉前期大量对秦朝的批评，其实都是在借古讽今、批评汉朝。比如，侯外庐先生就说贾谊的《过秦论》实是“过汉论”。③ 董仲舒主张对汉朝制度进行改弦更张式的变革，回归到儒家所主张的王道政治，施行仁政。

如同学者所指出的，秦汉时期存在着长期的东西方对立，其源头是战国后期秦与东方各国的对立，“天下苦秦久矣”不仅指的是秦朝建立后的十多年。由于种种原因，西汉王朝建立后，采取了“以关中制关东”的立国策略。在很大程度上，西汉就是秦朝的有机延续。④ 在董仲舒的眼中，西汉王朝的现实制度都是不可接受的，甚至连建都长安也不是一个好的选择。董仲舒虽没有明确提出迁都的主张，但在《春秋繁露》中不仅强调了改制包括“徙居处”，而且也提出了选择国都的原则：“天始废始施，地必待中，是故三代必居中国。”⑤ 长安所在关中，显然

---

① ［汉］班固：《汉书·董仲舒传》，北京：中华书局，1962，第2499页。

② ［汉］班固：《汉书·董仲舒传》，北京：中华书局，1962，第2519页。

③ 侯外庐、赵纪彬、赵国庠、邱汉生：《中国思想通史》（第二卷），北京：人民出版社，1957，第160页。

④ 这一问题过于复杂，而且与本书主旨并不密切，所以这里不再展开。

⑤ ［清］苏舆撰、钟哲点校：《春秋繁露义证·三代改制质文》，北京：中华书局，1992，第196页。

不适合。

对于改制的呼吁，西汉王朝一开始犹犹豫豫。面对贾谊的长吁短叹，汉文帝也只是“不问苍生问鬼神”。汉武帝亲政后，不仅对外改变了一贯的和亲政策，对内也进行了大幅度的变革，最为显著的就是太初改历，标志着西汉王朝与秦彻底划清界限。但是，汉武帝的制礼作乐其实依然是在做表面文章，用王道话语述说着霸道的实质。

（四）原心定罪[1]

早在《尚书》中就主张判案要考虑犯罪者的动机，后世儒家虽不否认刑罚的必要性，但依然重视动机，《公羊传》中就有类似表述。鲁昭公十九年《春秋》经记载：“夏，五月，戊辰，许世子止弑其君买。”[2] 同年冬，《春秋》经还留下了这样的记录：“冬，葬许悼公。”根据《公羊》学家所理解的《春秋》大义，国君被弑不记录其下葬，因而这里显然是矛盾的。《公羊传》解释说，实际上许世子止并没有弑君。他父亲有病，按照礼法，作为儿子的许世子止应该尝药，而许世子止并没有尝药，就把药送给了父亲。父亲服用之后病发身死，这等同于许世子止杀了自己的父亲。《春秋》经记载，“许世子止弑其君买”，是为了“讥子道之不尽也。其讥子道之不尽奈何？曰乐正子春之视疾也，复加一饭，则脱然愈，复损一饭，则脱然愈，复加

① “原心定罪”最早见于《汉书·薛宣传》，董仲舒并没有过如此表述，但“原心定罪”很好地总结了《公羊》学家的主张，所以这里也采用“原心定罪”的表述。

② ［清］阮元校刻：《十三经注疏·春秋公羊传注疏》，北京：中华书局，1980 年影印本，第 2324 页。

一衣，则脱然愈，复损一衣，则脱然愈。止进药而药杀，是以君子加弑焉尔”。但是，许世子止本心并没有要弑君，所以《春秋》又通过记载许悼公的下葬而原谅了他。许世子止以弑君自责，《春秋》记录弑君虽认可了他的自责，但又通过许悼公的下葬而赦免了他的罪过：“曰‘许世子止弑其君买’，是君子之听止也。‘葬许悼公’是君子之赦止也。赦止者，免止之罪辞也。”[①] 这是《公羊传》中关于“原心定罪”最完整的表述，但也仅是就许世子止弑君这件事情本身进行评论，并没有进一步的归纳。

董仲舒在《春秋繁露》中第一次对“原心定罪”进行了系统论述。他首先强调，孔子作《春秋》之时，最为看重的就是行为者的本心，“《春秋》之论事，莫重于志”[②]。董仲舒举了鲁文公娶夫人之事，根据礼法，三年丧之内不嫁娶。三年丧实际执行是二十五个月，鲁文公娶妻时距离鲁僖公去世已经过去了四十一个月，按说是符合礼法的。然而，《公羊传》认为，虽说鲁文公娶妻是在三年丧之外，但他已经在三年丧之内开始了纳币等前期程序。这说明，早在丧期之内，鲁文公就已经惦记着娶妻这件事情了。所以，虽然鲁文公在鲁僖公去世四十一个月后才娶妻，但孔子修《春秋》时仍然对他进行了讥讽，专门记载了他在丧期之内派人到齐国纳币的事情。

董仲舒还举了鲁桓公的例子。鲁桓公元年《春秋》经记载：

---

① ［清］阮元校刻：《十三经注疏·春秋公羊传注疏》，北京：中华书局，1980 年影印本，第 2324—2325 页。

② ［清］苏舆撰、钟哲点校：《春秋繁露义证·玉杯》，北京：中华书局，1992，第 25 页。

元年春，“正月公即位”[①]。按说前一年鲁隐公被弑，根据《公羊传》的理解，国君被弑，不记载其后继国君的即位，这里为什么要记录鲁桓公即位呢？在《公羊传》看来，既然鲁桓公非常想即位，那就成全他，并通过这种成全加以讥讽和贬斥。董仲舒对此进一步解释道：“桓之志无王，故不书王。其志欲立，故书即位。书即位者，言其弑君兄也。不书王者，以言其背天子。是故隐不言立，桓不言王者，从其志以见其事也。从贤之志以达其义，从不肖之志以著其恶。”[②] 当初鲁隐公元年没有记录即位，是因为鲁隐公本来就打算将来把国君之位让给鲁桓公。《春秋》这么处理是为了成就鲁隐公谦让的美好品德，而在鲁桓公元年记载鲁桓公即位，是为了进一步揭露鲁桓公的恶行，对他进行贬斥。

董仲舒还对“原心定罪”作了进一步的归纳总结。他说：“《春秋》之听狱也，必本其事而原其志。志邪者不待成，首恶者罪特重，本直者其论轻。”[③] 作为素王的孔子，在《春秋》中行使其褒贬之权时，既根据事实，同时也看重行为者的本心。假如有邪恶之志，即便是其恶行没有完成，《春秋》也要加以贬斥。作为首恶分子，更是要受到《春秋》严厉的讨伐。相反，如果其出发点有一定的合理性，《春秋》对其犯罪行为进行讨伐时的遣词造句也会相对温和隐晦。董仲舒还举出了四个相似的

---

① ［清］阮元校刻：《十三经注疏·春秋公羊传注疏》，北京：中华书局，1980 年影印本，第 2372 页。

② ［清］苏舆撰、钟哲点校：《春秋繁露义证·玉英》，北京：中华书局，1992，第 76—77 页。

③ ［清］苏舆撰、钟哲点校：《春秋繁露义证·精华》，北京：中华书局，1992，第 92 页。

例子，但《春秋》对其的态度并不相同，“罪同异论”，就是因为其本心不同，“其本殊也”，所以他主张对判案一定要慎之又慎，“俱欺三军，或死或不死；俱弑君，或诛或不诛。听讼折狱，可无审耶”[①]！董仲舒还解释了“原心定罪”的原因，“故折狱而是也，理益明，教益行。折狱而非也，暗理迷众，与教相妨”[②]。董仲舒所说的“教”就是以儒家所主张的伦理道德为核心的德教。董仲舒认为德教才是为政之本，而刑罚则是为政之末，末应该顺从于本，“教，政之本也。狱，政之末也。其事异域，其用一也，不可不以相顺”[③]。

董仲舒还将“原心定罪”理论与西汉的法律体系相结合，这就是已经失传的《春秋决狱》。“原心定罪”强调犯罪动机，对于刑罚结果的影响是既有可能导致宽缓，也有可能导致严苛。淮南王刘安谋反案中的“君亲无将”，就属于原心定罪的范畴。从现有史料所见，两汉时期几次与政治斗争无关而涉及原心定罪的司法实践，最终都是以宽缓而结束，体现了董仲舒所主张的“缘人情，赦小过”[④]。因而，从整体上看，原心定罪有利于贯彻儒学所主张的宽刑重教主张，对于改变秦汉时期的残酷刑罚具有一定意义。

---

① ［清］苏舆撰、钟哲点校：《春秋繁露义证·精华》，北京：中华书局，1992，第93页。

② ［清］苏舆撰、钟哲点校：《春秋繁露义证·精华》，北京：中华书局，1992，第94页。

③ ［清］苏舆撰、钟哲点校：《春秋繁露义证·精华》，北京：中华书局，1992，第94页。

④ ［清］苏舆撰、钟哲点校：《春秋繁露义证·俞序》，北京：中华书局，1992，第163页。

（五）寓褒贬

前面在介绍《公羊》学说时，已经述及《公羊》学说具有强烈的批判色彩，而这一点在《春秋繁露》之中也有非常明显的体现。

首先，董仲舒认为褒贬是孔子修《春秋》实现太平之治的重要途径。董仲舒认为平王东迁之后，礼崩乐坏，天下混乱至极，“周衰，天子微弱，诸侯力政，大夫专国，士专邑，不能行度制法文之礼。诸侯背叛，莫修贡聘，奉献天子。臣弑其君，子弑其父，孽杀其宗，不能统理，更相伐锉以广地，以强相胁，不能制属。强奄弱，众暴寡，富使贫，并兼无已。臣下上僭，不能禁止”①。面对着如此乱象，孔子通过对是非得失的褒贬，达到进善诛恶的目的，“孔子明得失，差贵贱，反王道之本。讥天王以致太平，刺恶讥微，不遗小大。善无细而不举，恶无细而不去。进善诛恶，绝诸本而已矣”②。孔子正是通过对是非得失的记录，从而实现其救世目的的，“盖圣人者贵除天下之患。贵除天下之患，故《春秋》重，而书天下之患遍矣。以为本于见天下之所以致患，其意欲以除天下之患”③。孔子通过对具体是非的褒贬，避免空谈事理，从而收到深切显著的效果，“撮以为一，进义诛恶绝之本，而以其施，此与汤武同而有异。汤武用之治往故。

---

① ［清］苏舆撰、钟哲点校：《春秋繁露义证·王道》，北京：中华书局，1992，第107—108页。

② ［清］苏舆撰、钟哲点校：《春秋繁露义证·王道》，北京：中华书局，1992，第109页。

③ ［清］苏舆撰、钟哲点校：《春秋繁露义证·盟会要》，北京：中华书局，1992，第140—141页。

《春秋》明得失，差贵贱，本之天。王之所失天下者，使诸侯得以大乱之，说而后引而反之。故曰博而明，深而切矣”[①]。

其次，董仲舒并非仅对《春秋》中所记的人和事进行褒贬，更是充分阐释褒贬背后的道理，进而通过对各种得失的褒贬，彰显《春秋》所主张的正义。董仲舒说：“《春秋》记天下之得失，而见所以然之故。”[②] 只有这样才能实现“《春秋》记纤芥之失，反之王道”[③] 的目的。后人读《春秋》对得失的褒贬一定要探索其根源，“按《春秋》而适往事，穷其端而视其故”。董仲舒举齐顷公的例子进行了详细说明。齐顷公作为大国君主，完全具备推行仁政、振兴齐国的条件，但在外交方面，他得罪了晋国等大国，还欺压曹、卫等小国，结果导致晋、鲁、卫、曹等四国联军攻打齐国。在鞌之战中齐顷公几乎被俘，关键时刻，其车夫逢丑父冒充国君，才使得齐顷公脱身。董仲舒认为对于一个国君而言，这是奇耻大辱。“有廉耻者，不生于大辱。大辱莫甚于去南面之位而束获为虏也。曾子曰：‘辱若可避，避之而已。及其不可避，君子视死如归。’谓如顷公者也。”[④] 董仲舒还举了郑国的例子。鲁成公三年，郑国攻打许国。这受到了《春秋》的批判，《春秋》将郑国视为夷狄而进行了贬斥。郑国国君刚刚去世，新国君即位后本来应该守丧，却主动征讨他国。

---

① ［清］苏舆撰、钟哲点校：《春秋繁露义证·重政》，北京：中华书局，1992，第 150 页。

② ［清］苏舆撰、钟哲点校：《春秋繁露义证·竹林》，北京：中华书局，1992，第 56 页。

③ ［清］苏舆撰、钟哲点校：《春秋繁露义证·王道》，北京：中华书局，1992，第 121 页。

④ ［清］苏舆撰、钟哲点校：《春秋繁露义证·竹林》，北京：中华书局，1992，第 63 页。

两代郑国国君都讨伐了他国，“其先君襄公伐丧叛盟，得罪诸侯，诸侯怒之未解，恶之未已。继其业者，宜务善以覆之，今又重之，无故居丧以伐人。父伐人丧，子以丧伐人，父加不义于人，子施失恩于亲，以犯中国，是父负故恶于前，已起大恶于后”，结果导致“楚与中国侠而击之，郑罢疲危亡，终身愁辜”，究其原因就是“无义而败”。董仲舒还劝诫后世君主，“有国者视此，行身不放义，与事不审时，其何如此尔”①。

再次，董仲舒《春秋繁露》继承了《公羊传》褒贬范围广泛的特点。就对象而言，董仲舒认为批判的对象就是各级统治者，“《春秋》刺上之过，而矜下之苦”②。在《王道》篇中，董仲舒批判的对象涵盖了天子到卿大夫：“天王使宰喧来归惠公仲子之赗，刺不及事也。天王伐郑，讥亲也，会王世子，讥微也。祭公来逆王后，讥失礼也。刺家父求车，武氏毛伯求赙金。王人救卫，王师败于贸戎，天王不养，出居于郑，杀母弟，王室乱，不能及外，分为东西周，无以先天下，召卫侯不能致，遣子突征卫不能绝，伐郑不能从，无骇灭极不能诛。诸侯得以大乱，篡弑无已。臣下上偪，僭拟天子。诸侯强者行威，小国破灭。晋至三侵周，与天王战于贸戎而大败之。戎执凡伯于楚丘以归。诸侯本怨随恶，发兵相破，夷人宗庙社稷，不能统理。臣子强，至弑其君父。法度废而不复用，威武绝而不复行。故郑鲁易地，晋文再致天子。齐桓会王世子，擅封邢、卫、杞，

① ［清］苏舆撰、钟哲点校：《春秋繁露义证·竹林》，北京：中华书局，1992，第65—66页。

② ［清］苏舆撰、钟哲点校：《春秋繁露义证·仁义法》，北京：中华书局，1992，第255页。

横行中国，意欲王天下。鲁舞八佾，北祭泰山，郊天祀地，如天子之为。以此之故，弑君三十二，亡国五十二。细恶不绝之所致也。”[①] 就批判的行为而言，董仲舒批判的范围就更广泛了，诸如“失亲亲”“强臣专君”“骄溢不恤下”“失君之职”“大夫专权”等，一切失礼不义、害民虐物的行为都在其批判之列。

最后，董仲舒《春秋》学的批判色彩也体现在其灾异学说中。这不仅在《汉书·五行志》中多有记载，在《春秋繁露》中也随处可见，诸如“日为之食，星陨如雨，雨螽，沙鹿崩。夏大雨水，冬大雨雪，陨石于宋五，六鹢退飞。陨霜不杀草，李梅实，正月不雨，至于秋七月，地震，梁山崩，壅河，三日不流。昼晦。彗星见于东方，孛于大辰。鹳鹆来巢，《春秋》异之。以此见悖乱之征”[②]。在董仲舒看来，假如还有灾异发生，说明统治者尚未被上天抛弃，还在可挽救之列。他说：“《春秋》之法，上变古易常，应是而有天灾者，谓幸国。孔子曰：‘天之所幸，有为不善而屡极。’楚庄王以天不见灾，地不见孽，则祷之于山川，曰：‘天其将亡予邪？不说吾过，极吾罪也。’以此观之，天灾之应过而至也，异之显明可畏也。此乃天之所欲救也，《春秋》之所独幸也，庄王所以祷而请也。圣主贤君尚乐受忠臣之谏，而况受天谴也？”[③] 贤明君主应该乐于接受上天的谴责和忠臣的谏言。当然，这只能是董仲舒的一厢情愿。

---

① ［清］苏舆撰、钟哲点校：《春秋繁露义证·王道》，北京：中华书局，1992，第109—112页。

② ［清］苏舆撰、钟哲点校：《春秋繁露义证·王道》，北京：中华书局，1992，第108页。

③ ［清］苏舆撰、钟哲点校：《春秋繁露义证·必仁且智》，北京：中华书局，1992，第260—261页。

灾异学说对统治者提出了很高的要求，他们不仅要对世间的得失负责，甚至还要对整个宇宙负责。经历了牢狱之灾后的董仲舒虽说不复言灾异，但也只是不再针对西汉所发生的灾异发言，并不意味着董仲舒在讲《春秋》时也不讲灾异。董仲舒所讲《春秋》灾异很容易让人们与西汉现实相联系，比如西汉后期京房在批评汉元帝时就说："今陛下即位已来，日月失明，星辰逆行，山崩泉涌，地震石陨，夏霜冬雷，春凋秋荣，陨霜不杀，水旱螟虫，民人饥疫，盗贼不禁，刑人满市，《春秋》所记灾异尽备。"①

（六）别嫌疑

《公羊》学家认为孔子在修《春秋》时，在遣词用语方面非常谨慎，往往通过一两个字对世事的是非得失加以评判，尤其是对于所见世的人和事使用了很多"微辞"，《春秋繁露》也称之为"诡其辞"，而这些又往往是普通人难于索解的，"非精心达思者，其孰能知之"②。董仲舒虽不是经生，但门徒众多，作为一个负责任的老师，想必他在《春秋繁露》中对一些疑难之处的详细解说就是其日常课程中的教学难点吧，"为人师者，可无慎邪"③！

董仲舒认为，灭国弑君之类的惨剧都是由细小的罪恶发展而来的，而细小的罪恶往往呈现出似是而非的特点，"凡百乱之

---

① ［汉］班固：《汉书·眭两夏侯京翼李传》，北京：中华书局，1962，第3162页。

② ［清］苏舆撰、钟哲点校：《春秋繁露义证·竹林》，北京：中华书局，1992，第50页。

③ ［清］苏舆撰、钟哲点校：《春秋繁露义证·重政》，北京：中华书局，1992，第149页。

源，皆出嫌疑纤微，以渐浸稍长至于大。圣人章其疑者，别其微者，绝其纤者，不得嫌以蚤防之”[①]。董仲舒所理解的《春秋》把“别嫌疑”作为孔子修《春秋》的一个重要目标，以至于在《春秋繁露》中再三致意：“《春秋》理百物，辨品类，别嫌微。修本末者也。”[②] 通过别嫌疑，不仅释疑解惑，更重要的是明是非：“《春秋》之道，视人所惑，为立说以大明之”[③]，“别嫌疑之行，以明正世之义”[④]，“别嫌疑，异同类，一指也”[⑤]，“明其义之所审，勿使嫌疑，是乃圣人之所贵而已矣”[⑥]。

《春秋繁露》所辨析的“别嫌疑”主要有以下内容。

首先，辨“嫌得”。《春秋繁露》第一篇就讲：“《春秋》常于其嫌得者，见其不得也。”[⑦] “嫌得”，是看似正确而实际上却错误的行为。苏舆在《春秋繁露义证》中说：“《春秋》别嫌疑，明是非，常于众人之所善，见其恶焉；于众人之所忽，见其美焉。”[⑧] 董仲舒举了楚庄王的例子。陈国夏徵舒弑其君陈灵

---

① ［清］苏舆撰、钟哲点校：《春秋繁露义证·度制》，北京：中华书局，1992，第231页。

② ［清］苏舆撰、钟哲点校：《春秋繁露义证·玉英》，北京：中华书局，1992，第76页。

③ ［清］苏舆撰、钟哲点校：《春秋繁露义证·玉杯》，北京：中华书局，1992，第43页。

④ ［清］苏舆撰、钟哲点校：《春秋繁露义证·盟会要》，北京：中华书局，1992，第142页。

⑤ ［清］苏舆撰、钟哲点校：《春秋繁露义证·十指》，北京：中华书局，1992，第145页。

⑥ ［清］苏舆撰、钟哲点校：《春秋繁露义证·重政》，北京：中华书局，1992，第148页。

⑦ ［清］苏舆撰、钟哲点校：《春秋繁露义证·楚庄王》，北京：中华书局，1992，第3页。

⑧ ［清］苏舆撰、钟哲点校：《春秋繁露义证·楚庄王》，北京：中华书局，1992，第3页。

公，楚庄王出兵平定了陈国内乱。楚庄王是贤君，夏徵舒弑君是重罪，以贤君讨重罪，常人都会认可楚庄王此举，但是董仲舒认为《春秋》并没有认可楚庄王，而是称之为“楚人”以示贬斥。这是因为，根据礼法，作为诸侯的楚庄王没有“专杀而讨”的权力，所以《春秋》在言辞上不能不表明态度，指出楚庄王“专杀而讨”的错误，通过贬斥楚庄王这样的贤君，使其他君主对照楚庄王的标准而知是非。所以，孔子对于其他君主类似的行为反而没有贬斥，“《春秋》之用辞，已明者去之，未明者著之”①。

其次，矫枉过正。董仲舒认为孔子修《春秋》时针对一些人们不知其为罪恶的行为，给予了特别重的谴责。这是因为人们没有认识到这些行为的危害，不知提防。孔子的重责是为了“矫枉过正”：“《春秋》为人不知恶而恬行不备也，是故重累责之，以矫枉世而直之。矫者不过其正，弗能直。知此而义毕矣。”② 董仲舒重点举了赵盾的例子。晋灵公欲加害赵盾，赵盾出逃后，晋灵公被人弑杀。赵盾是贤人，晋灵公是昏君，赵盾也没有参与弑杀晋灵公，《春秋》却记载为：“秋，九月，乙丑，晋赵盾弑其君夷皋。”③“赵盾贤而不遂于理，皆见其善，莫知其罪，故因其所贤而加之大恶，系之重责，使人湛思而自省悟以反道。曰：吁！臣君之大义，父子之道，乃至乎此，此所由恶

① ［清］苏舆撰、钟哲点校：《春秋繁露义证·楚庄王》，北京：中华书局，1992，第4页。

② ［清］苏舆撰、钟哲点校：《春秋繁露义证·玉杯》，北京：中华书局，1992，第44—45页。

③ ［清］阮元校刻：《十三经注疏·春秋公羊传注疏》，北京：中华书局，1980年影印本，第2412页。

薄而责之厚也。他国不讨贼者，诸斗筲之民，何足数哉？弗系人数而已。此所由恶厚而责薄也。《传》曰：轻为重，重为轻，非是之谓乎？”① 只有这样才可以使人们幡然醒悟大义之所在。

再次，辨义战。孟子曾说过“春秋无义战”，但《春秋》中却记载了一些对战争的褒奖。对此，董仲舒解释道：“凡《春秋》之记灾异也，虽亩有数茎，犹谓之无麦苗也。今天下之大，三百年之久，战攻侵伐不可胜数，而复仇者有二焉。是何以异于无麦苗之有数茎哉？”② 仁者爱人，战争是杀人，但《春秋》却肯定了“偏战”③，这是因为：“比之诈战则谓之义，比之不战则谓之不义。”与此类似还有春秋时期的会盟，“盟不如不盟。然而有所谓善盟”。所以读《春秋》不能仅看其文字，一定要深思熟虑，明白“不义之中有义，义之中有不义。辞不能及，皆在于指，非精心达思者，其孰能知之”④。

最后，“诛意不诛辞”。在董仲舒看来，《春秋》的许多含义无法直接依靠字面的含义而获得，甚至有些情况下，孔子的真实意愿与《春秋》字面表达的意思恰恰相反。《公羊传》中有“实与，而文不与”之说。当初邢国被狄人所灭，齐桓公率领诸侯帮助邢国复国。对于齐桓公帮助邢国复国，《公羊传》认为孔子是认可的，但在《春秋》的言辞中并没有体现，这就是

---

① ［清］苏舆撰、钟哲点校：《春秋繁露义证·玉杯》，北京：中华书局，1992，第43—44页。

② ［清］苏舆撰、钟哲点校：《春秋繁露义证·竹林》，北京：中华书局，1992，第49页。

③ 偏战指的是，战争双方列队作战，堂堂正正地进行决战。

④ ［清］苏舆撰、钟哲点校：《春秋繁露义证·竹林》，北京：中华书局，1992，第50页。

"实与，而文不与"。"文曷为不与？诸侯之义，不得专封也。诸侯之义不得专封，则其曰实与之何？上无天子，下无方伯，天下诸侯有相灭亡者，力能救之，则救之可也。"① 《春秋繁露》也说："桓公存邢、卫、杞，不见《春秋》，内心予之，行法绝而不予，止乱之道也，非诸侯所当为也。"进而董仲舒又举了其他的几个例子来说明《春秋》之辞与《春秋》之意之间的区别："《春秋》之义，臣不讨贼，非臣也。子不复仇，非子也。故诛赵盾贼不讨者，不书葬，臣子之诛也。许世子止不尝药，而诛为弑父；楚公子比胁而立，而不免于死。齐桓晋文擅封，致天子，诛乱、继绝、存亡，侵伐会同，常为本主。曰：桓公救中国，攘夷狄，卒服楚，至为王者事。晋文再致天子，皆止不诛，善其牧诸侯，奉献天子而服周室，《春秋》予之为伯，诛意不诛辞之谓也。"②

（七）重权变

重权变也始终是《春秋繁露》别嫌疑的重要内容，因而需要单独加以叙述。如前所述，《公羊传》十分看重权变，在许多地方都曾经肯定了权变的重要性。而董仲舒在《春秋繁露》中更是对权变思想进行了系统论述。董仲舒的权变思想主要有以下特点：

第一，董仲舒认为不同的伦理道德规范有着不同的优先等

---

① ［清］阮元校刻：《十三经注疏·春秋公羊传注疏》，北京：中华书局，1980年影印本，第2246页。

② ［清］苏舆撰、钟哲点校：《春秋繁露义证·王道》，北京：中华书局，1992，第117—118页。

级，为了更为重要的伦理道德，次要的道德是可以被突破的。他举了司马子反的例子。在楚国与宋国的战争中，楚庄王派司马子反去侦察宋国的情况。当获知宋国已经困顿到易子而食的程度后，司马子反没有经过楚庄王的同意就擅自与宋国做出了和解。对此，《春秋》不仅没有贬斥，反而十分推崇："司马子反为其君使，废君命，与敌情，从其所请，与宋平。是内专政而外擅名也。专政则轻君，擅名则不臣，而《春秋》大之。"① 对此，董仲舒解释道："《春秋》之道，固有常有变，变用于变，常用于常，各止其科，非相妨也。"② 常和变所适用的情况不同，不能相互妨碍，司马子反之举不合于常但合于变。司马子反得知宋国的情况后，大惊之下忘记了向楚庄王汇报，这也是人之常情。"礼"的本质是仁，各种制度性的规定都是为了成就"礼"的本质，"礼者，庶于仁、文，质而成体者也"。董仲舒认为，《春秋》之辞贵贱程度有所不同，"《春秋》之辞，有所谓贱者，有贱乎贱者。夫有贱乎贱者，则亦有贵乎贵者矣"③。谦让当然是一个美好的品德，正常情况下臣子应该遵从，但还有比谦让更高的品德，那就是仁，为了仁，就可以"当仁不让"。

第二，行权要符合义的准则。董仲舒认为行权并不是对义的破坏，而是要以义来作为是否可以行权的标准。董仲舒举了祭仲和逄丑父的例子从正反两个方面进行辨析。祭仲夺取了公

① ［清］苏舆撰、钟哲点校：《春秋繁露义证·竹林》，北京：中华书局，1992，第51—52页。

② ［清］苏舆撰、钟哲点校：《春秋繁露义证·竹林》，北京：中华书局，1992，第53页。

③ ［清］苏舆撰、钟哲点校：《春秋繁露义证·竹林》，北京：中华书局，1992，第55页。

子忽的君位并把他赶出国，然后将公子突接回国登上君位，祭仲之举一方面保全了社稷，另一方面又成就了公子忽谦让的美德。而逄丑父则不然，他虽然对齐顷公忠心耿耿，代替国君去死，保全了国君的生命，却让国君成了卑贱的逃跑者，为世人所不齿。所以，祭仲的行权是可以被肯定的，而逄丑父却是被贬斥的。“其俱枉正以存君，相似也；其使君荣之与使君辱，不同理。故凡人之有为也，前枉而后义者，谓之中权，虽不能成，《春秋》善之，鲁隐公、郑祭仲是也。前正而后有枉者，谓之邪道，虽能成之，《春秋》不爱，齐顷公、逄丑父是也。”[①]

第三，事有经有变，行权必须要明白经和变的不同。董仲舒认为礼有经有变，他说：“《春秋》有经礼，有变礼。为如安性平心者，经礼也。至有于性，虽不安，于心，虽不平，于道，无以易之，此变礼也。”“经礼”自不必去说，虽然有些不安于性、不平于心的情况，但合于道，这就是“变礼”。董仲舒还具体举了几个例子：“昏礼不称主人，经礼也。辞穷无称，称主人，变礼也。天子三年然后称王，经礼也。有故则未三年而称王，变礼也。妇人无出境之事，经礼也。母为子娶妇，奔丧父母，变礼也。”这些变礼，从根本上说，也是合于道的。只有明白了这些才能行权而不违道，“明乎经变之事，然后知轻重之分，可与适权矣”[②]。

第四，董仲舒强调，行权也不是没有原则的，如果不符合

---

① ［清］苏舆撰、钟哲点校：《春秋繁露义证·竹林》，北京：中华书局，1992，第60—61页。

② ［清］苏舆撰、钟哲点校：《春秋繁露义证·玉英》，北京：中华书局，1992，第74—75页。

原则，虽死不为。他认为："权之端焉，不可不察也。夫权虽反经，亦必在可以然之域。不在可以然之域，故虽死亡，终弗为也……"[①] 董仲舒举了公子目夷的例子。楚成王趁会盟之机俘获了宋襄公，并带着宋襄公攻打宋国，公子目夷在国内组织了坚决的抵抗。宋襄公获释回国后，准备把国君之位让给公子目夷，公子目夷拒不接受。董仲舒说："故诸侯在不可以然之域者，谓之大德，大德无逾闲者，谓正经。诸侯在可以然之域者，谓之小德，小德出入可也。"[②]

第五，关于行权的时机，董仲舒认为只可在事发突然之际关系社稷安危的时候可以行权，而太平无事的情况下不能行权。董仲舒说："《春秋》固有常义，又有应变。无遂事者，谓平生安宁也。专之可也者，谓救危除患也。"[③] 董仲舒具体举了公子结和公子遂的例子。公子结受命往陈国定亲，自作主张与齐国结盟，挽救了鲁庄公的危机，受到了《春秋》的肯定。公子遂受命往洛阳朝见天子，他自作主张去了晋国，就是无事生非，受到了《春秋》的贬斥。"故有危而不专救，谓之不忠；无危而擅生事，是卑君也。故此二臣俱生事，《春秋》有是有非，其义然也。"[④]

董仲舒也从阴阳五行的角度论证了权变的合理性："至于秋

---

① ［清］苏舆撰、钟哲点校：《春秋繁露义证·玉英》，北京：中华书局，1992，第79页。

② ［清］苏舆撰、钟哲点校：《春秋繁露义证·玉英》，北京：中华书局，1992，第80页。

③ ［清］苏舆撰、钟哲点校：《春秋繁露义证·精华》，北京：中华书局，1992，第89页。

④ ［清］苏舆撰、钟哲点校：《春秋繁露义证·精华》，北京：中华书局，1992，第90页。

时，少阴兴而不得以秋从金，从金而伤火功，虽不得以从金，亦以秋出于东方，俛其处而适其事，以成岁功。此非权与？”最终，董仲舒得出了“是故天之道，有伦，有经，有权”的结论。[①] 而且董仲舒还将权变思想与其重德轻刑的政治主张相联系：“是故天以阴为权，以阳为经。阳出而南，阴出而北。经用于盛，权用于末。以此见天之显经隐权，前德而后刑也。”[②]

（八）夷夏之辨

夷夏之辨是《公羊》学派所强调的《春秋》大义，也是董仲舒《春秋》学的一大特色。

在夷夏关系上，董仲舒站在诸夏的立场上，“内其国而外诸夏，内诸夏而外夷狄”[③]。董仲舒认为正义序列是：天子优先于中国，中国优先于大夷，大夷优先于小夷。“《春秋》慎辞，谨于名伦等物者也。是故小夷言伐而不得言战，大夷言战而不得言获，中国言获而不得言执，各有辞也。有小夷避大夷而不得言战，大夷避中国而不得言获，中国避天子而不得言执，名伦弗予，嫌于相臣之辞也。是故小大不逾等，贵贱如其伦，义之正也”。[④]

同时，董仲舒又秉承了《公羊》学的一贯传统，强调夷夏之辨主要从文化的角度立论。楚虽蛮夷，贤君楚庄王却受到

---

① ［清］苏舆撰、钟哲点校：《春秋繁露义证·阴阳义》，北京：中华书局，1992，第340页。

② ［清］苏舆撰、钟哲点校：《春秋繁露义证·阳尊阴卑》，北京：中华书局，1992，第327页。

③ ［清］苏舆撰、钟哲点校：《春秋繁露义证·王道》，北京：中华书局，1992，第116页。

④ ［清］苏舆撰、钟哲点校：《春秋繁露义证·精华》，北京：中华书局，1992，第85页。

《春秋》的高度肯定，而当时的晋国反被视为蛮夷。"《春秋》之常辞也，不予夷狄而予中国为礼，至邲之战，偏然反之，何也？曰：《春秋》无通辞，从变而移。今晋变而为夷狄，楚变而为君子，故移其辞以从其事。夫庄王之舍郑，有可贵之美，晋人不知其善，而欲击之。所救已解，如挑与之战，此无善善之心，而轻救民之意也，是以贱之。而不使得与贤者为礼。"[①]"《春秋》常辞，夷狄不得与中国为礼。至邲之战，夷狄反道，中国不得与夷狄为礼，避楚庄也。"[②] 楚庄王之孙楚昭王也受到董仲舒的赞赏："楚子昭盖诸侯可者也，天下之疾其君者，皆赴愬而乘之。兵四五出，常以众击少，以专击散，义之尽也。"[③]夷狄主动向化，受到了董仲舒的赞扬："潞子离狄而归，党以得亡，《春秋》谓之子，以领其意。"[④] 潞国本是蛮夷，却能主动向化，学习中国礼仪，虽说潞国后来因为缺少援助而被晋国灭掉，《春秋》却称其国君为"潞子"，表示了对他的肯定。同理，"中国"一旦失去礼义，也等同于蛮夷。《春秋繁露》中批评"中国"的言辞时常可见，如："中国之行，亡国之迹也。譬如于文宣之际，中国之君，五年之中五君杀。"[⑤]

---

① ［清］苏舆撰、钟哲点校：《春秋繁露义证·竹林》，北京：中华书局，1992，第46—47页。

② ［清］苏舆撰、钟哲点校：《春秋繁露义证·观德》，北京：中华书局，1992，第272页。

③ ［清］苏舆撰、钟哲点校：《春秋繁露义证·随本消息》，北京：中华书局，1992，第139页。

④ ［清］苏舆撰、钟哲点校：《春秋繁露义证·观德》，北京：中华书局，1992，第274页。

⑤ ［清］苏舆撰、钟哲点校：《春秋繁露义证·随本消息》，北京：中华书局，1992，第139页。

董仲舒所在的西汉前中期，一方面民族矛盾尖锐，汉匈矛盾影响西汉历史进程百余年，直到汉宣帝后期才得以彻底解决。在这种情况下，夷夏之辨为西汉政府采取主动出击的政策提供了理论支撑。另一方面，以礼义作为夷夏之辨的关键，也体现出董仲舒夷夏观的包容性。这又可以为西汉中后期对匈奴的怀柔政策提供理论支撑。西汉王朝是汉民族形成的关键时刻，董仲舒的夷夏观念对于汉民族的形成也有着巨大的影响。

（九）贵元重始

《春秋》经的开端从“隐公元年”开始，《公羊》学家认为孔子将“一”字改为“元”字寄托了无限的深意。董仲舒也十分重视“《春秋》之元”，在《春秋繁露》中赋予它以“贵元重始”的意涵。

董仲舒强调，“元”就是开端，“谓一元者，大始也”[①]。“大”是重视、褒扬的意思。董仲舒解释道：“惟圣人能属万物于一，而系之元也。终不及本所从来而承之，不能遂其功。”要想获得最终的成功，一定要有良好的开端，“是以《春秋》变一谓之元。元，犹原也，其义以随天地终始也”。“元”犹如“原”和“源”，把一年称为元年，又有天地终始的含义，“故人唯有终始也，而生不必应四时之变。故元者为万物之本，而人之元在焉。安在乎？乃存乎天地之前。故人虽生天气及奉天

① ［清］苏舆撰、钟哲点校：《春秋繁露义证·玉英》，北京：中华书局，1992，第67页。

气者，不得与天元本、天元命而共违其所为也”[1]。构成天地的元气在天地诞生之前就已经存在，人作为天地间的一员，也秉承元气而生，不能与元气相违背，“故春正月者，承天地之所为也。继天之所为而终之也。其道相与共功持业，安容言乃天地之元？天地之元，奚为于此恶施于人？大其贯承意之理矣”[2]。变一为元，重在强调人当顺承天道。

董仲舒强调天元，贵元重始，具体而言则是《公羊》学家所强调的“五始”：元年、春、王、正月、公即位。这五者的关系是：“是故《春秋》之道，以元之深正天之端，以天之端，正王之政，以王之政正诸侯之即位，以诸侯之即位正竟内之治。”[3]元气是万物之始，春是一年之始，王是受命治民之始，正月是王者政教之始，即位是一国之始。即位统属于正月之下，正月统属于王之下，王统属于春之下，春统属于元。五始的关键在王。董仲舒说道：“《春秋》何贵乎元而言之？元者，始也，言本正也。道，王道也。王者，人之始也。王正则元气和顺，风雨时、景星见、黄龙下。王不正则上变天，贼气并见。”[4] 作为君主，一定要重视开端，重视微小的迹象，“君人者，国之元，发言动作，万物之枢机。枢机之发，荣辱之端也。失之毫厘，

---

① ［清］苏舆撰、钟哲点校：《春秋繁露义证·玉英》，北京：中华书局，1992，第68—69页。

② ［清］苏舆撰、钟哲点校：《春秋繁露义证·玉英》，北京：中华书局，1992，第69—70页。

③ ［清］苏舆撰、钟哲点校：《春秋繁露义证·玉英》，北京：中华书局，1992，第70页。

④ ［清］苏舆撰、钟哲点校：《春秋繁露义证·王道》，北京：中华书局，1992，第100—101页。

驷不及追。故为人君者，谨本详始，敬小慎微”①。

具体落实到现实政治中，则是董仲舒在《天人三策》中所言，王者当秉承天命：“臣谨案《春秋》之文，求王道之端，得之于正。正次王，王次春。春者，天之所为也；正者，王之所为也。其意曰，上承天之所为，而下以正其所为，正王道之端云尔。然则王者欲有所为，宜求其端于天。”② 董仲舒又将他主张的仁政赋予上天，进而以上天的权威要求汉武帝推行仁政。同时，作为天下治乱的关键，董仲舒也对帝王提出了很高的道德要求：“臣谨案《春秋》谓一元之意，一者万物之所从始也，元者辞之所谓大也。谓一为元者，视大始而欲正本也。《春秋》深探其本，而反自贵者始。故为人君者，正心以正朝廷，正朝廷以正百官，正百官以正万民，正万民以正四方。四方正，远近莫敢不壹于正，而亡有邪气奸其间者。”③

《春秋》之贵元重始，在当时也有很广泛的影响，比如《史记·历书》中就有：“王者易姓受命，必慎始初，改正朔，易服色，推本天元，顺承厥意。”④ 司马迁这一观点，应该也是来自董仲舒。

综上所述，董仲舒在《春秋繁露》中所构建起的《公羊》学体系有着十分丰富的内容，许多《公羊》学的根本大义，诸如“三科九旨”之类，都是经过了董仲舒的阐释才得以逐渐形成并日益充实丰富的。

---

① ［清］苏舆撰、钟哲点校：《春秋繁露义证·立元神》，北京：中华书局，1992，第166页。

② ［汉］班固：《汉书·董仲舒传》，北京：中华书局，1962，第2501—2502页。

③ ［汉］班固：《汉书·董仲舒传》，北京：中华书局，1962，第2502—2503页。

④ ［汉］司马迁：《史记·历书》，北京：中华书局，1982，第1256页。

四、《春秋繁露》在西汉《春秋》学史上的影响

董仲舒对西汉《春秋》学的一大贡献，是他用《春秋繁露》等著作建立起的《公羊》学说体系，这也是他政治思想的根基之一。董仲舒的《公羊》学说，无论是在西汉当代，还是后世，都产生了深远的影响，已经远远超出了《公羊》学派本身。

（一）董仲舒《公羊》学说的特点

董仲舒的《公羊》学说之所以能产生重大的影响，又与其自身的特点分不开，因而在介绍其影响之前，对其特点进行总结是十分必要的。

1. 董仲舒《公羊》学的开放性

《公羊传》解经强调微言大义，表现出高度的灵活性和开放性。《公羊》学家只是打着孔子的旗号把自己所构建的体系硬扣到孔子的头上，孔子的真实想法并不重要。相对于《公羊传》，董仲舒的《春秋繁露》在经学阐释开放性的道路上走得更远。

首先，董仲舒不看重经典的文本，主张“六经注我”，而非“我注六经”。董仲舒认为，不可拘泥于经典的文本。他说：“《春秋》无通辞，从变而移。”[①] 在董仲舒看来，《春秋》没有固定不变的文辞，时常会根据具体的情况而转变。董仲舒认为“辞不能及，皆在于指”，要能体会出圣人言辞之外的深意，重要的是“指”，即圣人所要表达的微言大义，至于言辞并不重

① ［清］苏舆撰、钟哲点校：《春秋繁露义证・竹林》，北京：中华书局，1992，第46页。

要，“由是观之。见其指者，不任其辞”。[①] 董仲舒认为只有突破了言辞的限制，才能真正读懂《春秋》，“不任其辞，然后可与适道矣”[②]。董仲舒认为不仅对于《春秋》来说是这样，对其他经典的解释来说这一点同样通用，“所闻《诗》无达诂，《易》无达占，《春秋》无达辞，从变从义，而一以奉人”[③]。辞要随义而改变，义是根本，辞是表象。

其次，董仲舒解经不注重对文本的解说，而注重对《春秋》大义的阐释，因而他强调解经要能做到融会贯通。在他看来，要读懂《春秋》并不是件容易的事情，“古之人有言曰：不知来，视诸往。今《春秋》之为学也，道往而明来者也。然而其辞体天之微，故难知也”[④]。读懂《春秋》的诀窍就在于“是故为《春秋》者，得一端而多连之，见一空而博贯之，则天下尽矣”，以某一个《春秋》大义，将众多春秋史事串联起来，这样才能读懂《春秋》。董仲舒还具体举了鲁庄公、鲁僖公之于公子季友，宋殇公之于孔父嘉，将他们串联起来，从而说明了“以所任贤，谓之主尊国安。所任非其人，谓之主卑国危”的道理。[⑤]

---

① ［清］苏舆撰、钟哲点校：《春秋繁露义证·竹林》，北京：中华书局，1992，第50—51页。

② ［清］苏舆撰、钟哲点校：《春秋繁露义证·竹林》，北京：中华书局，1992，第51页。

③ ［清］苏舆撰、钟哲点校：《春秋繁露义证·精华》，北京：中华书局，1992，第95页。

④ ［清］苏舆撰、钟哲点校：《春秋繁露义证·精华》，北京：中华书局，1992，第96页。

⑤ ［清］苏舆撰、钟哲点校：《春秋繁露义证·精华》，北京：中华书局，1992，第97页。

再次，董仲舒解经主张以意解经，注重主观的感悟体验。《春秋》之中有很多看似矛盾的记载，对于这些记载，董仲舒主张："逆而距之，不若徐而味之。"要慢慢体会其中所含的深意，具体来讲就是："《诗》云：'他人有心，予忖度之。'此言物莫无邻，察视其外，可以见其内也。"① 通过事件的对立面及其外在表现，进而推知其内在本质。

2. 董仲舒《公羊》学的整体性、宏观性

董仲舒解经体现出整体性、宏观性的特点。董仲舒主张："是故论《春秋》者，合而通之，缘而求之，五其比，偶其类，览其绪，屠其赘……"② 这是要求解经者能够在纵观全部《春秋》经的基础上进行整体性、综合性的解说，而非单纯就某一件事情进行单独阐释。解经者要能将不同的事情放在一起对比参看，要能够做到类推，在事件的同中寻异、异中求同，从而参悟经文背后的深意。

正是具有整体性、宏观性的特点，所以董仲舒才能构建起《公羊》学的基本体系，总结归纳出《公羊》学的根本大义。诸如"三科九旨"之类，都不是建立在具体某一两条经文的基础上而阐释出来的。

3. 董仲舒《公羊》学具有明显的忧患意识

儒生认为，孔子因为看到"世衰道微，邪说暴行有作，臣弑其君者有之，子弑其父者有之"（《孟子·滕文公章句下》），

---

① ［清］苏舆撰、钟哲点校：《春秋繁露义证·玉杯》，北京：中华书局，1992，第 41 页。

② ［清］苏舆撰、钟哲点校：《春秋繁露义证·玉杯》，北京：中华书局，1992，第 33 页。

为救世才修《春秋》。修《春秋》本身就是孔子忧患意识的表达，“而加忧于天下之忧也，务除天下所患”[①]。董仲舒的《春秋》学，也表现出非常明显的忧患意识。

孟子曾讲过“生于忧患而死于安乐”，董仲舒以齐顷公为例，表达了类似的道理。早年齐顷公作为大国之君，不知忧虑，得罪诸侯，结果在鞌之战中几乎被俘；之后齐顷公洗心革面，“顷公恐惧，不听声乐，不饮酒食肉，内爱百姓，问疾吊丧，外敬诸侯。从会与盟”，结果“卒终其身，国家安宁”。于是董仲舒强调：“福之本生于忧，而祸起于喜也。”[②] 董仲舒举了齐桓公等人的例子，“苟能行善得众。《春秋》弗危”[③]。齐桓公的即位并不合法，但是齐桓公知道自己的局面，“敬举贤人而以自覆盖，知不背要盟以自湔浣也，遂为贤君，而霸诸侯”。相反，董仲舒又拿鲁桓公和齐桓公作对比，“鲁桓忘其忧而祸逮其身。齐桓忧其忧而立功名”，于是得出结论：“凡人有忧而不知忧者凶，有忧而深忧之者吉。”[④] 甚至董仲舒认为，对于齐桓公这样的贤君，《春秋》赋予了他以忧天下的职责，“故以忧天下与之”[⑤]。

相反，对于好大喜功、讳疾忌医的行为，董仲舒则是提出

---

① ［清］苏舆撰、钟哲点校：《春秋繁露义证·符瑞》，北京：中华书局，1992，第158页。

② ［清］苏舆撰、钟哲点校：《春秋繁露义证·竹林》，北京：中华书局，1992，第58页。

③ ［清］苏舆撰、钟哲点校：《春秋繁露义证·玉英》，北京：中华书局，1992，第71页。

④ ［清］苏舆撰、钟哲点校：《春秋繁露义证·玉英》，北京：中华书局，1992，第72页。

⑤ ［清］苏舆撰、钟哲点校：《春秋繁露义证·灭国下》，北京：中华书局，1992，第136页。

了批评，“故匿病者不得良医”[①]。真正的君子能够直视自己的不足，“故君子不隐其短。不知则问，不能则学”[②]。

4. 董仲舒《公羊》学的现实性

董仲舒不同于呆板的经生，董仲舒的经学研究有着很强的现实关怀。“通经致用”是西汉经学史的一大特点。皮锡瑞在《经学历史》中将董仲舒当作通经致用的代表，他不仅推崇董仲舒的《春秋决狱》，“以《禹贡》治河，以《洪范》察变，以《春秋》决狱，以三百五篇当谏书，治一经得一经之益也”[③]，而且还推崇《春秋繁露》，认为通经致用的前提当先探究其微言大义：“当时之书，惜多散失。传于今者惟伏生《尚书大传》，多存古礼，与《王制》相出入，解《书》义为最古；董子《春秋繁露》，发明《公羊》三科九旨，且深于天人性命之学；《韩诗》仅存《外传》，推演诗人之旨，足以证明古义。学者先读三书，深思其旨，乃知汉学所以有用者在精而不在博，将欲通经致用，先求大义微言，以视章句训诂之学，如刘歆所讥‘分文析义，烦言碎辞，学者罢（通“疲”）老且不能究其一艺’者，其难易得失何如也。”[④]

董仲舒通过《春秋繁露》构建起了自己的《公羊》学说体系，并将这一学说体系作为其政治思想的根基。从《汉书》中

---

① ［清］苏舆撰、钟哲点校：《春秋繁露义证·执贽》，北京：中华书局，1992，第420页。

② ［清］苏舆撰、钟哲点校：《春秋繁露义证·执贽》，北京：中华书局，1992，第421页。

③ ［清］皮锡瑞著、周予同注释：《经学历史》，北京：中华书局，2004，第56页。

④ ［清］皮锡瑞著、周予同注释：《经学历史》，北京：中华书局，2004，第56—57页。

引用的董仲舒的奏疏可以看出，董仲舒《公羊》学说在西汉现实政治中得以运用。比如，董仲舒由《公羊》学大一统推演出罢黜百家的建议，由《春秋》对麦苗和禾苗的记载推演出推广种植冬小麦的建议。而在《春秋繁露》之中，我们也能明确感受到董仲舒强烈的经世情怀：一方面对统治者报以厚望，另一方面又试图用儒学来实现对统治者的改造。而且，仁政思想始终是董仲舒《公羊》学的核心指向。

（二）董仲舒与西汉中后期《春秋》学的历史走向

董仲舒在西汉《公羊》学史上占据着重要的地位。首先，西汉中后期的《公羊》学者大多是董仲舒的后学。汉武帝立五经博士之初，《春秋》学博士就由《公羊》学派占据。根据现有史料可知，董仲舒的弟子褚大曾经担任《春秋》博士。褚大的孙子褚少孙曾经补写过《太史公书》（即《史记》）。董仲舒的另一位弟子嬴公在学术上的造诣居众弟子之冠，“守学不失家法”。嬴公的弟子中比较重要的有孟卿、眭弘和贡禹。

孟卿不仅通《春秋》，而且在礼学方面也有很深造诣。西汉后期的礼学家都是孟卿的后学，他的儿子孟喜又开创了《周易》孟氏学派。孟卿将《春秋》学传给疏广。汉宣帝时疏广和侄子疏受同时担任太子太傅和太子少傅，为一时美谈。疏广还有《疏氏春秋》一书行世。疏广的弟子有莞路，官至御史中丞。莞路同时还向颜安乐学习，开创了颜氏《春秋》莞氏之学。

眭弘在西汉《公羊》学史上也是关键性人物。他最先明确讲出了“汉家尧后”的说法，并根据《公羊》学说和自己的观察，建议汉昭帝退位。眭弘后虽被杀，其影响却很大。眭弘有两个弟子——颜安乐和严彭祖，他们在《公羊》学史上也有着很大的影响。汉宣帝后期改革博士制度，黄龙元年（前49）将五经博士扩展到十二家，其中《春秋公羊》学颜安乐学派和严彭祖学派都被立于学官①。颜安乐是眭弘的外甥，以解经开创新说为特点，成为《公羊》学说分化的关键性人物。颜安乐有《公羊颜氏记》十一卷，清代文献学家马国翰有辑佚本，而且东汉洛阳太学的熹平石经所刻也有可能是颜安乐学派的学说。颜安乐的学生除了前面提到的莞路以外，还有任公。任公官至少府，开创了《颜氏春秋》任氏之学。颜安乐另外一个学生冷丰开创了《颜氏春秋》冷氏之学，并传授马宫和左咸，他们也都仕宦显达，其中左咸徒众尤盛。从刘向上书对《公羊》学说的运用看，刘向也有可能是严彭祖的学生。严彭祖官至九卿，为人廉直不媚权贵。严彭祖的作品，也有马国翰辑佚本传世。

贡禹在汉元帝时官至御史大夫，作为当世大儒，他对西汉政治多有批判。相对于董仲舒而言，贡禹显然缺乏实际的政治才能，所提建议多不可行。贡禹著有《春秋公羊贡氏义》，有王仁俊辑本。贡禹弟子知名者有堂溪惠，堂溪惠又传授了冥都。冥都同时也向颜安乐学习，开创了《颜氏春秋》冥氏之学，著有《冥氏春秋》。

其次，董仲舒的《公羊》学在西汉中后期影响日趋扩大，并对西汉的政治走向产生了重大影响，尤其是《公羊》学说的批判性日益彰显，成为儒生批判西汉现实政治的主要理论武器。

---

① “立于学官”指某一学派可以在太学中公开传授学说，并设立专属于该学派的博士。

汉武帝罢黜百家后，将儒学作为装点其法家政治的外衣。但儒生并不满足于仅仅是装点门面，他们渴望儒学的理念能够获得真正的实施。因而，儒生与西汉的现实政治之间逐渐出现了矛盾。在汉昭帝时的盐铁会议上，讨论的焦点从汉武帝的盐铁官营政策扩展到汉武帝以来全部的内外政策。代表儒生的贤良文学对汉武帝以来的内外政策提出了全面批评，而《公羊》学是他们所使用的主要批判武器。汉宣帝即位后，采取“霸王道杂之”的统治策略，显然也不能让儒生满意。国家的局面虽说比汉武帝后期有所改善，但批评之声依然存在。汉宣帝试图用提升《穀梁传》的地位来抵消《公羊》学说的影响，并未获得完全成功。汉元帝以后，皇权逐渐旁落，宦官外戚势力上升，儒生对西汉王朝的批判更为激烈，如汉元帝时有贡禹、京房、翼奉等人，汉成帝时有谷永等人。谷永在其上书中说：“明天下乃天下之天下，非一人之天下也。”① 对汉朝忠心耿耿的刘向也一再提醒汉成帝要避免亡国危机：“明天命所授者博，非独一姓也。”② 王莽能够取代西汉王朝，在一定程度上与儒生对西汉政治的激烈批判有着密切的联系。③

① ［汉］班固：《汉书·谷永杜邺传》，北京：中华书局，1962，第3467页。
② ［汉］班固：《汉书·楚元王传》，北京：中华书局，1962，第1950页。
③ 吴涛：《王霸之争与西汉王朝的灭亡》，见《华中国学》2020年秋之卷，武汉：华中科技大学出版社，2022。

《春秋繁露》的阴阳五行思想

董仲舒的《公羊》学和阴阳五行思想共同构成了其政治思想的根基。如果说董仲舒的《公羊》学说为其政治思想提供了历史合法性的话，那么他的阴阳五行思想则为其政治思想提供了形而上的论证。

一、董仲舒的天论

在董仲舒的思想体系之中，“天”无疑占据了最核心的地位。探究董仲舒思想体系中的“天”，是认识董仲舒思想体系的关键。[①]

董仲舒所谈论的天有三层含义[②]。第一层含义是自然之天。自然之天又分两个层次。一是与地相对应的天。他说：“天、地、阴、阳、木、火、土、金、水，九，与人而十者，天之数毕也。”[③] 第一个“天”字的含义就是天空。后一个“天”字就是

① 吴涛：《天人相与之际——董仲舒思想体系浅析》，《兰州学刊》2007年第2期。

② 金春峰：《汉代思想史》，北京：中国社会科学出版社，1997，第143页。

③ ［清］苏舆撰、钟哲点校：《春秋繁露义证·天地阴阳》，北京：中华书局，1992，第465页。

董仲舒自然之天的第二层次的意思，即宇宙万物的总和。显然他更多的是在用后一种含义。他在《天人三策》中说："臣闻天者群物之祖也，故遍覆包函而无所殊，建日月风雨以和之，经阴阳寒暑以成之。"① 显然这里的天也是宇宙万物的总和。他还花了大量的篇幅讲天地阴阳的运行规律："天之道，有序而时，有度而节，变而有常，反而有相奉，微而至远，踔而至精……"② 其他还有很多，这里就不具引了。董仲舒所论之天的第二层含义是有意志的主宰之天。他认为，"天者，百神之君也"③，"唯天子受命于天"④。他所讲的"天"的第三层含义也是道德之天。他认为，"仁之美者在于天。天，仁也"⑤，"仁，天心，故次以天心"⑥。

那么，天论在董仲舒的理论体系中处于什么位置呢？笔者认为天论是董仲舒的理论基石。先秦儒家多注重将他们所提倡的伦理道德的价值依据放置于人的内在自觉要求上，比如孔、孟多认为仁义应是人的主动追求，荀子认为礼义是圣人根据人情而制作的，所以他们不太注重伦理道德的外在依据。正如葛兆光先生所指出的，这样使得"儒学中关于人与社会的道德学

---

① ［汉］班固：《汉书·董仲舒传》，北京：中华书局，1962，第2515页。

② ［清］苏舆撰、钟哲点校：《春秋繁露义证·天容》，北京：中华书局，1992，第333页。

③ ［清］苏舆撰、钟哲点校：《春秋繁露义证·郊义》，北京：中华书局，1992，第402页。

④ ［清］苏舆撰、钟哲点校：《春秋繁露义证·为人者天》，北京：中华书局，1992，第319页。

⑤ ［清］苏舆撰、钟哲点校：《春秋繁露义证·王道通三》，北京：中华书局，1992，第329页。

⑥ ［清］苏舆撰、钟哲点校：《春秋繁露义证·俞序》，北京：中华书局，1992，第161页。

说和礼乐值得的合理性仿佛缺少自然法则的支持”①。董仲舒继承了先秦阴阳家对宇宙自然的认识观，并将它们融入自己的思想体系中，作为自己思想体系的基石和价值根源，其作品中谈阴阳、五行的部分占据了很大的篇幅，但其目的不是谈天而是谈人，谈天是为了使儒家的伦理道德获得来自外在绝对权威所赋予的合理性依据。在当时的历史条件下，天是人们普遍认可的唯一外在权威。许慎在《说文解字》中说：“天，颠也。至高无上。”② 董仲舒将儒家所向往的社会伦理秩序与天的阴阳五行系统相比，使儒家理想获得至高无上的外在权威的支持，使儒家获得了天命的解释权。

以上对董仲舒天论三个层次的分析，在董仲舒看来完全是混而为一的。董仲舒所论之天并非外在之天本身，而是他心目中的理想之天。他将自己心目中天的结构施加于外在之天，再由外在之天反过来证明他所设计秩序的合理性。他说，“天出至明，众知类也，其伏无不照也。地出至晦，星日为明，不敢暗。君臣、父子、夫妇之道取之此”③，“是故仁义制度之数，尽取之天……王道之三纲，可求于天”④。他认为天能对人们的行为做出赏罚，人们行为所产生的阴气或者阳气的积聚就会引起天相应的反应。他说：“刑罚不中，则生邪气；邪气积于下，怨恶蓄

① 葛兆光：《中国思想史》，上海：复旦大学出版社，2001，第259页。
② ［汉］许慎著、［宋］徐铉校定：《说文解字》，北京：中华书局，1963，第1页。
③ ［清］苏舆撰、钟哲点校：《春秋繁露义证·观德》，北京：中华书局，1992，第269—270页。
④ ［清］苏舆撰、钟哲点校：《春秋繁露义证·基义》，北京：中华书局，1992，第351页。

于上。上下不和，则阴阳缪盭而妖孽生矣。”[1] 但这是天的本能反应。所以也可以说天是无意志的，真正的意志只在董仲舒的心中。董仲舒所讲的“天”的第三层含义道德之天，更是董仲舒自己意志的直接反映。董仲舒经常把自然界的种种现象解释成有目的的，带有道德的含义。他说：“天地之行美也。是以天高其位而下其施，藏其形而见其光，序列星而近至精，考阴阳而降霜露。高其位所以为尊也，下其施所以为仁也，藏其形所以为神也，见其光所以为明也，序列星所以相承也，近至精所以为刚也，考阴阳所以成岁也，降霜露所以生杀也。”[2] 董仲舒首先赋予天伦理道德，然后再以天具有的这些伦理道德而证明其他合理性。董仲舒将人间的道德施加到了天上，认为儒家的伦理不仅可以律人而且可以律天。所以他的出发点是天，而落脚点是人。

董仲舒正是在天的支持之下展开了他对理想社会秩序的论述。在当时的历史条件下，论述社会理想首先要解决君权的问题。现世的帝王是儒者实现其理想唯一可以依托的对象，所以他们既要充分肯定所依托对象的合法性，又要想办法使所依托对象接受他们的理论。这个问题在董仲舒这里以天的名义获得了解决。他把天作为帝王合法性和自己理论合理性的共同基础，帝王在肯定自身合法性的同时也就必须承认儒家学说的合理性。他认为帝王的合法性来自天，“人之得天得众者，莫如受命之天

---

① ［汉］班固：《汉书·董仲舒传》，北京：中华书局，1962，第2500页。

② ［清］苏舆撰、钟哲点校：《春秋繁露义证·天地之行》，北京：中华书局，1992，第458页。

子”[①]，“受命之君，天意之所予也”[②]，“天之所大奉使之王者，必有非人力所能致而自至者，此受命之符也”[③]。而帝王是人世间的最高权威，他说，“海内之心悬于天子”[④]，“古之造文者，三画而连其中，谓之王。三画者，天地与人也，而连其中者，通其道也。取天地与人之中以为贯而参通之，非王者孰能当是”[⑤]。董仲舒在赋予天子极大权威和极高地位的同时也赋予天子极重的责任，即推行儒家的王道。天子是上天任命的，天是董仲舒理想王道的依据和体现，所以天子就负有根据天意推行王道的责任。这样他就把推行儒家政治理想与君位紧密地结合了起来，他说：“天常以爱利为意，以养长为事，春秋冬夏皆其用也。王者亦常以爱利天下为意，以安乐一世为事，好恶喜怒而备用也。”[⑥] 如果帝王拒绝履行他的职责，那么帝王的合法性也随之丧失，他说：“圣人不则天地，不能至王。”[⑦] 董仲舒把帝王君位与推行王道职责紧密联系的努力，无疑取得了一定的成功。西汉中后期之所以有人不断地提出汉家天命已移，就是因

---

① ［清］苏舆撰、钟哲点校：《春秋繁露义证·奉本》，北京：中华书局，1992，第278页。

② ［清］苏舆撰、钟哲点校：《春秋繁露义证·深察名号》，北京：中华书局，1992，第286页。

③ ［汉］班固：《汉书·董仲舒传》，北京：中华书局，1962，第2500页。

④ ［清］苏舆撰、钟哲点校：《春秋繁露义证·奉本》，北京：中华书局，1992，第278页。

⑤ ［清］苏舆撰、钟哲点校：《春秋繁露义证·王道通三》，北京：中华书局，1992，第328—329页。

⑥ ［清］苏舆撰、钟哲点校：《春秋繁露义证·王道通三》，北京：中华书局，1992，第330页。

⑦ ［清］苏舆撰、钟哲点校：《春秋繁露义证·奉本》，北京：中华书局，1992，第278页。

为人们认为在位的帝王居其位而不谋其政，就失去了相应的合法性。王莽篡汉正是在这一历史背景之下发生的。

二、董仲舒的阴阳思想

阴阳的观念由来已久，比如《易经》的阴阳爻。进入战国后，诸多文献中对阴阳观念都有比较系统的论述，如：《易传》中有“一阴一阳之谓道”，《老子》中有“万物负阴而抱阳”，《庄子》中有“阴阳者，气之大者也”，《管子》中有“凡万物，阴阳两生而参视”，等等。到战国后期，出现了以邹衍为代表的阴阳家。进入西汉，作为一个学派的阴阳家虽不复存在，但此时阴阳的观念事实上已成为社会普遍接受的通行观念。先秦儒家并非不讲阴阳，荀子就曾讲过：“天地之变，阴阳之化，物之罕至者也。”（《荀子·天论》）进入西汉，阴阳成为儒生关注的重点话题之一，比如贾谊《新书》中就有对阴阳的专门论述。董仲舒也不例外，阴阳观念便是《春秋繁露》的重要内容之一。

首先，董仲舒强调阴阳是一种客观存在，万物皆分阴阳。他说：“天地之常，一阴一阳。”[①] 这是中国古人对“对立统一定律”的初步认识和朴素表达。董仲舒认识到阴阳具有对立的性质，他说：“天道大数，相反之物也，不得俱出，阴阳是也”[②]，“阴与阳，相反之物也，故或出或入，或右或左”[③]。世间万物，

① ［清］苏舆撰、钟哲点校：《春秋繁露义证·阴阳义》，北京：中华书局，1992，第 341 页。

② ［清］苏舆撰、钟哲点校：《春秋繁露义证·阴阳出入上下》，北京：中华书局，1992，第 342 页。

③ ［清］苏舆撰、钟哲点校：《春秋繁露义证·天道无二》，北京：中华书局，1992，第 345 页。

无论自然界还是人类社会，皆有其对立面，“凡物必有合，合，必有上，必有下，必有左，必有右，必有前，必有后，必有表，必有里。有美必有恶，有顺必有逆，有喜必有怒，有寒必有暑，有昼必有夜，此皆其合也。阴者阳之合，夫者妻之合，子者父之合，臣者君之合。物莫无合，而合各有阴阳”。而且相互对立的矛盾双方，又是互相依存的，“阳兼于阴，阴兼于阳，夫兼于妻，妻兼于夫，父兼于子，子兼于父，君兼于臣，臣兼于君”[①]。董仲舒之所以会去求雨、止雨，就是因为他相信雨是天地阴阳相互作用的结果，而人作为天地间最为活跃的因素，应该能够采取一定的措施促使天地阴阳的交合而求雨，也可以通过阻止天地阴阳的交合而止雨。

其次，董仲舒用阴阳观念来解释天地万物的运行。董仲舒认为世间万物都是秉承阳气而生，阳气生万物生，阳气盛万物盛，阳气衰万物衰，“故阳气出于东北，入于西北，发于孟春，毕于孟冬，而物莫不应是。阳始出，物亦始出；阳方盛，物亦方盛；阳初衰，物亦初衰。物随阳而出入，数随阳而终始”[②]。相应地，万物有生必有死，春生、夏长、秋成、冬藏，都与阴阳息息相关，“故少阳因木而起，助春之生也；太阳因火而起，助夏之养也；少阴因金而起，助秋之成也；太阴因水而起，助冬之藏也”[③]。一年之中，阴阳二气相向而行，“是故阴阳之行，

---

① ［清］苏舆撰、钟哲点校:《春秋繁露义证·基义》，北京：中华书局，1992，第350页。

② ［清］苏舆撰、钟哲点校:《春秋繁露义证·阳尊阴卑》，北京：中华书局，1992，第324页。

③ ［清］苏舆撰、钟哲点校:《春秋繁露义证·天辨在人》，北京：中华书局，1992，第335页。

终各六月，远近同度，而所在异处。阴之行，春居东方，秋居西方，夏居空右，冬居空左，夏居空下，冬居空上，此阴之常处也。阳之行，春居上，冬居下，此阳之常处也”[①]。在《阴阳出入上下》篇中，董仲舒详细解释了一年之中阴阳二气的运行规律。他认为阴阳二气都从初冬之月开始萌动，冬至时分为仲冬之月，阴阳二气遇于北方，之后阴右阳左，分别运行。冬月尽，阴阳沿着不同的轨迹向南运行。春分时节，“阴阳相半也，故昼夜均而寒暑平”[②]。夏至之月，阴阳二气相遇于南方，然后分别向北运行。“故至于季秋而始霜，至于孟冬而始寒，小雪而物咸成，大寒而物毕藏，天地之功终矣。”[③] 这是董仲舒所理解的天地阴阳运行规律，在很大程度上也是西汉人们普遍接受的观念。

再次，董仲舒赋予阴阳观念道德的色彩。董仲舒阴阳思想中最大的特色就在于，将人类的道德观念赋予阴阳，进而又用阴阳反过来论证人类道德的合理性。万物皆分阴阳，阴阳共同构成了天地万物。但董仲舒却认为阴阳的地位并不相等，阳贵阴贱，阳尊阴卑。他从阴阳与万物盛衰的关系得出“贵阳而贱阴也”的结论。[④] 董仲舒将这一结论运用到人类社会，诸如男女、父子、君臣关系皆遵从这一结论。他说，“丈夫虽贱皆为阳，妇人虽贵皆为阴。阴之中亦相为阴，阳之中亦相为阳。诸

① ［清］苏舆撰、钟哲点校:《春秋繁露义证 · 天辨在人》，北京：中华书局，1992，第 336 页。

② ［清］苏舆撰、钟哲点校:《春秋繁露义证 · 阴阳出入上下》，北京：中华书局，1992，第 343 页。

③ ［清］苏舆撰、钟哲点校:《春秋繁露义证 · 阴阳出入上下》，北京：中华书局，1992，第 344—345 页。

④ ［清］苏舆撰、钟哲点校:《春秋繁露义证 · 阳尊阴卑》，北京：中华书局，1992，第 324 页。

在上者皆为其下阳，诸在下者皆为其上阴”①，“天下之尊卑随阳而序位。幼者居阳之所少，老者居阳之所老，贵者居阳之所盛，贱者居阳之所衰。藏者，言其不得当阳。不当阳者臣子是也，当阳者君父是也。故人主南面，以阳为位也。阳贵而阴贱，天之制也”②，“君臣、父子、夫妇之义，皆取诸阴阳之道。君为阳，臣为阴；父为阳，子为阴；夫为阳，妻为阴。阴道无所独行。其始也不得专起，其终也不得分功”③。臣子就应该效法“地”对待“天”的态度来对待君主上级，“故下事上，如地事天也，可谓大忠矣”④。这也体现在其他方面：“地卑其位而上其气，暴其形而著其情，受其死而献其生，成其事而归其功。卑其位所以事天也，上其气所以养阳也，暴其形所以为忠也，著其情所以为信也，受其死所以藏终也，献其生所以助明也，成其事所以助化也，归其功所以致义也。为人臣者，其法取象于地。故朝夕进退。奉职应对，所以事贵也；供设饮食，候视疢疾，所以致养也；委身致命，事无专制，所以为忠也；竭愚写情，不饰其过，所以为信也……是故地明其理为万物母，臣明其职为一国宰。”⑤

① ［清］苏舆撰、钟哲点校：《春秋繁露义证·阳尊阴卑》，北京：中华书局，1992，第325页。

② ［清］苏舆撰、钟哲点校：《春秋繁露义证·天辨在人》，北京：中华书局，1992，第336—337页。

③ ［清］苏舆撰、钟哲点校：《春秋繁露义证·基义》，北京：中华书局，1992，第350—351页。

④ ［清］苏舆撰、钟哲点校：《春秋繁露义证·五行对》，北京：中华书局，1992，第316页。

⑤ ［清］苏舆撰、钟哲点校：《春秋繁露义证·天地之行》，北京：中华书局，1992，第459—460页。

董仲舒认为阴阳二气的性质不同，分别体现了上天“德”和“刑”，“故曰：阳天之德，阴天之刑也。阳气暖而阴气寒，阳气予而阴气夺，阳气仁而阴气戾，阳气宽而阴气急，阳气爱而阴气恶，阳气生而阴气杀”[①]。阴阳二气是天地不可缺少的，因而德和刑也都必不可少。但正如阴阳地位不对等，刑罚与德行也是不对等的。刑罚相对于德行，处于次要的、辅助的地位，“故刑者德之辅，阴者阳之助也”[②]。上天好德而远刑，“天之道……阳之出，常县于前而任岁事；阴之出，常县于后而守空虚。阳之休也，功已成于上而伏于下；阴之伏也，不得近义而远其处也。天之任阳不任阴，好德不好刑如是”[③]。相应地，人类社会也应该效法天地阴阳，“与天同者大治，与天异者大乱”[④]。既然上天以德为主，以刑为辅，人类社会也应该遵从这一原则，“是故天数右阳而不右阴，务德而不务刑。刑之不可任以成世也，犹阴不可任以成岁也。为政而任刑，谓之逆天，非王道也”[⑤]。董仲舒阳尊阴卑、任德轻刑的思想在《天人三策》中也有详尽的论述，与《春秋繁露》完全一致。

---

① ［清］苏舆撰、钟哲点校：《春秋繁露义证·阳尊阴卑》，北京：中华书局，1992，第327页。

② ［清］苏舆撰、钟哲点校：《春秋繁露义证·天辨在人》，北京：中华书局，1992，第336页。

③ ［清］苏舆撰、钟哲点校：《春秋繁露义证·天道无二》，北京：中华书局，1992，第345页。

④ ［清］苏舆撰、钟哲点校：《春秋繁露义证·阴阳义》，北京：中华书局，1992，第341页。

⑤ ［清］苏舆撰、钟哲点校：《春秋繁露义证·阳尊阴卑》，北京：中华书局，1992，第328页。

三、董仲舒的五行思想

五行观念的起源也由来已久，《尚书·洪范》中已有了对五行观念的系统论述。人们试图在天地万物中，归纳出五种基本元素，并用它们的相互关系来解释世间万物的运行规律。至于前人的归纳和总结是否正确，暂且不论，这种归纳和总结本身就是人类抽象思维高度发达之后的结果。阴阳五行思想本身也并没有太多神秘的色彩，在一定程度上，也是古人理性思维不断进步的结果。进入战国时期后，关于五行的论述日趋丰富。人们对五行间关系的认识，起初是五行相克，后来又出现了五行相生。人们在用五行理论解释自然万物的同时，也逐渐将五行观念运用于人类社会。在古人看来，五行关系可以解释世间一切，而作为世间组成部分的人类社会也应遵循五行规则。人们甚至将五行观念用于解释人类自身，中医的基础理论之一就是五行理论。进入汉代，五行观念被更广泛地运用到社会生活领域，在西汉，人们的言论中都有五行观念的影子。[①] 五行思想也是董仲舒的核心思想，董仲舒在总结前人的基础上，对五行观念进行了系统的论述。

首先，董仲舒系统论述了五行的客观存在。他说："天地之气，合而为一，分为阴阳，判为四时，列为五行。行者行也，其行不同，故谓之五行。五行者，五官也，比相生而间相胜也。"[②]

---

① 阴阳五行观念成为人们普遍接受的思想观念，这对阴阳家产生了消解作用，导致作为一个学派的阴阳家逐渐消失。

② ［清］苏舆撰、钟哲点校:《春秋繁露义证·五行相生》，北京：中华书局，1992，第362页。

董仲舒认为，天地之气本是一体，但又可以分为五行。五行，因其性质不同而划分，分别体现了五种不同的功能。五行之间的关系是相邻者相生，相间者相克。五行之间的相生相克，共同构成了一个紧密完整的宇宙体系。五行与方位的关系是：东方者木，南方者火，西方者金，北方者水，中央者土。五行和四季的关系是："日冬至，七十二日木用事，其气燥浊而青。七十二日火用事，其气惨阳而赤。七十二日土用事，其气湿浊而黄。七十二日金用事，其气惨淡而白。七十二日水用事，其气清寒而黑。七十二日复得木。"[①] 董仲舒这些表述虽与《礼记》《淮南子》等所讲略有出入，但本质上大同小异。五行观念是古人理解世界的基本思维框架。

其次，董仲舒用五行观念来指导人们的社会生活。华夏文明是典型的农耕文明，农耕受自然的影响非常明显。传统农耕生活，表现出鲜明的自然节奏。因而，天人合一是汉代人们的基本观念。人们认为，人类的社会生活必然要符合自然规律，人只能顺应自然规律，而不能违背它，这在《吕氏春秋》《礼记》《淮南子》等著作中都有系统的论述。董仲舒也认为人应当遵从五行的节律。他在《治水五行》中将一年分为五个时间段，每个时间段七十二天，从而与五行相匹配。在每个时间段里，国家政务要与之相对应："木用事，则行柔惠，挺群禁。至于立春，出轻系，去稽留，除桎梏，开门阖，通障塞，存幼孤，矜寡独，无伐木。火用事，则正封疆，循田畴。至于立夏，举贤

① ［清］苏舆撰、钟哲点校：《春秋繁露义证·治水五行》，北京：中华书局，1992，第381页。

良，封有德，赏有功，出使四方，无纵火。土用事，则养长老，存幼孤，矜寡独，赐孝弟，施恩泽，无兴土功。金用事，则修城郭，缮墙垣，审群禁，饬甲兵，警百官，诛不法，存长老，无焚金石。水用事，则闭门闾，大搜索，断刑罚，执当罪，饬关梁，禁外徒，无决堤。"① 相应地，董仲舒也认为，人如果违背了自然规律必然会导致五行错乱，灾异频发："火干木，蛰虫蚤出，蚿雷蚤行。土干木，胎夭卵毈，鸟虫多伤。金干木，有兵。水干木，春下霜。土干火，则多雷。金干火，草木夷。水干火，夏雹。木干火，则地动。金干土，则五谷伤，有殃。水干土，夏寒雨霜。木干土，倮虫不为。火干土，则大旱。水干金，则鱼不为。木干金，则草木再生。火干金，则草木秋荣。土干金，五谷不成。木干水，冬蛰不藏。土干水，则蛰虫冬出。火干水，则星坠。金干水，则冬大寒。"②

但董仲舒认为人和自然五行之间的关系并不是完全被动的：一方面，人的行为不当会引起五行的错乱，从而导致灾异的发生；另一方面，当灾异等五行错乱已经发生后，人也可以通过合理的政令而补救，相反如果听之任之则会有更大的灾害发生。他说："五行变至，当救之以德，施之天下，则咎除。不救以德，不出三年，天当雨石。"③ 统治者的施"德"是挽救的关

---

① ［清］苏舆撰、钟哲点校：《春秋繁露义证 · 治水五行》，北京：中华书局，1992，第 382 页。

② ［清］苏舆撰、钟哲点校：《春秋繁露义证 · 治乱五行》，北京：中华书局，1992，第 383—384 页。

③ ［清］苏舆撰、钟哲点校：《春秋繁露义证 · 五行变救》，北京：中华书局，1992，第 385 页。

键。如，“木有变，春凋秋荣，秋木冰，春多雨”①，其原因则是因为“此繇役众，赋敛重，百姓贫穷叛去，道多饥人”②，相应的挽救办法则是“救之者，省繇役，薄赋敛，出仓谷，赈困穷矣”③。

董仲舒认为，人间的政务也可以归纳为五个方面，分别与五行相对应。与木相应的官职是司农，其政务是：“进经术之士，道之以帝王之路，将顺其美，匡救其恶。执规而生，至温润下，知地形肥饶美恶，立事生则，因地之宜”④。周初的召公就是司农的榜样。与火有关的官职是司马，其政务是：“进贤圣之士，上知天文，其形兆未见，其萌芽未生，昭然独见存亡之机，得失之要，治乱之源，豫禁未然之前，执矩而长，至忠厚仁，辅翼其君”⑤。周初的周公就是司马的榜样。与土相关的官职是司营，其政务是：“卑身贱体，夙兴夜寐，称述往古，以厉主意。明见成败，微谏纳善，防灭其恶，绝原塞隟，执绳而制四方，至忠厚信，以事其君，据义割恩”⑥。周初的太公是司营的榜样。与金相关的官职是大理和司徒，相关的政务是：“司徒

① ［清］苏舆撰、钟哲点校：《春秋繁露义证·五行变救》，北京：中华书局，1992，第385页。
② ［清］苏舆撰、钟哲点校：《春秋繁露义证·五行变救》，北京：中华书局，1992，第385页。
③ ［清］苏舆撰、钟哲点校：《春秋繁露义证·五行变救》，北京：中华书局，1992，第385页。
④ ［清］苏舆撰、钟哲点校：《春秋繁露义证·五行相生》，北京：中华书局，1992，第362—363页。
⑤ ［清］苏舆撰、钟哲点校：《春秋繁露义证·五行相生》，北京：中华书局，1992，第363—364页。
⑥ ［清］苏舆撰、钟哲点校：《春秋繁露义证·五行相生》，北京：中华书局，1992，第364页。

尚义，臣死君而众人死父。亲有尊卑，位有上下，各死其事，事不逾矩，执权而伐。兵不苟克，取不苟得，义而后行，至廉而威，质直刚毅”①。春秋时的伍子胥就是其榜样。与水有关的官职是司寇，其政务是：“君臣有位，长幼有序，朝廷有爵，乡党以齿，升降揖让，般伏拜谒，折旋中矩，立而罄折，拱则抱鼓，执衡而藏，至清廉平，赂遗不受，请谒不听，据法听讼，无有所阿”②。孔子就是天下司寇的楷模。以上五种政务，环环相扣，相互关联，体现了五行的相生。同时，董仲舒认为，任何一方面的政务都有可能出现弊端，根据五行相克的原理，这些弊端都是可以消除的。代表木的司农政务出现弊端，根据金克木原理，可由代表金的司徒来纠偏。代表火的司马政务出现弊端，根据水克火原理，可由代表水的司寇来纠偏。代表土的司营政务出现弊端，根据木克土原理，可由代表木的司农来纠偏。代表金的司徒政务出现弊端，根据火克金原理，可由代表火的司马来纠偏。代表水的司寇政务出现弊端，根据土克水原理，可由代表土的司营来纠偏。

再次，在董仲舒所理解的人与五行之间的关系中，君主最为关键。一方面，君主有发政施令之责；另一方面，董仲舒认为君主的个人品德也是影响五行的重要因素：“王者与臣无礼，貌不肃敬，则木不曲直，而夏多暴风。风者，木之气也，其音角也，故应之以暴风。王者言不从，则金不从革，而秋多霹雳。

① ［清］苏舆撰、钟哲点校:《春秋繁露义证・五行相生》，北京：中华书局，1992，第365页。

② ［清］苏舆撰、钟哲点校:《春秋繁露义证・五行相生》，北京：中华书局，1992，第365页。

霹雳者，金气也，其音商也，故应之以霹雳。王者视不明，则火不炎上，而秋多电。电者，火气也，其阴征也，故应之以电。王者听不聪，则水不润下，而春夏多暴雨。雨者，水气也，其音羽也，故应之以暴雨。王者心不能容，则稼穑不成，而秋多雷。雷者，土气也，其音宫也，故应之以雷。”[①] 董仲舒甚至认为君主的“貌、言、视、听、思”都会对五行产生影响，不仅因为这五者是“人之所受命于天”，更是君主治民所必需的，而作为君主需要达到的标准是：“恭作肃，从作乂，明作哲，聪作谋，容作圣。”[②] 董仲舒提出这些要求则是因为，作为君主，“恭作肃，言王者诚能内有恭敬之姿，而天下莫不肃矣。从作乂，言王者言可从，明正从行而天下治矣。明作哲，哲者知也，王者明则贤者进，不肖者退，天下知善而劝之，知恶而耻之矣。聪作谋，谋者谋事也，王者聪则闻事与臣下谋之，故事无失谋矣。容作圣，圣者设也，王者心宽大无不容，则圣能施设，事各得其宜也”[③]。

最后，董仲舒赋予五行观念以道德意涵。董仲舒也将五行与人类的伦理道德进行比附，他认为五行之间的相生关系，恰可以和人世间的父子关系相比附，而由五行的相生进一步强调了孝道伦理：“春主生，夏主长，季夏主养，秋主收，冬主藏。藏，冬之所成也。是故父之所生，其子长之；父之所长，其子

---

① ［清］苏舆撰、钟哲点校：《春秋繁露义证·五行五事》，北京：中华书局，1992，第387—389页。

② ［清］苏舆撰、钟哲点校：《春秋繁露义证·五行五事》，北京：中华书局，1992，第390页。

③ ［清］苏舆撰、钟哲点校：《春秋繁露义证·五行五事》，北京：中华书局，1992，第390—391页。

养之；父之所养，其子成之。诸父所为，其子皆奉承而续行之，不敢不致如父之意，尽为人之道也。故五行者，五行也。由此观之，父授之，子受之，乃天之道也。故曰：夫孝者，天之经也。此之谓也。”① 在五行之中，董仲舒又特别强调土，认为五行之中以土最为尊贵：“五行莫贵于土。土之于四时无所命者，不与火分功名。木名春，火名夏，金名秋，水名冬。忠臣之义，孝子之行，取之土。土者，五行最贵者也，其义不可以加矣。五声莫贵于宫，五味莫美于甘，五色莫盛于黄，此谓孝者地之义也。”② 土可以兼四时之功，堪为天之股肱：“土居中央，为之天润。土者，天之股肱也。其德茂美，不可名以一时之事，故五行而四时者。土兼之也。金木水火虽各职，不因土，方不立，若酸咸辛苦之不因甘肥不能成味也。甘者，五味之本也；土者，五行之主也。五行之主土气也，犹五味之有甘肥也，不得不成。是故圣人之行，莫贵于忠，土德之谓也。”③ 而土德的具体表现就是忠臣孝子之行。

董仲舒对水也有比较高的评价：“水则源泉混混沄沄，昼夜不竭，既似力者；盈科后行，既似持平者；循微赴下，不遗小间，既似察者；循溪谷不迷，或奏万里而必至，既似知者；障防山而能清净，既似知命者；不清而入，洁清而出，既似善化者；赴千仞之壑，入而不疑，既似勇者；物皆因于火，而水独

① ［清］苏舆撰、钟哲点校：《春秋繁露义证·五行对》，北京：中华书局，1992，第315页。

② ［清］苏舆撰、钟哲点校：《春秋繁露义证·五行对》，北京：中华书局，1992，第316—317页。

③ ［清］苏舆撰、钟哲点校：《春秋繁露义证·五行之义》，北京：中华书局，1992，第322—323页。

胜之，既似武者；咸得之而生，失之而死，既似有德者。”① 这与老子“上善若水”的观点有几分相似。

四、董仲舒的天人感应论

天人感应是董仲舒思想体系的重要内容，在《春秋繁露》中有比较系统的论述。长期以来，人们对董仲舒天人感应论多有批判。当然没有人会否认董仲舒天人感应论中存在大量糟粕和机械比附的成分，但在深入探究其理论体系之后就会发现，董仲舒的天人感应论中也有值得重视的合理内核。

首先，天人同构是董仲舒天人感应论的基础，其中充斥着各种机械的、荒诞的比附。这在一定程度上也是因为受到时代的局限性，古人对于人和自然的认识还带有一定的原始性。类似这样的观点，在汉代其实并非董仲舒的个人观点，只不过董仲舒给予了系统的表述而已。董仲舒认为，虽然作为单个个体的人是由父母生养的，但作为一个物种的人，却是天的作品。天乃人之根本所系，他还将天人之间的关系比拟为“曾祖父”。他说：“为生不能为人，为人者天也。人之人本于天，天亦人之曾祖父也。”② 天在创造人类时，则完全将人造成了天的副本。不仅人的形体符合天数，而且人的情感、人的行为也与天相应，“此人之所以乃上类天也。人之形体，化天数而成”③。在《人

---

① ［清］苏舆撰、钟哲点校：《春秋繁露义证·山川颂》，北京：中华书局，1992，第424—425页。此处“既似察者”原文后面标点为逗号，笔者以为应为分号。

② ［清］苏舆撰、钟哲点校：《春秋繁露义证·为人者天》，北京：中华书局，1992，第318页。

③ ［清］苏舆撰、钟哲点校：《春秋繁露义证·为人者天》，北京：中华书局，1992，第318页。

副天数》篇中，董仲舒更是进行了详尽的解释，将人的身体和天进行比附，他认为天造人的同时将天数也赋予了人的身体，“天以终岁之数，成人之身，故小节三百六十六，副日数也；大节十二分，副月数也；内有五藏，副五行数也；外有四肢，副四时数也；乍视乍瞑，副昼夜也；乍刚乍柔，副冬夏也；乍哀乍乐，副阴阳也；心有计虑，副度数也”①。人的五官，与天之间也有着密切联系：“是故人之身，首妢而员，象天容也；发，象星辰也；耳目戾戾，象日月也；鼻口呼吸，象风气也。”②

其次，董仲舒认为基于人与天之间的密切联系，天人之间的相互感应普遍存在。抛开董仲舒神秘主义的表达，应当承认，他的这一观念也具有相当的合理性。人作为天地万物中的一员，受天地自然的影响，这是再自然不过的事情。同时，人的行为在很大程度上也能对更大范围内的阴阳造成影响，反作用于天地。更何况人和其他物种不同，天人之间还存在着天人同构的特殊联系。董仲舒认为，“同类相动”是一种普遍存在的现象。董仲舒首先举了自然界普遍存在的“共振现象”，“百物去其所与异，而从其所与同，故气同则会，声比则应，其验皦然也。试调琴瑟而错之，鼓其宫则他宫应之，鼓其商而他商应之，五音比而自鸣，非有神，其数然也”③。他说这是一种很正常的事情，没有什么神秘的，相同的事物之间总会出现共鸣，“美事召

---

① ［清］苏舆撰、钟哲点校：《春秋繁露义证·人副天数》，北京：中华书局，1992，第356—357页。

② ［清］苏舆撰、钟哲点校：《春秋繁露义证·人副天数》，北京：中华书局，1992，第355页。

③ ［清］苏舆撰、钟哲点校：《春秋繁露义证·同类相动》，北京：中华书局，1992，第358页。

美类，恶事召恶类，类之相应而起也。如马鸣则马应之，牛鸣则牛应之”①。他认为人与天地之间也存在着阴阳相互感召的情况。他说：“天将阴雨，人之病故为之先动，是阴相应而起也。天将欲阴雨，又使人欲睡卧者，阴气也。有忧亦使人卧者，是阴相求也；有喜者，使人不欲卧者，是阳相索也。水得夜益长数分，东风而酒湛溢，病者至夜而疾益甚，鸡至几明，皆鸣而相薄。其气益精，故阳益阳而阴益阴。阳阴之气，因可以类相益损也。”②

董仲舒认为，人不仅会受到天地阴阳的影响，而且也能反作用于天地阴阳：“天有阴阳，人亦有阴阳。天地之阴气起，而人之阴气应之而起，人之阴气起，而天地之阴气亦宜应之而起，其道一也。”③ 人的反作用在一定程度上也是人的主观能动性的体现，董仲舒的求雨止雨实践正是建立在他的这一理解基础上的。在他看来，求雨止雨并不神秘，“明于此者，欲致雨则动阴以起阴，欲止雨则动阳以起阳，故致雨非神也。而疑于神者，其理微妙也”④。

再次，董仲舒的天人感应论，最终还是指向了他的仁政学说。在董仲舒的天人同构理论中，他一再强调人类的伦理道德也是天人同构的重要表现，“心有计虑，副度数也；行有伦理，

---

① ［清］苏舆撰、钟哲点校：《春秋繁露义证·同类相动》，北京：中华书局，1992，第358页。

② ［清］苏舆撰、钟哲点校：《春秋繁露义证·同类相动》，北京：中华书局，1992，第359—360页。

③ ［清］苏舆撰、钟哲点校：《春秋繁露义证·五行相生》，北京：中华书局，1992，第360页。

④ ［清］苏舆撰、钟哲点校：《春秋繁露义证·五行相生》，北京：中华书局，1992，第360页。

副天地也”[1]。天创造人类时，也将道德一并赋予人类，“人之血气，化天志而仁；人之德行，化天理而义。人之好恶，化天之暖清；人之喜怒，化天之寒暑；人之受命，化天之四时。人生有喜怒哀乐之答，春秋冬夏之类也。喜，春之答也；怒，秋之答也；乐，夏之答也；哀，冬之答也。天之副在乎人。人之情性有由天者矣”[2]。既如此，作为君主一定要明白，“天地之符，阴阳之副，常设于身，身犹天也”[3]。观察人的身体是认识天的重要渠道，“求天数之微，莫若于人”[4]。通过对身体的反观，认识人类的伦理道德，“为人主也，道莫明省身之天，如天出之也”[5]。董仲舒还对君主提出了德教的要求，“人生于天，而取化于天”[6]，作为君主就应该“亲阳而疏阴，任德而远刑”[7]。

在董仲舒看来，天人感应可以作为人间福祸的征兆，进而也可以作为人间政治进程历史发展的征兆。他认为，既然“同类相动”，那么人间即将发生的事情，天象有所体现也是正常的：“帝王之将兴也，其美祥亦先见；其将亡也，妖孽亦先见。

① ［清］苏舆撰、钟哲点校：《春秋繁露义证·人副天数》，北京：中华书局，1992，第357页。

② ［清］苏舆撰、钟哲点校：《春秋繁露义证·为人者天》，北京：中华书局，1992，第318—319页。

③ ［清］苏舆撰、钟哲点校：《春秋繁露义证·人副天数》，北京：中华书局，1992，第356页。

④ ［清］苏舆撰、钟哲点校：《春秋繁露义证·官制象天》，北京：中华书局，1992，第218页。

⑤ ［清］苏舆撰、钟哲点校：《春秋繁露义证·为人者天》，北京：中华书局，1992，第319页。

⑥ ［清］苏舆撰、钟哲点校：《春秋繁露义证·王道通三》，北京：中华书局，1992，第330页。

⑦ ［清］苏舆撰、钟哲点校：《春秋繁露义证·天辨在人》，北京：中华书局，1992，第336页。

物故以类相召也，故以龙致雨，以扇逐暑，军之所处以棘楚。美恶皆有从来，以为命，莫知其处所。”[①] 因而，作为圣贤就要能够见微知著，看到自然的景象之后，反思人们的言行，进而判断由此所可能导致的祸福。

最后，董仲舒的天人感应论，表面上是在谈天，其实是将人的地位提高到天的程度，高度肯定了人的价值。早在先秦时期，儒家就高度肯定了人的价值，比如《周易》中提出了三才的概念，“有天道焉，有人道焉，有地道焉。兼三材而两之”[②]。《中庸》明确将人的地位提高到了与天地并列的程度，“唯天下至诚为能尽其性。能尽其性，则能尽人之性；能尽人之性，则能尽物之性；能尽物之性，则可以赞天地之化育；可以赞天地之化育，则可以与天地参矣”[③]。董仲舒也高度强调了人的重要性，他也将人与天地并列，“天地人，万物之本也。天生之，地养之，人成之”[④]。人是天地之间最为尊贵的，“天地之精所以生物者，莫贵于人”[⑤]。董仲舒一再强调人的重要性，“人之超然万物之上，而最为天下贵也”[⑥]。董仲舒举了很多例证强调人的独特性，比如只有人的形体是完全符合天数的，只有人类是能够

① ［清］苏舆撰、钟哲点校:《春秋繁露义证·同类相动》，北京：中华书局，1992，第358—359页。

② ［清］阮元校刻:《十三经注疏·周易正义》，北京：中华书局，1980，第90页。

③ ［清］阮元校刻:《十三经注疏·礼记正义》，北京：中华书局，1980，第1632页。

④ ［清］苏舆撰、钟哲点校:《春秋繁露义证·立元神》，北京：中华书局，1992，第168页。

⑤ ［清］苏舆撰、钟哲点校:《春秋繁露义证·人副天数》，北京：中华书局，1992，第354页。

⑥ ［清］苏舆撰、钟哲点校:《春秋繁露义证·天地阴阳》，北京：中华书局，1992，第466页。

直立行走的。他认为人能超越万物的根本就在于，天地间只有人具有仁义的品德，“人受命乎天也，故超然有以倚。物疢疾莫能为仁义，唯人独能为仁义”①。

所以，从本质上说，《春秋繁露》中谈天的内容占据了很大的分量，但董仲舒的思想体系的核心是人。儒学始终围绕着人而展开，并未将人置于天的阴影之下。董仲舒构建了天的外在权威，而其落脚点也依然是人。董仲舒的思想体系虽说具有神学的特点，但他并没有试图去构建一个宗教。

五、董仲舒的人性论

在人的意识充分觉醒之后，关于什么是人性，也成为哲人思辨的重点内容之一。早在先秦时期，孟子、荀子等人曾就人性进行过充分的论证，出现了人性善、人性恶等诸多学说。进入秦汉以后，人性问题的重要性有所下降，董仲舒从其伦理道德学说出发，也对人性进行了讨论。

董仲舒认为，在讨论人性时，不能拿极端的例子做典型。他认为人性的讨论对象是“中民”，说：“名性，不以上，不以下，以其中名之。”② 在他看来，拿圣人之性作为人性，以及拿斗筲之性作为人性都是不对的，而应基于大多数人的表现来讨论人性。但是，假如我们承认有普遍存在的人性的话，人性不应只包括中民，也要包括圣人和斗筲之民。董仲舒的论述容易

① ［清］苏舆撰、钟哲点校:《春秋繁露义证·人副天数》，北京：中华书局，1992，第354页。

② ［清］苏舆撰、钟哲点校:《春秋繁露义证·深察名号》，北京：中华书局，1992，第300页。

让人产生一种感觉，即圣人和斗筲之人不是人。事实上，人性应该能够涵盖一切人。董仲舒并没有能够总结出一般的、抽象的人性来。

董仲舒的人性论并非从人性本身出发，而是从现实需要出发。他认为，假如承认人性是善的，那么所有的礼制、法律、修养等，都成了无的之矢。董仲舒在论述人性之前，先辨析了人性的概念："性，言之者不同，胡不试反性之名？"① 他认为只有人的自然之质才能称之为人性，"性之名非生与？如其生之自然之资谓之性。性者质也"②。他认为简单地将人性定义为善和恶都是不对的，人性中包含有向善和向恶的可能，但不能将向善和向恶的可能性定义为人性。他说人性中有善恶，如同天地有阴阳一样，而心的功能之一就是把人性中的恶禁锢于心之内而不使之发于外。如果性是善的，那么心的禁恶功能就失去了对象，"栣众恶于内，弗使得发于外者，心也。故心之为名，栣也。人之受气苟无恶者，心何栣哉？吾以心之名，得人之诚。人之诚，有贪有仁，仁贪之气，两在于身。身之名，取诸天，天两有阴阳之施，身亦两有贪仁之性。天有阴阳禁，身有情欲栣，与天道一也"③。既然善恶同时具于人性之中，因而不可以径直称人性为善。事实上，人具有社会属性和自然属性，就其社会属性而言具有善的一面，而就其自然属性而言具有恶的一

---

① ［清］苏舆撰、钟哲点校：《春秋繁露义证·深察名号》，北京：中华书局，1992，第291页。

② ［清］苏舆撰、钟哲点校：《春秋繁露义证·深察名号》，北京：中华书局，1992，第291—292页。

③ ［清］苏舆撰、钟哲点校：《春秋繁露义证·深察名号》，北京：中华书局，1992，第293—296页。

面。因而，抽象的人性并不存在，只有具体的人性。

董仲舒一再强调人有向善的可能性，但可能性并不等于必然性。他举例说，如同禾苗具有结出谷粒的可能性，但并不是所有的禾苗都会结出谷粒，还有稗子的存在：“故性比于禾，善比于米。米出禾中，而禾未可全为米也。善出性中，而性未可全为善也。”[①] 董仲舒认为民之所以被称为民，就是因为民蒙昧无知，需要圣人的教导而向善。这好比眼睛具有看物的能力，但睡着了就什么都看不到了，要等到醒来后才视物。民众不会自动醒来，需要依靠圣人的教导才能由“瞑”而“觉”：“性有似目，目卧幽而瞑，待觉而后见。当其未觉，可谓有见质，而不可谓见。今万民之性，有其质而未能觉，譬如瞑者待觉，教之然后善。当其未觉，可谓有善质，而不可谓善，与目之瞑而觉，一概之比也。”[②] 民有向善的可能性不等于已然实现了善。董仲舒认为，如果民性是善的，那么圣人受命之后岂非无事可做？至此，我们可以明白，董仲舒所论不是人性，而是民性。在他看来，民已经超越了禽兽，还尚未达到人性所要求的善：“质于禽兽之性，则万民之性善矣；质于人道之善，则民性弗及也。”[③] 董仲舒一再强调人性待教而后善：“性者，天质之朴也；善者，王教之化也。”[④] 承担教化责任的就是圣人和受命之君，

---

① ［清］苏舆撰、钟哲点校:《春秋繁露义证·深察名号》，北京：中华书局，1992，第297页。

② ［清］苏舆撰、钟哲点校:《春秋繁露义证·深察名号》，北京：中华书局，1992，第297—298页。

③ ［清］苏舆撰、钟哲点校:《春秋繁露义证·深察名号》，北京：中华书局，1992，第304页。

④ ［清］苏舆撰、钟哲点校:《春秋繁露义证·实性》，北京：中华书局，1992，第313页。

但董仲舒并未说明圣人和受命之君的善从何而来。所以董仲舒只能说："今善善恶恶，好荣憎辱，非人能自生，此天施之在人者也。"① 而且董仲舒一再将孔子的言论作为其立论的主要依据，事实上孔子并没有对人性展开讨论，董仲舒也只是机械地甚至歪曲地引用孔子言论而已。

纵观董仲舒的人性论，他其实是通过对人性的论述，强调教化的重要性，而并没有对人性问题提出有价值的观点。

六、董仲舒的养生思想

养生思想的出现也是很早的事情，伴随着人们对自然以及对自身认识的深入，人们相信人的身体健康状况可以通过后天的努力而得到有效改善。从《吕氏春秋》《庄子》等文献我们可知，到战国后期传统养生思想逐渐成熟，出现了以导引、行气为主的养生术。到汉代，形成了具有中国特色的导引体操体系，以马王堆汉墓出土的导引图为代表。而且，随着汉代社会的安定、经济的发展，"长生"成为社会各个阶层普遍的追求，"延寿""延年""万年""彭祖"之类的人名也有所体现。先秦时期，养生不是儒家所关注的重点，孔孟等人对此少有述及。汉代儒学则广泛吸收其他学派的合理内容，形成了具有儒学特色的养生思想。董仲舒的养生思想正是在这一历史背景下产生的。

首先，董仲舒的养生思想具有一定的科学合理性，强调了人的主观能动性，体现了积极向上的时代精神。渴望长生，这

---

① ［清］苏舆撰、钟哲点校:《春秋繁露义证·竹林》，北京：中华书局，1992，第63页。

是人类的本能，然而不同民族对此的态度却有所不同。在有着浓重宗教氛围的社会里，人们更看重的是彼岸世界的超越，而非长久地滞留在此岸世界。秦汉的长生思想，不能简单地被看作人性贪婪的表现，而是体现出人们对现实生活的高度热爱。理性是儒家的一个重要特色，儒生不是方士，儒家不追求长生，却形成了一套养生的思想。虽说受时代的限制，这套养生思想有一些神秘主义的色彩，但其内核却有一定的科学合理性。董仲舒认为，人寿命的长短取决于天，“短长之质，人之所由受于天也”①。我们抛开神秘主义的表达方式，应当承认这是基本事实，现代医学也认为寿命的长短本质上是由基因决定的。但并不是说人只能被动接受，董仲舒认为人们后天的行为在一定程度上决定了人的寿命是长于先天之质还是短于先天之质并高度肯定了人的能动性。他说：“自行可久之道者，其寿讎于久；自行不可久之道者，其寿亦讎于不久。久与不久之情，各讎其生平之所行……是故天长之而人伤之者，其长损；天短之而人养之者，其短益。夫损益者皆人，人其天之继欤?”②

董仲舒基于他对人与天地关系的理解，也提出了自己的养生理论。他认为养生的关键是天，“循天之道，以养其身，谓之道也”③。而具体的途径，就是养气，他说，“是故物生，皆贵气

---

① ［清］苏舆撰、钟哲点校：《春秋繁露义证·循天之道》，北京：中华书局，1992，第456页。

② ［清］苏舆撰、钟哲点校：《春秋繁露义证·循天之道》，北京：中华书局，1992，第457页。

③ ［清］苏舆撰、钟哲点校：《春秋繁露义证·循天之道》，北京：中华书局，1992，第444页。

而迎养之”[①]，“凡养生者，莫精于气”[②]。他还把孟子的养“浩然之气”解释为养生之气。董仲舒认为，普通人所理解的养生，无非就是丰衣足食，却忽视了养气的重要性，事实上气的重要性远胜于衣食：“民皆知爱其衣食，而不爱其天气。天气之于人，重于衣食。衣食尽，尚犹有间，气尽而立终。故养生之大者，乃在爱气。”[③] 董仲舒的养气理论强调气一定要动起来，否则就会形成“宛气”：“鹤之所以寿者，无宛气于中……天之气常动而不滞，是故道者亦不宛气。”[④] 导引行气，不仅要让气动起来，而且也要把气引向肢体的末端，具体来说就是足：“猿之所以寿者，好引其末，是故气四越。天气常下施于地，是故道者亦引气于足；天之气常动而不滞，是故道者亦不宛气。”[⑤] 但董仲舒并没有说明如何具体操作。

董仲舒认为人的生活应当符合自然的节奏，世间男女的结合如同天地的阴阳一样，“圣人视天而行”[⑥]，“男女之法，法阴与阳”[⑦]。天地阴阳的规律是“不盛不合”，因而董仲舒反对过

---

① ［清］苏舆撰、钟哲点校:《春秋繁露义证·循天之道》，北京：中华书局，1992，第447页。

② ［清］苏舆撰、钟哲点校:《春秋繁露义证·循天之道》，北京：中华书局，1992，第453页。

③ ［清］苏舆撰、钟哲点校:《春秋繁露义证·循天之道》，北京：中华书局，1992，第452页。

④ ［清］苏舆撰、钟哲点校:《春秋繁露义证·循天之道》，北京：中华书局，1992，第449页。

⑤ ［清］苏舆撰、钟哲点校:《春秋繁露义证·循天之道》，北京：中华书局，1992，第449页。

⑥ ［清］苏舆撰、钟哲点校:《春秋繁露义证·天容》，北京：中华书局，1992，第333页。

⑦ ［清］苏舆撰、钟哲点校:《春秋繁露义证·循天之道》，北京：中华书局，1992，第445页。

早开始性生活，“养身以全，使男子不坚牡不家室，阴不极盛不相接。是故身精明，难衰而坚固，寿考无忒，此天地之道也。”[①]汉代普遍早婚，这固然是由于政府的提倡，也是因为农耕的生产方式急需人手。但早婚的弊端也非常明显，如同王吉所言，年轻的父母尚且不懂为人父母之道就生了孩子：“世俗嫁娶太早，未知为人父母之道而有子，是以教化不明而民多夭。”[②] 在董仲舒看来，婚后的夫妻生活也应该遵循天地之道而有所节制，他认为夫妻生活不遵守自然规律会导致“不时”和“天并”，这是养生的大害。“不时”就是不符合天地阴阳的规律，而“天并”就是过于放纵自己的欲望，“不与阴阳俱往来，谓之不时；恣其欲而不顾天数，谓之天并”[③]。具体来说，他认为人在不同年龄段夫妻生活的频率也应该符合自然规律：“君子治身，不敢违天，是故新牡十日而一游于房，中年者倍新牡，始衰者倍中年，中衰者倍始衰，大衰者以月当新牡之日，而上与天地同节矣。”[④] 在饮食方面，董仲舒也主张要符合自然的节律。董仲舒认为一年四季，每个季节里都会有适于在这个季节里生长成熟的作物，“四时不同气，气各有所宜，宜之所在，其物代美”，而饮食就应以时令作物为主，“视代美而代养之，同时美者杂食之，是皆其所宜也”[⑤]。董仲舒还具体举了两个例子，“故荠以冬

---

① ［清］苏舆撰、钟哲点校：《春秋繁露义证·循天之道》，北京：中华书局，1992，第445页。

② ［汉］班固：《汉书·王贡两龚鲍传》，北京：中华书局，1962，第3064页。

③ ［清］苏舆撰、钟哲点校：《春秋繁露义证·循天之道》，北京：中华书局，1992，第451页。

④ ［清］苏舆撰、钟哲点校：《春秋繁露义证·循天之道》，北京：中华书局，1992，第451—452页。

⑤ ［清］苏舆撰、钟哲点校：《春秋繁露义证·循天之道》，北京：中华书局，1992，第454页。

美，而荼以夏成，此可以见冬夏之所宜服矣”[1]，冬天就应该食用荠麦，夏天就应该食用荼。董仲舒进一步解释道：“冬，水气也，荠，甘味也，乘于水气而美者，甘胜寒也。荠之为言济与?济，大水也。夏，火气也，荼，苦味也，乘于火气而成者，苦胜暑也。”[2] 在汉代，人们已经能够培育温室蔬菜了，但是始终有人从天人合一的角度出发，反对温室蔬菜的种植。董仲舒主张“凡择味之大体，各因其时之所美，而违天不远矣”[3]，即主张吃时令水果和蔬菜，这对今天的人们仍有一定的借鉴意义。

董仲舒将儒家的中庸理论与养生相结合，从而使其养生理论具有明显的儒学特色。董仲舒说：“中者，天地之所终始也，而和者，天地之所生成也。夫德莫大于和，而道莫正于中。中者，天地之美达理也……”[4] 他认为，中和之道不仅可用于治国，也可用于养生。中和之道是天地之间普遍通达的道理，也是圣人最看重的。中正平和之气是生命所必备的，“和者，天之正也，阴阳之平也，其气最良，物之所生也”[5]。养生的关键就在于中道而行，遵循天地自然的规律，相反，违背中和之道，必然会导致养气的失败：“泰实则气不通，泰虚则气不足，热胜

---

① ［清］苏舆撰、钟哲点校:《春秋繁露义证·循天之道》，北京：中华书局，1992，第454—455页。

② ［清］苏舆撰、钟哲点校:《春秋繁露义证·循天之道》，北京：中华书局，1992，第455页。

③ ［清］苏舆撰、钟哲点校:《春秋繁露义证·循天之道》，北京：中华书局，1992，第455页。

④ ［清］苏舆撰、钟哲点校:《春秋繁露义证·循天之道》，北京：中华书局，1992，第444页。

⑤ ［清］苏舆撰、钟哲点校:《春秋繁露义证·循天之道》，北京：中华书局，1992，第446页。

则气耗，寒胜则气滞，泰劳则气不入，泰佚则气宛至，怒则气高，喜则气散，忧则气狂，惧则气慑。凡此十者，气之害也，而皆生于不中和。”[1] 君子养生就要时刻提醒自己回归到中和之道，中和常在于身，就可以实现养生的目的：“此中和常在乎其身，谓之得天地泰。得天地泰者，其寿引而长；不得天地泰者，其寿伤而短。”[2] 将中和之道作为养生的根本指导，这是儒家与其他学派的养生理论的一个重要不同方面。

董仲舒也将养生与提高个人修养相结合。首先董仲舒以为，一个人如果心底无私天地宽，从不为恶，他不会有心理负担，自然不会因此而导致身体疾患，从而可以实现养生的目的。他说：“故君子道至，气则华而上。”[3] 养生重在养气，而君子修道德，气就自然升腾而上。这是因为，气是由心而生，“凡气从心。心，气之君也”[4]。仁人君子心地宽和而不失中正，自然就能养生长寿，“故仁人之所以多寿者，外无贪而内清净，心平和而不失中正，取天地之美以养其身，是其且多且治”[5]。这就是儒家强调“仁者寿”的原因。养生重在养气，恶念生则意不平，意不平则心不宁，心不宁则气无由而生。从这个意义上说，去

---

① ［清］苏舆撰、钟哲点校:《春秋繁露义证·循天之道》，北京：中华书局，1992，第447—448页。苏本作“热胜则气（□），寒胜则气（□）。”今据钟肇鹏《春秋繁露校释》补。

② ［清］苏舆撰、钟哲点校:《春秋繁露义证·循天之道》，北京：中华书局，1992，第456页。

③ ［清］苏舆撰、钟哲点校:《春秋繁露义证·循天之道》，北京：中华书局，1992，第448页。

④ ［清］苏舆撰、钟哲点校:《春秋繁露义证·循天之道》，北京：中华书局，1992，第448页。

⑤ ［清］苏舆撰、钟哲点校:《春秋繁露义证·循天之道》，北京：中华书局，1992，第449页。

除恶念，就是在养生。“故君子闲欲止恶以平意，平意以静神，静神以养气。气多而治，则养身之大者得矣。”① “忿恤忧恨者，生之伤也；和说劝善者，生之养也。”② 董仲舒还强调，人生在世不仅需要利以养身，更需要的是义以养心。虽说这二者都是人生所必需的，但相对而言，义更为重要。他说：“夫人有义者，虽贫能自乐也。而大无义者，虽富莫能自存。吾以此实义之养生人，大于利而厚于财也。”③

董仲舒的养生思想也被他引向了治国。在董仲舒看来，养生和治国有相通之处，养生重在精气，治国重在得贤。“治身者以积精为宝，治国者以积贤为道”，积精则身安，积贤则国治，“精积于其本，则血气相承受；贤积于其主，则上下相制使。血气相承受，则形体无所苦；上下相制使，则百官各得其所。形体无所苦，然后身可得而安也；百官各得其所，然后国可得而守也”④。养生积精需要虚其形，治国积贤需要君主谦卑其身。董仲舒以养生作比喻，讲述了治国重贤的重要性。相对而言，董仲舒的养生思想少了神秘主义的色彩，而具有了浓重的道德印记，在中国古代养生思想中独具一格。董仲舒本人高寿九十有余，由他来讲这一养生理论，也增加了这一理论的可信度，他的养生思想也应是在其本人养生实践基础之上的总结。

---

① ［清］苏舆撰、钟哲点校：《春秋繁露义证·循天之道》，北京：中华书局，1992，第452页。

② ［清］苏舆撰、钟哲点校：《春秋繁露义证·循天之道》，北京：中华书局，1992，第453页。

③ ［清］苏舆撰、钟哲点校：《春秋繁露义证·身之养重于义》，北京：中华书局，1992，第264页。

④ ［清］苏舆撰、钟哲点校：《春秋繁露义证·通国身》，北京：中华书局，1992，第182页。

《春秋繁露》的政治思想

无论是董仲舒的《公羊》学说，还是董仲舒的阴阳五行思想，最终都落实于董仲舒的政治思想之中。现实关怀是董仲舒思想学说最大的特点，董仲舒思想体系的核心还是其政治思想，而董仲舒的人生理想也是希望其政治思想能够在西汉的现实政治中付诸实践。

一、王道理想

经常看到有人称董仲舒的思想体系为神学化的儒学，其实虽说董仲舒的思想体系具有一定神学的色彩，但董仲舒并不是巫师，他努力抬高孔子，但并没有将孔子改造为教主，尤其是董仲舒思想体系的中心，依然是在人间而非天国。无论先秦还是后世，儒学始终都没有发展成宗教，但儒学确实在很大程度上起到了宗教的作用，完全可以被看作一个信仰体系。而一个信仰体系必然有一个终极目标作为引领。儒学作为一个信仰体系，也提出了自己的终极目标：王道社会。王道理想又称太平盛世，从孔子开始，儒学家逐渐构建了一个理想的王道社会。只不过不同于其他宗教的终极目标是在将来，儒学所构建的终极目标是在过去，是在遥远的尧舜禹时代、刑错四十余年而不用的成康时代等，儒学通过对历史记忆的改造和扩大，构建了王道社会的范本并用以指导现实政治的发展方向。儒学将王道社会放在过去，恰恰可以证明王道理想的真实性。既然过去曾经实现过，那么在未来也完全可以再现。

在董仲舒的思想体系中，王道理想居于核心的地位，也是他心目中的终极目标。不同于其他儒生，董仲舒的王道理想又与其《公羊》学说密切相关。前已述及，董仲舒在《公羊》学史上第一次对“所见异辞，所闻异辞，所传闻异辞”进行了解释。董仲舒虽未明确提出“据乱”“升平”“太平”的说法，但在他这里，“所见世”“所闻世”“所传闻世”之间确实存在着某种递进关系：“故始言大恶杀君亡国，终言赦小过，是亦始于麤粗，终于精微，教化流行，德泽大洽，天下之人，人有士君子之行而少过矣，亦讥二名之意也。”[①] 在董仲舒所理解的《春秋》中，孔子于所传闻世用心粗粝，到所见世用心精微。在所见世里天下教化流行，人人都有君子之行而很少犯错，无恶所贬，于是所能讥讽的也只是取名用两字这样微不足道的小事了，可见所见世已经达到德泽大洽的理想境界。“今《春秋》缘鲁以言王义，杀隐桓以为远祖，宗定哀以为考妣”，从而实现“其基壤之所加，润泽之所被，条条无疆”，鲁哀公时“当此之时，鲁无鄙疆”，如同凌曙注释所言：“言王化所及者远。”[②] 《公羊》

① ［清］苏舆撰、钟哲点校:《春秋繁露义证·俞序》，北京：中华书局，1992，第163—164页。
② ［清］苏舆撰、钟哲点校:《春秋繁露义证·奉本》，北京：中华书局，1992，第279—281页。

学的一大特色就是，不仅如同其他儒生一样，《公羊》学家将理想寄托于尧舜等古代圣王，而且也把希望寄托于未来，体现出一定的进化色彩。

董仲舒的王道理想主要包括两个方面，一是王道社会中的圣王，一是王道理想的社会面貌；一个为后世帝王树立了榜样，一个为后世社会树立了标杆。董仲舒心目中的理想圣王，首先具备治理天下的行政能力，体现于《春秋繁露》中，包括能够推行德教、选任贤良、考课群臣等。尤为重要的是，圣王还要具备超越常人的道德品质，内备圣人之至德，施之于外，则为王者之政，兼具“内圣”与“外王”的双重标准。而内圣的重要标准就是“行天德者，谓之圣人”，历史上的“五帝三王”就是圣王的典范，《春秋繁露》中对尧舜等圣君的褒扬之辞较多，此不赘言。

在《王道》等篇章中，董仲舒为世人描绘了王道社会的具体景象：“民家给人足，无怨望忿怒之患，强弱之难，无谗贼妒疾之人，民修德而美好，被发衔哺而游，不慕富贵，耻恶不犯。父不哭子，兄不哭弟。毒虫不螫，猛兽不搏，抵虫不触。故天为之下甘露，朱草生，醴泉出，风雨时，嘉禾兴，凤凰麒麟游于郊。囹圄空虚，画衣裳而民不犯。四夷传译而朝。民情至朴而不文。郊天祀地，秩山川，以时至，封于泰山，禅于梁父。立明堂，宗祀先帝，以祖配天……”① 在王道社会里，物质生活极大丰富，百姓生活没有困苦，民众的道德修养达到了极高的

① ［清］苏舆撰、钟哲点校：《春秋繁露义证·王道》，北京：中华书局，1992，第102—104页。

水准，甚至连象刑都不犯，监狱完全空了。甘露、醴泉等祥兆不断出现，远人来朝……类似这样的描绘经常出现于汉儒笔下，成为人们普遍接受的社会理想。

二、仁政思想

中国古代的思想家普遍对抽象的理论探索缺乏兴趣，他们即便谈及一些超越性的理论问题，最终也都以社会现实为旨归，所以，现实关怀是中国古代思想家群体最大的共性之一。在两汉思想家中，董仲舒对于抽象的理论问题思考得相对比较深入，但其思考的问题导向依然是西汉的社会现实。仁政思想是董仲舒思想体系的核心，其所有哲学思考都服务于其仁政思想，意在论证仁政思想的合理性，为仁政思想寻求形而上的依据。

（一）民本思想

民本思想是儒学区别于其他思想学术流派的根本性标志之一。汉儒在很大程度上继承了先秦儒家的民本思想，并有所发展。董仲舒继承了儒学民本主义的传统，同时试图对民本思想进行论证。

首先，董仲舒继承了先秦儒家的民本思想，在君民关系上更强调民的重要性。不同于法家毫无保留地站在君主的立场上认为民众只有作为工具的价值，儒家则是会考虑民众自身的价值，认为民众并不是作为国家的工具而存在，而国君只是上天用以治理民众的工具。这是儒家的根本观念，早在《左传》中就有记载："良君将赏善而刑淫，养民如子，盖之如天，容之如地；民奉其君，爱之如父母，仰之如日月，敬之如神明，畏之如雷霆。其出可乎？夫君，神之主也，民之望也。若困民之性，匮神之祀，百姓绝望，社稷无主，将安用之？弗去为何？天生民而立之君，使司牧之，勿使失性。”①《孟子》引《尚书》说：“天降下民，作之君，作之师，惟曰其助上帝。”②荀子也说：“天之生民，非为君也；天之立君，以为民也。”③《吕氏春秋》更是强调：“天下非一人之天下也，天下之天下也。”④在汉代，儒家依然秉承了一贯的民本立场。贾谊说：“闻之于政也，民无不为本也。”⑤在这一点上，董仲舒守住了儒家的底线。“且天之生民非为王也，而天立王以为民也”⑥，他认为，上天创造王是为了民，上天并非为王生了民。王能否获得天命，就看王是否能够实现这一目的，“故其德足以安乐民者，天予之；其恶足以贼害民者，天夺之”⑦。董仲舒借助谐音对王和君的概念进行解释，“王者，民之所往。君者，不失其群者也”⑧，强调了君主对民众的责任。

其次，董仲舒继承了先秦儒家的革命思想，承认民众有推

---

① ［清］阮元校刻：《十三经注疏·春秋左传正义》，北京：中华书局，1980，第1958页。
② ［清］阮元校刻：《十三经注疏·孟子注疏》，北京：中华书局，1980，第2675页。
③ ［清］王先谦：《荀子集解·大略》，北京：中华书局，1954，第332页。
④ ［先秦］吕不韦：《吕氏春秋·贵公》，北京：中华书局，1954，第8页。
⑤ ［汉］贾谊撰，阎振益、钟夏校注：《新书校注·大政上》，北京：中华书局，2000，第338页。
⑥ ［清］苏舆撰、钟哲点校：《春秋繁露义证·尧舜不擅移、汤武不专杀》，北京：中华书局，1992，第220页。
⑦ ［清］苏舆撰、钟哲点校：《春秋繁露义证·尧舜不擅移、汤武不专杀》，北京：中华书局，1992，第220页。
⑧ ［清］苏舆撰、钟哲点校：《春秋繁露义证·灭国上》，北京：中华书局，1992，第133页。

翻暴政的权力。在《尚书》中，商周之际的历史变迁被解释为周人吊民伐罪的革命。后世儒生站在民本的立场上高度肯定了汤武革命："贼仁者谓之贼，贼义者谓之残，残贼之人谓之一夫，闻诛一夫纣矣，未闻弑君也!"① 在汉代，刘邦被塑造为解民倒悬的革命者："先时秦为亡道，天下诛之。大王先得秦王，定关中，于天下功最多。存亡定危，救败继绝，以安万民，功盛德厚。"② 西汉王朝的统治逐渐稳固后，革命成了一个敏感话题，但革命依然占据着道义的制高点而为儒生所强调。董仲舒基于其民本主义的立场，肯定了革命的正义性："王者，天之所予也。其所伐皆天之所夺也。"③ 董仲舒称有道伐无道的革命是天理之所在："故夏无道而殷伐之，殷无道而周伐之，周无道而秦伐之，秦无道而汉伐之。有道伐无道，此天理也，所从来久矣……"④ 在《春秋繁露》中董仲舒对桀纣等暴君进行了多次讨伐："桀纣皆圣王之后，骄溢妄行。侈宫室，广苑囿，穷五采之变，极饬材之工，困野兽之足，竭山泽之利，食类恶之兽。夺民财食……周发兵，不期会于孟津者八百诸侯，共诛纣，大亡天下。"⑤ 董仲舒不仅肯定了汤武革命，而且也强调民众有反抗暴政的权力。《春秋》记载了梁国的灭亡，董仲舒发挥了《公羊传》的解释，认为梁国国君暴虐百姓，是自取灭亡："梁内役

① ［清］阮元校刻：《十三经注疏·孟子注疏》，北京：中华书局，1980，第2680页。
② ［汉］班固：《汉书·高帝纪》，北京：中华书局，1962，第52页。
③ ［清］苏舆撰、钟哲点校：《春秋繁露义证·尧舜不擅移、汤武不专杀》，北京：中华书局，1992，第220页。
④ ［清］苏舆撰、钟哲点校：《春秋繁露义证·尧舜不擅移、汤武不专杀》，北京：中华书局，1992，第220页。
⑤ ［清］苏舆撰、钟哲点校：《春秋繁露义证·王道》，北京：中华书局，1992，第105—107页。

民无已。其民不能堪，使民比地为伍，一家亡，五家杀刑。其民曰：先亡者封，后亡者刑。君者将使民以孝于父母，顺于长老，守丘墓，承宗庙，世世祀其先。今求财不足，行罚如将不胜，杀戮如屠，仇雠其民，鱼烂而亡，国中尽空。《春秋》曰：'梁亡。'亡者自亡也，非人亡之也。"①

再次，董仲舒试图借助于天的权威对君主进行限制。春秋战国时期，随着中央集权制度的建立，君权不断扩张。儒家虽强调亲亲尊尊，但显然并不赞同君权的极度扩张，而是试图将君权纳入儒家理想的政治图景中。现实生活中，在君权无限的情况下，董仲舒找到了处在君权之上的更至高无上的天，借助天的超级权威实现对君权的限制，对此此前已多次申述。屈君以伸天，并非董仲舒个人的观点，不仅儒生会借用天来限制君权并批评时政，就连君主也承认君权来自天，只不过君主只愿意用天来作为君权的背书，而不愿意接受天的限制，更不能容忍儒生垄断天命的解释权。以天命限制君权，是进入帝制时代后民本思想的新特点。

最后，董仲舒的民本思想也体现了西汉的时代特征，即试图限制君权，又反过来强调民众对君主的服从。在董仲舒的思想体系中，民、君、天是一个递进的系统。董仲舒强调君主服从于天的同时，也强调民众要服从于君主："故屈民而伸君，屈君而伸天，《春秋》之大义也。"② 董仲舒将实现王道理想的希

① ［清］苏舆撰、钟哲点校:《春秋繁露义证·王道》，北京：中华书局，1992，第126页。

② ［清］苏舆撰、钟哲点校:《春秋繁露义证·玉杯》，北京：中华书局，1992，第32页。

望寄托于君主，因而他强调民众对君主的服从是很自然的事情。在君民关系的论述上，相对于先秦时期，董仲舒的思想明显表现出向君的方向移动的特点，虽说最终并没有如同法家一样彻底站到国君的立场，但君主的分量明显增加，这也是事实。

（二）德教

以德治国，注重教化，这是儒家的基本政治理念，也是董仲舒仁政思想的重点内容。相对而言，先秦孔孟对以德治国并没有展开论证，只是提出了以德治国的理念。而董仲舒则对德治进行了论证，他的阴阳思想和《春秋》学就成为论证的基石。

秦国自从商鞅变法之后，法家大行其道，严刑峻法、以刑止刑成为秦人治国的重要理念。这不仅与儒家的德治理念相冲突，而且秦王朝二世而亡的政治实践，也给人们反对严刑峻法提供了现实依据。董仲舒并不否认刑罚的必要性，他认为刑罚和德治如同天地的阴阳一样，都不可或缺："阳，天之德；阴，天之刑也。"[①] 只不过，董仲舒认为阴阳在天地自然中的地位并不相同，上天好阳而厌阴，贵阳而贱阴。相应地，刑罚和德治在治国中的地位也不等同，德治应当占据主流，而刑罚仅是必要的辅助而已，"刑者德之辅，阴者阳之助也"[②]。所以君主要效法天地，任德不任刑："是故天数右阳而不右阴，务德而不务刑。刑之不可任以成世也，犹阴不可任以成岁也。为政而任刑，

---

① ［清］苏舆撰、钟哲点校：《春秋繁露义证・阳尊阴卑》，北京：中华书局，1992，第327页。这里的"阳""阴"二字后原文中并没有点号，笔者认为当加逗号为宜。

② ［清］苏舆撰、钟哲点校：《春秋繁露义证・天辨在人》，北京：中华书局，1992，第336页。

谓之逆天，非王道也。”[1]

《春秋》自然也被董仲舒用来作为德治思想的依据。他认为，孔子修《春秋》的一个指导原则就是表彰德治，否定暴力：“考意而观指，则《春秋》之所恶者，不任德而任力，驱民而残贼之。其所好者，设而勿用，仁义以服之也。《诗》云：‘弛其文德，洽此四国。’此《春秋》之所善也。”[2] 即使齐桓公、管仲这样的贤君、良相，也因为不修德而受到《春秋》的讥讽：“其后矜功，振而自足，而不修德……故曰：‘管仲之器小哉’！此之谓也。”[3]

董仲舒一再强调只有德治才是圣贤所崇尚的根本之道。他说：“故以德为国者，甘于饴蜜，固于胶漆，是以圣贤勉而崇本而不敢失也。”[4] 至于具体如何实施以德治国，董仲舒和先秦儒家的看法并无实质性区别，无非是强调两个方面：君主不断提高自己的德行修养，成为臣民的楷模；进而用德行教化百姓，而非依赖刑罚。董仲舒把德行好坏看作君主是否获得天命的依据，“故其德足以安乐民者，天予之”[5]。至于公卿以下，也以德为其地位高下的依据：“至德以受命，豪英高明之人辐辏归之。

---

① ［清］苏舆撰、钟哲点校：《春秋繁露义证·阳尊阴卑》，北京：中华书局，1992，第328页。

② ［清］苏舆撰、钟哲点校：《春秋繁露义证·竹林》，北京：中华书局，1992，第48页。

③ ［清］苏舆撰、钟哲点校：《春秋繁露义证·精华》，北京：中华书局，1992，第91页。

④ ［清］苏舆撰、钟哲点校：《春秋繁露义证·立元神》，北京：中华书局，1992，第169页。

⑤ ［清］苏舆撰、钟哲点校：《春秋繁露义证·尧舜不擅移、汤武不专杀》，北京：中华书局，1992，第220页。

高者列为公侯，下至卿大夫，济济乎哉，皆以德序。”[1] 进而君主以德化民，实现不令而行：“圣人事明义，以照耀其所暗，故民不陷。《诗》云：‘示我显德行。’此之谓也。先王显德以示民，民乐而歌之以为诗，说而化之以为俗。故不令而自行，不禁而自止，从上之意，不待使之，若自然矣。”[2] 当民众德行有了显著提升之后，刑罚自然就失去了其作用：“故曰：圣人天地动、四时化者，非有他也，其见义大故能动，动故能化，化故能大行，化大行故法不犯，法不犯故刑不用，刑不用则尧舜之功德。此大治之道也。”[3]

从总体上看，董仲舒的德治思想并未实现对先秦儒家德治思想的超越，与其同时代思想家相比，也没有特别突出的贡献。相反，董仲舒把德治与刑罚比拟为天与地，阳与阴，在一定程度上可以看作对先秦儒家德治思想的修正和补充，把刑比为阴，恰好论证了刑罚的必要性。“德主刑辅”成为后世儒家德治思想的主流。

（三）礼治

儒家本擅于礼，孔子颠沛流离之际还在大树之下带着学生演礼。叔孙通为汉制礼而使刘邦改变了对儒学的看法，以至于刘邦在不久于人世之际，还亲自前往曲阜以太牢之礼祭祀孔子，

---

① ［清］苏舆撰、钟哲点校：《春秋繁露义证・观德》，北京：中华书局，1992，第 271 页。

② ［清］苏舆撰、钟哲点校：《春秋繁露义证・身之养重于义》，北京：中华书局，1992，第 265 页。

③ ［清］苏舆撰、钟哲点校：《春秋繁露义证・身之养重于义》，北京：中华书局，1992，第 265—266 页。

成为古代帝王祭孔的第一人。这是儒学得以走向殿堂的重要原因，同时也使儒学成为统治者维护其统治的工具。相对而言，《公羊》学本不长于礼，但号称儒宗的董仲舒也在很大程度上吸收借鉴了荀子等人关于礼的思想，同时他也在试图维持礼的儒家特色，而不至于使礼的思想完全法家化。

首先，董仲舒认为礼是治国的必要手段，强调了礼的必要性和合理性。董仲舒认为人如果放纵欲望，就会引起社会的争执和混乱。君子完全可以做到自觉，但是普通民众就需要用礼来防微杜渐："夫礼，体情而防乱者也，民之情不能制其欲，使之度礼。"[①] 每个人都按照礼的规定来生活，并不是对人性情的违背或桎梏："目视正色，耳听正声，口食正味，身行正道，非夺之情也，所以安其情也。"[②] 礼的出现恰是为了满足人情的需要。这在汉代也是非常普遍的观念，比如司马迁在《史记·礼书》中说："观三代损益，乃知缘人情而制礼，依人性而作仪，其所由来尚矣。"[③]

其次，董仲舒的礼治思想具有非常明显的德治色彩。在孔子思想体系中，礼与仁都非常重要，礼是仁的外化，仁是礼的内核。不过相对而言，孔子更看重内核，说："人而不仁如礼何？人而不仁如乐何？"（《论语·八佾》）在董仲舒这里也是如此，他说："礼者，继天地，体阴阳，而慎主客，序尊卑、贵

① ［清］苏舆撰、钟哲点校：《春秋繁露义证·天地施》，北京：中华书局，1992，第469—470页。

② ［清］苏舆撰、钟哲点校：《春秋繁露义证·天地施》，北京：中华书局，1992，第470页。

③ ［汉］司马迁：《史记·礼书》，北京：中华书局，1982，第1157页。

贱、大小之位，而差外内、远近、新故之级者也，以德多为象。”[1] 董仲舒讲了许多礼的细节，但他更为看重的其实是礼背后的秩序和德行。比如董仲舒在《服制像》中讲了四种装饰的由来和意义：“剑之在左，青龙之象也。刀之在右，白虎之象也。韨之在前，赤鸟之象也。冠之在首，玄武之象也。四者，人之盛饰也。”[2] 董仲舒认为“文德”更为重要：“故文德为贵，而威武为下，此天下之所以永全也。”[3] 董仲舒在讲到人们初次见面所使用的礼物时，强调的是礼物背后所体现的品德。他认为君子之所以看重玉，是因为“玉至清而不蔽其恶，内有瑕秽，必见之于外，故君子不隐其短。不知则问，不能则学，取之玉也。君子比之玉，玉润而不污，是仁而至清洁也；廉而不杀，是义而不害也；坚而不磬，过而不濡。视之如庸，展之如石，状如石，搔而不可从绕，洁白如素，而不受污”[4]。

再次，董仲舒的礼治思想在一定程度上也可以看作对西汉社会现实的某种纠正。经过了西汉前期几十年的恢复发展，西汉的社会经济面貌呈现出繁荣的景象。经济的繁荣引发了统治阶层的奢侈性消费，这种消费不仅不能有效带动经济的发展，还加重了百姓的负担。董仲舒主张社会各阶层的物质生活都遵从礼制的规定，不得僭越：“则各度爵而制服，量禄而用财。饮

---

① ［清］苏舆撰、钟哲点校：《春秋繁露义证·奉本》，北京：中华书局，1992，第275—276页。

② ［清］苏舆撰、钟哲点校：《春秋繁露义证·服制像》，北京：中华书局，1992，第151—152页。

③ ［清］苏舆撰、钟哲点校：《春秋繁露义证·服制像》，北京：中华书局，1992，第154页。

④ ［清］苏舆撰、钟哲点校：《春秋繁露义证·执贽》，北京：中华书局，1992，第420—421页。

食有量，衣服有制，宫室有度，畜产人徒有数，舟车甲器有禁。生有轩冕、服位，贵禄、田宅之分，死则有棺椁、绞衾、圹袭之度。虽有贤才美体，无其爵不敢服其服；虽有富家多赀，无其禄不敢用其财。”① 按照礼制来安排生活，社会就可以实现井然有序：“圣人之道，众堤防之类也。谓之度制，谓之礼节。故贵贱有等，衣服有制，朝廷有位，乡党有序，则民有所让而民不敢争，所以一之也。”② 事实上，带头违反礼制的恰恰是最高统治集团，所以董仲舒的主张最终也流于空谈。

最后，在所有的礼之中，董仲舒最看重的是祭天之礼，其意图依然是用天来限制人间君主的权力。奉天法祖是儒学的基本信仰，在董仲舒的思想体系中，天又是最高权威的来源，因而在他看来最为重要的礼就是祭天：“郊礼者，人所最甚重也。”③ 即便是帝王遭遇到三年丧之类的重大变故，也不能停止郊祭之礼：“《春秋》之义，国有大丧者，止宗庙之祭，而不止郊祭，不敢以父母之丧，废事天地之礼也。父母之丧，至哀痛悲苦也，尚不敢废郊也，孰足以废郊者？故其在礼，亦曰：‘丧者不祭，唯祭天为越丧而行事。’夫古之畏敬天而重天郊，如此甚也。”④ 董仲舒认为，自古圣王都十分重视祭天，而到了秦朝却不然：

---

① ［清］苏舆撰、钟哲点校：《春秋繁露义证·服制像》，北京：中华书局，1992，第221—223页。此处原文中“服位”前有“之”字，笔者以为应删去，故作了改动。

② ［清］苏舆撰、钟哲点校：《春秋繁露义证·度制》，北京：中华书局，1992，第231页。

③ ［清］苏舆撰、钟哲点校：《春秋繁露义证·郊语》，北京：中华书局，1992，第397页。

④ ［清］苏舆撰、钟哲点校：《春秋繁露义证·郊祭》，北京：中华书局，1992，第404页。

“故古之圣王，文章之最重者也，前世王莫不从重，粟精奉之，以事上天。至于秦而独阙然废之，一何不率由旧章之大甚也。”[①]董仲舒认为，秦之所以短命，也与他们忽视祭天有关：“今秦与周俱得为天子，而所以事天者异于周。”[②] 天子受命于天，必须如臣事君一样侍奉上天，即便如文王这样的圣王也不敢擅自行事，“已受命而王，必先祭天，乃行王事，文王之伐崇是也”[③]。天子不尊天命，在《春秋》中会受到孔子的严厉批评，“天子受命于天，诸侯受命于天子……天子不能奉天之命，则废而称公”[④]。董仲舒强调，天子祭天不仅是为了尊奉天命，而且也是为了报答天的恩赐，五谷的丰歉都决定于上天，“五谷，食物之性也，天之所以为人赐也”[⑤]，因而“四时所受于天者而上之，为上祭，贵天赐，且尊宗庙也”[⑥]。

（四）富民主张

不同于法家把民众看作君主统治的工具，儒家承认民众自身的价值和意义，富民便是儒家的根本政治理念之一，也是儒

① ［清］苏舆撰、钟哲点校：《春秋繁露义证·郊语》，北京：中华书局，1992，第397—398页。

② ［清］苏舆撰、钟哲点校：《春秋繁露义证·郊语》，北京：中华书局，1992，第399页。

③ ［清］苏舆撰、钟哲点校：《春秋繁露义证·四祭》，北京：中华书局，1992，第408页。

④ ［清］苏舆撰、钟哲点校：《春秋繁露义证·顺命》，北京：中华书局，1992，第412页。

⑤ ［清］苏舆撰、钟哲点校：《春秋繁露义证·祭义》，北京：中华书局，1992，第439页。

⑥ ［清］苏舆撰、钟哲点校：《春秋繁露义证·祭义》，北京：中华书局，1992，第441页。

家民本思想的具体落实。孔子就有“富而后教”的观点，孟子也主张“制民之产”。董仲舒继承了先秦儒家的富民主张，这不仅见于《春秋繁露》，也见于他的上书奏对中。

董仲舒的富民主张首先体现于他对民众的体恤上，即便是在相对平稳的西汉前期，普通民众依然会遇到各种水旱灾害的威胁，而朝廷的抚恤、救济又未必会落到实处。董仲舒在很多地方充分表达了他对普通民众的体恤之情，他说：“且《春秋》之法，凶年不修旧，意在无苦民尔。苦民尚恶之。况伤民乎？”①董仲舒一再强调了统治者对民众进行救济的责任：“至于立春，出轻系，去稽留，除桎梏，开门阖，通障塞，存幼孤，矜寡独……土用事，则养长老，存幼孤，矜寡独，赐孝弟，施恩泽。”②

在富民的具体举措上，董仲舒主张薄赋敛、不夺民时。他认为，“五帝三王之治天下，不敢有君民之心，什一而税。教以爱，使以忠，敬长老，亲亲而尊尊，不夺民时，使民不过岁三日。民家给人足，无怨望忿怒之患，强弱之难”③，“劝农事，无夺民时，使民，岁不过三日，行什一之税”④。西汉的田租水平非常低，汉文帝之后三十税一成为西汉田租的固定税率。然而，西汉政府对民众的剥削主要不是靠田租，而是人身剥削。汉制之下，每个成年百姓要缴纳口算钱，即一种政府征收的人头税，

---

① ［清］苏舆撰、钟哲点校：《春秋繁露义证 · 竹林》，北京：中华书局，1992，第48页。

② ［清］苏舆撰、钟哲点校：《春秋繁露义证 · 治水五行》，北京：中华书局，1992，第382页。

③ ［清］苏舆撰、钟哲点校：《春秋繁露义证 · 王道》，北京：中华书局，1992，第101—102页。

④ ［清］苏舆撰、钟哲点校：《春秋繁露义证 · 五行顺逆》，北京：中华书局，1992，第371页。

未成年人也要出一定数量的人头税。同时，民众每年需要服劳役一个月，服兵役三天。事实上并不是所有的人都需要去真正服劳役和兵役，不服役的人必须以钱代役，这些才是民众主要的负担。

董仲舒还反对贫富的过度分化。他认为，“大富则骄，大贫则忧。忧则为盗，骄则为暴，此众人之情也。圣者则于众人之情，见乱之所从生。故其制人道而差上下也，使富者足以示贵而不至于骄，贫者足以养生而不至于忧。以此为度而调均之，是以财不匮而上下相安”[①]。董仲舒尤其反对的是与民争利：“天不重与，有角不得有上齿。故已有大者，不得有小者，天数也。夫已有大者又兼小者，天不能足之，况人乎？故明圣者象天所为，为制度，使诸有大奉禄亦皆不得兼小利，与民争利业，乃天理也。”[②] 正是从这一观点出发，董仲舒提出了“限民名田”（限制私人占有土地）的主张。

总之，董仲舒的仁政思想继承了儒学中一贯的仁政思想，并在一定程度上体现出西汉的时代特色。

三、纲常思想

在春秋时期的社会剧烈动荡中，人们渴望着社会秩序的早日回归，孔子就曾讲过：“君君，臣臣，父父，子子。”（《论语·颜渊》）“亲亲尊尊”也是儒家所强调的《春秋》大义之

---

① ［清］苏舆撰、钟哲点校：《春秋繁露义证·度制》，北京：中华书局，1992，第227—228页。

② ［清］苏舆撰、钟哲点校：《春秋繁露义证·度制》，北京：中华书局，1992，第229—230页。

一，但在儒家的理论框架中，君臣关系并不是绝对的、单向的。孔子主张："君使臣以礼，臣事君以忠。"[①] 孔子还宣称："鸟则择木，木岂能择鸟？"[②] 孟子也说："君之视臣如手足，则臣视君如腹心；君之视臣如犬马，则臣视君如国人；君之视臣如土芥，则臣视君如寇仇。"[③] 但随着战国时期君权的不断加强，君臣关系逐渐绝对化，尤其是法家更是主张臣民必须无条件效忠君主，秦灭六国之后，臣民更是失去了选择的权利。董仲舒的纲常思想不过是这种社会现实的反映，并从理论上论证了它的合理性，同时将君臣关系与父子关系、夫妻关系并列，作为社会的基本关系加以规范。

如同董仲舒的一贯看法，董仲舒也将天作为纲常思想的最高理论依据。人世间的君臣关系、父子关系、夫妻关系都是天地阴阳关系在人间的映照："是故仁义制度之数，尽取之天。天为君而覆露之，地为臣而持载之；阳为夫而生之，阴为妇而助之；春为父而生之，夏为子而养之；秋为死而棺之，冬为痛而丧之。王道之三纲，可求于天。"[④] 在这三对关系中，君、父、夫占据主体，臣、子、妻则处于从属，"阴道无所独行。其始也不得专起，其终也不得分功，有所兼之义。是故臣兼功于君，子兼功于父，妻兼功于夫，阴兼功于阳，地兼功于天。举而上

---

① ［清］阮元校刻：《十三经注疏·论语注疏》，北京：中华书局，1980年影印本，第2468页。

② ［清］阮元校刻：《十三经注疏·春秋左传正义》，北京：中华书局，1980年影印本，第2167页。

③ ［清］阮元校刻：《十三经注疏·孟子注疏》，北京：中华书局，1980年影印本，第2726页。

④ ［清］苏舆撰、钟哲点校：《春秋繁露义证·基义》，北京：中华书局，1992，第351页。

者，抑而下也”[1]。作为君主就应该效法上天，秉承阳刚发号施令，“为人君者，其法取象于天。故贵爵而臣国，所以为仁也；深居隐处，不见其体，所以为神也；任贤使能，观听四方，所以为明也；量能授官，贤愚有差，所以相承也；引贤自近，以备股肱，所以为刚也；考实事功，次序殿最，所以成世也；有功者进，无功者退，所以赏罚也”[2]。作为君主的特点是刚强：“故为天者务刚其气，为君者务坚其政，刚坚然后阳道制命。”[3]而臣子就应该效法大地，尽心尽力报效君主：“为人臣者，其法取象于地。故朝夕进退。奉职应对，所以事贵也；供设饮食，候视疢疾，所以致养也；委身致命，事无专制，所以为忠也；竭愚写情，不饰其过，所以为信也；伏节死难，不惜其命，所以救穷也；推进光荣，褒扬其善，所以助明也；受命宣恩，辅成君子，所以助化也；功成事就，归德于上，所以致义也。”[4]无条件地奉献和服从便是臣子的本分。这很容易让人想到刘邦为何把萧何下狱：“吾闻李斯相秦皇帝，有善归主，有恶自与。今相国多受贾竖金，而为民请吾苑，以自媚于民，故系治之。”[5]以此可见，先秦儒家所倡导的君臣关系已经一去不复返了。

同时，董仲舒并非一味绝对地站在君主的立场上，也试图

---

① ［清］苏舆撰、钟哲点校：《春秋繁露义证·基义》，北京：中华书局，1992，第351页。

② ［清］苏舆撰、钟哲点校：《春秋繁露义证·天地之行》，北京：中华书局，1992，第458—459页。

③ ［清］苏舆撰、钟哲点校：《春秋繁露义证·天地之行》，北京：中华书局，1992，第459页。

④ ［清］苏舆撰、钟哲点校：《春秋繁露义证·天地之行》，北京：中华书局，1992，第459—460页。

⑤ ［汉］司马迁：《史记·萧相国世家》，北京：中华书局，1962，第2018页。

限制君主。董仲舒认为，号称天子的君主和上天之间就是父子关系："天子号天之子也，奈何受为天子之号，而无天子之礼？天子不可不祭天也，无异人之不可以不食父。为人子而不事父者，天下莫能以为可。今为天之子而不事天，何以异是？"[①] 其用意无非是"屈民而伸君，屈君而伸天，《春秋》之大义也"[②]。然而这种限制对于无限扩张的皇权而言，显得那么虚弱无力！

董仲舒在论证君臣关系绝对性的同时，又试图规范君主的职责，认为君主的发号施令应当体现仁爱之意。董仲舒认为只有君主才具有沟通天地人的资格："古之造文者，三画而连其中，谓之王。三画者，天地与人也，而连其中者，通其道也。取天地与人之中以为贯而参通之，非王者孰能当是？"[③] 作为君主，也要体现上天的仁爱之意："天常以爱利为意，以养长为事，春秋冬夏皆其用也。王者亦常以爱利天下为意，以安乐世为事，好恶喜怒而备用也。"[④] 无奈，这样的君主也只能出现在遥远的尧舜时代。

四、尚贤思想

战国时期列国纷争，贤才成为各国争相招徕的对象，反映在思想领域内，尚贤逐渐成为一种思潮，成为诸多学派的主张。

---

① ［清］苏舆撰、钟哲点校：《春秋繁露义证·郊祭》，北京：中华书局，1992，第404—405页。

② ［清］苏舆撰、钟哲点校：《春秋繁露义证·玉杯》，北京：中华书局，1992，第32页。

③ ［清］苏舆撰、钟哲点校：《春秋繁露义证·王道通三》，北京：中华书局，1992，第328—329页。

④ ［清］苏舆撰、钟哲点校：《春秋繁露义证·王道通三》，北京：中华书局，1992，第330页。

西汉初年，刘邦将人才因素作为自己获胜的重要原因，即位不久就下诏："贤士大夫有肯从我游者，吾能尊显之。"[①] 此后，尚贤逐渐制度化，成为西汉仕进制度构建的重要指导思想。董仲舒本人也正是在尚贤的旗号下，通过对策而进入皇帝的视野。因而，尚贤思想也是董仲舒思想体系的重要组成部分。

董仲舒认为，能否任用贤良是国家兴亡成败的关键。董仲舒以鲁国贤人季友是否被重用与鲁国安危的关系为例进行了分析，说："以所任贤，谓之主尊国安。所任非其人，谓之主卑国危。万世必然，无所疑也。其在《易》曰：'鼎折足，覆公餗。'夫鼎折足者，任非其人也。覆公餗者，国家倾也。是故任非其人而国家不倾者，自古至今未尝闻也。故吾按《春秋》而观成败，乃切悁悁于前世之兴亡也。任贤臣者，国家之兴也。夫知不足以知贤，无可奈何矣。知之不能任，大者以死亡，小者以乱危。"[②] 类似这样的例子，《春秋繁露》中举了多处。何者为贤？首先是具备了"清"的品德，如同精气是养生必备的，治国也离不开贤人。董仲舒说："气之清者为精，人之清者为贤。治身者以积精为宝，治国者以积贤为道……能致精则合明而寿，能致贤，则德泽洽而国太平。"[③]

董仲舒认为，天下之大，并非君主一人所能治理，他肯定需要一些帮手。贤人之于君主，如同股肱之于元首，"夫欲为尊

---

① ［汉］班固：《汉书·高帝纪》，北京：中华书局，1962，第 71 页。

② ［清］苏舆撰、钟哲点校：《春秋繁露义证·精华》，北京：中华书局，1992，第 97—98 页。

③ ［清］苏舆撰、钟哲点校：《春秋繁露义证·通国身》，北京：中华书局，1992，第 182—183 页。

者在于任贤……贤者备股肱则君尊严而国安”[①]。君主能成为圣人，并非在所有方面都超越贤人，也不在于任用某一两个贤人，而在于能够聚集贤人并与之同心同德：“天积众精以自刚，圣人积众贤以自强。天序日月星辰以自光，圣人序爵禄以自明。天所以刚者，非一精之力；圣人所以强者，非一贤之德也。故天道务盛其精，圣人务众其贤。盛其精而壹其阳，众其贤而同其心。壹其阳然后可以致其神，同其心然后可以致其功。是以建治之术，贵得贤而同心。”[②]

在得到贤人之后，君主就可以把大量的具体事务交给贤人，从而实现无为而治。很多人看到无为而治就会想到道家，其实不仅是道家，儒家和法家也都讲无为而治，只不过各自的内涵不同罢了，比如儒家讲垂拱而治，法家讲君逸臣劳。董仲舒的无为而治以儒家思想为主，同时在一定程度上也吸收了其他学派的合理主张。董仲舒认为君主没有必要事必躬亲：“故为人主者，以无为为道，以不私为宝。立无为之位而乘备具之官，足不自动而相者导进，口不自言而摈者赞辞，心不自虑而群臣效当，故莫见其为之而功成矣。此人主所以法天之行也。”[③] 事实上，自从中央集权的专制君主制度诞生后，权力就不断地被集中到君主手中。秦始皇每天都要看大量的文书，后世勤勉的帝王有过之而无不及。君主的无为只可能出现在皇权旁落的时代，

---

① ［清］苏舆撰、钟哲点校：《春秋繁露义证·通国身》，北京：中华书局，1992，第170页。

② ［清］苏舆撰、钟哲点校：《春秋繁露义证·立元神》，北京：中华书局，1992，第170—171页。

③ ［清］苏舆撰、钟哲点校：《春秋繁露义证·离合根》，北京：中华书局，1992，第165页。

外戚、宦官不过是皇权的另一种表达形式。

其实董仲舒心目中贤良的标准只有一个：德。在《春秋繁露》中，董仲舒并没有提出具体的尚贤主张，但在给汉武帝的奏对中，他一方面主张赋予公卿大臣举荐贤良的责任，另一方面又强调学校教育的重要性。这些主张在此后的政治实践中都得到了一定程度的落实。

五、考课思想

虽说《尚书》中有“敷奏以言，明试以功，车服以庸”的记载，但孔孟并没有提出具体的考课主张。在《礼记》等篇章中，被称为“七十子”的学生们也提出了一些考课主张，但多停留于空想。战国时期，随着君主集权制度的建立，基于现实政治实践，法家提出了系统的考课主张。西汉的上计制度就是从秦代继承而来的。董仲舒两度出任地方官，被认为是汉武帝时期循吏的典型代表，他对西汉考课制度有着真切的直观感受。董仲舒从儒家仁政立场出发，吸收借鉴了法家等学派的合理成分，形成了自己的考课主张。

董仲舒认为君主一定要牢牢地掌握赏和罚两种手段来控制臣民，所以，一定要让民众有所好，同时又有所畏。他说：“民无所好，君无以权也。民无所恶，君无以畏也。无以权，无以畏，则君无以禁制也。无以禁制，则比肩齐势而无以为贵矣。”①为此，君主一定要想方设法让民众产生欲望和恐惧：“故圣人之

---

① ［清］苏舆撰、钟哲点校：《春秋繁露义证·保位权》，北京：中华书局，1992，第172页。

治国也，因天地之性情，孔窍之所利，以立尊卑之制，以等贵贱之差。设官府爵禄，利五味，盛五色，调五声，以诱其耳目，自令清浊昭然殊体，荣辱踔然相驳，以感动其心，务致民令有所好。有所好然后可得而劝也，故设赏以劝之。有所好必有所恶。有所恶然后可得而畏也，故设罚以畏之。”① 这与先秦儒家所主张的“君子学道则爱人，小人学道则易使”（《论语·阳货》）不同，带有明显的法家色彩。但是，董仲舒又与法家有所不同，他说：“故圣人之制民，使之有欲，不得过节；使之敦朴，不得无欲。无欲有欲，各得以足，而君道得矣。”②

董仲舒强调，君主的赏罚之权一定不能旁落。“国之所以为国者德也，君之所以为君者威也，故德不可共，威不可分……是故为人君者，固守其德，以附其民；固执其权，以正其臣。”③对民众的赏罚也一定要是非分明：“黑白分明，然后民知所去就，民知所去就，然后可以致治，是为象则。”④ 国君一定要明察是非：“故为君虚心静处，聪听其响，明视其影，以行赏罚之象。”⑤ 这显然又与申不害的主张有近似之处。

在《考功名》篇中，董仲舒也提出了一些具体的考课主张。

---

① ［清］苏舆撰、钟哲点校：《春秋繁露义证·保位权》，北京：中华书局，1992，第 173 页。
② ［清］苏舆撰、钟哲点校：《春秋繁露义证·保位权》，北京：中华书局，1992，第 174 页。
③ ［清］苏舆撰、钟哲点校：《春秋繁露义证·保位权》，北京：中华书局，1992，第 174—175 页。
④ ［清］苏舆撰、钟哲点校：《春秋繁露义证·保位权》，北京：中华书局，1992，第 175 页。
⑤ ［清］苏舆撰、钟哲点校：《春秋繁露义证·保位权》，北京：中华书局，1992，第 175 页。

他认为对下属的考课不能针对一两次行为，而是应观察其长期表现，“考绩之法，考其所积也”①。事实上，考课如果周期过短，很难做出准确的判断。董仲舒认为，考课的目的就是为了兴利除害：“是以兴利之要在于致之，不在于多少；除害之要在于去之，不在于南北。”而这一点也带有明显的儒家色彩。董仲舒强调，考课制度一定要落到实处而避免流于形式：“赏罚用于实，不用于名，贤愚在于质，不在于文。”② 董仲舒所设计的考课制度，是根据品级、年资、政绩，将官员划分为九等，以五等为中等，高于五等者有赏，低于五等者有罚，这体现出了考课制度可量化、可操作的特点。

六、伦理思想

伦理道德是儒学关注的重点内容之一，无论是孔孟还是战国后期的荀子学派，都对伦理问题有过很深入的讨论。进入西汉以后，伦理道德依然是学者关注的重点之一。董仲舒一贯秉承儒学基本道德主张，同时又有所发展。董仲舒的伦理思想，值得关注的是他的义利观和仁义观。

（一）董仲舒的义利观

早在孔子思想体系之中，就已经体现出义在利先、重义轻利的特点。董仲舒显然也继承了先秦儒学的这一特点，但他毕

① ［清］苏舆撰、钟哲点校：《春秋繁露义证·考功名》，北京：中华书局，1992，第177页。

② ［清］苏舆撰、钟哲点校：《春秋繁露义证·考功名》，北京：中华书局，1992，第178页。

竟不是出世的宗教领袖，他并没有彻底否定人们的利益诉求，只是在义利之辨上强调了义的重要性。

如同董仲舒思想一贯的特点，他的义利观也要从天说起。董仲舒认为，上天喜阳好德，天意常在利人：“天常以爱利为意，以养长为事，春秋冬夏皆其用也。”[①] 既然天意在利人，作为君主也应该秉承天意而利民，“王者亦常以爱利天下为意”[②]。如前所述，假如民众不重视利益的话，君主也就失去了控制民众的手段。不过董仲舒更强调的是天下的公利，而非个人的私利，“故圣人之为天下兴利也，其犹春气之生草也”[③]。作为君子，一定要能与人分享，不可与民争利，董仲舒引用孔子的话说：“君子不尽利以遗民。”[④] 董仲舒也在一定程度上继承了墨家的兼相爱、交相利的主张，在董仲舒看来，天道的特点就是“其不阿党偏私而美泛爱兼利也”[⑤]。

同时，董仲舒认为义与利都是上天所赋予的，都是人生所必不可少的，但义要更重于利。他说：“天之生人也，使人生义与利。利以养其体，义以养其心。心不得义不能乐，体不得利不能安。义者心之养也，利者体之养也。体莫贵于心，故养莫

---

① ［清］苏舆撰、钟哲点校：《春秋繁露义证·王道通三》，北京：中华书局，1992，第330页。

② ［清］苏舆撰、钟哲点校：《春秋繁露义证·王道通三》，北京：中华书局，1992，第330页。

③ ［清］苏舆撰、钟哲点校：《春秋繁露义证·考功名》，北京：中华书局，1992，第178页。

④ ［清］苏舆撰、钟哲点校：《春秋繁露义证·度制》，北京：中华书局，1992，第229页。

⑤ ［清］苏舆撰、钟哲点校：《春秋繁露义证·天容》，北京：中华书局，1992，第334页。

重于义，义之养生人大于利。”[1] 董仲舒强调人和动物的重要区别就在于人并非唯利是图：“天之为人性命，使行仁义而羞可耻，非若鸟兽然，苟为生，苟为利而已。”[2] 而且过分追求利益，必然会导致人对仁义的否弃。董仲舒认为《公羊传》批判鲁隐公观鱼就是因为他过度求利：“公观鱼于棠，何？恶也。凡人之性，莫不善义，然而不能义者，利败之也。故君子终日言不及利，欲以勿言愧之而已，愧之以塞其源也。夫处位动风化者，徒言利之名尔，犹恶之，况求利乎？故天王使人求赙求金，皆为大恶而书。今非直使人也，亲自求之，是为甚恶。”[3] 君主要能够成为臣民的楷模，不能把追求利益作为首要目标。董仲舒很赞同《公羊传》中楚庄王的观点：“君子笃于礼，薄于利。”[4] 一旦当利与义发生冲突，仁人的态度应当是：“仁人者正其道不谋其利，修其理不急其功。”[5] 后儒最为欣赏的也就是董仲舒的这两句名言。

（二）董仲舒的仁义观

“仁”是儒家所独有的道德观念，孔子开创性地提出了

---

① ［清］苏舆撰、钟哲点校：《春秋繁露义证·身之养重于义》，北京：中华书局，1992，第263页。

② ［清］苏舆撰、钟哲点校：《春秋繁露义证·竹林》，北京：中华书局，1992，第61页。

③ ［清］苏舆撰、钟哲点校：《春秋繁露义证·玉英》，北京：中华书局，1992，第72—73页。

④ ［清］苏舆撰、钟哲点校：《春秋繁露义证·王道》，北京：中华书局，1992，第123页。

⑤ ［清］苏舆撰、钟哲点校：《春秋繁露义证·对胶西王越大夫不得为仁》，北京：中华书局，1992，第268页。

“仁”的观念，之后“仁”也成为儒家区别于其他学派的重要标志之一。关于什么是“仁”，孔子的回答中最为根本的就是“爱人”。当然我们可以批评儒家所讲的爱人是居高临下的，强调爱有等差，但我们也必须承认儒家“仁者爱人”的主张在当时的历史条件下具有极大的历史进步性。

在董仲舒的思想体系中，仁义居于比较重要的地位。他认为圣人所要说的重点就是仁义，“能说鸟兽之类者，非圣人所欲说也。圣人所欲说，在于说仁义而理之”①。董仲舒继承了先秦儒家基本的仁义观念，他把爱人作为“仁”的本质内涵：“仁者，爱人之名也。”② 董仲舒曾经给“仁”下了一个非常详细的定义，而仁爱是居于首位的：“何谓仁？仁者憯怛爱人，谨翕不争，好恶敦伦，无伤恶之心，无隐忌之志，无嫉妒之气，无感愁之欲，无险诐之事，无辟违之行。故其心舒，其志平，其气和，其欲节，其事易，其行道，故能平易和理而无争也。如此者谓之仁。”③ 董仲舒更多地把君主等统治阶层作为劝说对象，他认为作为君主就应该“泛爱群生，不以喜怒赏罚，所以为仁也”④。在教化方面，也要把仁爱放在首位，“先之以博爱，教以仁也”⑤。

---

① ［清］苏舆撰、钟哲点校：《春秋繁露义证·重政》，北京：中华书局，1992，第147—148页。

② ［清］苏舆撰、钟哲点校：《春秋繁露义证·仁义法》，北京：中华书局，1992，第251页。

③ ［清］苏舆撰、钟哲点校：《春秋繁露义证·必仁且智》，北京：中华书局，1992，第258页。

④ ［清］苏舆撰、钟哲点校：《春秋繁露义证·离合根》，北京：中华书局，1992，第165页。

⑤ ［清］苏舆撰、钟哲点校：《春秋繁露义证·为人者天》，北京：中华书局，1992，第319页。

以上这些关于“仁”的思想与先秦儒家的主张并没有本质区别，所不同者，即董仲舒试图给“仁者爱人”寻找理论依据，而这个依据就是天。在董仲舒看来，天有四季：“春气爱，秋气严，夏气乐，冬气哀。爱气以生物，严气以成功，乐气以养生，哀气以丧终，天之志也。”① 而且一年四季，春季居首，“是故先爱而后严”②。天地有阴阳二气，其中的阳气就体现了仁爱：“阳，天之德；阴，天之刑也。阳气暖而阴气寒，阳气予而阴气夺，阳气仁而阴气戾，阳气宽而阴气急，阳气爱而阴气恶，阳气生而阴气杀。”③ 阴阳二气都是人所必备的：“春夏之阳，秋冬之阴，不独在天，亦在于人。人无春气，何以博爱而容众？人无秋气，何以立严而成功?”④ 但阴阳二气的地位并不相等，阳气常居实位而兴盛：“是故阳常居实位而行于盛，阴常居空位而行于末。天之好仁而近，恶戾之变而远，大德而小刑之意也。”⑤ 因而圣人也应该以仁爱为主：“故圣人多其爱而少其严，厚其德而简其刑，以此配天。”⑥

本身儒家所讲的“仁”，就只能体现在人与人之间的关系之

---

① ［清］苏舆撰、钟哲点校：《春秋繁露义证·王道通三》，北京：中华书局，1992，第 331 页。

② ［清］苏舆撰、钟哲点校：《春秋繁露义证·王道通三》，北京：中华书局，1992，第 332 页。

③ ［清］苏舆撰、钟哲点校：《春秋繁露义证·阳尊阴卑》，北京：中华书局，1992，第 327 页。

④ ［清］苏舆撰、钟哲点校：《春秋繁露义证·天辨在人》，北京：中华书局，1992，第 335 页。

⑤ ［清］苏舆撰、钟哲点校：《春秋繁露义证·阳尊阴卑》，北京：中华书局，1992，第 327 页。

⑥ ［清］苏舆撰、钟哲点校：《春秋繁露义证·基义》，北京：中华书局，1992，第 352 页。

中，一个人在荒岛上，无所谓仁义。董仲舒也从人我关系的角度出发，对仁义进行了充分的阐释。董仲舒认为，“仁”所要表达的对象是别人，而“义”要规范的对象则是自我，“以仁安人，以义正我”[①]。董仲舒又从文字学的角度进行了论证，说：“故仁之为言人也，义之为言我也，言名以别矣。”[②] 意思是说，“仁”字从“人”，说明了“仁”的对象是别人而不是自我，而“义”(繁体“义”字为“義”）字从“我”，说明了“义”规范的对象不是别人而是自我：“仁之法在爱人，不在爱我。义之法在正我，不在正人。”[③] 董仲舒所言是否符合文字学的原意姑且不论，他的这番论证的确是对儒家仁义观念的重大发展。[④]

董仲舒也十分重视“智”，认为“仁”和“智”都是一个人所应当具备的基本品德。那么什么是“智”呢？董仲舒说：“何谓之智？先言而后当。”[⑤] 他认为人在进行任何行为之前，都会运用自己的智力进行规划，规划得当就会福及子孙、德惠万民，否则就会亡宗灭国。智者能够见微知著，而且其行为能够符合伦理的要求，行事得当，“其动中伦，其言当务。如是者谓

---

① ［清］苏舆撰、钟哲点校：《春秋繁露义证·仁义法》，北京：中华书局，1992，第249页。

② ［清］苏舆撰、钟哲点校：《春秋繁露义证·仁义法》，北京：中华书局，1992，第249页。

③ ［清］苏舆撰、钟哲点校：《春秋繁露义证·仁义法》，北京：中华书局，1992，第250页。

④ 许慎在《说文解字》中解释“仁”字：“仁，亲也，从人从二。”解释“義”（义）字：“‘義’（义），己之威仪也，从我羊。”（［汉］许慎著、［宋］徐铉校定：《说文解字》，北京：中华书局，1963，第161，267页。）

⑤ ［清］苏舆撰、钟哲点校：《春秋繁露义证·必仁且智》，北京：中华书局，1992，第259页。

之智”①。

三纲五常是中国古代社会中最核心的道德规范。如前所述，三纲的思想在董仲舒这里已经基本成熟，虽说他并未明确说出“君为臣纲、父为子纲、夫为妻纲”这“三纲”，但其论述已经完整地表达了这一思想。至于“五常”即“仁义礼智信”，《春秋繁露》也都有所述及，然而董仲舒并未明确将这五种道德规范并称为“五常”。总之，董仲舒的伦理思想在中国古代伦理思想史上占据着非常重要的地位，至此，中国古代社会核心道德规范基本成型。

七、董仲舒的理想国

秦汉时期基本确立的中央集权专制制度是中国古代两千多年的基本制度，它的出现当然有着非常复杂的历史原因。不过有一点是可以肯定的，它的出现并不是什么人事先规划好的蓝图。还有一点也是可以肯定的，它并不是儒生心目中的理想制度。以董仲舒为代表的儒生调整儒学，使之与专制集权体制相适应；同时，儒生也在不断提出自己的蓝图，试图对现有制度进行改造。

早在秦始皇时代，儒生淳于越就向秦始皇建议推行分封制，结果不仅他的建议没有被采纳，反而导致焚书之祸的发生。郡县制在经历了西汉前期短暂的曲折之后，到汉武帝时代已经得到空前加强。但是，部分儒生对于分封制的热情并没有消减，

---

① ［清］苏舆撰、钟哲点校：《春秋繁露义证·必仁且智》，北京：中华书局，1992，第259页。

尤其是作为《公羊》学者的董仲舒，他的理想国就是由层层分封构建起来的。

董仲舒认为天下之大，天子的视听不可能关照到所有的角落，所以必须设立诸侯协助天子。他认为："其远者目不能见，其隐者耳不能闻，于是千里之外，割地分民，而建国立君，使为天子视所不见，听所不闻，朝者召而问之也。诸侯之为言，犹诸侯也。"[①] 文献记载周代诸侯爵位有公、侯、伯、子、男五等，董仲舒所理解的《公羊》学认为，孔子修《春秋》所构建的理想世界里，诸侯有三等，公、侯各为一等，伯子男合并为一等。《春秋》所构建的分封规模则是："然则其地列奈何？曰：天子邦圻千里，公侯百里，伯七十里，子男五十里，附庸字者方三十里，名者方二十里，人氏者方十五里。"[②] 诸侯受封的依据则是各自的德行、功绩和才能："有大功德者受大爵土，功德小者受小爵土，大材者执大官位，小材者受小官位。如其能，宣治之至也。"[③] 根据董仲舒的天人合一理论，无论是官制还是爵制，其理论依据都源于上天："天子分左右五等，三百六十三人，法天一岁之数。五时色之象也。通佐十上卿与下卿而二百二十人，天庭之象也，倍诸侯之数也。诸侯之外佐四等，百二十人，法四时六甲之数也。通佐五，与下而六十人，法日辰之数也。佐之必三三而相复，何？曰：时三月而成大，辰三而成

---

① ［清］苏舆撰、钟哲点校：《春秋繁露义证·诸侯》，北京：中华书局，1992，第313—314页。

② ［清］苏舆撰、钟哲点校：《春秋繁露义证·爵国》，北京：中华书局，1992，第234—235页。

③ ［清］苏舆撰、钟哲点校：《春秋繁露义证·爵国》，北京：中华书局，1992，第237页。

象。诸侯之爵或五何？法天地之数也。五官亦然。”① 董仲舒还详细介绍了他所设想的大小各级诸侯国内的制度，内容非常详尽，包括天子、诸侯、后妃数量，官员、卫士的员额，等等。而儒生所向往的井田制也被贯穿其中，“以井田准数之。方里而一井，一井而九百亩而立口。方里八家，一家百亩，以食五口，上农夫耕百亩，食九口，次八人，次七人，次六人，次五人。多寡相补，率百亩而三口”，由此他推算出大国诸侯百里之地，“方百里为方里者万，得二十四万口”，再除去一些城池道路用地，大国诸侯的人口为十六万人。②

在《官制象天》篇中，董仲舒还为天子构想了一套官制：“王者制官，三公、九卿、二十七大夫、八十一元士，凡百二十人，而列臣备矣。”③ 之所以如此，也要从上天寻找依据：“吾闻圣王所取仪，金天之大经，三起而成，四转而终，官制亦然者，此其仪与？”④ 而公、卿、大夫、元士的选任依据则是其道德品质，“圣人为一选，君子为一选，善人为一选，正人为一选”⑤。董仲舒对自己所设计的官制有非常烦琐的叙述，这里不再赘引。

总之，在董仲舒所设计的理想国里，我们看不到西汉现实

---

① ［清］苏舆撰、钟哲点校：《春秋繁露义证·爵国》，北京：中华书局，1992，第238页。

② ［清］苏舆撰、钟哲点校：《春秋繁露义证·爵国》，北京：中华书局，1992，第239—240页。

③ ［清］苏舆撰、钟哲点校：《春秋繁露义证·官制象天》，北京：中华书局，1992，第214页。

④ ［清］苏舆撰、钟哲点校：《春秋繁露义证·官制象天》，北京：中华书局，1992，第214页。

⑤ ［清］苏舆撰、钟哲点校：《春秋繁露义证·官制象天》，北京：中华书局，1992，第216页。

制度的影子，显然这并非偶然。不仅是董仲舒，即便是后世儒生，也依旧在不断试图用自己心目中的理想国来改造现实的政治制度。封建、郡县的争论，更是几乎与整个中国古代历史相始终。

综上所述，董仲舒的《春秋繁露》系统阐释了他的《公羊》学理论，构建了天人合一的理论体系，并服务于他的政治思想。出于董仲舒儒生立场的考虑，仁政、德治是其政治思想的主要内核。同时，董仲舒也吸收借鉴了其他思想学术流派的一些合理思想成分，并带有一定的时代特征。

第三章
清代以前的《春秋繁露》研究

董仲舒在中国古代思想文化史上占据着举足轻重的地位，历代关注、研究《春秋繁露》者不乏其人。对《春秋繁露》的研究存在一定程度的阶段性，即在不同学术发展阶段，人们对《春秋繁露》的关注和研究呈现出不同的面貌。总体而言，清代以前《春秋繁露》研究的最大共性就是缺乏系统性，大多都是对《春秋繁露》中某些具体内容的阐发或引申。

汉唐时期的《春秋繁露》研究

由汉至唐，虽说政治、社会结构等都有了显著的变化，但文化却可以看成一个大的单元。写作于西汉中期的《春秋繁露》在西汉后期就已经显现出它的影响力，前面在介绍《春秋繁露》内容时已基本介绍了西汉中后期的《春秋繁露》学术史，因而，本节的梳理从东汉开始。

一、东汉时期《春秋繁露》学术史

在东汉的近二百年间，《春秋繁露》虽处于单篇流行的阶段，但并不是没有人关注。由东汉明帝刘庄的明德马皇后对《董仲舒书》（汉代称《春秋繁露》为《董仲舒书》）的喜好看，董仲舒在东汉的影响已经非常广泛。

（一）王充《论衡》与《春秋繁露》[①]

王充是东汉时期一位非常重要的思想家，王充的《论衡》

① 本小节的叙述参考了2006年复旦大学岳宗伟博士论文《〈论衡〉引书研究》第四章第七节相关内容。

也是东汉思想史上少有的名著。在相当长的时间内，人们机械地用唯物与唯心的斗争解释中国古代思想史，王充被贴上朴素唯物主义标签的同时，也被塑造成激烈批判董仲舒的思想斗士。但在当今学术界中，人们对王充《论衡》与董仲舒《春秋繁露》的关系有了新的审视。

首先，王充在《论衡》中对董仲舒多有褒扬之辞。王充在洛阳读书期间曾经系统阅读过董仲舒的作品，对董仲舒的才学和文章非常欣赏，说："自武帝以至今朝，数举贤良，令人射策甲乙之科。若董仲舒、唐子高、谷子云、丁伯玉，策既中实，文说美善，博览膏腴之所生也。"[①] 在王充心目中，董仲舒就是汉代通人的代表。虽说董仲舒与圣人尚且有一定的距离，"才力劣于圣"，但也远远超越了那些"少文之人"，"世称力者，常褒乌获，然则董仲舒、杨子云，文之乌获也。秦武王与孟说举鼎不任，绝脉而死。少文之人，与董仲舒等涌胸中之思，必将不任，有绝脉之变"。[②]

王充高度赞扬了董仲舒的学术水平，甚至推许他为孔子之后第一人。王充说："孔子曰：'文王既没，文不在兹乎！'文王之文在孔子，孔子之文在仲舒。"[③] 流行于西汉的谶纬学说称孔子生前曾预言："董仲舒乱我书。"对此，世人有两种解释：一是说董仲舒"烦乱"了孔子的作品；二是董仲舒释乱为理，整理了孔子的作品。王充认为这些都不对，他先是充分肯定了董仲舒，否定了"烦乱"说："案仲舒之书，不违儒家，不及孔

① 黄晖：《论衡校释卷第十三・别通篇》，北京：中华书局，1990，第602页。
② 黄晖：《论衡校释卷第十三・效力篇》，北京：中华书局，1990，第582—583页。
③ 黄晖：《论衡校释卷第十三・超奇篇》，北京：中华书局，1990，第614页。

子。其言烦乱孔子之书者，非也。”[①] 既然孔子之书并没有被扰乱，所以整理之说也无从谈起。王充认为，“乱”字的含义如同楚辞中的“乱曰”，即总结归纳，“乱者，于孔子言也。孔子生周，始其本；仲舒在汉，终其末。班叔皮续太史公书，盖其义也。赋颂篇下其有‘乱曰’章，盖其类也。孔子终论，定于仲舒之言”[②]。从这一点看，王充认为董仲舒是孔子汉代传人的代表。

王充最欣赏的就是董仲舒的《春秋》学说。由《论衡》可知，王充大体认同《公羊》学家的立场，他所引用的《春秋》学说与董仲舒的观点也大多相同。王充认为孔子修《春秋》时，对《春秋》寄托了无限深意，“孔子得史记以作《春秋》，及其立义创意，褒贬赏诛，不复因史记者，眇思自出于胸中也”[③]。孔子修《春秋》的目的在于“为汉制法”，这是《公羊》学派的基本立场之一。“董仲舒表《春秋》之义，稽合于律，无乖异者。然则《春秋》，汉之经，孔子制作，垂遗于汉。论者徒尊法家，不高《春秋》，是暗蔽也。”[④] 王充自己作《论衡》，也在效法孔子，“是故《春秋》为汉制法，《论衡》为汉平说”[⑤]。王充称孔子修《春秋》为“素王之业”，“孔子作《春秋》，以示王意。然则孔子之《春秋》，素王之业也；诸子之传书，素相之事

---

① 黄晖：《论衡校释卷第二十九·案书篇》，北京：中华书局，1990，第1170—1171页。
② 黄晖：《论衡校释卷第二十九·案书篇》，北京：中华书局，1990，第1171页。
③ 黄晖：《论衡校释卷第十三·超奇篇》，北京：中华书局，1990，第606页。
④ 黄晖：《论衡校释卷第十二·程材篇》，北京：中华书局，1990，第542—543页。
⑤ 黄晖：《论衡校释卷第二十·须颂篇》，北京：中华书局，1990，第857页。

也。观《春秋》以见王意，读诸子以睹相指”[①]。

其次，王充也对董仲舒《春秋繁露》提出了一些批评。王充对《论衡》的期许是：“《论衡》篇以十数，亦一言也，曰：‘疾虚妄。’”[②] 正是从这一目标出发，他写下了《问孔》《刺孟》《非韩》等文章。孔孟尚且在其问刺之列，何况董仲舒？王充与董仲舒最大的不同在于对天人关系的看法，王充认为天道应是自然无为，“夫天道，自然也，无为。如谴告人，是有为，非自然也。黄、老之家，论说天道，得其实矣”[③]。天所有行为都是自然而生，并无主观的目的性，世间的一切都是自然发生的，“夫人之施气也，非欲以生子，气施而子自生矣。天动不欲以生物，而物自生，此则自然也。施气不欲为物，而物自为，此则无为也。谓天自然无为者何？气也恬澹无欲，无为无事者也”[④]。因而，王充也不同意天会对人间有谴告一说，他认为假如天能用雷来表达谴责，那么天何以不直接用雷诛杀恶人，而非要派圣人带大兵前去诛灭呢？天不觉着烦吗？“夫天道无为。如天以雷雨责怒人，则亦能以雷雨杀无道。古无道者多，可以雷雨诛杀其身，必命圣人兴师动军，顿兵伤士。难以一雷行诛，轻以三军克敌，何天之不惮烦也？”[⑤] 在天人关系上，王充认为人感动不了天，“天气变于上，人物应于下”[⑥]。人在天地之间，无异于“蚤虱之在衣裳”，根本不可能感动上天，“故人在天地之间，

---

① 黄晖：《论衡校释卷第十三 · 超奇篇》，北京：中华书局，1990，第609—610页。
② 黄晖：《论衡校释卷第二十 · 佚文篇》，北京：中华书局，1990，第870页。
③ 黄晖：《论衡校释卷第十四 · 谴告篇》，北京：中华书局，1990，第636页。
④ 黄晖：《论衡校释卷第十八 · 自然篇》，北京：中华书局，1990，第776页。
⑤ 黄晖：《论衡校释卷第十八 · 感类篇》，北京：中华书局，1990，第801页。
⑥ 黄晖：《论衡校释卷第十五 · 变动篇》，北京：中华书局，1990，第649页。

犹蚤虱之在衣裳之内，蝼蚁之在穴隙之中。蚤虱蝼蚁为顺逆横从，能令衣裳穴隙之间气变动乎？蚤虱蝼蚁不能，而独谓人能，不达物气之理也”。[1] 同样，人也无法窥测天意，“人在天地之间，犹虮虱之着人身也。如虮虱欲知人意，鸣人耳傍，人犹不闻。何则？小大不均，音语不通也。今以微小之人，问巨大天地，安能通其声音？天地安能知其旨意”[2]？至于历史上的各种灾变，在王充看来不过是时运的偶然而已。“谴告说”不过是神道设教，用来吓唬人的，“六经之文，圣人之语，动言‘天’者，欲化无道，惧愚者。之言非独吾心，亦天意也”[3]。至于董仲舒由天命观推演出来的仁政、德治等主张，王充并不反对，他只是反对儒者对德治的过分夸饰。

从整体上说，王充对董仲舒的赞赏多于批判，虽说他们的学术思想存在很大的不同，但将王充塑造成反对董仲舒的斗士显然是不合适的。

（二）班固《汉书》与《春秋繁露》

班固出身于学术世家，在其父续修《太史公书》未竟的基础上，断代为史，写出了《汉书》，《汉书》也成为后世正史的标准体裁。在《春秋繁露》学术史上，班固的《汉书》也具有重要的地位。

首先，班固的《汉书》补充了大量有关董仲舒和《春秋繁

---

① 黄晖：《论衡校释卷第十五・变动篇》，北京：中华书局，1990，第650页。

② 黄晖：《论衡校释卷第二十四・卜筮篇》，北京：中华书局，1990，第999—1000页。

③ 黄晖：《论衡校释卷第十四・谴告篇》，北京：中华书局，1990，第647页。

露》的史实，为后人全面了解董仲舒和《春秋繁露》奠定了基础。司马迁在《史记·儒林列传》中为董仲舒写了一篇传记，构建起董仲舒生平的基本框架。但《史记》之长在其思想性，就史实而言，未免太过于简略。班固修《汉书》时，为董仲舒写了专传。在《汉书·董仲舒传》中，班固虽并未突破司马迁为董仲舒构建的基本框架，但是他所补充的内容对于全面认识董仲舒至关重要，比如他添加了张汤奉命咨询董仲舒等内容。更为重要的是，班固不仅强调了董仲舒的学术成就，而且将董仲舒视作汉武帝时期循吏的唯一代表。在班固的笔下，董仲舒不仅是一个学者，还是一位称职的官员。同时，在《汉书》其他篇章中，班固也记载了董仲舒的事迹，使人们对于董仲舒的认识更为完整。班固的详细记载，充分揭示了董仲舒与其所处时代之间的关系。与董仲舒同时代的司马迁，虽然重视董仲舒，但尚不能全面认识董仲舒的历史意义。而身处东汉的班固则更能理解董仲舒与其所处时代，以及与整个西汉中后期思想学术发展之间的关系。

其次，班固的《汉书》中保留了董仲舒诸多不见于今本《春秋繁露》的文献，最为重要的就是保留在《汉书·董仲舒传》中的《天人三策》。正是这些文献与《春秋繁露》一起共同构成了董仲舒的思想体系，将这些文献与《春秋繁露》相互参看，就会发现它们在思想观点、语言风格等方面完全一致。《春秋繁露》由于是后人将董仲舒单篇流传的文章汇辑而成的，因而有些散乱，而《汉书》中所保留的这些文献则可以看成是董仲舒思想体系的集中表达，董仲舒的一些核心观点在这些文献中都有所体现。《汉书》中所保留的这些文献和《春秋繁露》

可以相互印证，后世对于《春秋繁露》的质疑都可以从《汉书》中获得合理解释。无论是《汉书》中保留的文献，还是《春秋繁露》，都是研究董仲舒的可靠文献。

再次，班固本人也深受董仲舒的影响。《汉书》中大量引用董仲舒的文献，其初衷并不是为后人保留一份研究董仲舒的材料，而是出于班固对董仲舒观点的认可。董仲舒对班固最大的影响是天人关系，班固不惜篇幅在《汉书·董仲舒传》中全文录入《天人三策》不是没有原因的，这在很大程度上表明了班固对《天人三策》的认可。班固在《汉书》中还专门列了《五行志》，详细记载了董仲舒、刘向、刘歆等人的见解。这里，班固是否赞同董仲舒的见解暂且不论，仅就班固专门写了《五行志》本身即可知，班固在天人关系上非常认同董仲舒。从班固对西汉历史的记录来看，班固也认可灾异学说。灾异学说、天人关系，是班固解释西汉历史的基本理论框架。尤其是在《刑法志》中，班固主张重礼轻刑、崇尚德治，董仲舒的言论成为他的理论支撑。在《礼乐志》中，班固再度大段引用《天人三策》，足见班固对董仲舒观点的认同。在《食货志》中又表达了对董仲舒经济主张的认可，在班固看来，在冬小麦的种植推广上董仲舒功不可没。董仲舒限民名田的主张也被班固记录下来。董仲舒关于匈奴的观点，也得到了班固一定程度上的肯定。班固称董仲舒的主张“乃知其未合于当时，而有阙于后世也”[1]。至于董仲舒基于《公羊》学立场的夷夏之辨，班固则是完全接

---

① ［汉］班固：《汉书·匈奴传》，北京：中华书局，1962，第3831页。

受，“是以《春秋》内诸夏而外夷狄”[1]。

总之，班固高度肯定了董仲舒的学术贡献，充分表彰了董仲舒的人品及成就。班固在《汉书·叙传》中称赞董仲舒“抑抑仲舒，再相诸侯，身修国治，致仕县车，下帷覃思，论道属书，谠言访对，为世纯儒”[2]。

（三）《白虎通义》与《春秋繁露》

西汉建初四年（79），在议郎杨终的提议下，汉章帝“于是下太常，将、大夫、博士、议郎、郎官及诸生、诸儒会白虎观，讲议《五经》同异，使五官中郎将魏应承制问，侍中淳于恭奏，帝亲称制临决，如孝宣甘露石渠故事，作《白虎议奏》”[3]。召集白虎观会议的初衷是为整理太学章句，但是会议的成果已经超越了章句之学，还对儒家经义进行了系统的梳理，构建起一套“三纲六纪”的纲常体系。学术界普遍认为今传《白虎通义》是由班固根据会议记录整理而成的，故可以说它是一部体现皇帝意志的钦定经学总论。在《白虎通义》中，也可以看到董仲舒的学术影响。

第一，《白虎通义》完全接受了董仲舒的天人理论和灾异学说。与董仲舒所认同的一样，在《白虎通义》中，天具有最高的权威，“天者，何也？天之为言镇也。居高理下，为人镇也……地

---

① ［汉］班固：《汉书·匈奴传》，北京：中华书局，1962，第3834页。
② ［汉］班固：《汉书·叙传》，北京：中华书局，1962，第4255页。
③ ［南朝宋］范晔撰、［唐］李贤等注：《后汉书·肃宗孝章帝纪》，北京：中华书局，1965，第138页。

者，易也。万物怀任，交易变化”[1]。天子是天在人间的总代表：“天子者，爵称也。爵所以称天子者何？王者父天母地，为天之子也。故《援神契》曰：‘天覆地载，谓之天子，上法斗极。’”[2]《白虎通义》中的五行观念也与董仲舒提及的相近，“水位在北方。北方者阴气，在黄泉之下，任养万物。水之为言准也。养物平均，有准则也。木在东方。东方者，阳气始动，万物始生。木之为言触也。阳气动跃触地而出也。火在南方。南方者，阳在上，万物垂枝。火之为言委随也。言万物布施。火之为言化也。阳气用事，万物变化也。金在西方。西方者，阴始起，万物禁止。金之为言禁也。土在中央。中央者土，土主吐含万物，土之为言吐也。何以知东方生？《乐记》曰：‘春生夏长，秋收冬藏。’土所以不名时者，地，土之别名也。比于五行最尊，故不自居部职也”[3]。董仲舒基于天人关系理论所构建的灾异学说和祥瑞学说，也为《白虎通义》所接受，“天所以有灾变何？所以谴告人君，觉悟其行，欲令悔过修德，深思虑也”[4]。“天下太平，符瑞所以来至者，以为王者承天统理，调和阴阳，阴阳和，万物序，休气充塞，故符瑞并臻，皆应德而至。”[5]《白虎通义》

---

① ［清］陈立撰、吴则虞点校：《白虎通疏证·天地》，北京：中华书局，1994，第420页。

② ［清］陈立撰、吴则虞点校：《白虎通疏证·爵》，北京：中华书局，1994，第1—2页。

③ ［清］陈立撰、吴则虞点校：《白虎通疏证·五行》，北京：中华书局，1994，第167—168页。

④ ［清］陈立撰、吴则虞点校：《白虎通疏证·灾变》，北京：中华书局，1994，第267页。

⑤ ［清］陈立撰、吴则虞点校：《白虎通疏证·封禅》，北京：中华书局，1994，第283页。

所描绘的太平盛世与董仲舒的理想世界并无二致。

第二，《白虎通义》进一步发展了董仲舒的纲常理论。《白虎通义》在董仲舒的基础上提出了“三纲六纪”的纲常理论。《白虎通义》认为“三纲六纪”是全部社会关系的总和：“三纲者，何谓也？谓君臣、父子、夫妇也。六纪者，谓诸父、兄弟、族人、诸舅、师长、朋友也。故《含文嘉》曰：‘君为臣纲，父为子纲，夫为妻纲。’又曰：‘敬诸父兄，六纪道行，诸舅有义，族人有序，昆弟有亲，师长有尊，朋友有旧。’”[①]《白虎通义》还将天地作为纲常伦理的依据，“三纲法天地人，六纪法六合”[②]。“子顺父，妻顺夫，臣顺君，何法？法地顺天也。”[③]《白虎通义》与董仲舒均主张重视仁义礼智信等具体的道德规范，并明确称之为“五性”：“五性者何谓？仁义礼智信也。仁者，不忍也，施生爱人也。义者，宜也，断决得中也。礼者，履也，履道成文也。智者，知也。独见前闻，不惑于事，见微知著也。信者，诚也，专一不移也。故人生而应八卦之体，得五气以为常，仁义礼智信是也”[④]。

第三，《白虎通义》中的仁政主张，与董仲舒的主张多有所合。在经历了秦朝的暴政后，法家之学只能做而不能说，而对于儒家的民本思想，帝王们未必能做到，却都会在口头上高调

---

① ［清］陈立撰、吴则虞点校：《白虎通疏证·三纲六纪》，北京：中华书局，1994，第373—374页。

② ［清］陈立撰、吴则虞点校：《白虎通疏证·三纲六纪》，北京：中华书局，1994，第375页。

③ ［清］陈立撰、吴则虞点校：《白虎通疏证·五行》，北京：中华书局，1994，第194页。

④ ［清］陈立撰、吴则虞点校：《白虎通疏证·性情》，北京：中华书局，1994，第381—382页。

宣扬。董仲舒等儒生所主张的民本、仁政、德治在《白虎通义》中也有所体现，《白虎通义》多次强调“重民”，“诸侯所以考黜何？王者所以勉贤抑恶，重民之至也”。[①]《白虎通义》认为天子分封是重民的体现，“必复封诸侯何？重民之至也”[②]。对人臣的最高奖赏“加九锡”恰是民本精神的体现，“礼说九锡，车马、衣服、乐则、朱户、纳陛、虎贲、鈇钺、弓矢、秬鬯，皆随其德，可行而次。能安民者赐车马，能富民者赐衣服，能和民者赐乐则，民众多者赐朱户，能进善者赐纳陛，能退恶者赐虎贲，能诛有罪者赐鈇钺，能征不义者赐弓矢，孝道备者赐秬鬯”[③]。《白虎通义》也主张德主刑辅，“圣人治天下，必有刑罚何？所以佐德助治，顺天之度也。故悬爵赏者，示有所劝也。设刑罚者，明有所惧也”[④]。虽说《白虎通义》也承认“明天下非一家之有”[⑤]，但董仲舒基于民本立场上对革命的肯定，却被《白虎通义》忽略了。

第四，《白虎通义》阐释经义时，采纳了董仲舒的学说。由于白虎观会议针对的是太学里的今文经学，所以《白虎通义》中采纳的许多《公羊》学说，多是董仲舒在《春秋繁露》中再

---

① ［清］陈立撰、吴则虞点校：《白虎通疏证·考黜》，北京：中华书局，1994，第302页。

② ［清］陈立撰、吴则虞点校：《白虎通疏证·封公侯》，北京：中华书局，1994，第133页。

③ ［清］陈立撰、吴则虞点校：《白虎通疏证·考黜》，北京：中华书局，1994，第302—303页。

④ ［清］陈立撰、吴则虞点校：《白虎通疏证·五刑》，北京：中华书局，1994，第437—438页。

⑤ ［清］陈立撰、吴则虞点校：《白虎通疏证·三正》，北京：中华书局，1994，第366页。

三强调的。《白虎通义》也主张新王受命要改正朔、易服色，“王者受命必改朔何？明易姓，示不相袭也。明受之于天，不受之于人，所以变易民心，革其耳目，以助化也”[①]。《白虎通义》赞成“通三统、存三正”，“王者所以存二王之后何也？所以尊先王，通天下之三统也”[②]。王者治世之道应该一质一文，“王者设三教者何？承衰救弊，欲民反正道也。三正之有失，故立三教，以相指受。夏人之王教以忠，其失野，救野之失莫如敬。殷人之王教以敬，其失鬼，救鬼之失莫如文。周人之王教以文，其失薄，救薄之失莫如忠。继周尚黑，制与夏同。三者如顺连环，周而复始，穷则反本”[③]。与董仲舒一样，《白虎通义》也认为变之中有不变，“王者受命而起，或有所不改者，何也？王者有改道之文，无改道之实。如君南面，臣北面，皮弁素积，声味不可变，哀戚不可改，百王不易之道也”[④]。至于董仲舒《春秋公羊》学说中“新周、故宋、王鲁”、孔子素王等“非常异议可怪之论”，在《白虎通义》中都难觅踪迹。

简要言之，《白虎通义》在诸多方面都吸收借鉴了董仲舒的观点，但相对而言，作为钦定经学大纲的《白虎通义》更多的是站在统治者的立场上，从而舍弃了许多董仲舒思想体系中有价值的内容，也因此更能体现统治者的意志，更适用于东汉政

---

① ［清］陈立撰、吴则虞点校：《白虎通疏证・三正》，北京：中华书局，1994，第 360 页。

② ［清］陈立撰、吴则虞点校：《白虎通疏证・三正》，北京：中华书局，1994，第 366 页。

③ ［清］陈立撰、吴则虞点校：《白虎通疏证・三教》，北京：中华书局，1994，第 369 页。

④ ［清］陈立撰、吴则虞点校：《白虎通疏证・三正》，北京：中华书局，1994，第 365 页。

权的现实政治需要。

（四）董仲舒与东汉《春秋公羊》学史

东汉王朝建立后，朝廷很快就恢复了太学以及太学博士。当时占据太学讲席的是十四家今文经学博士，其中《春秋》是严彭祖、颜安乐两家。在光武帝刘秀的支持下，太学一度设《左传》学博士，但很快就废了。终东汉之世，太学里传授的始终是《春秋公羊》学说。[①] 不过，《公羊》学派却因其官学地位而受到很多的限制。著名《公羊》学者张玄的遭遇就很能说明问题："会颜氏博士缺，玄试策第一，拜为博士。居数月，诸生上言玄兼说颜氏、宣氏，不宜专为颜氏博士。光武且令还署，未及迁而卒。"[②] 此后朝廷不断加强对太学的控制，汉章帝召开白虎观会议就是为了整理太学章句，把皇权意志贯彻到太学教学之中。处于在野地位的《左传》学者，也不断向《公羊》学派发难。《公羊》学说中不利于统治者的一面成为《左传》学者攻击的重点。比如贾逵上书皇帝称："至如祭仲、纪季、伍子胥、叔术之属，《左氏》义深于君父，《公羊》多任于权变。"[③] 贾逵对《公羊》学派的指责显然获得了皇帝的认可，"书奏，帝嘉之，赐布五百匹，衣一袭，令逵自选《公羊》严、颜诸生高

---

① 吴涛：《东汉〈春秋〉学发展史上的三次纷争》，《洛阳师范学院学报》2014 年第 12 期。

② ［南朝宋］范晔撰、［唐］李贤等注：《后汉书·儒林列传》，北京：中华书局，1965，第 2581 页。

③ ［南朝宋］范晔撰、［唐］李贤等注：《后汉书·郑范陈贾张列传》，北京：中华书局，1965，第 1236 页。

才者二十人，教以《左氏》，与简纸张经传各一通”[①]。贾逵所攻击的，恰是董仲舒再三致意的。

《公羊》学派自身也在不断进行自我调整，以期能与专制体制相适应。早在东汉初年，光武帝刘秀的表弟寿张侯樊儵就曾对《公羊》严氏章句进行过整理，“初，儵删定《公羊》严氏《春秋》章句，世号‘樊侯学’，教授门徒前后三千余人”[②]。其后，皇帝下令《公羊》学者左中郎将钟兴“诏令定《春秋》章句，去其复重”[③]。他们所删削的具体内容虽不可知，但保留的内容肯定有利于维护统治者的统治。正是在这一背景下，才有了何休《春秋公羊经传解诂》的诞生。

何休出身官宦之家，在东汉后期风谲诡异的政治风波中，何休被列为党人而遭到禁锢。这恰恰也促使何休潜心学术，十七年“覃思不窥门”，完成了《春秋公羊经传解诂》。《春秋公羊经传解诂》是保留至今最早的《春秋公羊传》注释，是十三经注疏之一，在《春秋公羊》学发展史上占据着重要的地位。虽说我们不能直接由此构建起从董仲舒到何休的学术谱系，但何休深受董仲舒影响却是毋庸置疑的。大体而言，这表现在如下几个方面。

第一，何休继承并发展了董仲舒的学说。前已述及，《春秋公羊》学的许多根本理念都是由董仲舒提出的，何休在董仲舒

---

① ［南朝宋］范晔撰、［唐］李贤等注：《后汉书·郑范陈贾张列传》，北京：中华书局，1965，第1239页。

② ［南朝宋］范晔撰、［唐］李贤等注：《后汉书·樊宏阴识列传》，北京：中华书局，1965，第1125页。

③ ［南朝宋］范晔撰、［唐］李贤等注：《后汉书·儒林列传》，北京：中华书局，1965，第2579页。

的基础上进一步完善了《春秋公羊》学。比如对于作为《公羊》根本大义的“三世说”，董仲舒只是讲到了三世之间的递进关系，而何休则明确讲到了据乱世、升平世、太平世之间的发展演变，“于所传闻之世，见治起于衰乱之中，用心尚粗觕，故内其国而外诸夏，先详内而后治外，录大略小，内小恶书，外小恶不书，大国有大夫，小国略称人，内离会书，外离会不书是也。于所闻之世，见治升平，内诸夏而外夷狄，书外离会，小国有大夫，宣十一年‘秋，晋侯会狄于攒函’，襄二十三年‘邾娄鼻我来奔’是也。至所见之世，著治大平，夷狄进至于爵，天下远近小大若一，用心尤深而详，故崇仁义，讥二名，晋魏曼多、仲孙何忌是也”①。再如对于“为后圣制法”，董仲舒只是笼统地称之为“后圣”，而何休则进一步明确了“后圣”就是刘邦，“夫子素案图录，知庶姓刘季当代周，见薪采者获麟，知为其出，何者？麟者，木精。薪采者，庶人燃火之意，此赤帝将代周居其位，故麟为薪采者所执。西狩获之者，从东方王于西也，东卯西金象也；言获者，兵戈文也：言汉姓卯金刀，以兵得天下”②。“三科九旨”在《春秋繁露》中都可以找到，但最早完整的表达却在何休《文谥例》中。《文谥例》今已失传，可见于徐彦《公羊疏》的引用：“何氏之意，以为三科九旨正是一物，若总言之，谓之三科，科者，段也；若析而言之，谓之九旨，旨者，意也。言三个科段之内，有此九种之意。

---

① ［清］阮元校刻：《十三经注疏·春秋公羊传注疏》，北京：中华书局，1980年影印本，第2200页。

② ［清］阮元校刻：《十三经注疏·春秋公羊传注疏》，北京：中华书局，1980年影印本，第2353页。

故何氏作《文谥例》云‘三科九旨者，新周故宋，以〈春秋〉当新王’，此一科三旨也；又云‘所见异辞，所闻异辞，所传闻异辞’，二科六旨也；又‘内其国而外诸夏，内诸夏而外夷狄’，是三科九旨也。”① 其他诸如改制、素王等所在多有，兹不赘引。

第二，何休将董仲舒的一些思想观点条理化、规范化。毕竟《春秋繁露》不是专为解经而作，而董仲舒也非章句之儒，所以《春秋繁露》中关于经学的表达相对而言有些凌乱、不成系统，比如《竹林》《王道》等篇中虽保留了大量董仲舒的经学观点却没有进行系统归纳。而何休则师承博士羊弼，是一个标准的儒生，“雅有心思，精研六经，世儒无及者”②，其《春秋公羊经传解诂》是两汉《公羊》章句之学的集大成者，对董仲舒一些经学观点也进行了吸收，并将它们纳入《公羊》学说的体系之中。《公羊》家注重“以例解经”，所谓“例”就是《春秋》笔法，即从《春秋》经中归纳出《春秋》的规则。董仲舒虽认为“《春秋》无达辞”，但在《春秋繁露》中依然可以看到他在试图归纳出一些“例”来。何休在董仲舒的基础上对《春秋》经进一步归纳，使《公羊》学的条例更明确、更清晰。比如何休在董仲舒“贵元重始”思想的基础上，总结出了《公羊》学的“五始”之义，“即位者，一国之始，政莫大于正始。故《春秋》以元之气，正天之端；以天之端，正王之政；以王之政，正诸侯之即位；以诸侯之即位，正竟内之治。诸侯不上

---

① ［清］阮元校刻：《十三经注疏·春秋公羊传注疏》，北京：中华书局，1980 年影印本，第 2195 页。

② ［南朝宋］范晔撰、［唐］李贤等注：《后汉书·儒林列传》，北京：中华书局，1965，第 2582 页。

奉王之政，则不得即位，故先言正月，而后言即位。政不由王出，则不得为政，故先言王，而后言正月也。王者不承天以制号令，则无法，故先言春，而后言王。天不深正其元，则不能成其化，故先言元，而后言春。五者同日并见，相须成体，乃天人之大本，万物之所系，不可不察也”①。再如七等之例，何休在董仲舒的基础上作了更为详尽的表述。对于鲁庄公十年《公羊传》“州不若国，国不若氏，氏不若人，人不若名，名不若字，字不若子”，何休注曰：“爵最尊，《春秋》假行事以见王法，圣人为文辞孙顺，善善恶恶，不可正言其罪，因周本有夺爵称国氏人名字之科，故加州文，备七等，以进退之，若自记事者书人姓名，主人习其读而问其传，则未知己之有罪焉尔，犹此类也。”②

第三，何休对董仲舒的《公羊》学说也有所取舍，两人最大的不同就是何休的现实性有所降低。前已述及，董仲舒学说的特点之一就是其现实性，董仲舒将《公羊》学说作为其政论的理论依据，无论是《天人三策》，还是《汉书》所引用的董仲舒其他时政言论，都大量引用《春秋》。即便是《春秋繁露》中那些专讲《春秋》的文字，也依然可以让人感受到董仲舒强烈的现实关怀。但何休却是就《春秋》而讲《春秋》，不作更多的引申。董仲舒的灾异学说也强调批判性，董仲舒本人虽说因被主父偃告密入狱后不再讲灾异，但西汉中后期儒生对西汉

---

① ［清］阮元校刻：《十三经注疏·春秋公羊传注疏》，北京：中华书局，1980年影印本，第2196页。

② ［清］阮元校刻：《十三经注疏·春秋公羊传注疏》，北京：中华书局，1980年影印本，第2232页。

现实政治的批判依然以《公羊》学为理论依据，并充分发挥灾异之论，甚至提出让皇帝退位的要求，而这些都是何休所不取的。仅就灾异学说本身而言，何休和董仲舒相比，批判性有所降低。董仲舒认为，如果君主为政失当，灾异便随之而至，灾小而异大，“天地之物有不常之变者，谓之异，小者谓之灾。灾常先至而异乃随之。灾者，天之谴也；异者，天之威也。谴之而不知，乃畏之以威。《诗》云：‘畏天之威。’殆此谓也。凡灾异之本，尽生于国家之失。国家之失乃始萌芽，而天出灾害以谴告之；谴告之而不知变，乃见怪异以惊骇之，惊骇之尚不知畏恐，其殃咎乃至”①。而何休则不然，何休认为“异”是上天事前的警告，或者可以看成是预言，“异者，非常而可怪，先事而至者”②。所以何休更看重“异”，“重异不重灾，君子所以贵教化而贱刑罚也”③。至于西汉儒生以《公羊》学说批评时政，则被何休看成“倍经、任意、反传违戾”④。

当然，何休并没有丧失其儒学家的基本立场，对于董仲舒的仁政学说，何休也多有继承和发挥，这里就不再展开。

二、魏晋南北朝时期《春秋繁露》学术史

魏晋南北朝时期，天下分裂，动荡数百年，儒学整合社会、

---

① ［清］苏舆撰、钟哲点校：《春秋繁露义证·必仁且智》，北京：中华书局，1992，第259页。

② ［清］阮元校刻：《十三经注疏·春秋公羊传注疏》，北京：中华书局，1980年影印本，第2335页。

③ ［清］阮元校刻：《十三经注疏·春秋公羊传注疏》，北京：中华书局，1980年影印本，第2335页。

④ ［清］阮元校刻：《十三经注疏·春秋公羊传注疏》，北京：中华书局，1980年影印本，第2190页。

统摄人心的地位有所降低，玄学、佛教、道教流行。这一时期，董仲舒及《春秋繁露》不被重视，《春秋繁露》学术史可述者不多，最为重要的就是《春秋繁露》的汇编与著录，对此第二章已有申述，这里仅就该时期董仲舒思想学说的影响略加陈说。

（一）董仲舒的阴阳五行学说

如前所述，阴阳五行学说是古人理解天地宇宙的基本理论框架，而董仲舒对阴阳五行学说的论述又最为系统，因而董仲舒的阴阳五行学说常被后人一再提及。

西晋宗室司马彪的《续汉书》纪传部分已经失传，所修八篇志却因为被后人编入范晔《后汉书》而得以保存，其中就有《五行志》。表面上看，司马彪的《五行志》仅有两处明确引用了董仲舒的观点，但实际在其他一些问题上，由于董仲舒的观点已被普遍接受为常识，故其中的一些内容并未具体标识引自董仲舒。比如司马彪在《五行志（一）》中多次记录了“淫雨伤稼”，并且对此没有作更多的解释，但对比《春秋繁露》以及《汉书·五行志》可知司马彪应该是认同董仲舒的观点的。

《晋书》为唐朝初年所修，此前的九家《晋书》则成为房玄龄等人修《晋书》时的重要材料来源。今本《晋书》也在一定程度上反映了魏晋的学术概况。《晋书》也修有《五行志》，董仲舒自然也是其重要的学术资源，《五行志》序言中还特地强调了董仲舒的学术地位，说“后景武之际，董仲舒治《公羊春秋》，始推阴阳，为儒者之宗”[1]。《晋书》对董仲舒灾异学说的

[1] ［唐］房玄龄等：《晋书·五行上》，北京：中华书局，1974，第799页。

总结也特别能体现董仲舒的原意，“综而为言，凡有三术。其一曰，君治以道，臣辅克忠，万物咸遂其性，则和气应，休征效，国以安。二曰，君违其道，小人在位，众庶失常，则乖气应，咎征效，国以亡。三曰，人君大臣见灾异，退而自省，责躬修德，共御补过，则消祸而福至。此其大略也”①。作为房玄龄《晋书》重要参考的南朝齐臧荣绪《晋书》也修有《五行志》，而且臧荣绪还特意修了《异志》，这与董仲舒的灾异学说有很大的重合度，符合董仲舒“重异轻灾”的学术主张。而东晋王隐的《晋书》干脆舍弃五行，仅修了一篇《瑞异记》。②

沈约在修《宋书》时不仅记载了刘宋一朝，其《五行志》还向前追溯到了三国时期。在《宋书·五行志》中，董仲舒也是一再被提及的人物，如“元康八年十一月，高原陵火……干宝云：‘高原陵火，太子废，其应也。汉武帝世，高园便殿火，董仲舒对与此占同’”③，“元康六年五月，荆、扬二州大水。按董仲舒说，水者阴气盛也”④。

不仅如此，朝廷还会根据董仲舒的一些主张颁布有关政令，比如“晋穆帝永和元年五月，旱。有司奏依董仲舒术，徙市开水门，遣谒者祭太社”⑤。南朝宋文帝元嘉六年（429）朝廷讨论冠服时，太学博士荀万秋在奏对中明确引用到董仲舒的“《止雨书》曰：‘其执事皆赤帻’”⑥。

---

① ［唐］房玄龄等：《晋书·五行上》，北京：中华书局，1974，第800页。
② ［清］汤球辑、杨朝明补校：《九家旧晋书辑本》，郑州：中州古籍出版社，1991。
③ ［南朝梁］沈约：《宋书·五行三》，北京：中华书局，1974，第934页。
④ ［南朝梁］沈约：《宋书·五行四》，北京：中华书局，1974，第952页。
⑤ ［南朝梁］沈约：《宋书·五行二》，北京：中华书局，1974，第909页。
⑥ ［南朝梁］沈约：《宋书·礼二》，北京：中华书局，1974，第385页。

（二）董仲舒的《春秋公羊》学说

东汉末年董卓之乱中，洛阳太学也随之被毁。曹魏建立后不久，就开始着手恢复洛阳太学："从初平之元，至建安之末，天下分崩，人怀苟且，纲纪既衰，儒道尤甚。至黄初元年之后，新主乃复始扫除太学之灰炭，补旧石碑之缺坏，备博士之员录，依汉甲乙以考课。申告州郡，有欲学者，皆遣诣太学。太学始开，有弟子数百人。"① 到西晋泰始八年（272），太学生人数已经多达七千余人。咸宁二年（276），西晋政府又设立了国子学。20 世纪出土的《大晋龙兴皇帝三临辟雍皇太子又再莅之盛德隆熙之颂碑》，记载了西晋学校教育的盛况。尤其值得一说的是，曹魏正始年间再度将经典刻石，由于刻石用了古文、篆书、隶书三种不同的字体，所以称"三体石经"，因刻于正始年间，故又称"正始石经"。自清代以来不断有石经的残石出土，迄今出土的石经文字有 2800 多字。

就太学所教授内容而言，两汉太学的今文经学已经失去了往日的荣耀。无论是郑玄的郑学，还是王肃的王学，于《春秋》都不主《公羊》。董仲舒自然也非这一时期经学家关注的重点。正始石经对于《春秋》而言，仅刻经文，未刻传文，就是《公羊》学地位衰落的表现。② 而杜预《春秋左氏经传集解》更是奠定了《左传》的经学地位。晋室渡江后，在王导等人的建议下，学校教育很快恢复，但《公羊》学却失去了在太学的教席。

---

① ［西晋］陈寿：《三国志·钟繇华歆王朗传》，北京：中华书局，1971，第 420 页。

② 洪适《隶释》中称正始石经刻有《左传》，然而仅凭数十字的残石，而且后世无闻，暂且存疑。

太常荀崧曾经向晋元帝建议立《公羊》博士："儒者称公羊高亲受子夏，立于汉朝，辞义清俊，断决明审，多可采用，董仲舒之所善也。"[①] 但因王敦之乱，最终也没能施行。两晋治《公羊》者仅有王接最为知名，但仅就他对何休的批判就知道他也绝不认可董仲舒。他说："任城何休训释甚详，而黜周王鲁，大体乖硋，且志通《公羊》而往往还为《公羊》疾病。"[②] 王接所不取者，恰是《公羊》微言大义之所在。

进入南朝以后，政府官办学校教育时断时续，直到萧梁时期才稍有好转，但却好景不长，"自是中原横溃，衣冠道尽。逮江左草创，日不暇给，以迄宋、齐，国学时或开置，而劝课未博，建之不能十年，盖取文具而已。是时乡里莫或开馆，公卿罕通经术，朝廷大儒，独学而弗肯养众，后生孤陋，拥经而无所讲习，大道之郁也久矣乎。至梁武创业，深愍其弊，天监四年，乃诏开五馆，建立国学，总以五经教授，置五经博士各一人。于是以平原明山宾、吴郡陆琏、吴兴沈峻、建平严植之、会稽贺玚补博士，各主一馆。馆有数百生，给其饩禀……济济焉，洋洋焉，大道之行也如是。及陈武创业，时经丧乱，衣冠殄瘁，寇贼未宁，敦奖之方，所未遑也。天嘉以后，稍置学官，虽博延生徒，成业盖寡。其所采缀，盖亦梁之遗儒"[③]。在南方经学不振的局面下，尤其是在《公羊》学家不受重视的背景下，董仲舒及其《春秋繁露》所受重视更是有限。

永嘉之乱后，北方虽局势动荡不安，但各少数民族政权却

---

① ［南朝梁］沈约：《宋书·礼一》，北京：中华书局，1974，第361—362页。

② ［唐］房玄龄等：《晋书·王接》，北京：中华书局，1974，第1435—1436页。

③ ［唐］李延寿：《南史·儒林》，北京：中华书局，1975，第1730页。

十分重视学校教育的恢复。比如，前秦苻坚“广修学宫，召郡国学生……典章法物靡不悉备”。他还亲自到太学视察，“考学生经义优劣，品而第之。问难五经，博士多不能对”。[①] 北魏建立后，“虽日不暇给，始建都邑，便以经术为先，立太学，置五经博士生员千有余人”。迁都洛阳后，孝文帝“钦明稽古，笃好坟典，坐舆据鞍，不忘讲道。刘芳、李彪诸人以经书进，崔光、邢峦之徒以文史达，其余涉猎典章，关历词翰，莫不縻以好爵，动贻赏眷。于是斯文郁然，比隆周汉”。在皇帝的倡导下，“时天下承平，学业大盛。故燕齐赵魏之间，横经著录，不可胜数。大者千余人，小者犹数百。州举茂异，郡贡孝廉，对扬王庭，每年逾众”。[②]

政治的分裂对峙，也造就了南北学风的不同，“大抵南北所为章句，好尚互有不同。江左，《周易》则王辅嗣，《尚书》则孔安国，《左传》则杜元凯。河洛，《左传》则服子慎，《尚书》《周易》则郑康成。《诗》则并主于毛公，《礼》则同遵于郑氏。南人约简，得其英华；北学深芜，穷其枝叶”[③]。可见无论南北，《公羊》学均非其学术热点。不仅如此，北方还有学者攻击董仲舒，比如学者刘兰就曾“排毁《公羊》，又非董仲舒”，虽说他对董仲舒的非议遭到社会的否弃，他自己也“由是见讥于世”，[④] 但董仲舒及《春秋繁露》在北朝的遭遇于此也可见一斑。其他学者如熊安生、徐遵明、刘炫、刘焯等学者也都以《左传》而

---

① ［唐］房玄龄等：《晋书·苻坚上》，北京：中华书局，1974，第 2888 页。
② ［北齐］魏收：《魏书·儒林》，北京：中华书局，1974，第 1841—1842 页。
③ ［唐］李延寿：《北史·儒林上》，北京：中华书局，1974，第 2709 页。
④ ［北齐］魏收：《魏书·儒林》，北京：中华书局，1974，第 1851—1852 页。

见长，《公羊》则少人问津。[①]

南北朝经学史还有一点值得注意，就是注疏体的出现。“‘疏’之为体，最初只是讲经的记录，后来又慢慢发展为预撰之讲义”，“疏”和“注”的区别何在？“从本质上讲，疏与注既然同为经典的阐释性著作，其间并无质的区别”。但“注”和“疏”毕竟是不同时代的产物，“论者或以为注与疏为层次不同之注解，注为解经而作，疏则是对注的阐释与发挥”。[②] 注疏体的出现，开辟了唐代学者们的经学新路径。

至于董仲舒的民本思想、仁政主张，在这一时期没有特别的发展。

三、隋唐五代时期《春秋繁露》学术史

隋唐五代的三百多年，社会上正酝酿着从中古到近古的转变，学术上儒学也在酝酿着新的复兴。

（一）隋及唐代前期

公元589年隋灭陈，结束了三百多年的南北分裂，天下重归一统，为学术发展提供了稳定的外部环境。就隋朝三十多年的学术史而言，值得一说者有如下数端。

---

① 清代以来，有学者怀疑《十三经注疏》中的《公羊疏》作者徐彦即北朝之徐遵明。但是，史有明文说徐遵明“知阳平馆陶赵世业家有《服氏春秋》，是晋世永嘉旧本，遵明乃往读之。复经数载，因手撰《春秋义章》，为三十卷”。徐遵明之《春秋》学祖述服虔，乃《左传》学者，断不可能为《公羊》作疏。《隋书·经籍志》有“《春秋公羊疏》十二卷”，不载作者姓名，然其卷数与今本《公羊疏》不合，恐系别本。因此书早已失传，这里也就不再申说。

② 赵伯雄：《春秋学史》，济南：山东教育出版社，2004，第327页。

首先，隋朝开创科举制，极大地促进了儒学的恢复和发展。科举制代替九品中正制，在我国古代选举史上揭开了新的一页，顺应了南北朝以来士族势力衰落、庶族势力上升的发展趋势，同时对后来儒学的发展起到了非常巨大的推动作用，因为考试的内容主要以儒学为主。

其次，隋炀帝曾经下令整理图书，“炀帝即位，秘阁之书，限写五十副本，分为三品：上品红琉璃轴，中品绀琉璃轴，下品漆轴。于东都观文殿东西厢构屋以贮之，东屋藏甲乙，西屋藏丙丁。又聚魏已来古迹名画，于殿后起二台，东曰妙楷台，藏古迹；西曰宝迹台，藏古画”①，这些藏书后来虽说都散佚了，但在当年无疑对学术的恢复和发展起了巨大推动作用。前已述及，最早著录《春秋繁露》的《隋书·经籍志》以《隋大业正御书目录》为底本，而《隋大业正御书目录》就是这次大规模收集整理图书的结果。

唐朝建立后，李唐皇室高度重视儒学对维护其统治的重要作用。唐太宗进一步完善了科举制度，其中明经科所考的内容就是儒家典籍。而且唐太宗的治国理念，无论是民本思想还是礼制建设，都是儒家政治思想的体现。唐太宗还意识到对儒家经义进行整理的必要性，他先是任命著名学者颜师古整理出五经文字的定本，接着委派著名学者孔颖达领衔编撰《五经正义》。“贞观四年，太宗以经籍去圣久远，文字讹谬，诏前中书侍郎颜师古于秘书省考定五经。及功毕，复诏尚书左仆射房玄龄集诸儒重加详议。时诸儒传习师说，舛谬已久，皆共非之，

① ［唐］魏征、令狐德棻：《隋书·经籍志一》，北京：中华书局，1973，第908页。

异端蜂起。而师古辄引晋、宋已来古本，随方晓答，援据详明，皆出其意表，诸儒莫不叹服。太宗称善者久之，赐帛五百匹，加授通直散骑常侍，颁其所定书于天下，令学者习焉。太宗又以文学多门，章句繁杂，诏师古与国子祭酒孔颖达等诸儒，撰定五经疏义，凡一百八十卷，名曰《五经正义》，付国学施行”[①]。《五经正义》的编纂工作一直到唐高宗永徽四年（653）始告完成，正式颁行天下。

孔颖达《五经正义》中的《春秋》取《左传》，《左传正义》是在杜预《春秋左氏经传集解》基础上编撰的。至此，《左传》彻底确立了其在《春秋》学中的地位，唐代《春秋》三传的顺序是《左传》《公羊传》《穀梁传》。唐代科举的明经科，所考即为朝廷钦定之九经：《周易》《尚书》《诗经》《周礼》《仪礼》《礼记》《春秋左氏传》《春秋公羊传》《春秋穀梁传》。孔颖达并未给《周礼》《仪礼》《春秋公羊传》《春秋穀梁传》作疏。在孔颖达《五经正义》的影响下，开始有学者给其他经典作疏，重要的有：贾公彦《周礼疏》和《仪礼疏》，杨士勋《春秋穀梁传注疏》和徐彦《春秋公羊传注疏》。而与本书主题相关的就是徐彦《春秋公羊传注疏》。[②]

徐彦的《春秋公羊传注疏》以何休《春秋公羊经传解诂》

---

① ［唐］吴兢编著：《贞观政要·崇儒学》，上海：上海古籍出版社，1978，第220页。

② 赵伯雄先生在《春秋学史》中虽不采纳徐彦即徐遵明之说，但他也认为徐彦应该就是北朝人。笔者对这一问题没有研究，这里采纳通常的说法，将徐彦《春秋公羊传注疏》放在唐朝。也有学者认为，《春秋公羊传注疏》的形成应该是在唐朝的中晚期。笔者以为，徐彦的《春秋公羊传注疏》应该是在唐朝政府颁行《五经正义》的背景下形成的，所以本书将徐彦的《春秋公羊传注疏》有关情况放在唐朝前期加以介绍。

为底本，根据“疏不破注”的原则，对何休注解进行了全面解说，颇有助于后人理解何休注解，可谓何休之功臣。宋人晁公武评价徐彦：“以何氏三科九旨为宗。”① 前已述及，何休虽宣称自己所依据的是胡毋生条例，实则大量采纳董生之说。从这个意义上讲，徐彦未尝不是董生之功臣。比如徐彦对何休《文谥例》的引用保留了三科九旨最早的完整的文字记录。徐彦的“《春秋》观”也与董仲舒完全一致：“夫子所以作《春秋》者，《解疑论》云：‘圣人不空生，受命而制作，所以生斯民觉后生也。西狩获麟，知天命去周，赤帝方起，麟为周亡之异，汉兴之瑞。故孔子曰：我欲托诸空言，不如载诸行事。又闻端门之命，有制作之状，乃遣子夏等求《周史记》，得百二十国宝书，修为《春秋》。故孟子云：世衰道微，邪说暴行有作，臣弑其君者有之，子弑其父者有之。孔子惧，作《春秋》。故《史记》云：《春秋》之中，弑君三十六，亡国五十二，诸侯奔走不得保其社稷者，不可胜数。故有国者不可以不知《春秋》，为人臣者不可以不知《春秋》，为人君父而不通于《春秋》之义者，必蒙首恶之名，为人臣子而不通于《春秋》之义者，必陷篡弑之诛。’”② “为后圣制法”是董仲舒在《春秋繁露》中再三致意的。清人皮锡瑞解释“后圣”时说：“《春秋》为后王立法，虽不专为汉，而汉继周后，即谓为汉制法，有何不可。且在汉言汉，推崇当代，不得不然。即如欧阳修生于宋，宋尊孔教，即

---

① ［宋］晁公武撰、孙猛校证：《郡斋读书志校证》，上海：上海古籍出版社，1990，第107页。

② ［清］阮元校刻：《十三经注疏·春秋公羊传注疏》，北京：中华书局，1980年影印本，第2195页。

谓《春秋》为宋制法，亦无不可。今人生于大清，大清尊孔教，即谓《春秋》为清制法，亦无不可。”[①] 但徐彦生为唐人，却坚持《春秋》在“为汉制法”，“以此言之，则孔子见时衰政失，恐文武道绝，又见麟获，刘氏方兴，故顺天命以制《春秋》以授之。必知孔子制《春秋》以授汉者，案《春秋说》云：‘伏羲作八卦，丘合而演其文，渎而出其神，作《春秋》以改乱制。’又云：‘丘览史记，援引古图，推集天变，为汉帝制法，陈叙图录。’又云：‘丘水精治法，为赤制功。’又云：‘黑龙生为赤，必告云象使知命。’又云：‘经十有四年春，西狩获麟。赤受命，苍失权，周灭火起，薪采得麟。’以此数文言之，《春秋》为汉制明矣”[②]。徐彦还引用了董仲舒后学颜安乐、严彭祖两家的一些学说。

历代学者对徐彦的《春秋公羊传注疏》评价不高，但实际上进入魏晋以后在《公羊》学衰落不振的状态下，徐彦的《春秋公羊传疏》对于《公羊》学的传承意义重大。而且，徐彦的《春秋公羊传疏》在阐发何注的同时，并没有违背《公羊》学的根本立场，对许多《公羊》学根本大义都有所申述，其价值不可忽视。

在唐朝前期，董仲舒的五行灾异思想也始终受到重视，最能体现其受重视程度的就是《开元占经》。开元二年（714），瞿昙悉达奉敕编撰《开元占经》，多次引用了董仲舒的观点。

① ［清］皮锡瑞：《经学通论》，北京：中华书局，1954，第 11 页。
② ［清］阮元校刻：《十三经注疏·春秋公羊传注疏》，北京：中华书局，1980 年影印本，第 2195 页。

（二）唐代中后期

安史之乱后，盛唐气象不再，政局动荡不断加剧。在这一背景下，学术也开始酝酿进一步的转型。就《春秋繁露》学术史而言，大体有两个方面值得关注。

1.《春秋繁露》与唐代中后期的《春秋》学

唐代中期以后，学界对《春秋》学的关注有所上升，而这一切与啖助、赵匡、陆淳的贡献是分不开的，“故至代宗大历间，啖助、赵匡、陆淳开创的新《春秋》学，以‘兼采三传’名其学，直接影响到唐中晚期的《春秋》研究”①。许多学者对他们的“兼采”颇有不满，但皮锡瑞却对他们有比较中肯的评价：“啖氏正当其时，于经学废坠之余，为举世不为之事，使《公》《穀》二传复明于世，虽不守家法，不得谓其无扶微学之功也。”②

啖助，字叔佐，首开兼采三《传》之风，“善为《春秋》，考三家短长，缝绽漏阙，号《集传》，凡十年乃成。复摄其纲条为《例统》”。其书已亡佚，但从后人的引用中可略窥一二。比如《新唐书·啖助传》所引：“其言孔子修《春秋》意，以为：‘夏政忠，忠之敝野；商人承之以敬，敬之敝鬼；周人承之以文，文之敝僿。救僿莫若忠。夫文者，忠之末也。设教于本，其敝且末；设教于末，敝将奈何？武王、周公承商之敝，不得已用之。周公没，莫知所以改，故其敝甚于二代。’孔子伤之

---

① 曾亦、郭晓东：《春秋公羊学史》，上海：华东师范大学出版社，2017，第608页。
② ［清］皮锡瑞：《经学通论》，北京：中华书局，1954，第60页。

曰：‘虞、夏之道，寡怨于民，商、周之道，不胜其敝！’故曰：‘后代虽有作者，虞帝不可及已。’盖言唐、虞之化，难行于季世，而夏之忠，当变而致焉。故《春秋》以权辅用，以诚断礼，而以忠道原情云。不拘空名，不尚狷介，从宜救乱，因时黜陟。古语曰：‘商变夏，周变商，《春秋》变周。’而公羊子亦言：‘乐道尧、舜之道，以拟后圣，是知《春秋》用二帝、三王法，以夏为本，不壹守周典明矣。’又言：‘幽、厉虽衰，《雅》未为《风》。逮平王之东，人习余化，苟有善恶，当以周法正之。故断自平王之季，以隐公为始，所以拯薄勉善，救周之敝，革礼之失也。’”[①] 虽未必全采董仲舒之言，但从中明显可以看到《春秋繁露·三代改制质文》的影响，无怪乎《新唐书·啖助传》称“助爱《公》《穀》二家，以《左氏》解义多谬”[②]。

赵匡，字伯循，曾向啖助问学，著有《春秋阐微纂类义疏》一书。“啖先生集三《传》之善以说《春秋》，其所未尽则申己意，条例明畅，真通贤之为也。惜其经之大意或未标显，传之取舍或有过差。盖纂述仅毕，未及详省尔。予因寻绎之次，心所不安者随而疏之。”[③] 其书亦已失传。

陆淳，字伯冲。陆淳以啖助为师，而对赵匡亦颇为尊敬，称赵为赵子。陆淳有《春秋集传纂例》一书传世，“啖子所撰《统例》三卷，皆分别条疏，通会其义。赵子损益，多所发挥。今故纂而合之，有辞义难解者，亦随加注释，兼备载经文于本条之内，使学者以类求义，昭然易知。其三传义例可取可舍，

---

① ［宋］欧阳修、宋祁：《新唐书·啖助传》，北京：中华书局，1975，第5706页。
② ［宋］欧阳修、宋祁：《新唐书·啖助传》，北京：中华书局，1975，第5706页。
③ ［清］朱彝尊：《经义考》，北京：中华书局，1998，第909页。

啖赵具已分析，亦随条编附，以祛疑滞，名《春秋集传纂例》”[①]。由陆淳的介绍可知，此书实际上汇集了啖、赵、陆三人的学术成果。《春秋集传纂例》共十卷，有民国商务印书馆排印本行世。

《春秋》三传后学虽壁垒森严，相互攻击如同寇仇，但在《春秋》学史的发展过程中，三传后学也存在着趋同兼采的倾向。《公羊》《穀梁》二家在解经时，也离不开《左传》的叙事，如同东汉初年学者桓谭所言：“经而无传，使圣人闭门思之，十年不能知也。”[②] 早在董仲舒《春秋繁露》中就有事出于《左传》者。[③] 而同样，《左传》学者也受《公羊》《穀梁》影响，构建了《左传》的经学体系。啖、赵、陆等人的《春秋》学正是在这一学术倾向的基础上发展而来，于三《传》取舍之中，《春秋繁露》的影响也斑斑可见。

陆淳弟子众多，如韩泰、吕温、柳宗元等，多显名于世。两宋时期的《春秋》学，在很大程度上都是沿着啖、赵、陆的路子发展的。

唐代中后期以《春秋》闻名者还有殷侑。殷侑针对唐代《春秋》学不振的局面上书皇帝，请求在科举中专门开设“三传科”，以三《传》取士说：“按《春秋》二百四十二年行事，王

---

① ［清］朱彝尊：《经义考》，北京：中华书局，1998，第910页。

② ［汉］桓谭撰、朱谦之校辑：《新辑本桓谭新论》，北京：中华书局，2009，第39页。

③ 《春秋繁露·精华》中有“（齐桓公）不复安郑，而必欲迫之以兵”，事发鲁僖公七年，《春秋》记有“春，齐人伐郑”。对此，《公羊传》没有解说，而《左传》有对这一过程的详细记录。赵地在《左传》的流传过程中非常重要，而董仲舒亦是赵人，读过《左传》实属可能。

道之正、人伦之纪备矣。故先师仲尼称‘志在《春秋》’。历代立学，莫不崇尚其教。”[①] 可见其“《春秋》观”受《公羊》家影响很大。殷侑著有《春秋公羊注》一书，并曾向韩愈求序，韩愈在序中对该书评价甚高：“近世《公羊》学几绝，何氏注外不见他书。圣经贤传，屏而不省；要妙之义，无自而寻。非先生好之乐之，味于众人之所不味，务张而明之，其孰能勤勤拳拳若此之至?”[②]

韩愈本人虽不是经学家，但对于《春秋》学也屡有所见。比如“夷夏之辨”在韩愈文中就多次出现。在《原道》中，韩愈说：“孔子之作《春秋》也，诸侯用夷礼则夷之，夷而进于中国则中国之。”[③] 以“礼”作为区分夷夏的标志，这显然与《公羊传》以及董仲舒《春秋繁露》中的观点相一致。韩愈所构建的道统谱系中虽没有董仲舒的位置，但董仲舒的影响却显而易见。

2. 《春秋繁露》与唐代中后期的儒学发展

唐代中后期，儒学逐渐呈现复兴之势，在这一过程中也可以看到董仲舒的影响。大体而言，有如下两端。

首先，天人关系是唐代中后期儒学的一个重要话题，而董仲舒的天人感应理论则成为一个重要的参照。以董仲舒为代表的汉儒构建的天人框架在很大程度上成为后世人们理解天地自然的基础，《五行志》成为后世正史中的重要内容。制度化的儒

---

① 牛继清校证：《唐会要校证》，西安：三秦出版社，2012，第 1199 页。

② ［唐］韩愈著，刘真伦、岳珍校注：《韩愈文集汇校笺注·答殷侍御书》，北京：中华书局，2010，第 872 页。

③ ［唐］韩愈著，刘真伦、岳珍校注：《韩愈文集汇校笺注·原道》，北京：中华书局，2010，第 3 页。

学，在发挥了意识形态作用的同时，也存在着一定的神学化倾向。但在许多儒生那里，神道设教只可以教化愚夫愚妇，从本质上，他们并不接受。比如唐代儒学复兴的关键人物韩愈，之所以将董仲舒排除在道统之外，在很大程度上也与他不接受董仲舒天人理论有关。韩愈在《原人》中说："形于上者谓之天，形于下者谓之地，命于其两间者谓之人。形于上，日月星辰皆天也；形于下，草木山川皆地也；命于其两间，夷狄禽兽皆人也。曰：'然则吾谓禽兽曰人，可乎？'曰：非也。指山而问焉，曰：山乎？曰：山可也。山有草木禽兽，皆举之矣。指山之一草问焉曰：山乎？曰山则不可。故天道乱，而日月星辰不得其行，地道乱，而草木山川不得其平；人道乱，而夷狄禽兽不得其情。天者，日月星辰之主也；地者，草木山川之主也；人者，夷狄禽兽之主也。主而暴之，不得其为主之道矣。是故圣人一视而同仁，笃近而举远。"[①] 在《原道》中，韩愈也将人世间的变迁主导权从天回归到人。与韩愈同时代的柳宗元则主张天与人之间是两分而不相干预的，"余则曰：生植与灾荒，皆天也。法制与悖乱，皆人也。二之而已，其事各行不相预"[②]，"圣人之道，不穷异以为神，不引天以为高。利于人，备于事，如斯而已矣。观《月令》之说，苟以合五事配五行而施其政令，离圣人之道，不亦远乎"[③]？他把《月令》作为批驳的对象，实则是反对董仲舒《春秋繁露》中的主张。

---

① ［唐］韩愈著，刘真伦、岳珍校注：《韩愈文集汇校笺注·原人》，北京：中华书局，2010，第67页。

② ［唐］柳宗元：《柳河东集·答刘禹锡天论书》，上海：上海人民出版社，1974，第503页。

③ ［唐］柳宗元：《柳河东集·时令论上》，上海：上海人民出版社，1974，第53页。

其次，唐代中后期，儒者开始关注人性的讨论，董仲舒的人性论成为他们展开讨论的重要文化资源。在董仲舒之后相当长的时间内，人性论不再是儒生关注的重点。佛教传入中国后，僧人关于佛性的讨论却有了很大的发展。中唐开始的儒学复兴中，儒生也积极应对佛教所造成的挑战，于是，人性成为中晚唐学界讨论的热点话题之一，韩愈、李翱等人即其中的代表性人物。

韩愈认为："性也者，与生俱生也。情也者，接于物而生也。性之品有三，而其所以为性者五；情之品有三，而其所以为情者七。曰："何也?"曰：性之品有上中下三。上焉者，善焉而已矣；中焉者，可导而上下也；下焉者，恶焉而已矣。其所以为性者五：曰仁，曰义，曰礼，曰信，曰智。上焉者之于五也，主于一而行于四；中焉者之于五也，一也不少有焉则少反焉，其于四也混；下焉者之于五也，反于一而悖于四。"① 他把人性区分为上、中、下三品，显然是受董仲舒的影响。董仲舒主张："名性不以上，不以下，以其中名之。"② 韩愈认为孟子、荀子、杨子的人性论都是不全面的："故曰：三子之言性也，举其中而遗其上下者也，得其一而失其二者也。"③ 韩愈的人性论强调了"情"的重要性，"其所以为情者七：曰喜，曰怒，曰哀，曰惧，曰爱，曰恶，曰欲。上焉者之于七也，动而

---

① ［唐］韩愈著，刘真伦、岳珍校注：《韩愈文集汇校笺注·原性》，北京：中华书局，2010，第47页。

② ［清］苏舆撰、钟哲点校：《春秋繁露义证·深察名号》，北京：中华书局，1992，第300页。

③ ［唐］韩愈著，刘真伦、岳珍校注：《韩愈文集汇校笺注·原性》，北京：中华书局，2010，第48页。

处其中；中焉者之于七也，有所甚，有所亡，然而求合其中者也；下焉者之于七也，亡与甚，直情而行者也。情之于性视其品”①。

受韩愈的影响，李翱提出了“复性说”。不同于董仲舒将恶归因于阴阳二气，“人之诚，有贪有仁，仁贪之气，两在于身。身之名，取诸天。天两有阴阳之施，身亦两有贪仁之性。天有阴阳禁，身有情欲栣，与天道一也”②，李翱认为人性是善的，因受到情的干扰而产生了恶。李翱的人性论对宋人有很大的启发。

董仲舒的政治思想，诸如民本思想、仁政主张、纲常理论等，在很大程度上已经被普遍接受，这里就不再一一申述了。

---

① ［唐］韩愈著，刘真伦、岳珍校注：《韩愈文集汇校笺注·原性》，北京：中华书局，2010，第47—48页。

② ［清］苏舆撰、钟哲点校：《春秋繁露义证·深察名号》，北京：中华书局，1992，第294—296页。

理学兴起背景下的《春秋繁露》研究

宋代文治兴盛，《春秋繁露》完整刻本的出现，扩大了《春秋繁露》的流行范围，使得它的影响进一步扩大。宋代《春秋繁露》的影响主要体现在理学和经学两个范围内。

一、北宋五子与《春秋繁露》

宋代学术史上最具有代表性的事件就是理学的兴起。宋史学家邓广铭先生说："北宋一代的儒学家们……所具有的共同特点是：1. 都力图突破前代儒家们寻章摘句的学风，向义理的纵深处进行探索；2. 都怀有经世致用的要求。理学是从宋学中衍生出来的一个支派。"① 朱熹在《伊洛渊源录》中将理学的源头追溯到北宋五子，即周敦颐、张载、邵雍和二程（程颢和程颐）。在理学发生发展过程中，董仲舒及其《春秋繁露》也作为重要的文化资源受到广泛关注。大体而言，理学中与董仲舒有关者为两个方面：本体论和人性论。至于纲常伦理、仁政德治等，理学家们与董仲舒并无重大区别，因而不论可也。

---

① 邓广铭：《宋史十讲》，北京：中华书局，2008，第190页。

先秦时期，本体论并不是孔孟等儒学开创者们关注的重点，因此他们对此并未展开系统的论述，不过只言片语而已。而在董仲舒的思想体系中，本体论占据了比较重要的位置，只不过董仲舒的论述比较粗糙，他仅把天作为最高的价值来源，并且赋予天以一定的人格性。至于由天到万物的生发过程，则是董仲舒所没有展开的。佛教的传入，极大地提高了人们的哲学思辨水平。儒者在排斥佛道的同时，也深受其影响，开始寻找儒学的终极意义。进入宋代，学术已经呈现出与汉唐学术明显的不同，即便是像邢昺这样的儒者，在注疏体的学术载体下，其学术路径也有了明显的转变。比如，在《论语疏》中，邢昺多次讲到“天本无体”“本无心”，这表明天的人格性已经在显著降低。

寻找儒学的终极意义是理学得以成立的一个重要标志，北宋五子对理学体系的构建就是从本体论开始的。周敦颐之所以受到后人尊崇，就是因为他在《太极图说》中奠定了理学的基本世界观。由《太极图说》可知，宋人所理解的世界基本框架与董仲舒在《春秋繁露》中构建的图景并不相同。《太极图说》更突出“无极而太极”的客观性，认为有形有象的阴阳二气、五行以及万物，皆由太极生发而来：“太极动而生阳，动极而静，静而生阴。静极复动。一动一静，互为其根；分阴分阳，两仪立焉……阳变阴合，而生水、火、木、金、土。五气顺布，四时行焉……二气交感，化生万物。万物生生，而变化无穷焉。”[1] 深受道教影响的邵雍在其思想体系中突出了“道”的地位：“天由道而生，地由道而成，物由道而形，人由道而行。

[1] ［宋］周敦颐著、陈克明点校：《周敦颐集》，北京：中华书局，1990，第4—5页。

天、地、人、物则异也，其于由道一也。”① 在邵雍这里，道显然高于天，“语其体，则天分而为地，地分而为万物，而道不可分也。其终则万物归地，地归天，天归道。是以君子贵道也”②。道即太极，“太极，道之极也”③。万物皆由太极而生发，“太极一也，不动；生二，二则神也。神生数，数生象，象生器。太极不动，性也。发则神，神则数，数则象，象则器，器之变复归于神也”④。张载则是特别强调“太虚”，“太虚无形，气之本体。其聚其散，变化之客形尔”。万物都是气的聚散而已，不同事物有不同的表现，“天地之气，虽聚散攻取百涂，然其为理也，顺而不妄。气之为物，散入无形，适得吾体。聚为有象，不失吾常”。气的聚散是一个客观的过程，“太虚不能无气，气不能不聚而为万物，万物不能不散而为太虚。循是出入，是皆不得已而然也”⑤。这一过程并不是杂乱无章的，其间存在着一定的秩序和规律，人间的道义规则也由此而来，“生有先后，所以为天序；小大、高下相并而相形焉，是谓天秩。天之生物也有序，物之既形也有秩。知序然后经正，知秩然后礼行”⑥。

理学本体论的构建，到二程而成熟。他们也以其对“天理”的阐发而自得，程颢曾经说：“吾学虽有所受，天理二字却是自家体贴出来。”⑦ 在他们这里，“理”首先是一种客观规律，程

---

① ［宋］邵雍著、郭彧整理：《邵雍集》，北京：中华书局，2010，第33页。
② ［宋］邵雍著、郭彧整理：《邵雍集》，北京：中华书局，2010，第114页。
③ ［宋］邵雍著、郭彧整理：《邵雍集》，北京：中华书局，2010，第164页。
④ ［宋］邵雍著、郭彧整理：《邵雍集》，北京：中华书局，2010，第162页。
⑤ ［宋］张载著、章锡琛点校：《张载集》，北京：中华书局，1978，第7页。
⑥ ［宋］张载著、章锡琛点校：《张载集》，北京：中华书局，1978，第19页。
⑦ ［宋］程颢、程颐著，王孝鱼点校：《二程集》，北京：中华书局，1981，第424页。

颢认为：“万物皆有理，顺之则易，逆之则难，各循其理，何劳于己力哉？”[①] 程颐也认为：“凡眼前无非是物，物物皆有理，如火之所以热，水之所以寒，至于君臣父子间皆是理。”[②] 理在他们的思想体系中，更具有最高本体的意义，“理则天下只是一个理，故推至四海而准，须是质诸天地，考诸三王不易之理。故敬则只是敬此者也，仁是仁此者也，信是信此者也”[③]。至于此前儒生所论之天，也被他们改造为“理”,“天者理也”[④]。

显然，理学家们所构建的本体论比董仲舒的理论更为精致，逻辑也更为严密。他们并不是对董仲舒的简单否定，而是对董仲舒的超越。他们给予董仲舒以极高的评价，不过在他们看来，董仲舒的理论还存在很大可提升的空间,“汉儒如毛苌、董仲舒，最得圣贤之意，然见道不甚分明”[⑤]。董仲舒机械的灾异学说也是他们所不取的，如：“又问：‘汉儒谈《春秋》灾异，如何？’曰：‘自汉以来，无人知此。董仲舒说天人相与之际，亦略见些模样，只被汉儒推得太过。亦何必说某事有某应？’”[⑥] 至于他们构建本体论的终极目的则和董仲舒一样，最终不过用来论证纲常伦理的合理性而已。因而，他们尤其赞赏董仲舒关于义利的名言，即“董仲舒曰：‘正其谊，不谋其利；明其道，不计其功。’此董子所以度越诸子”[⑦]。

---

① ［宋］程颢、程颐著，王孝鱼点校：《二程集》，北京：中华书局，1981，第123页。
② ［宋］程颢、程颐著，王孝鱼点校：《二程集》，北京：中华书局，1981，第247页。
③ ［宋］程颢、程颐著，王孝鱼点校：《二程集》，北京：中华书局，1981，第38页。
④ ［宋］程颢、程颐著，王孝鱼点校：《二程集》，北京：中华书局，1981，第132页。
⑤ ［宋］程颢、程颐著，王孝鱼点校：《二程集》，北京：中华书局，1981，第7页。
⑥ ［宋］程颢、程颐著，王孝鱼点校：《二程集》，北京：中华书局，1981，第304页。
⑦ ［宋］程颢、程颐著，王孝鱼点校：《二程集》，北京：中华书局，1981，第324页。

从唐代中后期开始，人性开始成为学者讨论的热点。进入宋代，关于人性的讨论呈现逐渐升温之势。北宋前期就有学者胡瑗提出天赋人性论，他说："性者，天所禀之性也。"胡瑗关于人性的论述，与董仲舒有着明显的近似之处，董仲舒认为"性之名非生与？如其生之自然之资谓之性。性者质也"[①]。邵雍在论及人性时说，"万物受性于天而各为其性也。其在人则为人之性，在禽兽则为禽兽之性，在草木则为草木之性"[②]，"性者道之形体也"。[③] 既然性是道的形体，所以邵雍认为人性是善的。司马光也持近似观点，他说："密不可间，情也。成不可更，性也。情，天性也。性，天命也。"[④] 他也将人区分为圣人、中人和恶人。重视"性""情"之间的辩证关系也是这一时代人性论的特色之一。比如王安石也说，"喜、怒、哀、乐、好、恶、欲未发于外而存于心，性也；喜、怒、哀、乐、好、恶、欲发于外而见于行，情也。性者情之本，情者性之用，故吾曰性情一也"[⑤]；善与恶是后天学习的结果，"习于善而已矣，所谓上智者；习于恶而已矣，所谓下愚者；一习于善，一习于恶，所谓中人者。上智也、下愚也、中人也，其卒也命之而已矣"[⑥]。

---

① ［清］苏舆撰、钟哲点校：《春秋繁露义证·深察名号》，北京：中华书局，1992，第291—292页。

② ［宋］邵雍著、郭彧整理：《邵雍集》，北京：中华书局，2010，第149页。

③ ［宋］邵雍著、郭彧整理：《邵雍集》，北京：中华书局，2010，第179页。

④ ［汉］扬雄撰、［宋］司马光集注、刘绍军点校：《太玄集注》，北京：中华书局，1998，第181页。

⑤ ［宋］王安石著、唐武标校：《王文公文集》，上海：上海人民出版社，1974，第315页。

⑥ ［宋］王安石著、唐武标校：《王文公文集》，上海：上海人民出版社，1974，第317页。

最能体现理学特色的人性论，则是张载、二程等人的观点。张载最早将人性区分为天地之性和气质之性。他主张人性善，说：“性于人无不善”。[①] 但是，他这里所说的性，实际上是天地之性。他说：“形而后有气质之性，善反之则天地之性存焉。故气质之性，君子有弗性者焉。”[②] 每个人的气质之性是不同的，“人之刚柔、缓急、有才与不才，气之偏也。天本参和不偏，养其气，反之本而不偏，则尽性而天矣。性未成则善恶混，故亹亹而继善者斯为善矣。恶尽去则善因以成。故舍曰善而曰‘成之者性也’”[③]。从天地之性上说，人性是善的，但具体到每个人，却由于构成这个人的气的不同，所以具体个人的气质之性是有区别的。读书、学习的目的也就在于改变气质。表面上看，张载的人性论和董仲舒的人性论不同，董仲舒讲人性强调中民之性，张载的人性论则适用于一切人。但是，张载对气质之性的区分，实际是从理论上论证了人性的不平等，“性者万物之一源，非有我之得私也。惟大人为能尽其道”[④]。

二程非常推崇张载的人性论，他们在张载的基础上又有了进一步的完善。他们认为谈论人性，不能不讲“气”,“论性，不论气，不备；论气，不论性，不明”[⑤]。从道理上说，尧、舜和普通人一样，但从气上说，就有了巨大的差别：“性无不善，而有不善者才也。性即是理，理则自尧、舜至于途人，一也。才

---

① ［宋］张载著、章锡琛点校：《张载集》，北京：中华书局，1978，第22页。
② ［宋］张载著、章锡琛点校：《张载集》，北京：中华书局，1978，第23页。
③ ［宋］张载著、章锡琛点校：《张载集》，北京：中华书局，1978，第23页。
④ ［宋］张载著、章锡琛点校：《张载集》，北京：中华书局，1978，第21页。
⑤ ［宋］程颢、程颐著，王孝鱼点校：《二程集》，北京：中华书局，1981，第81页。

禀于气，气有清浊。禀其清者为贤，禀其浊者为愚。”[①] 从中可以看出，二程依然强调人性的不平等；所不同者，二程将张载所称“天地之性”命名为“天命之性”，“在天为命，在义为理，在人为性，主于身为心，其实一也”[②]。事实上，真实世界中并不存在抽象的概念性的人，每个人都离不开具体的物质载体。这样一来，除了少数“圣人”之外，所有的人都被贴上了愚浊的标签。

张载、二程等人的人性论放在伦理层面，就是强调“存天理，灭人欲”。张载首先将人欲和天理对立起来：“今之人灭天理而穷人欲，今复反归其天理。古之学者便立天理。孔孟而后，其心不传，如荀扬皆不能知。”[③] 二程也认为私欲和天理不能并存：“人心私欲，故危殆。道心天理，故精微。灭私欲则天理明矣。”[④] 但事实是，只要有物质性的身体存在，就不可能没有欲望，因此理学家天理人欲之辨本质上是受到佛教的影响而否定了现实生活的合理性。这在董仲舒那里是不存在的。

董仲舒的人性论强调了对民众进行教化的重要性，但董仲舒在论述“义利之辨”时所针对的却是统治阶层。二程等人在论述人性时不仅强调了普通人愚浊气质，同时其天理人欲之辨更是把所有的人都涵盖在内，所以他们才会说“然饿死事极小，失节事极大”[⑤]。孀妇孤幼贫穷无托，是社会最底层，但却被二程赋予以生命来维护节义的责任。理学能够走入殿堂，一个重

---

① ［宋］程颢、程颐著，王孝鱼点校：《二程集》，北京：中华书局，1981，第204页。
② ［宋］程颢、程颐著，王孝鱼点校：《二程集》，北京：中华书局，1981，第204页。
③ ［宋］张载著、章锡琛点校：《张载集》，北京：中华书局，1978，第273页。
④ ［宋］程颢、程颐著，王孝鱼点校：《二程集》，北京：中华书局，1981，第312页。
⑤ ［宋］程颢、程颐著，王孝鱼点校：《二程集》，北京：中华书局，1981，第301页。

要的原因就是它后来成为统治者维护其统治秩序的重要工具。

二、《春秋繁露》与北宋的《春秋》学

北宋建立后，随着统治者的重视与提倡，经学也逐渐得以复兴，尤其是得益于雕版印刷技术的普及，经典文本的获得不再是权贵之家的专利。景德二年（1005），宋真宗到国子监询问儒者邢昺书库经版的情况。邢昺答道："国初不及四千，今十余万，经、传、正义皆具。臣少从师业儒时，经具有疏者百无一二，盖力不能传写。今板本大备，士庶家皆有之，斯乃儒者逢辰之幸也。"[①] 不过，宋代学者对《春秋》学的关注则要到宋仁宗时期才开始。

胡瑗是较早关注《春秋》学的学者，他的《春秋口义》虽不传于后世，但从后人对它的引用中其在当时的影响依然可见一斑。胡瑗沿袭了唐代中后期啖助、赵匡、陆淳等人的学风，兼取三《传》。胡瑗尤其强调《春秋》尊王之义，显然是经历了晚唐五代乱局后的有感而发。与胡瑗同时代的孙复著有《春秋尊王发微》十二卷，流传至今。如书名所示，孙复也强调尊王，他虽兼取三《传》，但其解经依然在试图探索孔子的微言大义，强调褒贬，虽然其具体学术观点与《公羊传》《春秋繁露》不同，但解经的路径是一致的。孙复解经，贬多于褒，就其批判性而言，与《春秋繁露》也颇为相似。孙复的《春秋》学受到宋人的高度赞扬，在一定程度上开启了宋代《春秋》学的学

---

① ［元］脱脱等：《宋史·儒林一》，北京：中华书局，1985，第12798页。

术路径，《四库全书总目》称：“复之论，上祖陆淳，而下开胡安国。”[1]

刘敞亦以《春秋》闻名于世，“长于《春秋》，为书四十卷，行于时”[2]，其《春秋》学著作传于后世者有《春秋权衡》《春秋传》《春秋意林》《春秋传说例》。《四库全书总目》称刘敞：“说《春秋》颇出新意，而文体则多摹《公》《穀》。诸书皆然。”[3] 可见刘敞虽沿袭中晚唐以来兼取三《传》之风，但更倾向于《公羊》《穀梁》，“其书皆节录三《传》事迹，断以己意，其褒贬义例，多取诸《公羊》《穀梁》”[4]，与《春秋繁露》亦有相近者。刘敞《春秋意林》论及郊祀之义时曾明确引用董仲舒之说：“故三代各自以其岁首而祀之，明礼之至尊极大，无有敢先之者。董仲舒之议是也。”[5] 刘敞对《左传》及杜预《集解》多有批评，在许多问题上的看法与《公羊》家及董仲舒相近。比如他的《春秋》观：“鲁国之史，贤人之记，沙之与石也。《春秋》之法，仲尼之笔，金之与玉也。金玉必待拣择追琢而后见，《春秋》亦待笔削改易而后成也。”[6] 但东汉以后，《公羊》学微言少有传者，刘敞对《公羊》“张三世”“新周故宋王鲁”之说很不认同，更是称改制之说为“厚诬圣人”，时代使然故也。

董仲舒曾说：“不知来，视诸往。今《春秋》之为学也，道

---

① ［清］永瑢等：《四库全书总目》，北京：中华书局，1965，第214页。
② ［元］脱脱等：《宋史·刘敞传》，北京：中华书局，1985，第10387页。
③ ［清］永瑢等：《四库全书总目》，北京：中华书局，1965，第216页。
④ ［清］永瑢等：《四库全书总目》，北京：中华书局，1965，第215页。
⑤ ［宋］刘敞：《春秋意林》（卷上），文渊阁四库全书本。
⑥ ［宋］刘敞：《春秋权衡》（卷四），文渊阁四库全书本。

往而明来者也。”[1] 欧阳修也说：“为道必求知古，知古明道，而后履之以身，施之于事。”[2] 不过欧阳修的《春秋》学，是典型的“舍传求经”，他说：“经之所书，予所信也；经所不言，予不知也。”[3] 欧阳修强调秉笔直书，不取《公羊传》的“《春秋》笔法”，他说：“圣人之于《春秋》，用意深，故能劝戒切，为言信，然后善恶明。夫欲著其罪于后世，在乎不没其实。其实尝为君矣，书其为君。其实篡也，书其篡。各传其实，而使后世信之。”[4] 司马光以《资治通鉴》而留名史学史，其“资治”的初衷也体现了汉儒“通经致用”的特点。作为一部史书，司马光的《资治通鉴》及其史论中更能体现《春秋》大义，而不是微言，比如在第一篇《臣光曰》中司马光说道：“臣闻天子之职莫大于礼，礼莫大于分，分莫大于名。何谓礼？纪纲是也。何谓分？君、臣是也。何谓名？公、侯、卿大夫是也。夫以四海之广，兆民之众，受制于一人，虽有绝伦之力，高世之智，莫不奔走而服役者，岂非以礼为之纪纲哉！是故天子统三公，三公率诸侯，诸侯制卿大夫，卿大夫治士庶人。贵以临贱，贱以承贵。上之使下犹心腹之运手足，根本之制支叶，下之事上犹手足之卫心腹。”[5]

有记载说王安石曾诋毁《春秋》为“断烂朝报”，后世不

① ［清］苏舆撰、钟哲点校：《春秋繁露义证·精华》，北京：中华书局，1992，第96页。
② 陈新、杜维沫选注：《欧阳修选集》，上海：上海古籍出版社，1986，第269页。
③ 欧阳修撰、李逸安点校：《欧阳修全集》，北京：中华书局，2001，第306页。
④ ［宋］欧阳修撰、［宋］徐无党注：《新五代史·梁本纪第二》，北京：中华书局，1974，第21页。
⑤ ［宋］司马光编著：《资治通鉴》，北京：中华书局，2011，第2页。

乏为荆公辩护者。蔡上翔《王荆公年谱考略》就认为，王安石不仅不诋毁《春秋》，反而对《春秋》多有尊信之语。但王安石不以《春秋》取士。皮锡瑞说："《春秋》之意，具在三传。安石过为高论，以三传不足信，则《春秋》不废而废矣。以《春秋》经为难知，何不深求三传？"[①] 不过，王安石力主变法的精神倒是和董仲舒"更化"的主张有些相通，无怪乎王安石笔下两处提及董仲舒时均为褒扬肯定之语。

宋神宗时期治《春秋》而知名者还有孙觉，传于后世者有《春秋经解》十五卷。孙觉治《春秋》以《穀梁传》为主，而兼采《左传》与《公羊》。但他也和刘敞等人一样，攻击"新周故宋王鲁"之说。

北宋理学家中，程颐读书最广、著书最勤。程颐极度推崇《春秋》，胡安国《春秋传》说："河南程颐曰：五经载道之文，《春秋》圣人之用。五经之有《春秋》，犹法律之有断例也。又曰：五经如药方，《春秋》犹用药治病，圣人之用全在此书。又曰：《春秋》一句即一事，是非便见于此，乃穷理之要，学者只观《春秋》亦可以尽道矣。"[②] 程颐著有《春秋传》，在自序中他说："作《春秋》为百王不易之大法……后世以史视《春秋》，谓褒善贬恶而已，至于经之大法，则不知也。《春秋》大义数十，其义虽大炳如日星，乃易见也。惟其微辞隐义，时措从宜者，为难知也：或抑或纵，或与或夺，或进或退，或微或显，而得乎义理之安，文质之中，宽猛之宜，是非之公，乃制

---

① ［清］皮锡瑞：《经学通论》（卷四），北京：中华书局，1954，第70页。

② ［宋］胡安国著、钱伟强点校：《春秋胡氏传·述纲领》，杭州：浙江古籍出版社，2010，第10页。

事之权衡，揆道之模范也。夫观百物而后识化工之神，聚众材然后知作室之用，于一事一义而欲窥圣人之用心，非上智不能也。故学《春秋》者，必优游涵泳，默识心通，然后能造其微矣。”① 可见程颐的《春秋》学与《春秋繁露》有相近者，尤其是在探索微言上，程颐超越了同时代其他专治《春秋》的学者。就其具体的学术方法来说，依然是北宋通行的“舍传求经”的方式，程颐的《春秋》学依然是将天理贯穿始终，因而他所理解的微言与董仲舒不同也是很自然的事情。

北宋治《春秋》学值得一说的还有苏辙，他撰有《春秋集解》十二卷，其书尚存。苏辙也十分推崇董仲舒，他说：“其后贾谊、董仲舒相继而起，则西汉之文后世莫能仿佛。盖孔氏之遗烈，其所及者如此。”② 不过，苏辙并不认同董仲舒的灾异学说，他说：“而臣以为不然，盖臣非以为不为灾也，以为天地之远，而至于为之变动，此非一事之所能致。”③ 至于《春秋》学，苏辙这样自述其宗旨：“予以为左丘明，鲁史也。孔子本所据依以作《春秋》，故事必以丘明为本……至于孔子之所予夺，则丘明容不明尽，故当参以《公》、《穀》、啖、赵诸人。”④ 可见其学虽以《左传》为史，但解经却以《左传》为主，这显然与董仲舒不同。

---

① ［宋］程颢、程颐著，王孝鱼点校：《二程集》，北京：中华书局，1981，第1125页。

② ［宋］苏辙著，陈宏天、高秀芳点校：《苏辙集》，北京：中华书局，1990，第1136页。

③ ［宋］苏辙著，陈宏天、高秀芳点校：《苏辙集》，北京：中华书局，1990，第1356页。

④ ［宋］苏辙：《春秋集解》，文渊阁四库全书本。

三、《春秋繁露》与南宋理学的发展

靖康南渡，理学也随之而南，二程之说三《传》至朱熹而集理学之大成。南宋时《春秋繁露》流传更为广泛，朱熹读书之广也是其他理学家所难以企及的。朱熹在构建其理学理论框架时，《春秋繁露》是其重要思想资源。朱熹肯定认真读过董仲舒的文章，因为他曾经讨论过董仲舒与其他人的文风："董仲舒《三策》文气亦弱，与鼌贾诸人文章殊不同，何也？曰：仲舒为人宽缓，其文亦如其人。大抵汉自武帝后，文字要入细，皆与汉初不同。"①

朱熹对理学的贡献，首先是对本体论的进一步完善。理学家的最高哲学范畴是"理"。朱熹说，"合天地万物而言，只是一个理"②，"未有天地之先，毕竟也只是理。有此理，便有此天地；若无此理，便亦无天地，无人无物，都无该载了！有理，便有气流行，发育万物"③。朱熹认为的"理"在董仲舒所理解的"天"之上，"理"在天地之先。至于阴阳五行，其在朱熹思想体系中所占据的序列则又低了一个位阶，"阴阳是气，五行是质。有这质，所以做得物事出来"④。"理"又被朱熹称为"太极"，"太极只是天地万物之理。在天地言，则天地中有太极；在万物言，则万物中各有太极"⑤。天地万物各自的太极和太极的整体是"理一分殊"的关系："太极非是别为一物，即阴

---

① ［宋］黎靖德编：《朱子语类》，北京：中华书局，1986，第1985页。
② ［宋］黎靖德编：《朱子语类》，北京：中华书局，1986，第2页。
③ ［宋］黎靖德编：《朱子语类》，北京：中华书局，1986，第1页。
④ ［宋］黎靖德编：《朱子语类》，北京：中华书局，1986，第9页。
⑤ ［宋］黎靖德编：《朱子语类》，北京：中华书局，1986，第1页。

阳而在阴阳，即五行而在五行，即万物而在万物，只是一个理而已。因其极至，故名曰太极。”[1] 朱熹认为不存在人格化的至上神：“苍苍之谓天。运转周流不已，便是那个。而今说天有个人在那里批判罪恶，固不可。说道全无主之者，又不可。这里要人见得。”[2] 朱熹与董仲舒在本体论上的差异虽说很大，但一旦落到伦理层面，则又有相近之处，“天有春夏秋冬，地有金木水火，人有仁义礼智，皆以四者相为用也”[3]。

关于人性，朱熹说：“性者，人、物之所得以生之理也”[4]。表面看来，这好像和董仲舒讲的人性相似，实则不然。朱熹曾明确否定过董仲舒的人性论，他称告子的人性论“只说得个形而下者”，之后有学生问及董仲舒，“董仲舒：‘性者生之质也。’曰：‘其言亦然’”[5]。朱熹的人性论在张载、程颐等人的基础上又做了进一步发挥。朱熹对气质之性的提出非常推崇，他说：“此其有功于圣门，而惠于后学也厚矣。”[6] 朱熹认为天地之性是善的，他说：“性即天理，未有不善者也。”[7] 各种伦理道德都先天地被赋予人性之中，“大则君臣父子，小则事物细微，其当然之理，无一不具于性分之内也”[8]。说到气质之性，朱熹把人分为四等：生而知之者，学而知之者，困而学之者，困而不学者。

---

① ［宋］黎靖德编：《朱子语类》，北京：中华书局，1986，第2371页。
② ［宋］黎靖德编：《朱子语类》，北京：中华书局，1986，第5页。
③ ［宋］黎靖德编：《朱子语类》，北京：中华书局，1986，第11页。
④ ［宋］朱熹：《四书集注》，长沙：岳麓书社，1987，第426页。
⑤ ［宋］黎靖德编：《朱子语类》，北京：中华书局，1986，第1376页。
⑥ ［宋］朱熹撰、黄坤校点：《四书或问》，上海：上海古籍出版社，合肥：安徽教育出版社，2001，第478页。
⑦ ［宋］朱熹：《四书集注》，长沙：岳麓书社，1987，第466页。
⑧ ［宋］朱熹：《四书集注》，长沙：岳麓书社，1987，第501页。

正因为人的气质之性不同，所以世间才有了善恶之分，“人之性皆善，然而有生下来善底，有生下来便恶底，此是气禀不同。且如天地之运，万端而无穷，其可见者，日月清明气候和正之时，人生而禀此气，则为清明浑厚之气，须做个好人；若是日月昏暗，寒暑反常，皆是天地之戾气，人若禀此气，则为不好底人”①。朱熹以此来解释世间善恶的由来，但也进一步论证了人性的不平等。事实上，不存在涵盖一切人的抽象人性，不论孟子、荀子、董仲舒，还是朱熹，他们的理论都不可能没有漏洞。和张载、程颐等人一样，朱熹的人性论也要落脚到天理人欲之辨，由气质之性而产生的人欲当然是恶的，要回归到天理的善，人欲就必须被克服，“存天理，灭人欲”是朱熹人性论当然的结论。从这一点来说，董仲舒“明道正谊”之论受到朱熹的肯定也就很好理解了：“汉儒惟董仲舒纯粹，其学甚正，非诸人比。只是困苦无精彩，极好处也只有‘正谊、明道’两句。”②

在朱熹前后，比较重要的思想家还有许多，此处略举数家，以见其概。就学术倾向而言，《宋史·道学传》将张栻与朱熹并列。虽说在学术影响上，张栻难及朱熹，但在当时张栻的学术地位还是很高的。张栻也以“太极”为最高哲学范畴，他说：“太极动而二气形，二气形而万物化生。人与物俱本乎此者也。”③“天”“性”“心”等，不过是“同体异取”而已，“理之自然，谓之天命。于人为性，主于性为心。天也，性也，心

---

① ［宋］黎靖德编：《朱子语类》，北京：中华书局，1986，第69页。
② ［宋］黎靖德编：《朱子语类》，北京：中华书局，1986，第3257页。
③ ［宋］张栻：《南轩集》（卷十一），文渊阁四库全书本。

也，所取则异，而体则同”[①]。张栻又从“已发”和“未发”来区分心和性，未发者是性，已发者是心。至于将人性区分为天地之性和气质之性，张栻与其他理学家并无不同。不过，张栻强调每个人都具备变化气质的可能，“人所禀之质虽有不同，然无有善恶之类一定而不可变者，盖均是人也”[②]。

义利之辨也是理学家关注的重点，他们往往把义和利对立起来看。董仲舒的名言“仁人者，正其道不谋其利，修其理不急其功”虽说被他们一再称道，但其实他们和董仲舒的义利观并不完全一致。董仲舒强调了道和理的重要性，遇事时道和理在先，而不必讲究利和功。但并不是说，谋道必然不能谋利，修理必然不能急功。张栻则不然，他说：“夫善者，天理之公，孳孳为善者存乎此而不舍也。至于利，则一己之私而已。盖其处心积虑，惟以便利于己也。然皆云孳孳者，犹言‘君子喻于义，小人喻于利’之意。夫义利二者，相去之微，不可以不深察也。”[③]

说到义利之辨，要顺道提一下陈亮。不同于理学家将义利对立起来，陈亮认为义要体现在利上，义利双行，缺一不可，反对离开事功空谈义理。他说：“王霸可以杂用，则天理人欲可以并行矣。”[④]

在义利观上，宋儒虽说推崇董仲舒，但实际上与董仲舒并不相同。董仲舒曾经两度担任诸侯王国相，被班固列为汉

---

① ［宋］张栻：《孟子说》（卷七），文渊阁四库全书本。
② ［宋］张栻：《论语解》（卷八），文渊阁四库全书本。
③ ［宋］张栻：《孟子说》（卷七），文渊阁四库全书本。
④ ［宋］陈亮著、邓广铭点校：《陈亮集》，石家庄：河北教育出版社，2003，第281页。

武帝时期仅有的循吏代表，肯定不是空谈义理者；而且，董仲舒所讲那句名言的对象是骄奢的诸侯王，而不是拿它作为一般的准则来要求普通人。相对而言，理学骨干，无论是二程，还是朱熹，少有临民主官的从政经历，大可以高谈阔论。

吕祖谦与朱熹、张栻并称“东南三贤”。早在北宋，吕氏家族就是中原望族。出身于名门的吕祖谦学术思想明显带有家学印记。相对而言，吕祖谦在强调“理”的同时提出“天人无间”的观点，他说:“抑不知天大无外，人或顺或违，或向或背，或取或舍，徒为纷纷，实未尝有出天之外者也。顺中有天，违中有天，向中有天，背中有天，取中有天，舍中有天。果何适而非天耶?”① 显然，在对天的强调上，吕祖谦与董仲舒有近似之处。无怪乎吕祖谦评价仲山甫的时候还专门引用董仲舒的观点：“董仲舒曰：上天佑之，为生贤佐。”

理学中除程朱一派外，还有以陆九渊为代表的心学一派。陆九渊并没有否定理的重要性，他说：“塞宇宙一理耳，学者之所以学，欲明此理耳。此理之大，岂有限量?”② 太极理论也是陆九渊高度重视的：“故太极判而为阴阳，阴阳即太极也。阴阳播而为五行，五行即阴阳也。塞宇宙之间，何往而非五行?”③ 但陆九渊更重视“心”的地位，他说：“心，一心也，理，一理也，至当归一，精义无二，此心此理，实不容有二。”④ “心即

---

① ［宋］吕祖谦:《左氏博议》（卷十二），文渊阁四库全书本。
② ［宋］陆九渊著、钟哲点校:《陆九渊集》，北京：中华书局，1980，第161页。
③ ［宋］陆九渊著、钟哲点校:《陆九渊集》，北京：中华书局，1980，第282页。
④ ［宋］陆九渊著、钟哲点校:《陆九渊集》，北京：中华书局，1980，第4—5页。

理”是陆九渊思想体系最大的特色。董仲舒以来的儒者往往讲天人合一，陆九渊也不例外，他说：“义理之在人心，实天之所与，而不可泯灭焉者也。”① 正是从天人合一的角度，陆九渊反对理欲之辨，他说：“天理人欲之言，亦自不是至论。若天是理，人是欲，则是天人不同矣。此其原盖出于老氏。”② 不过，陆九渊并不赞同董仲舒的灾异学说，他很赞赏吕益柔对董仲舒灾异说的评价：“昔之言灾异者多矣，如刘向董仲舒李寻京房翼奉之徒，皆通乎阴阳之理，而陈于当时者非一事矣。然君子无取焉者，为其着事应之说也。”陆九渊称这段话：“其言虽未精尽，大概可谓得矣。”③ 在陆九渊看来，董仲舒的灾异说已经流为“术数”，他说：“汉儒专门之学流为术数，推类求验，旁引曲取，徇流忘源，古道榛塞。后人觉其附会之失，反滋怠忽之过。董仲舒刘向犹不能免，吁，可叹哉！是年之水，仲舒以为伐邾之故，而向则以为杀子赤之咎，是奚足以知天道而见圣人之心哉？”④

南宋末年的黄震也推崇董仲舒，他在《黄氏日抄》中多次赞扬董仲舒，比如：“自孔、孟殁，异端纷扰者千四百年，中间惟董仲舒正谊明道二语，与韩文公《原道》一篇，为得议论之正。”⑤ 甚至认为即便是贾谊也不能与董仲舒并列：“汉儒惟董仲

① ［宋］陆九渊著、钟哲点校：《陆九渊集》，北京：中华书局，1980，第 376 页。
② ［宋］陆九渊著、钟哲点校：《陆九渊集》，北京：中华书局，1980，第 395 页。
③ ［宋］陆九渊著、钟哲点校：《陆九渊集》，北京：中华书局，1980，第 179 页。
④ ［宋］陆九渊著、钟哲点校：《陆九渊集》，北京：中华书局，1980，第 282 页。
⑤ ［宋］黄震：《黄氏日抄》（卷三十三），文渊阁四库全书本。《黄氏日抄》虽多为黄震抄录前人言语而成，但抄录过程中的取舍也很能表明其态度，而其赞赏董仲舒之语，除抄录前人者外，也有自己的观点。这里就不再一一区分了。

舒纯粹，贾谊杂有战国纵横之风。”① 在他看来，董仲舒不亚于孔门十哲：“自孟子没后，学圣人之学者惟仲舒。其天资粹美，用意纯笃，汉唐诸儒，鲜其比者。使幸而及门于孔氏，亲承圣训，庶几四科之流亚矣”。② 对于董仲舒的人性论，黄震也有欣赏之意：“董仲舒因孟、荀言性不同，作情性之说，谓性生于阳，情生于阴，曰性善者见其阳，谓恶者见其阴。”③ 黄震曾经为韩愈的“性三品”说辩护，显然他对韩愈的辩护也可以用到董仲舒“中人之性”的观点上。

四、《春秋繁露》与南宋的《春秋》学

南宋《春秋》学的开创者是胡安国，胡安国有《春秋传》三十卷行于世。胡安国的《春秋》学，理学贯穿其始终，正如其子胡寅所撰《先公行状》记载：“公自少留心此经，每曰：‘先圣亲手笔削之书，乃使人主不得闻，讲说学士不得相传，习乱伦灭理用夷变夏殆由此乎？’于是潜心刻意，备征先儒。虽一义之当，片言之善，靡不采入。岁在丙申初，得伊川先生所作《传》，其间大义十余条，若合符节，公益自信，研穷玩索者二十余年，以为天下事物无不备于《春秋》。喟然叹曰：‘此传心要典也。推明克己，修德之方，所以尊君父、讨乱贼，存天理、正人心者，必再书屡书，恳恳致详。于是圣人宏规大用，较然明著。”④

---

① ［宋］黄震：《黄氏日抄》（卷三十八），文渊阁四库全书本。
② ［宋］黄震：《黄氏日抄》（卷四十七），文渊阁四库全书本。
③ ［宋］黄震：《黄氏日抄》（卷五十七），文渊阁四库全书本。
④ ［宋］胡寅：《斐然集》（卷二十五），文渊阁四库全书本。

胡安国在其《春秋传 · 述纲领》中说："学《春秋》者必知纲领，然后众目有条而不紊。自孟轲氏而下，发明纲领者凡七家。今载七家精要之词于卷首，智者即词以观义，则思过半矣。"[①] 胡安国所称引的七家中就有董仲舒："汉董仲舒记夫子之言曰：我欲载之空言，不如见之于行事之深切著明也。诵其师说曰：拨乱世反之正，莫近《春秋》。其自言曰：有国者不可以不知《春秋》，前有谗而不见，后有贼而不知；为人臣者不可以不知《春秋》，守经事而不知其宜，遭变事而不知其权。为人君父而不通《春秋》之义者，必蒙首恶之名；为人臣子而不通《春秋》之义者，必陷篡弑之罪。故《春秋》礼义之大宗也。'"胡安国还特意加了一段按语："按：《汉书》：董仲舒广川人，少治《春秋》，下帷讲授，三年不窥园圃。以贤良对策，劝武帝勉强学问，行道设诚于内等语。帝嘉之，以为江都相。仲舒学有源委，正谊明道之言。度越诸子，为汉醇儒。"[②] 由此可见，胡安国十分推崇董仲舒。但胡安国的《春秋》学却不尽同于董仲舒，比如，《公羊》学派强调权变，并以祭仲为例申述了权变之义。董仲舒在《春秋繁露》中也说："故凡人之有为也，前枉而后义者，谓之中权，虽不能成，《春秋》善之，鲁隐公、郑祭仲是也。"[③] 胡安国显然不认可《公羊传》以及董仲舒的说法，他在给宋高宗的上书中曾经说："昔公羊氏言祭仲废君为行权，先

① ［宋］胡安国著、钱伟强点校：《春秋胡氏传 · 述纲领》，杭州：浙江古籍出版社，2010，第 9 页。

② ［宋］胡安国著、钱伟强点校：《春秋胡氏传 · 述纲领》，杭州：浙江古籍出版社，2010，第 9—10 页。

③ ［清］苏舆撰、钟哲点校：《春秋繁露义证 · 竹林》，北京：中华书局，1992，第 60—61 页。

儒力排其说。盖权宜废置非所施于君父，《春秋》大法，尤谨于此。”①

宋代学风，于《春秋》不主一传，胡安国《春秋传》也是如此。他说：“传《春秋》者三家，《左氏》叙事见本末，《公羊》《穀梁》辞辨而义精。学经以传为按，则当阅《左氏》；玩辞以义为主，则当习《公》《穀》。”② 实际上，胡安国对三《传》的取舍标准是程颐所开创的理学：“故今所传，事按《左氏》，义采《公羊》《穀梁》之精者，大纲本孟子，而微辞多以程氏之说为证云。”③ 但在东汉以后《公羊》学不振的大背景下，胡安国《春秋传》中对部分《公羊》大义微言的引用与引申，对于《公羊》学的传承而言非常重要。尤其是元、明两代的科考都以胡安国《春秋传》取士，更扩大了《公羊》学的影响，为后来清代《公羊》学的复兴奠定了基础。所以，皮锡瑞在其《经学通论》中说：“胡氏尊孟子，故能信《公羊》。惜其传不能笃守《公羊》，故虽窥见微言，未尽原本古义，间涉穿凿，不惬人心。而视前儒以《春秋》为托空言而无用处者，其见更为卓矣。”④ 胡安国《春秋传》之所以强调尊王、复仇，也是在两宋之际的历史巨变中有所感而发。《春秋》经世，始终是胡安国《春秋》学的一个特色。

强调“道问学”的朱熹对《春秋》学也十分关注，虽无专

---

① ［元］脱脱：《宋史·儒林五》，北京：中华书局，1963，第12914页。

② ［宋］胡安国著、钱伟强点校：《春秋胡氏传·叙传授》，杭州：浙江古籍出版社，2010，第13页。

③ ［宋］胡安国著、钱伟强点校：《春秋胡氏传·叙传授》，杭州：浙江古籍出版社，2010，第14页。

④ ［清］皮锡瑞：《经学通论》（卷四），北京：中华书局，1954，第74页。

门著述，但散见于《朱子语类》《朱子文集》等作品中的关于《春秋》学的论述在《春秋》学史上也还有一定影响。朱熹不相信《春秋》“笔法”中的“一字褒贬”，他说，“《春秋》大旨，其可见者：诛乱臣，讨贼子，内中国，外夷狄，贵王贱伯而已。未必如先儒所言，字字有义也”①，“此是圣人据鲁史以书其事，使人自观之以为鉴戒尔。其事则齐桓晋文有足称，其义则诛乱臣贼子。若欲推求一字之间，以为圣人褒善贬恶专在于是，窃恐不是圣人之意”②。《春秋》三《传》中，朱熹最看重《左传》：“《春秋》之书，且据《左氏》。当时天下大乱，圣人且据实而书之，其是非得失，付诸后世公论。盖有言外之意，若必于一字一辞之间求褒贬所在，窃恐不然。”不过，他只取《左传》的叙事而不取其论断，他说：“《左氏》之病，是以成败论是非，而不本于义理之正。尝谓左氏是个猾头熟事，趋炎附势之人。”③ 朱熹认为《公》《穀》二传长于义理，而拙于叙事。他说：“以三传言之，《左氏》是史学，《公》《穀》是经学。史学者记得事却详，于道理上便差；经学者于义理上有功，然记事多误。”④ 可见朱熹《春秋》学的立场与董仲舒《春秋繁露》并不相同。虽说朱熹对董仲舒十分欣赏，但这欣赏仅限于《天人三策》而非《春秋》学。他说：“汉儒最纯者莫如董仲舒，仲舒之文最纯者莫如《三策》”⑤。在评价胡安国的《春秋》学时，朱熹说：“文定比似仲舒较浅，仲舒比似古人又浅。”又

---

① ［宋］黎靖德编：《朱子语类》，北京：中华书局，1986，第2144页。
② ［宋］黎靖德编：《朱子语类》，北京：中华书局，1986，第2145页。
③ ［宋］黎靖德编：《朱子语类》，北京：中华书局，1986，第2149页。
④ ［宋］黎靖德编：《朱子语类》，北京：中华书局，1986，第2152页。
⑤ ［宋］黎靖德编：《朱子语类》，北京：中华书局，1986，第2226页。

曰："仲舒识得本原，如云'正心修身可以治国平天下'，如说'仁义礼乐皆其具'，此等说话皆好。"[1] 可见朱熹对董仲舒的肯定并不包括《春秋》学。以善属文而闻名的朱熹对董仲舒的文风也颇有微词，在《朱子语类》中可以看到他多次批评董仲舒文风软弱。当然，由此也可以看出朱熹对董仲舒的作品肯定非常熟悉，不然也不能得出如此结论。

南宋治《春秋》学者，尚有陈传良、张洽等人。但整体上看，宋代《春秋》学对《公羊传》重视不够，对董仲舒《春秋繁露》也少有专门用功者，对"三科九旨"等《春秋》大义更是少有申述。直到宋末元初家铉翁讲《春秋》时强调"为后王制法"等《春秋》大义，这种情况才稍有转变。

五、理学影响下的元、明时期《春秋繁露》学术史

（一）金元时期的《春秋繁露》学术史

宋室南迁之后，北方学术凋零，金代百余年于学术几无可称述。因为金代儒者"无专门名家之学"，《金史》干脆就没有《儒林传》。北方学术的复兴要从金末元初开始说起。

金元之际，中原的姚枢投靠蒙古后受到窝阔台的赏识。1235 年蒙军攻陷德安（今湖北安陆），姚枢于俘虏之中发现了学者赵复。次年，姚枢协助窝阔台宠臣杨惟中一起在燕京创办蒙元第一所官办学校——太极书院，聘请赵复主持讲席。至此，

① ［宋］黎靖德编：《朱子语类》，北京：中华书局，1986，第 2579 页。

理学才得以又传回北方。太极书院建成后，姚枢也曾向赵复学习。后来姚枢隐居苏门山期间，许衡从其游而知程朱之学。后来，许衡长期担任国子监祭酒，北方儒学逐渐恢复。许衡虽受学于姚枢，但其学术成就远在姚枢之上。在本体论上，许衡完全接受了理学家的论点，他说："凡物之生，必得此理而后有是形，无理则无形。"[①] 在许衡看来，心、性、理、天是一回事："或问心也，性也，天也，一理也何如？曰：'便是一以贯之。'又问理出于天，天出于理。曰：'天即理也。'"[②] 至于其修养论，则与宋儒并无不同，无非存天理灭人欲，强调将人欲禁绝于未发之前。许衡的思想中很少有董仲舒的影子，唯许衡在给忽必烈的上书中称"定考之前代，北方奄有中夏，必行汉法，可以长久"[③]，或许可以从中看到些许《春秋》学者常讲的用夏变夷的痕迹。

元代儒学的代表吴澄，以朱子道统继承者而自居："道之大原出于天，神圣继之，尧、舜而上，道之元也；尧、舜而下，其亨也；洙、泗、邹、鲁，其利也；濂、洛、关、闽，其贞也。分而言之，上古则羲、黄其元，尧、舜其亨，禹、汤其利，文、武、周公其贞乎！中古之统：仲尼其元，颜、曾其亨乎，子思其利，孟子其贞乎！近古之统：周子其元，程、张其亨也，朱子其利也，孰为今日之贞乎？未之有也。然则，可以终无所归哉！"[④] 吴澄倾向于调和朱陆之学，他说："朱子于道问学之功居

---

① ［元］许衡：《鲁斋遗书》（卷一），文渊阁四库全书本。
② ［元］许衡：《鲁斋遗书》（卷一），文渊阁四库全书本。
③ ［元］许衡：《鲁斋遗书》（卷七），文渊阁四库全书本。
④ ［明］宋濂：《元史・吴澄传》，北京：中华书局，1976，第4013页。

多，而陆子静以尊德性为主。问学不本于德性，则其敝必偏于言语训释之末，故学必以德性为本，庶几得之。”①

在理学影响的背景下，元代儒者少有论及董仲舒者。但是，从吴澄之言语看，“道之大原出于天”等董仲舒的学说，在某种程度上早已成为常识，上述诸儒虽不曾专门论及董仲舒，但董仲舒却在他们构建自己的思想体系的过程中发挥着潜移默化的作用。理学在北方的发展扩大了儒学在元朝的影响力，也正因为儒学在元朝地位的不断提升，才有了元文宗至顺元年（1330）下诏董仲舒从祀孔庙。

元代的《春秋》学也要从赵复开始讲起。赵复不仅将理学传到了北方，而且也将经学传到了北方，胡安国的《春秋传》就经赵复而传到北方，后来元朝开科取士，《春秋》所用的即是胡安国《春秋传》。

但理学家的经学宗旨，与汉儒迥然有别。比如，作为理学家的刘因虽主张读书从经学入手，但其归宿依然落到宋儒的议论之学：“六经自火于秦，传注于汉，疏释于唐，议论于宋，日起而日变，学者亦当知其先后，不以彼之言而变吾之良知也。近世学者往往舍传注疏释，便废诸儒之议论。盖不知议论之学，自传注疏释出，特更作正大高明之论尔。传注疏释之于经，十得其六七。宋儒用力之勤，铲伪以真，补其三四而备之也。故必先传注而后疏释，疏释而后议论。”② 刘因提出“古无经史之别”的主张，虽说在学术史上影响很大，但却不合经学的家法，

① ［明］宋濂：《元史·吴澄传》，北京：中华书局，1976，第4012页。
② ［元］刘因：《静修集·续集》，文渊阁四库全书本。

他说："古无经史之分，《诗》《书》《春秋》皆史也，因圣人删定笔削，立大经大典，即为经也。"①

吴澄在经学上也以朱熹传人而自居，虽穷数十年之功校注五经，但他的经学仍是服务于其理学研究的。吴澄著有《春秋纂言》十二卷，其书兼取三《传》。相对而言，对于《春秋》记事，吴澄更倾向于《左传》。他说："澄窃谓，三《传》得失，先儒固言之矣。载事则《左氏》详于《公》《穀》；释经则《公》《穀》精于《左氏》。意者《左氏》必有按据之书，而《公》《穀》多是传闻之辞。况人名、地名之殊，或由语音字画之舛，此类一从《左氏》是也。然有考之于义的，然见《左氏》为失，而《公》《穀》为得者，则又岂容以偏徇哉？"② 对于《春秋》大义，则多采纳《公羊》及董生者。比如对"鲁隐公元年"的叫法，吴澄《纂言》曰："公羊氏《传》曰：君之始年也。澄曰：谓第一年也。不称一年而称元年何也？一乃数之始，莫之或先。然但谓之一，则不见其有异。尊其在始，特立殊称，以一年为诸年之首，故变一称元。元者，首也。"③ 这显然采纳了董仲舒对《春秋》五始之义的强调。

元人程端学也以治《春秋》闻于世，有《春秋本义》三十卷、《春秋三传辨疑》二十卷、《春秋或问》十卷，俱存于世。程端学对董仲舒评价甚高，说"仲舒之学得之于《春秋》，而大有功于世教也"。对于董仲舒所强调的"《春秋》五始"，程端学也欣然接受，他说："窃尝因仲舒之言而推之，王者常以正时

---

① ［元］刘因：《静修集·续集》，文渊阁四库全书本。

② ［元］吴澄：《吴文正集》（卷一），文渊阁四库全书本。

③ 张欣点校：《春秋纂言》，北京：北京师范大学出版社，2016，第167页。

为务，奉天道以正人时。”[①] 对于“经”与“权”的关系，程端学也认可董仲舒的观点：“盖《春秋》王道之权衡处，常则用经，遭变则用权，其用权乃所以合乎经也。汉儒之论经权，此论为最粹。大抵为学，必先知经，知经而后可以语权。不知经，而遽语权，未有不流于变诈者也。”[②] 但是，就其整体而言，程端学显然是程朱的信徒：“《春秋》一经，诸儒议论不一，未有能尽合圣人作经之初意。于是本程朱之论，殚平生心力，辑诸说之合经旨者，为《本义》以发之。订二《传》之不合于经者，为《辨疑》以正之。又推本所以去取诸家之说者，作《或问》以明之。”[③]

在这一时期，治《春秋》最为后人推崇者，乃黄泽、赵汸师徒。黄泽反对虚辞说经，他说：“说《春秋》须先识圣人气象，则一切刻削烦碎之说自然退听矣。其但以为实录而已者，则《春秋》乃一直史可修，亦未为知圣人也。”[④] 黄泽的《春秋》学，本于《左传》，而多采杜注，如此则董仲舒的《春秋》学也被黄泽打入虚辞之列：“董仲舒说《春秋》，大义诚可观。然在泽，亦只作虚辞看。盖仲舒学《公羊》者也，焉能改于其失？既未能改于其失，则去经旨亦远矣。所说虽善，岂不近于虚辞乎？”[⑤]

赵汸治《春秋》秉承师说，撰《春秋师说》，后来又推广其义撰《春秋集传》。赵汸《春秋》学也以《左传》为主，著

---

① ［元］程端学：《春秋或问》（卷一），文渊阁四库全书本。
② ［元］程端学：《春秋或问》（卷一），文渊阁四库全书本。
③ ［清］朱彝尊：《经义考》，北京：中华书局，1998，第1001页。
④ ［清］朱彝尊：《经义考》，北京：中华书局，1998，第1007页。
⑤ ［明］赵汸：《春秋师说》（卷中），文渊阁四库全书本。

有《左传补注》十卷。《四库全书总目》称："汸尊黄泽之说，《春秋》以《左氏传》为主，注则宗杜预。《左》有所不及者，以《公羊》《穀梁》二《传》通之。杜所不及者，以陈传良《左传章旨》通之。是书即采传良之说，以补《左传集解》所未及。其大旨为，杜偏于《左》，传良偏于《穀梁》。若用陈之长以补杜之短，用《公》《穀》之是以救《左传》之非，则两者兼得。"[①] 由此可知，赵汸《春秋》学之宗旨绝不同于董仲舒，其文中对董仲舒评价亦不甚高，其《春秋集传》所取董仲舒之说不过一二条而已。

（二）明代的《春秋繁露》学术史

提及明代，世人多谓明人空疏不学。在这一背景下，明代《春秋繁露》学术史可述者不过以下寥寥数端而已。

明朝初年，朱熹之理学因受到统治者青睐而成为国家意识形态的核心内容，高居于庙堂之上。永乐年间，在皇帝朱棣的直接过问下，翰林院以程朱为标准，汇辑历代传注，编成《五经大全》《四书大全》《性理大全》，以钦定的形式确立了理学的地位。然而在学术上，这三部大全几无述说的必要。明代学术首先从宋濂、刘基等人开始说起，他们的作品虽说多完成于元朝，但其影响却更多是在明朝。宋濂是金华朱学的传人，但他也试图调和朱陆之学，即便是佛道之书，宋濂也都曾经下过一番功夫。他说："六经皆心学也。心中之理无不具，故六经之言无不该，六经所以笔吾心之理者也。是故，说天莫辨乎

---

① ［清］永瑢等：《四库全书总目》，北京：中华书局，1965，第228页。

《易》，由吾心即太极也。说事莫辨乎《书》，由吾心政之府也。说志莫辨乎《诗》，由吾心统性情也。说理莫辨乎《春秋》，由吾心分善恶也。说体莫辨乎《礼》，由吾心有天叙也。导民莫过乎《乐》，由吾心备人和也。”① 这很能代表元明之际理学家们对待经典的态度。

与宋濂同时代的刘基也被视为一代宗师。刘基的学术从整体上说，依然可以被纳入理学的范围。在天道观方面，刘基把“理”视为最高哲学范畴，他说：“天之质，芒芒然气也，而理为其心，浑浑乎惟善也。”很显然，他不认可董仲舒思想体系中人格意志的天。在人性论上，刘基说：“人也者，天之子也。假于气以生之，则亦以理为其心。气之邪也而理为其所胜，于是乎有恶人焉，非天之欲生之也。”② 这也不脱宋人之篱藩。刘基少学《春秋》，撰有《春秋明经》一书。在《春秋明经》中，“夷夏之防”是刘基所要表达的主要内容之一：“外夷猾夏，而中国失御侮之道，故外夷遂强而用中国之礼焉。此夷夏盛衰之大机也。夫外夷之所以强，皆由中国不振而已矣。”③ 这与《公羊》家的夷夏观念不尽相同，不过考虑到刘基所生活的时代民族矛盾非常尖锐，也就可以理解了。刘基在《春秋明经》中也热衷于谈论灾异和感应，他说：“《春秋》纪阴阳之失节，所以示人君不可忽天道也。夫《春秋》常事不书，惟异而后书之。……天人一理，有感则必有其应。”④ 在对具体事件的解释

---

① ［明］宋濂：《文宪集》（卷二十八），文渊阁四库全书本。
② ［明］刘基：《诚意伯文集》（卷八），文渊阁四库全书本。
③ ［明］刘基：《诚意伯文集》（卷八），文渊阁四库全书本。
④ ［明］刘基：《诚意伯文集》（卷十三），文渊阁四库全书本。

上，刘基与董仲舒未必相同，但其理论框架则是相似的，只不过刘基的论证更趋于精致而已。同时，刘基的《春秋》学带有更浓重的理学气息。

明初学者中，王祎对董仲舒评价较高。在他看来，董仲舒虽不及宋代理学诸儒，但依然是战国到两宋间不可或缺的重要人物："道术为天下裂至于宋，盖千数百年其间，如荀卿、扬雄、董仲舒、贾谊、王通、韩愈氏、欧阳修氏，庶几明圣贤之学矣，而其道不大显。"① 他还曾上书朱元璋，提议将董仲舒从祀孔庙。他说："自夫孟轲既往，圣学不明，邪说盛行，异端并起。历秦至汉，诸儒继作。然完经翼传，局于专门之学，而于圣人之道莫或有闻。惟董仲舒于其间，号称醇儒。其学博通诸经，于《春秋》之义尤精。所以告其君者，如天人、性命、仁义、礼乐，以及勉强遵行，正谊明道之论，皆他儒之所不能道。至其告时君，罢黜百家，表章六经，以隆孔子之教，使道术有统，异端息灭，民到于今赖之。则所以尊崇圣学者，其功殆不在孟子下。以荀况之言性恶，扬雄之事新莽，犹获从祀，而仲舒顾在所不取，何也?"② 王祎还曾模仿董仲舒《春秋繁露》中的《求雨》写了篇《衍汉请雨辞》。受王祎的影响，其子王绅也高度关注董仲舒，他认为董仲舒的学术能得圣贤之心，"若汉之董仲舒，其言明白坦易，为得圣贤之心"③。

宋濂最为知名的弟子是方孝孺。方孝孺同情董仲舒的遭遇，他说："抱道德而不大显者，若贾谊、董仲舒之在汉，韩愈之在

---

① ［明］王祎：《王忠文集》（卷八），文渊阁四库全书本。
② ［明］王祎：《王忠文集》（卷十五），文渊阁四库全书本。
③ ［明］王绅：《继志斋集》（卷七），文渊阁四库全书本。

唐，周、程、张、邵、朱子之在宋，遗言具存于世，其源流统绪之详，亦可得而言欤。”① 他认为可以把董仲舒看成汉儒的代表，“汉儒之文有益于世，得圣人之意者，惟董仲舒、贾谊”②。明初茅大方在关中出任朱元璋之子秦王的长史，他非常仰慕董仲舒两相骄王的业绩，建了一座“希董之堂”，并请方孝孺撰文作记，方孝孺欣然命笔写下《希董堂记》。在文中，他一再表达了对董仲舒的褒扬：“董仲舒在武帝时，最为不遇，屡遭有力者摈斥，不得立朝廷，而周旋藩国，以仁义道德匡正。至今尊其学术，以为圣贤之徒。”③

入明以后，虽说治《春秋》者寡其人，但是对董仲舒《春秋》学的价值，人们还是认可的。比如明代中期的何乔新就曾说：“盖《春秋》，圣人经世之典也。……自汉以来，讲而明之者，盖多有之，推而行之者，仅一二见焉。董仲舒用之治江都，萧望之用之为冯翊，隽不疑用之决疑狱，彼所用者，《春秋》之土苴也，然犹有声当时，扬休后世如此，况尽举而大行焉者，其成效当何如哉?”④ 他这段话中虽对董仲舒略有不敬，意在褒扬后来者，但他显然对“以《春秋》当新王”“为后圣制法”等董仲舒《春秋》学的根本观念非常熟悉。

陈献章之学可以看成是明代心学的前驱，《明史·儒林一》称：“原夫明初诸儒，皆朱子门人之支流余裔，师承有自，矩矱秩然。曹端、胡居仁笃践履，谨绳墨，守儒先之正传，无敢改

① ［明］方孝孺：《逊志斋集》（卷六），文渊阁四库全书本。
② ［明］方孝孺：《逊志斋集》（卷十一），文渊阁四库全书本。
③ ［明］方孝孺：《逊志斋集》（卷十五），文渊阁四库全书本。
④ ［明］何乔新：《椒邱文集》（卷十），文渊阁四库全书本。

错。学术之分，则自陈献章、王守仁始。宗献章者曰江门之学，孤行独诣，其传不远。宗守仁者曰姚江之学，别立宗旨，显与朱子背驰，门徒遍天下，流传逾百年，其教大行，其弊滋甚。嘉、隆而后，笃信程、朱，不迁异说者，无复几人矣。”[①] 陈献章出朱入陆，不仅可以从其自身的思想发展中找到逻辑的合理性，而且还可以从明代思想发展的整体看到其内在理路。陈氏之于经学，俨然得鱼忘筌矣。他说：“吾闻之：六经，夫子之书也。学者徒诵其言而忘味，六经一糟粕耳，犹未免于玩物丧志。”[②]

传陈献章衣钵者为湛若水。湛若水仕宦显达，且得享高寿，号称门徒三千九百有余。湛若水一生著作等身，构建起了一套以心学为特色的学说体系。湛若水也认可天人感应，他曾引用董仲舒之说以劝诫君主。他说，“吉凶之于善恶，犹影响之于形声。天道人事，感应之速如此。汉儒董仲舒亦曰：‘臣观天人相与之际，甚可畏。’亦此意也。为人君者，一念之发，即有感召，可不慎乎”[③]；“天戒如日蚀灾异之类，天所以警动开发人主者也。董仲舒谓：天心仁爱人君，故以灾异警动之。即此也”[④]。他对董仲舒《天人三策》尤其欣赏：“心学之不明也，久矣！是以道化不明，而卒无善治。高明光大，吾心之本体也。加之意，在反求之而已耳。仲舒之告武帝，诚知德业之本矣。他如：一则曰：王心未加焉。二则曰：设诚于内。合而观之，岂非以二

---

① ［清］张廷玉：《明史·儒林一》，北京：中华书局，1974，第7222页。

② ［明］陈献章：《陈白沙集》（卷一），文渊阁四库全书本。

③ ［明］湛若水：《格物通》（卷七），文渊阁四库全书本。

④ ［明］湛若水：《格物通》（卷九），文渊阁四库全书本。

帝三王之心学，望武帝乎？惜乎，内多欲而外施仁义，其蔽固已深矣。”①

王守仁被视为明代心学的泰斗，其思想体系在陆九渊的基础上有了进一步的完善，因而他们的学术也往往被并称为陆王心学。其后，王学风行大江南北，成为明代中后期学术的主流。考察王守仁学术生平可知，他在构建其思想体系过程中，未曾参考《春秋繁露》。而且王守仁对经学兴趣不大，更未曾在《春秋》学上有何建树，《春秋繁露》显然也不是他关注的重点。甚至王守仁对董仲舒的评价尚且在文中子王通之下：“予尝论文中子，盖后世之大儒也。自孔、孟既没，而周、程未兴，董、韩诸子，未或有先焉者。”② 在王学盛行的明代中后期，对董仲舒及《春秋繁露》问津者乏人。但是，人们对于董仲舒道德文章的认可却已经成为常识，不仅体现在董仲舒得以从祀孔庙，成为钦定的圣贤，而且体现在一般士人的言谈文章之中。比如史鉴在《西村集》中论及董仲舒时说：“论治人则本于明道，语修已则原于正心。德刑取喻乎阴阳，风俗推原于教化。尊仁贵义，黜利贱功。使得谟谋廊庙，则汉业庶几乎三代，岂止杂霸而已哉？”③ 董仲舒“限民名田”的政治主张也得到明人普遍的赞许，“三年不窥园”也被明人视为勤学励志的典范。这一时期，对董仲舒的批判多集中在阴阳灾异等方面，比如归有光说：“汉世如董仲舒、郎颢之徒，皆能推阴阳以纳说时君。学者或以为流

---

① ［明］湛若水：《格物通》（卷二十八），文渊阁四库全书本。

② ［明］王守仁著，王晓昕、赵平略点校：《王文成公全书》，北京：中华书局，2015，第1179页。

③ ［明］史鉴：《西村集》（卷八），文渊阁四库全书本。

于术数，假经托义，非吾儒之正道。”[1]

总之，明人虽对董仲舒评价颇高，但仅限于其道德人品。成化年间，董仲舒甚至还被朝廷追封了一个广川伯的爵位，但明人对《春秋繁露》却少有深入研究，其间可述的亦仅印数增加、出现多个明代版本并流传至今、开始出现零散的注释和评语等。这也是一代学术风气使然。

---

① ［明］归有光:《震川别集》(卷三)，文渊阁四库全书本。

第四章

清代学者的《春秋繁露》研究

1644 年清军入关以后，政治的巨变引发了学术的转型。梁启超在《清代学术概论》中称清代学术的特点是“以复古为解放”，清代学术的发展虽受到外在政治变迁的巨大影响，但其自身也有着内在逻辑的合理性。因而，清代学术可以被视为一个独立的历史单元。在这一历史单元中，董仲舒及其《春秋繁露》受到了空前的重视。清代前期和后期的《春秋繁露》研究呈现出了不同的面貌。

汉学流行时期的《春秋繁露》研究

强大的明朝轰然崩塌后，学界也开始对明朝覆亡的历史进行反思。明人空疏不学，被一些学人视为明朝灭亡的重要原因之一，于是有人倡导实学，其代表人物有顾炎武等，他们被称为清代学术的开山。到乾嘉时期，“汉学”在学术版图上占据了非常显著的位置。

一、明清之际的《春秋繁露》学术史

梁启超将清代学术史分为四个阶段，他说：“综观二百余年之学术史，其影响及于全思想界者，一言蔽之，曰‘以复古为解放’。第一步，复宋之古，对于王学而得解放。第二步，复汉唐之古，对于程朱而得解放。第三步，复西汉之古，对于许郑而得解放。第四步，复先秦之古，对于一切传注而得解放。夫既已复先秦之古，则非至对于孔孟而得解放焉不止矣。”[1] 相对于后来的两步转变，第一步和第二步之间的转换时间并没有拖

① 梁启超：《清代学术概论》，见朱维铮校注：《梁启超论清代学术二种》，上海：复旦大学出版社，1985，第6页。

延太久。明清之际的历史巨变，无疑对学者们的学术取向产生了重大影响。在清初学者看来，晚明王学由“以我观书”，发展到“束书不观，游谈无根”，“无事袖手谈心性，临难一死报君恩”，明人的空疏不学应该为明朝的覆亡承担责任。顾炎武说：“五胡乱华，本于清谈之流祸，人人知之。孰知今日之清谈，有甚于前代者。昔之清谈谈老庄，今之清谈谈孔孟，未得其精而已遗其粗，未究其本而先辞其末。不习六艺之文，不考百王之典，不综当代之务，举夫子论学论政之大端一切不问，而曰‘一贯’，曰‘无言’。以明心见性之空言，代修己治人之实学。股肱惰而万事荒，爪牙亡而四国乱，神州荡覆，宗社丘墟。”①在这种情况之下，清初学者为何倡导“实学”就很容易理解了。起初，王学肯定是首要被解构的。但陆王心学和程朱理学之间，只是量的差别，而非质的区别，他们有着相同的学术旨趣、近似的学术路径，无非是“尊德性”和“道问学”的偏重程度不同而已，所以，清初学者开始学术反思之后不久，就由心学上溯到理学。顾炎武主张“舍经学，无理学”，倡导回归经典研究。

在这一学术历程中，与《春秋繁露》密切相关的就是清代《春秋》学的兴起。胡安国的《春秋传》在元明两代科举不仅中用来取士，还是理学化经学中《春秋》学的典型代表，因而在清初反理学的背景下，胡安国《春秋传》成为学者讨论的重点。清初也曾以胡氏《春秋传》取士，但一方面胡氏的“夷夏

---

① ［清］顾炎武著，黄汝城集释，栾保群、吕宗力校点：《日知录集释》，上海：上海古籍出版社，2006，第402页。

之辨”在清代为统治者所忌，另一方面喜好朱子学说的康熙皇帝也因朱熹对胡氏的批评而对胡氏不满。为此，康熙皇帝下令王掞、张廷玉等编撰《春秋传说汇纂》，他说：“迨宋胡安国进《春秋解义》，明代立于学官，用以贡举取士，于是四传并行。宗其说者，率多穿凿附会，去经义逾远。朕于《春秋》，独服膺朱子之论。朱子曰：《春秋》明道正谊，据实书事，使人观之，以为鉴戒，书名书爵，亦无意义。此言真有得者，而惜乎朱子未有成书也。朕恐世之学者，牵于支离之说，而莫能悟，特命词臣，纂辑是书。”[①] 有了皇帝的背书，清初学者对胡安国《春秋传》的攻击就更无忌惮了。

徐庭垣《春秋管窥》最不满意胡安国《春秋传》的褒贬善恶之说，他认为：“（孔子）身为人臣，作私书以赏罚王侯君公，此犯上作乱之为，而谓圣人肯为之乎？如谓所诛绝者非在位之王公，岂先王先公遂可得而诛之乎？”[②] 如此说来，不仅胡安国《春秋传》为他所不取，就连董仲舒《春秋繁露》也在他讨伐之列了。张自超撰有《春秋宗朱辨义》，《四库全书总目》称其书“虽以宗朱为名，而参求经传，务求心得，实非南宋以来穿凿附会之说”[③]。是书也反对褒贬之说，“盖圣人非有意以为褒贬，据其事直书之。其事是，则其辞若褒。其事非，则其辞若贬。其事是之中有非，非之中有是，则其辞若以褒为贬，若以贬为褒也”[④]。由此可见，在清初，学者对胡安国《春秋传》的

---

① ［清］王掞、张廷玉等：《春秋传说汇纂·卷首》，文渊阁四库全书本。
② ［清］永瑢等：《四库全书总目》，北京：中华书局，1965，第238页。
③ ［清］永瑢等：《四库全书总目》，北京：中华书局，1965，第239页。
④ ［清］张自超：《春秋宗朱辨义·总论》，文渊阁四库全书本。

攻击主要集中在其褒贬之说上，他们虽未直接攻击董仲舒《春秋繁露》，但《春秋繁露》中的褒贬善恶之论显然也为他们所不取。

清初攻击胡安国《春秋传》最力者是毛奇龄。毛奇龄不仅得享高年，而且其学好立异，撰有《春秋传》《春秋简书刊误》《春秋属辞比事记》《春秋条贯篇》《春秋占筮书》等，其中影响最大的是《春秋传》。《四库全书总目》称："其说以《左传》为主，间及他家，而最攻击者莫若胡安国《传》。……其书一反胡《传》之深文，而衡以事理，多不失平允之意。其义例皆有征据，而典礼尤所该洽。自吴澄《纂言》以后，说《春秋》者罕有伦比。"① 毛奇龄肯定认真读过董仲舒《春秋繁露》，他评价董仲舒为"昌明博大"，但在书中引用董仲舒之说却仅取其细枝末节，而不取其根本大义。

作为清代学术开山的顾炎武，也十分重视《春秋》学。他说："愚独以为理学之名，自宋人始有之。古人所谓理学，经学也，非数十年不能通也。故曰：'君子之于《春秋》，没身而已矣。'"② 顾炎武一贯倡导"实学"，他治《春秋》亦强调"实"，对于《公》《穀》二传，他认为，"《公》《穀》二传，相传受之子夏，其宏纲大指得圣人之深意者凡数十条。然而，齐鲁之间，人自为师，穷乡多异，曲学多辩，其穿凿以误后人者亦不少矣"③。顾炎武的《春秋》学主要见于《日知录》卷四

---

① ［清］永瑢等：《四库全书总目》，北京：中华书局，1965，第237页。

② ［清］顾炎武：《亭林文集》（卷三），北京：中华书局，1983，第58页。

③ ［清］顾炎武著，黄汝城集释，栾保群、吕宗力校点：《日知录集释》，上海：上海古籍出版社，2006，第269页。

和《左传杜解补正》，显然，顾炎武的《春秋》学更多是主于《左传》。董仲舒《春秋繁露》中的微言大义都是顾炎武所不取的。比如，顾炎武所理解的“所见异辞”是：“孔子生于昭、定、哀之世，文、宣、成、襄则所闻也，隐、桓、庄、闵、僖则所传闻也。国史所载策书之文，或有不备，孔子得据其所见以补之。至于所闻则远矣，所传闻则又远矣。虽得之于闻，必将参互以求其信，信则书之，疑则阙之，此其所以为异辞也。”[①]他认为，《春秋》始于鲁隐公元年并无任何深意可言，《春秋》变一为元也并非始于孔子。顾炎武虽没有明确批驳董仲舒，但在其内心恐怕认为《春秋繁露》属于“是以新说愈多，而是非靡定。故今人学《春秋》之言皆郢书燕说，而夫子之不能逆料者也”[②]。顾炎武对董仲舒比较赞同的也仅限于兴太学、限民田等具体的政治主张而已。

清初学术史上，王夫之的学术地位并不在顾炎武之下，王夫之学通经史，仅《春秋》学就撰有《春秋稗疏》《春秋家说》《春秋世论》《续春秋左氏传博议》等。其《春秋稗疏》“是编论《春秋》书法，及仪象典制之类，仅十之一。而考证地理者，十之九”[③]，可见其书虽名为《春秋》学，实则更倾向于史地之学。王夫之也曾论及董仲舒之《春秋》学，然颇有微词。比如在讨论“比月而食”时，王夫之认为“唯董仲舒以比月而食为

---

① ［清］顾炎武著，黄汝城集释，栾保群、吕宗力校点：《日知录集释》，上海：上海古籍出版社，2006，第258页。

② ［清］顾炎武著，黄汝城集释，栾保群、吕宗力校点：《日知录集释》，上海：上海古籍出版社，2006，第182页。

③ ［清］永瑢等：《四库全书总目》，北京：中华书局，1965，第235页。

大异。则不知历法，而徒守旧闻，曲为之说也”[1]。

在顾炎武等人的提倡下，清初《春秋》学的一个特色就是《左传》的学术地位不断上升。朱鹤龄在《左氏春秋集说》的自序中说：“后之说者乃曰：‘圣人有贬无褒。’或又曰：‘圣人初无褒贬。’夫有贬无褒则《春秋》为司空城旦之书，圣人宅心，不应如是刻核。若无褒无贬，则全录旧史，是非不明，何以有‘知我’‘罪我’之言，而能使乱臣贼子惧耶？吾故专以圣人之志与义为断，不能得乎圣人之志与义，则随事生说，辨愈繁而不可立教。”[2] 其说不在于辩驳是否有褒贬，而在于探索圣人的“志与义”。朱鹤龄之后有张尚瑗著《三传折诸》四十四卷，“凡《左传》三十卷，《公羊》《穀梁》各七卷，而用力于《左传》尤多”[3]。张尚瑗在书中对董仲舒多有提及，然仅述细枝末节，未尝述及根本大义。

清代前期以治《春秋》而闻名者还有顾栋高，世人对他的《春秋大事表》历来评价甚高。顾栋高在思想上沿袭朱熹的学说，因而他认为孔子修《春秋》为直书其事，并非有意于褒贬而褒贬自见。其书以《左传》为主，“将全部《左传》拆散，拈出若干主要题目，把书中许多零碎事实按题搜集起来，列为表的形式，比较研究”[4]。顾栋高在书中也曾引用董仲舒的个别说法，并对《公》《穀》二传及董仲舒给予了足够的重视。他说：“孔子作《春秋》，为传说者五家，今惟存《公》《穀》《左

---

① ［清］王夫之：《春秋稗疏》（卷二），文渊阁四库全书本。

② ［清］朱彝尊：《经义考》，北京：中华书局，1998，第1064页。

③ ［清］永瑢等：《四库全书总目》，北京：中华书局，1965，第239页。

④ 梁启超：《清代学术概论》，见朱维铮编：《梁启超论清代学术二种》，上海：复旦大学出版社，1985，第202页。

氏》。考《前汉书·儒林传》,《公羊》学最先立,自大儒董仲舒、丞相公孙弘,皆为《公羊》学,故武帝尊用之。"①

总之,在清朝初年反理学的背景下,《左传》研究不断受到重视,而董仲舒及其《春秋繁露》的学术地位虽较明代有所提升,但从整体上来说依然没有进入主流学界。这一时期出现了第一部关于《春秋繁露》的注本,即董天工《春秋繁露笺注》。本节的第四部分会对此书进行专门介绍。

二、汉学兴盛时期的《春秋繁露》学术史

到乾隆年间,清代学术自身的特点日益彰显。这一时期,研究东汉的古文经学成为学术界的主流,因而学者们也往往以"汉学"相标榜。受此前学术风气的影响,乾嘉汉学兴盛时期的《春秋》学,依然主要关注《左传》的研究,但也不是完全忽视董仲舒及《春秋繁露》的存在。

江苏吴县惠氏家族开创了清代汉学研究中的"吴派",惠士奇有《半农春秋说》一书行世。《四库全书总目》称"士奇父周惕,长于说经,力追汉儒之学。士奇承其家传,考证益密",其书虽名为《春秋》,实则侧重于礼学,"是书以礼为纲,而纬以《春秋》之事,比类相从,约取三《传》附于下,亦间以《史记》诸书佐之。大抵事实多据《左氏》,而论断多采《公》《穀》。每条之下,多附辨诸儒之说,每类之后,又各以己意为总论"。但惠士奇却对董仲舒的灾异学说非常信服,他对"其中

① [清]顾栋高辑,吴树平、李解民点校:《春秋大事表》,北京:中华书局,1993,第2293页。

灾异之类，反复辨诘，务申董仲舒《春秋》阴阳、刘向刘歆《洪范》五行之说”。[①] 不过，惠士奇虽时有采纳董仲舒之言，但是他却把董仲舒的微言解释成了实言。比如关于“王鲁”，他认为“人皆知《春秋》尊宗周，莫知《春秋》尊宗国。《春秋》以鲁为列国之宗而尊之。故孟子曰:‘《春秋》天子之事也。’董仲舒亦谓《春秋》有‘王鲁’之文。诸儒闻之，群起而哗诡诡谨咋，以为‘王鲁’则诚不可，匹夫而行天子之事可乎哉？且宗国之尊非自《春秋》始也”[②]。董仲舒的“王鲁”之说是其《春秋》学根本大义之一，孔子修《春秋》，即托王于鲁。而惠士奇则解释为“尊其宗国”，并且试图寻找历史证据来证明其渊源，最后得出结论：“故曰：王鲁，礼也。”其说平实可解，却并非“王鲁”说的原意。惠士奇之子惠栋的学术成就远在其父祖之上，《清史稿》引钱大昕语称：“宋元以来说经之书盈屋充栋，高者蔑古训以夸心得，下者袭人言以为已有。独惠氏世守古学，而栋所得尤精。拟诸前儒，当在何休、服虔之间，马融、赵岐辈不及也。”[③] 惠栋著有《春秋左传补注》，时人评价是书“盖其长在博，其短亦在于嗜博。其长在古，其短亦在于泥古也”[④]。书中也曾引用董仲舒《春秋繁露》之说以解《左传》，比如提到郑国的爵位时引《春秋繁露》：“董仲舒《春秋繁露》云：周爵五等，《春秋》三等，合伯子男为一爵。”惠栋之学的确非常广博，他在《九经古义》中也曾多次提及董仲舒及《春

---

① ［清］永瑢等：《四库全书总目》，北京：中华书局，1965，第240页。
② ［清］惠士奇：《惠氏春秋说》（卷一），文渊阁四库全书本。
③ ［清］赵尔巽等：《清史稿·儒林传二》，北京：中华书局，1977，第13181页。
④ ［清］永瑢等：《四库全书总目》，北京：中华书局，1965，第242页。

秋繁露》。不过，惠栋由于不取《公羊》学家法，所以对董仲舒也没有给予更多的关注。

乾隆初期《左传》学者沈彤撰有《春秋左氏传小疏》一卷，其学本于顾炎武而有所补益，“是编以赵汸、顾炎武所补《左传》杜《注》为未尽，更为订正。其中得失互见”[1]。沈彤在其文集中对董仲舒的评价尚且不如其对毛奇龄的评价。

清人洪亮吉对《春秋》颇有研究，撰有《春秋左传诂》二十卷。唐宋以来，治《左传》者，无不把杜预《春秋集解》奉为圭臬。但是，在洪亮吉看来，“杜预《春秋集解》出，而汉儒训诂失”，而他撰写《春秋左传诂》“非与杜氏争胜，不过欲复汉儒说经之旧而已”。[2] 据记载，洪亮吉还著有《公羊穀梁古义》二卷，今已不传。从《春秋左传诂》来看，洪亮吉是欲尽量恢复汉儒说经之旧，而非构建自己的《左传》学体系，由此可知，《公羊穀梁古义》也应该是以搜罗汉儒旧说为主，想必董仲舒《春秋繁露》也是其重要参考。

洪亮吉不专为攻击杜注而著述，焦循《春秋左传补疏》则是攻击杜注不遗余力，并且由杜注进而攻击《左传》。他怀疑《左传》的作者并非左丘明，“余因思之，左氏果孔子之徒，何至谬论若此？左氏非左丘明无疑”[3]。如此来看，其立场已经在向晚清今文经学靠拢了。

沈钦韩《春秋左氏传补注》，则是严格站在《左传》的立

---

① ［清］永瑢等：《四库全书总目》，北京：中华书局，1965，第242页。

② ［清］洪亮吉撰、李解民点校：《春秋左传诂》，北京：中华书局，1987，第905页。

③ 焦循、沈钦韩撰，郭晓东等点校：《春秋左传补疏》，见《〈春秋左传补疏〉〈春秋左氏传补注〉》合刊本，上海：上海古籍出版社，2016，第44页。

场上，不仅攻击杜注，而且也将《公》《穀》二传作为其攻击的目标。他说："汉之贱儒，喜其书短而易习，义浅而易推，则群居点窜，传致杂术，以蛊世主，以胁后生。胡毋、尹生之徒，生享美禄，没有荣名，群不逞者，戟腕咶舌而起矣。假左氏得行，其好丑譬诸二八妙姝与夫盲母狗也，彼复何所容其喙！'青青子衿'不将操瓢而行乞哉！诚不能出死力以排之，至范升、何休而猖獗极矣。"[①] 由于董仲舒之学已为世人所公认，沈钦韩虽没有点董仲舒之名，但对于胡毋生、范升、何休辈则是破口大骂，则其人对董仲舒及《春秋繁露》之态度可知矣。

相对于沈钦韩对董仲舒之决绝，顾奎光则平和公允一些，《四库全书总目》称其书："皆深中说《春秋》家苛刻迂谬之弊，故其所论多能得笔削之旨。"[②] 顾奎光对董仲舒《春秋繁露》显然是有所肯定的，他说："董仲舒曰：'《春秋》文成数万，其指数千。'言其义例无穷，不可执一也。夫例从义起，非义从例生。义有变通，而例多拘碍。说经者不因经以求义，乃立例以释经，宜其勉强附会。"[③]

总之，汉学盛行的乾嘉时期，《春秋繁露》虽随着经学的复兴而逐渐受到重视，但学者多数仅取董仲舒只言片语，而于其学术体系则少有深究者。或许可以将成书于乾隆年间的《四库全书总目》对《春秋繁露》的态度看成这一时期学术界的代表。《四库全书总目》在介绍《春秋繁露》时，详细介绍了其版本

① 焦循、沈钦韩撰，郭晓东等点校：《春秋左传补疏》，见《〈春秋左传补疏〉〈春秋左氏传补注〉》合刊本，上海：上海古籍出版社，2016，第95页。

② ［清］永瑢等：《四库全书总目》，北京：中华书局，1965，第244页。

③ ［清］顾奎光：《春秋随笔》（卷上），文渊阁四库全书本。

流传的情况，而于其内容并未有任何评说。最后，《四库全书总目》说："案：《春秋繁露》虽颇本《春秋》以立论，而无关《经》义者多，实《尚书大传》《诗外传》之类，向来列之经解中，非其实也。今亦置之于《附录》。"[①] 这段话很能体现《四库全书总目》编撰者们的态度。这一时期出现了凌曙的《春秋繁露注》，本节第四部分将进行专门介绍。

三、宋学家眼中的董仲舒及其《春秋繁露》

从清初到乾嘉时期，汉学逐渐盛行，但并未能笼罩整个学术空间。梁启超所谓"第二步，复汉唐之古，对于程朱而得解放"的过程中，并非仅有汉学家单向的推动，也有宋学家针对汉学"复古"的"反动"。这一时期的宋学家，对于董仲舒及其《春秋繁露》也多有留意。

从清朝统治者的角度来说，理学不失为一种很好的统治工具，因而，朝廷意识形态的核心依然有理学的位置。康熙皇帝以"理学皇帝"自居，宣称"五龄即知读书，八龄践祚，辄以《学》《庸》训诂询之左右，求得大意而后愉快"，又说"皆反复探索，必使心与理合，不使纤毫扞格"。[②] 在皇帝的倡导之下，清初还出现了多位"理学名臣"。在这些理学家的言谈论著中，也时常出现董仲舒及《春秋繁露》的影子。

首先，理学家心目中的董仲舒是一位淳儒，其品行堪称楷模。清初魏裔介对董仲舒的评价在很大程度上可以看成是清代

---

① ［清］永瑢等：《四库全书总目》，北京：中华书局，1965，第244页。

② 中国第一历史档案馆整理：《康熙起居注》（第二册），北京：中华书局，1984，第1249页。

理学家的代表性观点，他甚至把董仲舒列入孟子以下道统的序列。他说："余俯仰孟轲氏以后道统之传，汉有董仲舒，隋有王仲淹，唐有韩退之，至宋而周、程、张、朱，尤得洙泗之真脉"①。作为循吏楷模的董仲舒，也受到他们的景仰，"昔班固传循吏，谓江都相董仲舒、内史公孙弘、兒宽，居官可纪，以经术润饰吏事"②。董仲舒向汉武帝建议"罢黜百家"之功，更是他们再三致意的，"仲尼没而微言绝，七十子丧而大义乖。孟子以仁义持世，辟杨墨，息异端。嗣后，董仲舒以儒术答策，斥百家，尊孔氏，两汉四百余年，国不异教，家不殊俗，庶几乎三代之世也"③。其他学者也有类似的表述，比如陈廷敬认为"仲舒之学历战国秦汉，未有其匹敌，自孟子以来一人而已"④。

其次，理学家在构建其思想体系时，董仲舒《春秋繁露》也是其重要的文化资源。清代理学家的哲学思想相比于程朱等人，并无根本性突破，在最高哲学范畴上，无非是陈述前人既有的观点。在将哲学思想落实到现实政治、社会生活中时，他们的主张也缺乏显著的创新。在申述自己的主张时，他们也往往把董仲舒的言论作为依据。比如魏裔介在强调教化时说："董仲舒曰：上之化下，下之从上，犹泥之在钧，惟甄者之所为。"⑤

再次，理学家大多善属文，他们对董仲舒的文章也都给予了高度的评价。比如汤斌就将董仲舒与庄子、屈原等历代文章大家相提并论："如老、庄、荀、列、申、韩之书，屈原、宋玉

---

① ［清］魏裔介：《兼济堂文集》（卷四），文渊阁四库全书本。
② ［清］魏裔介：《兼济堂文集》（卷七），文渊阁四库全书本。
③ ［清］魏裔介：《兼济堂文集》（卷十四），文渊阁四库全书本。
④ ［清］陈廷敬：《午亭文编》（卷三十三），文渊阁四库全书本。
⑤ ［清］魏裔介：《兼济堂文集》（卷十五），文渊阁四库全书本。

之骚赋，汉两司马、董仲舒、刘向、扬雄，唐宋韩、柳、欧阳、苏、曾之文章，方其书之未成也，天下固不知有如此之文也，及其既成而出之，虽纯驳不一，皆为天地间不可磨灭之文。”①魏裔介高度评价董仲舒的文章，他说：“历代古文者，天地之符瑞，宇宙之菁华也……故《五经》者，万世文章之祖，而夫子删《诗》《书》，定《礼》《乐》，功高尧舜以此。已嗣是，则推《左传》《国语》战国秦季纵横捭阖，其言渐杂。两汉稍稍复古，贾谊、董仲舒、司马迁、班固其最也。”② 他们尤其赞赏董仲舒的《天人三策》等奏对，比如魏裔介非常欣赏董仲舒的《天人三策》以及《限民名田疏》，他说：“是以汉之大儒董仲舒，斟酌古今之宜，说武帝限民名田，以为更化善治之本。”③

最后，理学家并不是不讲经学，只不过他们的学术路径和汉学家不同。理学家的经学研究中，也离不开董仲舒《春秋繁露》。理学家对董仲舒的学术成就也都有比较高的评价。比如汤斌曾说：“汉初，胡毋子都传《公羊春秋》，董仲舒以《公羊》显于朝，至何休作《解说》，覃思十七年，可谓专矣。”④ 李光地在述及《春秋》时曾说：“又董仲舒述夫子之言曰：‘我欲托之空言，不如见之行事之深切著明也。’盖谓凡著书者，言理则虚，征事则实。故虽言理义以垂训，不如借二百余年行事，使是非得失皆著见于此尔。”⑤ 不过，理学家对董仲舒的学术显然也有郢书燕说之时。比如魏裔介说：“圣人之道，圣人之礼也。

① ［清］汤斌：《汤子遗书》（卷三），文渊阁四库全书本。
② ［清］魏裔介：《兼济堂文集》（卷三），文渊阁四库全书本。
③ ［清］魏裔介：《兼济堂文集》（卷一），文渊阁四库全书本。
④ ［清］汤斌：《汤子遗书》（卷六），文渊阁四库全书本。
⑤ ［清］李光地：《榕村集》（卷三），文渊阁四库全书本。

故《中庸》曰：‘优优大哉，礼仪三百，威仪三千，敦厚以崇礼。’后儒如董仲舒、文中子、张横渠、朱晦庵，皆见得此意。”[①] 礼学并非董仲舒学术思想的重点和特色所在。

当然，清代儒者对董仲舒也并非一味赞赏，而是也有微词。清代前期，学者不仅对董仲舒的《春秋》微言大义少有申述，对其阴阳灾异等学说也缺乏同情之理解。在这方面，康熙年间的田雯表现得比较典型。田雯对董仲舒评价是很高的：“余尝思之，汉儒专治一经，如董仲舒治《公羊春秋》矣，学不旁杂于他经，经不剽盗于他氏，自立一说，神明变化，故经术有根柢，多所措施。《天人三策》发为济世之言，《玉杯》《竹林》无非有用之学。后人自擅弘材，博通六经，而经学亡矣。”[②] 他还对董仲舒故里进行过一番详尽的考证。但是，田雯对董仲舒阴阳五行、灾异感应等学说颇为不取，他有《读董仲舒传》一诗：“公羊一卷至今存，千古醇儒道自尊。繁露何缘传异术，阴阳水火闭城门。”经过时代的变迁，董仲舒那些比较粗糙的哲理体系已经不能令后人信服。

四、《春秋繁露》的专门研究

从整体上说，清代的学术比较专注于文本研究，学者们在关注经典文本之余，也对先秦及秦汉时期其他作品的文本进行了整理和研究。在这一背景下，出现了对《春秋繁露》系统的注释和校勘整理。

---

① ［清］魏裔介：《兼济堂文集》（卷四），文渊阁四库全书本。
② ［清］田雯：《古欢堂集》（卷四十四），文渊阁四库全书本。

（一）董天工《春秋繁露笺注》

《春秋繁露》自问世起，两千年间虽一直作为一部比较重要的典籍而为学者们所关注，但始终没有人对《春秋繁露》的文本进行系统的注释、校勘等整理研究。目前可知，最早的《春秋繁露》系统注本是董天工的《春秋繁露笺注》。[①]

董天工（1703—1771），字材六，福建崇安（今福建武夷山市）人。董天工一生仕宦蹉跎，年五十余仅得同知，而且不久后就被革职，晚年居乡里，以著述为务。乾隆二十六年（1761），《春秋繁露笺注》刊刻。乾隆三十六年（1771），董天工卒于乡。董天工不仅仕途不顺，而且似乎交游也不广，在学术界几乎没有什么影响。乾隆年间修的《四库全书》，从乾隆三十七年（1772）开始征集图书，到乾隆四十三年（1778）大体完成。董天工没有任何一部作品被收入《四库全书》，或者被列入《四库存目》。

《春秋繁露笺注》最早的刻本是乾隆二十六年（1761）觐光楼刻本，书前有沈德潜于乾隆二十五年（1760）所作序文。[②] 是书正文十七卷，八十二篇，其中阙文四篇，与历代刻本并无不同。书后附录有两部分，收有《雨雹对》《庙殿火灾对》《论种麦奏》《论限民名田疏》《士不遇赋》作为“佚文”。另有《汉书·董仲舒传》、楼郁《春秋繁露序》、《崇文总目》、《中兴馆

---

① 明代中后期的刻本中已经开始出现一些零散的注释，但多不成系统，价值不高。

② 是年沈德潜已经八十七岁，是否还能为人作序，颇令人生疑。且沈德潜生平似乎也与董天工没有交集，以董天工拔贡出身的地方佐贰官员，能否邀请到沈德潜为其书作序，也令人生疑。

阁书目》、晁公武《郡斋读书志》、欧阳修《书春秋繁露后》、程大昌《秘书省书繁露后》、楼钥《跋春秋繁露》等八篇作为《传序题跋》。在书页的天头地脚处，董天工还收集有历代学者如孙月峰等八十多位学者的四百三十多条点评，其中以明人孙矿、茅坤、沈鼎新等人的评语最多。董天工的工作底本为明代孙月峰评本和王道焜刊本，同时也搜集了一些其他的本子。明代刻书多有评语，对于这些评语，董天工虽说也花费了大量的精力进行择别[①]，但从整体上看这类评语大多价值不大。比如董仲舒论人性时讲述自己与孟子的区别："孟子下质于禽兽之所为，故曰性以善；吾上质于圣人之所善，故谓未善。"茅坤的评语为："上下比勘，识解超然。"[②] 其实这类评语无论是对于理解董仲舒的思想体系还是《春秋繁露》文本，都无任何帮助。[③]

董天工以董仲舒后裔自居，不过这一标榜从历史学的角度看，缺乏坚实的证据和论证。董天工称其谱系"支分江右临川，流衍乐安。大宗之祠，奉祀昭昭。余祖由乐安居闽之崇安"，则临川以后之繁衍或可信从，而"支分江右"之前茫昧无考，以国人热衷攀名人为祖宗的风气推断，其宗谱也未必可信。董天工撰《春秋繁露笺注》的初衷除了学术上恐《春秋繁露》"日久湮没"之外，还包括了"仰瞻谱像，企慕宗风"。这就决定了董天工《春秋繁露笺注》具有很强的主观色彩，他处处维护董仲舒，其说未必没有道理，但用词多有激烈处，比如就程大昌

① 明代刻书多有点评之风，孙矿等三人也有"职业点评家"之称。

② ［清］董天工笺注、黄江军整理：《春秋繁露笺注》，上海：华东师范大学出版社，2017，第149页。

③ 这段文字参考了黄江军为《春秋繁露笺注》所作的整理说明。

对《春秋繁露》的质疑，董天工称之为“猖獗狂瞽”。

董天工对《春秋繁露》的笺注工作包括如下内容。

首先是文本的整理。文本整理中最重要的是文本校勘。关于文本校勘，董天工在凡例中有较详细的说明：“《繁露》由来无善本，中多讹字阙文。原本以讹传讹，阙仍原阙，未经改正补阙，余亦不敢以谬见补阙。惟《五行相胜》乃五段文章，原本阙‘水胜火’句，接连‘土者，君之官’为四段。兹按前后说五行俱为五段，为补‘水胜火’一句，作五段方是五行相胜。其讹字，如《五行之义》木、火、土、金、水等字有显然错者，并各篇中有一二讹字，悉为改正。其原讹字，仍赘本字之下，以俟识者鉴正。有古通用之字，则以通用注之。”[①] 显然，董天工的态度是非常谨慎的。

文本校勘中，董天工着力最多的是校错字。对于《春秋繁露》原本中明显的错字，董天工进行了校正。比如《春秋繁露》的《王道》在讲到宋闵公时有云“有辱之妇人之旁，俱而矜妇人”，董天工在“旁”字下笺注：“原作‘房’，非”。在“矜”字下笺注：“原作‘务’，非。”[②] 按《公羊传》上下文可知，董天工的校改是正确的，前者属于音近而讹，后者属于形近而讹。又如《精华》：“齐桓挟贤相之能，用大国之资，即位五年，不能致一诸侯。”在“位”之下，董天工笺注：“原作卫，误。”[③]

---

① ［清］董天工笺注、黄江军整理：《春秋繁露笺注·凡例》，上海：华东师范大学出版社，2017，第8页。

② ［清］董天工笺注、黄江军整理：《春秋繁露笺注》，上海：华东师范大学出版社，2017，第70页。

③ ［清］董天工笺注、黄江军整理：《春秋繁露笺注》，上海：华东师范大学出版社，2017，第53页。

此处更是显而易见由音近而讹。而有些字，不同版本之间虽有不同，但均可解释得通时，董天工则明确标明不同版本间文字的差异，而不改动底本文字。比如《王道》在讲到梁国时有云“梁内役民无已，其民不能堪”，在“役”字下董天工笺注：“一作‘取’。”① 他并没有对此进行判断，而是将两种不同的情况都记录下来。有些字，董天工也不敢断定，只是谨慎地提出自己的猜测。比如《如天之为》：“天之生有大经也，而所周行者，又有害功，除而杀殌者”。“殌”，董天工所据底本为“殌”，字书中并无此字，董天工就根据上下文做出了自己的推测：“查无此字，疑是‘残’字（一作‘殌’。即诛杀）”。② 此处在殿本中作“殛”，义可通。董说虽不可从，但其谨慎态度着实可取。

董天工笺注中对底本的衍文、脱文也有所校正。在《奉本》“继天地之光明”中“地”字下董天工笺注：“‘地’字衍文。”③ 大地无光明可言，这里显然是衍文，应为“继天之光明”。在《观德》“后其日，以鲁不得遍，避恃纪侯与郑厉公也”的“恃”字下，董天工笺注：“原缺‘恃’字。”在句末，董天工进一步解释道：“鲁桓公十三年，春二月，公会纪侯、郑伯。己巳，及齐侯、宋公、卫侯、燕人战，齐师、宋师、卫师、燕师败绩。《公羊》曰：‘曷为后日？恃外也。其恃外奈何？得纪侯、郑伯，

① ［清］董天工笺注、黄江军整理：《春秋繁露笺注》，上海：华东师范大学出版社，2017，第70页。

② ［清］董天工笺注、黄江军整理：《春秋繁露笺注》，上海：华东师范大学出版社，2017，第226页。

③ ［清］董天工笺注、黄江军整理：《春秋繁露笺注》，上海：华东师范大学出版社，2017，第141页。

然后能为日也。'"[1] 根据《公羊传》原文可知，这里的确是脱了一个"恃"字。

对于底本中的史实错误，董天工也进行了校正。比如《王道》："楚昭王行无度，杀伍子胥父兄。"董天工笺注："宜作平王"。[2] 这里的楚昭王显然是楚平王之误。

校正错简也是董天工文本校勘工作的重要内容。在《春秋繁露》几千年的传抄过程中，也产成了许多错简。校正错简的难度远高于校正个别错字。如在《天地之行》"为臣者，务著其情"下，董天工笺注："自'而难不惜其命'至'务著其情'错简在前，改入于此。"[3]

董天工对文本的整理也包括句读、分段等工作。如，他对《春秋繁露》的字句给出了句读，正文用"。"断句，同时也用"、"标识重点。在句读的基础上，董天工对《春秋繁露》还进行了分段。在《凡例》中他解释道："《繁露》连篇累幅，一篇之中或词句叠见，或滔滔不已，若不细绎篇章察其词意，不讶其重复，即惊其散漫，谬为画段注出。庶知古人文章之妙，层峦叠嶂，仍复峰回路转，游玩不尽。"[4] 句读和分段极大地便利了读者的阅读。

其次是字词的解释。解释字词，是古籍注释的重点内容。

---

① ［清］董天工笺注、黄江军整理：《春秋繁露笺注》，上海：华东师范大学出版社，2017，第 138 页。

② ［清］董天工笺注、黄江军整理：《春秋繁露笺注》，上海：华东师范大学出版社，2017，第 68 页。

③ ［清］董天工笺注、黄江军整理：《春秋繁露笺注》，上海：华东师范大学出版社，2017，第 223—224 页。

④ ［清］董天工笺注、黄江军整理：《春秋繁露笺注·凡例》，上海：华东师范大学出版社，2017，第 8 页。

董天工对《春秋繁露》字词的解释也可以分为两大类：一是对人名、地名、典章制度的解释，一是对文字词义的训诂。

《春秋繁露》涉及大量春秋以及秦汉时期的时地人事，如不加以注解，无疑会增加后人阅读的障碍。董天工笺注中很大一部分就是对春秋时期时地人事的解释。诸如：（1）注释人名。在《春秋繁露》第一次提到公子结时，董天工笺注："结，鲁大夫，鲁使王媵陈侯之妇。"[①]（2）注释地名。如《玉英》："公观鱼于棠"。董天工笺注："原作'堂'，错，鲁隐公五年春，公观鱼于棠。棠，济上之邑也。"[②] 不仅引《春秋》经文对原文中的错字进行了校正，而且也对"棠"这一地名进行了解释。（3）注释历史事件。如《王道》："潞子欲合中国之礼义，离乎夷狄，未合乎中国，所以亡也。"董天工引用《公羊传》对这一事件进行了解释："鲁宣公十五年，晋灭赤狄潞氏，以潞子婴儿归。《公羊》曰：'潞子离乎夷狄，而未能合乎中国。晋师伐之，中国不救，狄人不有，是以亡也。'"[③] 又如《随本消息》："中国之行，亡国之迹也。譬如文、宣之际，中国之君，五年中之五君弑。"董天工笺注："鲁文公十四年，齐商人弑其君舍；十六年，宋人弑其君杵臼；十八年，齐人弑其君商人，文公子赤卒，《传》弑也；鲁宣公二年，晋赵盾弑杀其君与夷，灵公

---

① ［清］董天工笺注、黄江军整理：《春秋繁露笺注》，上海：华东师范大学出版社，2017，第53页。

② ［清］董天工笺注、黄江军整理：《春秋繁露笺注》，上海：华东师范大学出版社，2017，第45页。

③ ［清］董天工笺注、黄江军整理：《春秋繁露笺注》，上海：华东师范大学出版社，2017，第68页。

也。”[1] 对春秋时期的历史事件，三《传》时有异词，董天工也对《春秋繁露》的材料来源进行解说，如《随本消息》：“鲁得其灭以灭鄅。”《左传》认为是楚国灭了鄅国，董天工则笺注：“《左传》‘楚取也’。《公羊传》：‘灭之则其言取何？内大恶，讳也。’则为鲁取也。广川公本《公羊》。”[2]（4）解释专用名词。如《竹林》有云“恶诈击而善偏战”，董天工引用何休《春秋公羊经传解诂》对“偏战”进行了解释：“按：偏者，一面也，结日、定地、各居一面，鸣鼓而攻，不相诈也。”[3] 一年四季中的祭祀，在古代各有不同的专称，如《玉杯》云“且文公以秋祫祭”，董天工笺注：“按，冬祭曰祫。”[4]（5）注释引文出处。《春秋繁露》大量引用诗书等典籍，董仲舒在行文中并未一一明示这些引文的出处，董天工在笺注中多对这些引文查证了出处。如《仁义法》“诗云：‘饮之食之，教之诲之。’”董天工笺注：“《小雅・绵蛮》。”“又曰：‘坎坎伐辐，彼君子兮，不素餐兮！’”董天工笺注：“《卫风・伐檀》。”[5] 有不知其出处者，董天工也坦率承认。如《必仁且知》云：“《春秋》之法，上变古易常，应是而有天灾者，谓幸国。孔子曰：‘天之所幸，有为

① ［清］董天工笺注、黄江军整理：《春秋繁露笺注》，上海：华东师范大学出版社，2017，第81页。
② ［清］董天工笺注、黄江军整理：《春秋繁露笺注》，上海：华东师范大学出版社，2017，第79页。
③ ［清］董天工笺注、黄江军整理：《春秋繁露笺注》，上海：华东师范大学出版社，2017，第34页。
④ ［清］董天工笺注、黄江军整理：《春秋繁露笺注》，上海：华东师范大学出版社，2017，第24页。
⑤ ［清］董天工笺注、黄江军整理：《春秋繁露笺注》，上海：华东师范大学出版社，2017，第129页。在有些专著中也有人把《必仁且知》写作《必仁且智》。

不善，而屡极。’且庄王曰，天不见灾，地不见孽，则祷之于山川曰：‘天其将亡予耶！不说吾过，极吾罪也。’以此观之，天灾之应过而至也，异之显明可谓也”。董天工笺注：“孔子、庄王二语，出处未详。”① 有时董天工在笺注中也进一步解释《春秋繁露》引用经典用意何在，如《身之养重于义》云“《诗》云：‘示生显德行。’”董天工笺注：“《周颂·敬之篇》。”之后，董天工进一步解释：“《诗》意言群臣示我以德行，此言先王示民以显德，民乐而自化，断章取义也。”② 其实，断章取义也是古人引《诗经》所常见的。再如《度制》：“《诗》曰：‘采葑采菲，无以下体，德音莫违，及尔同死。’”董天工笺不仅注明篇章出处，还对这四句诗进行了解释：“葑，蔓菁也。菲，似葍。葑、菲根茎皆可食，而根则有时而美恶。诗意谓为夫妇者，不可以其颜色之衰，而弃其德音之善。此则为采葑菲者，但当取其弃，不可并其根而尽取之，则德音远播，人皆知亲其上，死其长矣。《卫风·谷风篇》。”③

《春秋繁露》用词典雅，而且从秦汉到清朝，两千年间的语言习惯也发生了很大的变化，有些古代常用词因后人很少使用而变得比较陌生，因而对文字词义进行训诂就变得非常重要。所以，训诂也构成了董天工笺注的重要内容。诸如：（1）解释名词。比如《王道》中，南宫万杀宋闵公，“万怒，搏闵公，绝

---

① ［清］董天工笺注、黄江军整理：《春秋繁露笺注》，上海：华东师范大学出版社，2017，第 132 页。

② ［清］董天工笺注、黄江军整理：《春秋繁露笺注》，上海：华东师范大学出版社，2017，第 134 页。

③ ［清］董天工笺注、黄江军整理：《春秋繁露笺注》，上海：华东师范大学出版社，2017，第 118 页。

脰”，董天工笺注“脰”曰：“项也。”[①] 也就是脖子。《度制》中有“彼其遗秉”，董天工笺注：“禾之束为把者。”对于“此有不敛穧”，董天工笺注：“禾铺而未束者。”[②]《奉本》中有“星莫大于大辰”，董天工笺注解释为“大辰”，“即北辰”[③]。（2）解释动词。《竹林》有云“善其偏，不善其战，有以效其然也”，董天工解释“效”字曰：“音‘皎’，扬子《方言》：‘明也。’”[④]《考功名》有云：“考绩绌陟。”在“绌”字下董天工笺注：“‘黜’同。”[⑤] 即罢免、革除之意。《观德》有云“州公化我，夺爵而无号”，董天工笺注：“化我，慢我也。”[⑥]“化我”就是怠慢鲁国的意思。（3）解释形容词。《仁义法》有云“然而不得为淑人者”，董天工在“淑”字下笺注：“善也。”[⑦]“淑”字的含义就是善良的、美好的。对于“求诸人，谓之薄”中的“薄”字，董天工笺注：“刻也”。[⑧] 意为以高的道德标准要求别人是非常刻薄的。《深察名号》有云“故凡百物有黮黮者”，董

---

① ［清］董天工笺注、黄江军整理：《春秋繁露笺注》，上海：华东师范大学出版社，2017，第 69 页。

② ［清］董天工笺注、黄江军整理：《春秋繁露笺注》，上海：华东师范大学出版社，2017，第 118 页。

③ ［清］董天工笺注、黄江军整理：《春秋繁露笺注》，上海：华东师范大学出版社，2017，第 141 页。

④ ［清］董天工笺注、黄江军整理：《春秋繁露笺注》，上海：华东师范大学出版社，2017，第 35 页。

⑤ ［清］董天工笺注、黄江军整理：《春秋繁露笺注》，上海：华东师范大学出版社，2017，第 100 页。

⑥ ［清］董天工笺注、黄江军整理：《春秋繁露笺注》，上海：华东师范大学出版社，2017，第 140 页。

⑦ ［清］董天工笺注、黄江军整理：《春秋繁露笺注》，上海：华东师范大学出版社，2017，第 127 页。

⑧ ［清］董天工笺注、黄江军整理：《春秋繁露笺注》，上海：华东师范大学出版社，2017，第 130 页。

天工笺注解释“黮”字：“黑也。”[1]（4）解释副词。《必仁且知》有云“不智而辩慧獧给”，在“獧”字下董天工笺注：“即‘狷’字，褊急也。”[2]形容敏捷的样子。（5）注释读音。董天工注释读音采取两种办法：一种是用同音字，一种是使用反切音。用同音字注释读音，如前述对“效”字的注音。又如《身之养重于义》中的“因欲大严憯以必正之”，董天工在“憯”字下笺注：“音惨，痛也。”[3]再如《观德》中的“善道之会，独先内之”，董天工在“内”字下笺注：“音纳。”[4]用反切音注释读音的例子有，对《竹林》中的“溴梁之盟在大夫”，董天工这样注释“溴”字读音:“右阒反”。[5]（6）解释通假字。如《执贽》有云“是义而不害也；坚而不罄”，在“罄”字下董天工笺注：“与‘硁’同。”[6]对于有些实在不清楚原意为何者，董天工也不强为解说，如对《王道》中的“盛羽族之饰，穷白黑之变”，董天工笺注：“白黑未详。”[7]

再次是文意的阐发。文意阐发中最多的是随文释义，讲解

① ［清］董天工笺注、黄江军整理：《春秋繁露笺注》，上海：华东师范大学出版社，2017，第146页。

② ［清］董天工笺注、黄江军整理：《春秋繁露笺注》，上海：华东师范大学出版社，2017，第130页。

③ ［清］董天工笺注、黄江军整理：《春秋繁露笺注》，上海：华东师范大学出版社，2017，第134页。

④ ［清］董天工笺注、黄江军整理：《春秋繁露笺注》，上海：华东师范大学出版社，2017，第138页。

⑤ ［清］董天工笺注、黄江军整理：《春秋繁露笺注》，上海：华东师范大学出版社，2017，第36页。

⑥ ［清］董天工笺注、黄江军整理：《春秋繁露笺注》，上海：华东师范大学出版社，2017，第206页。

⑦ ［清］董天工笺注、黄江军整理：《春秋繁露笺注》，上海：华东师范大学出版社，2017，第59页。

段落句意。比如《度制》:“孔子曰:‘不患贫而患不均。’故有所积重,则有所空虚矣。大富则骄,大贫则忧,忧则为盗,骄则为暴,此众人之情也。”董天工在“积重”下笺注:“不均。”在“空虚矣”下笺注:“贫也。”在“则骄”下笺注:“积重则大富,富则满,满则骄。”在“则忧”下笺注:“空虚则大贫,贫则戚,戚则忧。”在“为盗”下笺注: “饥寒起盗心。”在“为暴”下笺注:“淫泆多暴行。”[1] 对篇章段落大义的归纳总结也所在多有,如在《四祭》文尾处,董天工笺注:“此篇题名《四祭》,祭祖也。而下半篇则申明前篇‘群臣以民饥不郊天’之意,言文王先郊而后伐崇,其时崇国之民,亦方被困也。按《棫朴》之诗,郑康成有祭之说。”[2] 书中也有董天工对董仲舒的赞赏感叹,如在《天地阴阳》文尾处董天工笺注:“此篇一气贯注,逐层相生,无可断画处。”[3]

文意阐发中最重要的内容就是对董仲舒思想体系的阐释,而这部分内容根据《春秋繁露》内容的不同可分为如下几个方面。

其一,阐发《春秋》微言大义。董仲舒在《春秋繁露》中多次讲到“以《春秋》当新王”,其中《三代改制质文》有云“故《春秋》应天作新王之事,时正黑统。正鲁[4],尚黑,绌

---

① [清]董天工笺注、黄江军整理:《春秋繁露笺注》,上海:华东师范大学出版社,2017,第117页。

② [清]董天工笺注、黄江军整理:《春秋繁露笺注》,上海:华东师范大学出版社,2017,第197页。

③ [清]董天工笺注、黄江军整理:《春秋繁露笺注》,上海:华东师范大学出版社,2017,第229页。

④ 按:当为“王鲁”,《公羊》学家认为孔子修《春秋》托王于鲁。

夏，新周，故宋”，对此董天工笺注：“鲁宣公十六年，成周宣榭灾。《公羊传》：‘新周也。’《注》：‘孔子以《春秋》当新王，黜杞、新周、故宋。’此云鲁尚黑，下又云变周之制，正当黑统，又云黜禹为帝。何休谓：‘孔子作《春秋》，黜周王鲁也。’”[①] 这里董天工引用何休的说法，对《春秋繁露》做了进一步的阐释。《威德所生》有云“故曰圣人配天”，对此董天工笺注：“此言《春秋》谨善恶，以正理为褒贬，喜怒威德，合乎天德。”[②] 在这里，董天工对《春秋》的褒贬观进行了解释。

其二，阐释天地阴阳哲理。《官制象天》讲到了天与世间的行政制度关系，对此董天工笺注：“此结言天道亦犹人事。天有春、夏、秋、冬，为少阳、太阳、少阴、太阴之选，先王体天之节，因人之气立三公、三卿、三大夫、三士，为圣人、君子、善人、正直之选。天以四时之选，有十二节以成岁，王以四重之选，有十二臣以致道，天人合一也。”[③] 在阐述五行关系时，《五行对》云：“夫孝者，天之经也。”对此董天工笺注：“父授子受，如天时五行相生，故曰‘天之经’。”[④] 在阐释人性时，《实性》云“圣人之性，不可以名性；斗筲之性，又不可以名性；名性者，中民之性”，对此董天工笺注：“此即《论语》性

① ［清］董天工笺注、黄江军整理：《春秋繁露笺注》，上海：华东师范大学出版社，2017，第104页。

② ［清］董天工笺注、黄江军整理：《春秋繁露笺注》，上海：华东师范大学出版社，2017，第225页。

③ ［清］董天工笺注、黄江军整理：《春秋繁露笺注》，上海：华东师范大学出版社，2017，第114页。

④ ［清］董天工笺注、黄江军整理：《春秋繁露笺注》，上海：华东师范大学出版社，2017，第153页。

相近二节之意。中民之性，指相近者而言。圣人、斗筲，不可以名性，一则上智不待于教，一则下愚教不能施，惟中民待教而善。”① 由此可知，董天工在董仲舒的基础上又更进一步将“中民之性”与孔子“性相近”联系在一起，虽未必是董仲舒原意，但其说自可为一家之言。董仲舒的灾异学说受到很多儒者的批驳，董天工也试图对董仲舒进行维护。在《必仁且知》结尾处，董天工笺注：“灾异非国家之祥，人所恶见者，公岂矫情异俗，反以有灾异为幸？盖以《春秋》之君不能无过，有过必有灾，有灾而不知儆，则积而为异，至于灭亡。所以教人不必恶灾，幸其尚为灾而未至于异也，恐惧修省，转祸为福，岂非幸欤？此公立言之意也。”② 对于《阳尊阴卑》“天之大数，毕于十旬”一段，董天工笺注：“此言天之数，十旬而毕。圣人因天数之止，而知其所始，又知贵贱顺逆之所在。则天地之情以著，圣人之宝以出，其所谓宝，即下文随阳而更起也。”③ 在同篇“达阳不达阴，以天道制之也”之下，董天工笺注：“此言天以阳气长养万物，物随阳为盛衰，是故圣人贵阳而不贵阴。三王之正，随阳而更起，即昏礼亦达阳而不达阴，制以天道也。”④ 对于《止雨》“鼓用牲于社，皆壹以辛亥之日”，董天工注解释

---

① ［清］董天工笺注、黄江军整理：《春秋繁露笺注》，上海：华东师范大学出版社，2017，第151页。

② ［清］董天工笺注、黄江军整理：《春秋繁露笺注》，上海：华东师范大学出版社，2017，第132页。

③ ［清］董天工笺注、黄江军整理：《春秋繁露笺注》，上海：华东师范大学出版社，2017，第158页。

④ ［清］董天工笺注、黄江军整理：《春秋繁露笺注》，上海：华东师范大学出版社，2017，第159页。

了这样做的原因："社者，阴也。鼓者，阳也。鼓用牲于社，所以起阴中之阳，故以辛亥日也。"①

其三，申述董仲舒的政治主张。在《立元神》中，董仲舒主张"肃慎三本"，对此董天工笺注："此言为国在崇本，天地人为万物之本。本亡则民如麋鹿，无君臣父子，其君枕块而僵，自然之罚至。肃慎三本，则民如子弟，君如父母，其君安枕而卧，自然之赏至，是以圣贤崇本而不敢失也。"② 中，在《阳尊阴卑》中，董仲舒主张"为政而任刑，谓之逆天，非王道也"，对此董天工笺注："此言人主事事如天，天道务德不务刑，刑之不可治世，犹阴之不能成岁。以阳尊而阴卑也，若为政而任刑，是逆天而非王道也。"③ 进一步申述了董仲舒"任德不任刑"的德治主张。在《考功名》中董仲舒主张赏罚考核"以实不以名"，对此董天工笺注："此言兴利除害，在考其绩，有益无益，赏罚得实，则百官争进其功，功立而名自彰。所谓用于实，不用于虚也。"④

在董天工的文意阐发中，也包括对董仲舒错误观点的辩驳。董天工的笺注并非绝对维护董仲舒，个别情况下，当他实在不能认同董仲舒的说法时，他也会指出董仲舒的不当。比如《尧舜不擅移、汤武不专杀》云，"故夏亡道而殷伐之，殷亡道而周

① ［清］董天工笺注、黄江军整理：《春秋繁露笺注》，上海：华东师范大学出版社，2017，第212页。

② ［清］董天工笺注、黄江军整理：《春秋繁露笺注》，上海：华东师范大学出版社，2017，第95页。

③ ［清］董天工笺注、黄江军整理：《春秋繁露笺注》，上海：华东师范大学出版社，2017，第161页。

④ ［清］董天工笺注、黄江军整理：《春秋繁露笺注》，上海：华东师范大学出版社，2017，第101页。

伐之，周亡道而秦伐之"，这里董仲舒只是借史言理而已，对于具体的史实并没有深究，而且在西汉前期这种情况也并非仅见于《春秋繁露》，贾谊在《过秦论》中总结秦亡的历史经验时也说："仁义不施，攻守之势异也。"事实上，秦灭六国靠的也不是施仁义，在汉武帝"罢黜百家"之后两千年的历史叙事中，秦朝都是负面形象，这已经成为后世之人的常识。所以，当董天工看到"周亡道而秦伐之"这样的表述时，实在忍无可忍，在笺注中说："周非亡道，弱也。秦不得谓救民之君，与汤武、汉一例用笔。"①

当然，董天工的笺注也不是没有瑕疵，其不足主要有以下几种情况。

第一，董天工本人的音韵文字训诂学养不够，对字词的解释有不当之处。客观地讲，董天工在清代的学术群体中并不突出，除了《春秋繁露笺注》外，能体现其学术水平的著作并不多，尤其是在董天工生活的时代，清代音韵训诂之学已经有了明显进步，且为当时学人所看重，但董天工未能跟上学术的步伐，其音韵训诂学水平与当时的学术前沿有明显的差距，因而其文字笺注偶有不当也在所难免。比如《竹林》："《春秋》无通辞，从变而移。"在"通"字下，董天工笺注："同也。"② 这里董天工释"通"为"同"，欠妥，实则应为"通达""通常"之意。同样的表达还有《精华》的"《春秋》无达辞"，由此可

---

① ［清］董天工笺注、黄江军整理：《春秋繁露笺注》，上海：华东师范大学出版社，2017，第115页。

② ［清］董天工笺注、黄江军整理：《春秋繁露笺注》，上海：华东师范大学出版社，2017，第32页。

证“通”和“达”词义相通可互换。《王道》在讲到楚灵王时，董仲舒称楚灵王“行强乎陈、蔡，意广以武，不顾其行，虑所美，内罢其众”，董天工在“罢”字下注曰：“敝也。”这里的“罢”应该是“疲”的通假字，董天工的解释虽然从意思上也能说得通，但直接将这个字解释为“敝”毕竟是不当的。紧接着，在“楚国大懑”的“懑”下董天工笺注：“烦也。”[①] 这里董天工机械地引用了《说文解字》的说法，将“懑”解释为烦闷。其实，这里的“懑”应该释为“愤恨”，因为当时楚国上下对楚灵王已经不仅仅是烦，而是已经发展到恨的程度。在《天地之行》“衣欲常漂”的“漂”字下，董天工笺注：“清凉貌。”[②]“漂”字在殿本等诸本中均为“漂”，凌曙注引韦昭之说云:“以水击絮为漂。”钟肇鹏《春秋繁露校释》云：“‘衣欲常漂’，言衣要常洗，使之清洁。不必改字。”[③] 而且，“漂”字并无“清凉”的含义。《奉本》云“有星茀于东方”，在“茀”字下董天工笺注：“弥离也。”[④] 实际上，“茀”字通“孛”，是“彗星”的意思，而董天工理解成了“茀杂”的意思。《执贽》云“杀之不谛”，在“谛”字下董天工笺注:“‘啼’通。”[⑤] 董天工认为这里的“谛”字与“啼”是通假字，实则“谛”是错

① ［清］董天工笺注、黄江军整理：《春秋繁露笺注》，上海：华东师范大学出版社，2017，第70页。

② ［清］董天工笺注、黄江军整理：《春秋繁露笺注》，上海：华东师范大学出版社，2017，第220页。

③ 钟肇鹏主编：《春秋繁露校释》，济南：山东友谊出版社，1994，第843页。

④ ［清］董天工笺注、黄江军整理：《春秋繁露笺注》，上海：华东师范大学出版社，2017，第141页。

⑤ ［清］董天工笺注、黄江军整理：《春秋繁露笺注》，上海：华东师范大学出版社，2017，第205页。

字，是“啼”字在传抄过程中因形近而讹导致的。

第二，董天工对于《公羊》学缺乏深入的理解，并未能坚守《公羊》家法。董天工自己在《凡例》中也说：“公宗《公羊》，所引传说有《公羊传》中未有者，见之《左》《穀》亦可引用，以在公前也。至何休《注》、杜预《注》、胡《传》，则在公后，理不可引，注中间或引之，缘《左》《公》《穀》有未明处，引以明其意，非谓其本此也。”[1] 这种说法看似公允，实则有失《公羊》家的基本立场。比如《竹林》云“秦穆侮蹇叔而大败”，董天工笺注：“鲁僖公三十三年，晋人及姜戎败秦师于崤。《左传》僖公三十三年：‘秦穆公与晋文公伐郑，郑文公……使烛之武说穆公，与郑盟而退，使杞子、杨孙、逢孙戍之。及晋文、郑文公卒，穆公听杞子之告，侮蹇叔之谏。晋襄公与姜戎要于崤而击之，穆公自悔过而作《秦誓》。三年，济河焚舟而伐晋，封崤尸而还，遂霸西戎。’”[2] 其实《公羊传》对此也有详细的记载，这里根本不必引用《左传》。尤其是，董仲舒对待崤之战的态度与《公羊传》完全一致，都对秦穆公采取了批判的态度。而董天工笺注的态度则是对秦穆公最终的功业有所肯定。再如《竹林》云“大国往聘，慢而弗敬其使者”，董天工笺注：“晋使郤克征会，郤跛而登阶，萧同叔子窥而笑之，致有鞌之战。”[3] “萧同叔子”在《公羊传》中作“萧同姪子”，董天工此处采用

---

① ［清］董天工笺注、黄江军整理：《春秋繁露笺注·凡例》，上海：华东师范大学出版社，2017，第10页。

② ［清］董天工笺注、黄江军整理：《春秋繁露笺注》，上海：华东师范大学出版社，2017，第33页。

③ ［清］董天工笺注、黄江军整理：《春秋繁露笺注》，上海：华东师范大学出版社，2017，第38页。

的是《左传》的文本。至于董天工因不理解《公羊》大义，对《春秋繁露》没有作进一步阐释的地方就更多了。比如，《俞序》中说："仲尼之作《春秋》，上探天端，正王公之位，顺万民之所欲，下明得失，起贤才以待后圣。"这也是《公羊》学家的根本观念之一，《公羊传》篇末也有"制《春秋》之义，以俟后圣"之语。而董天工不能理解"孔子素王"以及《春秋》"为后圣制法"之义，在这里根本无视"后圣"两个字的存在，仅仅在笺注中引用了明人叶向高的评语："上探下明，无穷囊括。"①

第三，董天工的笺注也未能参考吸收当时最新的学术成果。比如《竹林》云"《书》云：'高宗谅暗，三年不言'"，董天工在"《书》"字下笺注："原作《诗》，误。"虽纠正了原刊本的错误，但他又在句后作笺注："《书·说命篇》。《书》词不同。"②董天工或许未曾考虑过《古文尚书·说命篇》的真伪性问题，伪《古文尚书·说命篇》的对应文字为："王宅忧，亮阴三祀。"实际董仲舒不可能引用晚于伪书《说命篇》的文章。《礼记·丧服四制》云："《书》曰：'高宗谅暗，三年不言。'"董仲舒所引或许和《礼记》所引一样，都是秦汉时期《尚书》逸文，具体篇章已无从查考。无论是阎若璩的《尚书古文疏证》、惠栋的《古文尚书考》，还是毛奇龄的《古文尚书冤词》，都在此前早已成书。显然，董天工并没有注意到这一学术动态，其

---

① ［清］董天工笺注、黄江军整理：《春秋繁露笺注》，上海：华东师范大学出版社，2017，第90页。

② ［清］董天工笺注、黄江军整理：《春秋繁露笺注》，上海：华东师范大学出版社，2017，第41页。

笺注中多次提及伪《古文尚书》中的篇章。

第四，董天工笺注中对明人评语的择别不精，收录了许多毫无价值的评语，徒增篇幅，对于理解董仲舒思想体系并无帮助。明人评语，或是评论撰文技巧，或是徒发感慨，其间不无一二可取者，但多无实质内容。比如对于《竹林篇》“俱枉正以存其君”，董天工笺注引王维桢评语：“‘枉正’一句压倒。”① 殊无必要。对于《观德篇》“其于会朝聘之礼亦犹是”，董天工笺注引朱养纯评语：“推到朝聘，若火星炮溅。”② 无异于呓语。董天工自己也有类似评语，如对于《竹林篇》“由法论之，则丑父欺而不中权，忠而不中义”，董天工笺注：“至此一断，宁独丑父汗颜，且令顷公咋舌。”对于同篇的“大辱莫甚于去南面之位，而束获为虏也”，董天工笺注：“真令顷公躲闪无地。”③

第五，董天工笺注中也存在一些史实性错误。《随本消息篇》云“鲁昭公以事齐之故，晋人不入”，董天工在“事齐之故”下笺注：“昭公未尝事齐，疑是事晋。”④ 鲁昭公到晋国去朝见晋国国君，假如是“事晋”的缘故，晋国怎么会不允许鲁昭公入境呢？笺注显然是错误的。这在《永乐大典》本中作“事楚”，正因为鲁昭公曾经“事楚”，才导致了晋国的不满。

---

① ［清］董天工笺注、黄江军整理：《春秋繁露笺注》，上海：华东师范大学出版社，2017，第39页。

② ［清］董天工笺注、黄江军整理：《春秋繁露笺注》，上海：华东师范大学出版社，2017，第139页。

③ ［清］董天工笺注、黄江军整理：《春秋繁露笺注》，上海：华东师范大学出版社，2017，第40页。

④ ［清］董天工笺注、黄江军整理：《春秋繁露笺注》，上海：华东师范大学出版社，2017，第79页。

《观德》云“泰伯三让而不敢就位”，董天工笺注：“太王有翦[①]商之志，泰伯不从，逃之荆蛮。荆蛮即吴地。”[②] 根据《史记》等文献，泰伯是为了让位给自己的弟弟季历，才和二弟虞仲避往南方。《观德》云“吴俱夷狄也，戚之会，独先内之，为其与我同姓也”，在“戚”字下，董天工笺注：“原作‘植’，非。”在句末，他又笺注：“鲁襄公五年，公会晋、宋、陈、卫、郑、曹、莒、滕、薛、齐、吴、鄫于戚。戚，卫地。初晋使鲁、卫往会吴，至此而吴来会诸侯。”[③] 根据钟肇鹏先生的校释，“植”当为“柤”，是宋国地名。“柤之会”发生在鲁襄公十年，与“戚之会”无关。[④]

第六，校勘整理的缺陷。一个人的精力毕竟是有限的，对文本的理解也可能出现偏差，董天工对《春秋繁露》文本的整理也不无可商榷之处。《随本消息》云：“再会陈仪，齐不肯往。吴在其南，而其君杀。”董天工笺注：“原作‘二’，非。”[⑤] 这里董天工可能对原文有误解，二君指的是吴王诸樊和吴王余祭，董天工将“二”改为“其”，虽说也可通，但毕竟原本不误。《五行顺逆》：“土者夏季，成熟百种”[⑥] 中的“夏季”二字，宋本、明抄本等均作“中夏”，苏舆《春秋繁露义证》作“夏

---

① 原作“翳”，根据《诗经·鲁颂·閟宫》可知，当为“翦”。

② ［清］董天工笺注、黄江军整理：《春秋繁露笺注》，上海：华东师范大学出版社，2017，第 137 页。

③ ［清］董天工笺注、黄江军整理：《春秋繁露笺注》，上海：华东师范大学出版社，2017，第 138—139 页。

④ 钟肇鹏主编：《春秋繁露校释》，济南：山东友谊出版社，1994，第 494 页。

⑤ ［清］董天工笺注、黄江军整理：《春秋繁露笺注》，上海：华东师范大学出版社，2017，第 81 页。

⑥ ［清］董天工笺注、黄江军整理：《春秋繁露笺注》，上海：华东师范大学出版社，2017，第 185 页。

中”，苏注：“土寄王四时，而《月令》系于夏末，故云‘夏中’。本书《五行对》：‘土为季夏。’”[1] 这里二说均可通，但据宋本似乎应为“夏中”。董天工根据《五行对》中的“土为季夏”一句，将“夏季”改为“夏中”，至少应该作出说明。至于错字而失校者，更是有多处。比如《玉英》云“此亦《春秋》之义，善无道也”[2]，“善无道”词意不通，《永乐大典》本作“善无遗”，意为对善的表彰没有遗漏，而董天工没有注意这一错误。《随本消息》云“鲁得其灭以灭鄫”[3]，语句不通，第一个“灭”应为“威”字，显然是因形近而讹，董天工没有能够校出这一错误。《观德》云“至于莒、黄池之行，变而反道”，在“莒”字下，董天工笺注：“‘莒’字疑衍文，上下俱说吴，与莒无涉”。[4] 实际上，董天工所据之本缺了一个“伯”字，“伯莒”是地名。关于鲁定公四年，《公羊传》前的《春秋》经文云：“冬十有一月庚午，蔡侯以吴子及楚人战于伯莒，楚师败绩。”《左传》前的《春秋》经文云：“冬十有一月庚午，蔡侯以吴子及楚人战于柏举，楚师败绩。”这里说的就是著名的柏举之战。《公羊传》对于吴王阖闾的这次对楚作战是高度赞扬的，对于后来吴王夫差的黄池之会也有所肯定。这些都证明并

① ［清］苏舆撰、钟哲点校：《春秋繁露义证·五行顺逆》，北京：中华书局，1992，第374页。

② ［清］董天工笺注、黄江军整理：《春秋繁露笺注》，上海：华东师范大学出版社，2017，第48页。

③ ［清］董天工笺注、黄江军整理：《春秋繁露笺注》，上海：华东师范大学出版社，2017，第79页。

④ ［清］董天工笺注、黄江军整理：《春秋繁露笺注》，上海：华东师范大学出版社，2017，第137页。

非“莒”为衍文，而是“莒”前缺了“伯”字。殿本、凌曙本、苏舆本等正作“伯莒”。

由于所据之底本以及他所搜集的其他版本都存在同样的缺陷，所以董天工对《春秋繁露》文本的整理留有遗憾。比如《人副天数》，董天工所据之本篇首缺396字，后来四库馆臣从《永乐大典》中辑佚将其补充完整。再如，《如天之为》“待四时也”以下一大段文字，乃《天地阴阳》的错简，而《天地之行》“伏死节”以下140字应移至此处，董天工并未能校正这一错误。

第七，或许对需要笺注的内容有不同的理解，董天工笺注中，有当注而不注者，也有不当注而注者。比如《竹林》云“《春秋》记天下之得失……不可不慎也”，董天工笺注：“此一段见公读《春秋》，另具只眼。”① 系不当注而注。而《深察名号》云“祭之散名”②，“散名”系秦汉时期一专用逻辑术语，比如《荀子·正名》：“散名之加于万物。”“散名”指的是各种事物分散的名称，也即各种具体的名称。这里对“散名”应该进行笺注，而董天工却忽视了。《深察名号》云“正朝夕者视北辰”，董天工对“北辰”进行解释：“北辰，北极也。”③ “北辰”相对而言比较浅显，并且因《论语·为政》中孔子之言而为世

---

① ［清］董天工笺注、黄江军整理：《春秋繁露笺注》，上海：华东师范大学出版社，2017，第37页。

② ［清］董天工笺注、黄江军整理：《春秋繁露笺注》，上海：华东师范大学出版社，2017，第145页。

③ ［清］董天工笺注、黄江军整理：《春秋繁露笺注》，上海：华东师范大学出版社，2017，第149页。

人所熟知，不注可也。《王道》云“周发兵”，在“发”字下董天工笺注：“兴也。”① 发兵意思浅白可解，也没有必要作注。

第八，受时代的限制，董天工对董仲舒一些比较激进的民本思想并没有能够继承发挥，相反对其强调统治秩序的纲常思想却再三致意。董天工所在的康雍乾“盛世”，专制集权达到空前的程度，“文字狱”史不绝书。正因为如此，对董仲舒强调革命、强调民本的地方，董天工基本上不发一言，或偶尔引用前人评语做做样子而已。比如，对体现董仲舒民本思想的《尧舜不擅移、汤武不专杀》，董天工基本没有笺注。在《王道》讲梁国灭亡经过时，董天工笺注引用《公羊传》与何休注，说明这段文字的依据，并引明人评语一条。除此，董天工自己未发一语。而对于董仲舒尊君卑臣之类的主张，董天工却畅谈无碍，如《王道通三》云“地事天也，犹下事上也”，董天工笺注：“此言土为义之主。故《春秋》之法，善则归君，恶则归臣，视地之事天而不有其功。孝子之行，忠臣之义，皆法于地也。”②

另外，或许受学养不够所限，或者学术旨趣不同，董天工对董仲舒阴阳五行哲学思想的阐释也明显薄弱。

总之，董天工《春秋繁露笺注》在《春秋繁露》学术史上具有非常重要的地位，作为第一部系统的《春秋繁露》注本，它不仅扩大了《春秋繁露》的影响，使之更容易阅读，而且也为后世其他注本提供了重要的参考。虽然《春秋繁露笺注》还

---

① ［清］董天工笺注、黄江军整理：《春秋繁露笺注》，上海：华东师范大学出版社，2017，第60页。

② ［清］董天工笺注、黄江军整理：《春秋繁露笺注》，上海：华东师范大学出版社，2017，第162页。

存在许多缺陷和不足，但其开创之功不可埋没。①

（二）凌曙《春秋繁露注》

古籍整理是乾嘉汉学的重要成果，在乾嘉汉学流行时，逐渐开始有学者关注《春秋繁露》的校注整理，比较著名的有卢文弨、凌曙等人。考虑到凌曙时间在后，对卢文弨的成果有所吸收借鉴，因而这里仅对凌曙的成就略作介绍。

凌曙（1775—1829），字晓楼，一字子升，清江苏江都（今扬州）人。凌曙天性好学，无奈家贫，读《四子书》未毕，即辍学返乡。但凌曙并未就此放弃学业，在"杂作佣保"的同时仍"绩学不倦"。后来，他偶然结识了在扬州的名儒包世臣，并向包世臣求教为学之道。包世臣劝凌曙："治经必守家法，专治一家以立其基，则诸家可渐通。"② 并推荐凌曙向著名学者李兆洛求学。在李兆洛的指导下，凌曙对"礼"学有了很深造诣。后来，凌曙将自己的作品《四书典故覈》呈送梅花书院主讲、著名学者洪梧，受到洪梧的赏识。在洪梧的启发下，凌曙开始关注《春秋繁露》。不久，凌曙被阮元召去从事典籍校勘。在阮元的指引下，凌曙又向刘逢禄问学，从而得窥《公羊》学之门径。凌曙还将原本就感兴趣的"礼"学与《公羊》学相结合，撰成《公羊礼疏》十一卷、《公羊礼说》一卷、《公羊问答》二

---

① 这里之所以不惜篇幅对董天工《春秋繁露笺注》进行介绍，一则因为这是《春秋繁露》传播史上第一部系统的注本，二则通过对《春秋繁露笺注》的介绍，可使大家得见古人注书的大概，也为后面介绍其他《春秋繁露》注本树立一个标杆，使大家可以参照。以下对其他注本的介绍，有与《春秋繁露笺注》相同者就不再赘述，仅强调其自身独特的成就。

② 支伟成：《清代朴学大师列传》，长沙：岳麓书社，1998，第113页。

卷。在阮元处校勘经典的过程中，凌曙得以广泛阅读历代文献，搜集与《春秋繁露》有关的材料，于嘉庆二十年（1815）完成了《春秋繁露注》。其后，他也曾到岭南追随阮元，教授阮元子弟读书。

从凌曙的成长过程及其交游可知，凌曙学问的根基在乾嘉考据之学，其《公羊礼疏》等作品，完全是以古文经学的方法来治今文，并未能真正深入《公羊》学之门。不过相对于其他学者，凌曙毕竟在《公羊传》上下过一番功夫，对《公羊》学的微言大义也有所了解。由《〈春秋繁露注〉自序》可知，凌曙对于"孔子素王""为后圣制法""《左氏》不传《春秋》"等《公羊》家之说也有所认同。相对而言，凌曙《春秋繁露注》达到了比较高的学术水准。这里主要以《楚庄王》为例，来说明相对于董天工《春秋繁露笺注》而言凌曙《春秋繁露注》的主要特点所在。

第一，凌曙《春秋繁露注》所选底本更为精良，搜罗异本也更为广泛，因而其文本校勘整理的成就也在董天工之上。首先，凌曙所选用的底本是武英殿本，武英殿本是四库馆臣在《永乐大典》本的基础上整理而来，质量较高。同时，凌曙还参考了明人王道焜本、卢文弨的校本、武进张惠言本等。

第二，凌曙《春秋繁露注》对原著字词的注解更为精当。乾嘉汉学本以小学而见长，凌曙在学习过程中也受到了相应的训练，具备了一定的音韵文字学根基。凌曙《春秋繁露注》对字词的注释更系统，更完善，其水平远非董天工所能及。对于《楚庄王》的"乱国之臣，虽不篡杀，其罪皆宜死，比于此其云尔也"，凌曙注曰："《广韵》：臣，伏也，男子贱称。《春秋说》

曰：正气为帝，间气为臣。”这是解释了“臣”字的含义。“《一切经音义》：篡，又患反。《说文》：逆而夺取曰篡。字从厶，音私。算声。桑管反。《仓颉篇》：自营为厶。弑君之法，理无外声。故字从厶也。”这是解释了“篡”字的含义并注音。“按：‘杀’当作‘弑’。《白虎通》引《春秋谶》：弑者，试也。欲言臣子杀其君父，不敢，卒候间司事，可稍稍试之。《释文》云：弑，从式。杀，从殳。不同。君父言弑，积渐之名，臣子云杀，卑贱之意。字多乱，故时复音之。《盐铁论》：‘威厉而不杀。杀音弑。’《石经》‘弑’作‘试’，盖古通用也。今则昉《释文》之例，‘弑’‘杀’二字，每别白言之。”① 这是详细解释了“弑”字，以及它和“杀”的区别。《楚庄王》云“虽有察耳，不吹六律，不能定五音”，董天工对此没有作出解释，而凌曙则引用《淮南子》对“六律”和“五音”进行了详细的解释。

第三，凌曙《春秋繁露注》对历代关于《春秋繁露》学术观点的搜罗更为广泛。如前所述，董天工学术视野有限，未能广泛搜集历代学术观点，却收集了很多毫无价值的明人评语。凌曙曾向当时顶级学者问学，进而得以进入学界主流，有着比较广阔的学术视野，诚如其自序中所言“采列代之旧闻，集先儒之成说”，“及隋唐以后诸书之引《繁露》者，莫不考其异同，校其详略”。② 比如对于“新王必改制”，凌曙引用《白虎通》进行了详细的解释；董天工则仅简单解释了史实，并未做

① ［汉］董仲舒撰、［清］凌曙注：《春秋繁露注》，北京：中华书局，1975，第5—6页。

② ［汉］董仲舒撰、［清］凌曙注：《春秋繁露注》，北京：中华书局，1975，第614页。

进一步阐发。董天工之后的清代学者对《春秋繁露》的校注，也从一定程度上开阔了凌曙的学术视野。比如《楚庄王》云“以故用则天下平，不用则安其身，《春秋》之道也”，凌曙就引用了卢文弨注文，解释了《繁露》书名及其由来：“卢注：钱云：此《春秋说》开端大旨，当为首篇，如冕琉然，《繁露》之名或取于此。今次于前三节后而以楚庄王题篇，疑出后人掇拾缀辑所致。”① 尤其是，在凌曙的时代，常州学派已经逐渐兴起，凌曙得闻庄存与、刘逢禄之学，这是董天工所不能及的。比如《楚庄王》云“《春秋》之用辞”，凌曙引庄存与之说加以注解：“武进侍郎庄公存与曰：《春秋》之辞，文有不再袭，事有不再见，明之至也。事若可类，以类索其别；文若可贯，以贯异其条。圣法已毕，则人事虽博，所不存也。”②

第四，凌曙对《公羊》学的理解也在董天工之上。本书第二章梳理过董仲舒《春秋》学中的许多观念，董天工都没有能够认识到。对此，凌曙往往有所申述。比如，对于《俞序》“仲尼之作《春秋》也，上探正天端王公之位，万民之所欲。下明得失，起贤才以待后圣”，董天工完全无视“后圣”二字的存在；而凌曙在《春秋繁露注》所云“哀十四年《传》，制《春秋》之义以俟后圣”③ 不仅指出了董仲舒“以待后圣”的出处，还以《公羊传》来支持董仲舒的说法。同篇还引用了孔子的说

---

① ［汉］董仲舒撰、［清］凌曙注：《春秋繁露注》，北京：中华书局，1975，第14—15页。

② ［汉］董仲舒撰、［清］凌曙注：《春秋繁露注》，北京：中华书局，1975，第5页。疑“所不存也”，当为“无所不存也”。

③ ［汉］董仲舒撰、［清］凌曙注：《春秋繁露注》，北京：中华书局，1975，第198页。

法："吾因行事，加吾王心焉。"对此，董天工仅加按语："按：因《春秋》行事加以王心，所谓王鲁也。"① 董天工从"王鲁"的角度来解释"王心"显然偏离了董仲舒原意。而凌曙《春秋繁露注》则引用了郑玄和卢钦的说法，详细解释了孔子素王，他说："郑玄《六艺论》云：孔子既西狩获麟，自号素王，为后世受命之君，制明王之法。卢钦《公羊序》云：孔子自因《鲁史记》而修《春秋》，制素王之道。"② 显然，凌曙的解释更符合原意。相对于董天工，凌曙更能恪守《公羊》家法，他在《春秋繁露·凡例》中说："是书所引《春秋》，皆《公羊》家言，故二《传》不敢羼入。"③ 不过，凌曙毕竟不属于今文经学派，对于董仲舒《春秋繁露》中的《公羊》微言大义未能深入阐发。

第五，相对于董天工的《春秋繁露笺注》，凌曙的《春秋繁露注》明显过于烦琐。董天工《春秋繁露笺注》的优点之一就在于简略，三言两语能说明问题就不过多展开，尤其是在无关主旨的地方，更不去论证。凌曙受乾嘉汉学的烦琐学风影响，《春秋繁露注》也明显呈现出烦琐的弊病。比如对《楚庄王》第一句"楚庄王杀陈夏征舒，《春秋》贬其文，不予专讨也"，凌曙先是详细解释了楚国和陈国："徐广曰：楚在南郡枝江县。《括地志》云：归州巴东县东南归故城，楚子熊绎之始国也。《周本纪》注：帝舜后遏父为周武王陶正，武王赖其器用，封其

---

① ［清］董天工笺注、黄江军整理：《春秋繁露笺注》，上海：华东师范大学出版社，2017，第 90 页。

② ［汉］董仲舒撰、［清］凌曙注：《春秋繁露注》，北京：中华书局，1975，第 199 页。

③ ［汉］董仲舒撰、［清］凌曙注：《春秋繁露注》，北京：中华书局，1975，《凡例》第 1 页。

子妫满于陈，都宛丘之侧。”① 这些与《春秋繁露》主旨关系并不大，完全没有必要注释。诸如此类，所在多有。这也导致《春秋繁露注》的篇幅明显大于《春秋繁露笺注》。凌曙《春秋繁露注》也存在着与董天工《笺注》类似的缺点：当注而不注。比如对《楚庄王》“谓之晋而已，是婉辞也”，凌曙并没有能够作出解释。而事实上，“婉辞”是董仲舒《春秋繁露》非常重要的一种表达方式。苏舆《春秋繁露义证》曰：“董子之言《春秋》也，曰‘正辞’，曰‘婉辞’，曰‘温辞’，曰‘微词’，曰‘诡词’。又曰：‘以仁治人，以义正我。’可以观其通矣。”②

第六，凌曙对三礼之学有着浓厚的兴趣，在注《春秋繁露》时，对有关礼的内容也有比较多的阐发。而事实上，礼并非是董仲舒关注的重点。比如《楚庄王》云“诸侯之君射狸首之乐”，凌曙对“狸首之乐”进行了详细的解释：“《大射仪》：乐正反位，奏狸首以射。《乐记疏》：旧解，狸之取物则伏下其头，然后必得。射亦必中，如狸之取物矣。郑注云：《狸首》，逸诗，曾孙也。狸之言不来也。《封禅书》云：设射狸首。徐广曰：狸，一名不来。”③

相对于董天工《春秋繁露笺注》，凌曙《春秋繁露注》的影响要更大一些，其在《春秋繁露》学术史上的地位也要高于《春秋繁露笺注》。

---

① ［汉］董仲舒撰、［清］凌曙注：《春秋繁露注》，北京：中华书局，1975，第2页。
② ［汉］董仲舒撰、［清］苏舆注：《春秋繁露义证》，北京：中华书局，1992，第8页。
③ ［汉］董仲舒撰、［清］凌曙注：《春秋繁露注》，北京：中华书局，1975，第17页。

今文经学兴起后的《春秋繁露》研究

如梁启超所言乾嘉汉学是对宋学的“反动”，而清代的今文经学派则是对乾嘉汉学的“反动”。今文经学兴起后，董仲舒《春秋繁露》所受关注明显上升，关于《春秋繁露》的研究成果也明显增多。

一、常州学派与《春秋繁露》

乾嘉汉学如日中天之际，汉学内部也出现了新的学术动向，“十八世纪的那种初始意义的汉学，在十九世纪初已呈现出内部更新的取向”①。正是在这一背景下，以庄存与等人为代表的常州学派将其学术兴趣逐渐转移到《春秋公羊传》，而经学今古文之争也主要围绕《左传》与《公羊》展开。因而，常州学派可以被看成晚清今文经学派的先声。

（一）庄存与与《春秋繁露》

庄存与（1719—1788），字方耕，号养恬，江南武进（属常

① 朱维铮：《中国经学史十讲》，上海：复旦大学出版社，2002，第151页。

州）人。他于乾隆十年（1745）高中榜眼，此后长期在京为官，最终官至礼部侍郎，深受乾隆皇帝赏识。武进庄家，是一个学术世家，这为庄存与奠定了学术根基。庄存与在仕宦之暇，著述不辍，但他深自韬晦，不以经学家自居，所著书籍拒不出版，流传不广，直到道光七年（1827）始刻板行世。其时汉学大盛，而庄存与认为汉学家所擅长的考据训诂之学，不过皮毛而已，不仅无补于世，亦无补于学。庄存与尤其重视《春秋》学，说："《春秋》以辞成象，以象垂法，示天下后世以圣心之极。观其辞，必以圣人之心存之，史不能究，游、夏不能主，是故善说《春秋》者，止诸至圣之法而已矣。"① 不同于乾嘉学派标榜的"实事求是"，庄存与所要求的是"圣心"，其学术路径与乾嘉汉学明显不相同。

庄存与十分推崇董仲舒，"于汉则宗仰江都"②，这主要体现在他的代表作《春秋正辞》中。该书也被朱维铮先生称为清代今文经学开山之作，③ 在《春秋》学史上地位显著。庄存与于三《传》皆有所取，他说："旧典礼经，左邱多闻。渊乎《公羊》，温故知新。《穀梁》绳衍，子夏所传，拾遗补缺，历世多贤。"④ 但要其根本，则宗法《公羊》，他说："《公羊》奥且明矣，不

---

① ［清］庄存与撰、郭晓东等点校：《春秋正辞》，上海：上海古籍出版社，2014，第 227 页。

② ［清］庄勇成：《少宗伯养恬兄传》，见《毗陵庄氏增修族谱》，第 30 卷，清光绪元年本。

③ 朱维铮：《中国经学史十讲》，上海：复旦大学出版社，2002，第 167 页。

④ ［清］庄存与撰、郭晓东等点校：《春秋正辞》，上海：上海古籍出版社，2014，第 8 页。

可不学。《穀梁》《左丘》，眊乎瞢哉。”① 庄存与在《春秋正辞》中对《公羊》大义多有阐发：“又始终表现为两大‘相须成体’的主题，即‘奉天’与‘尊王’”。② 而“奉天”最终也要体现在“尊王”上，“因此，整部《春秋正辞》也可以说是庄氏借说经而提出的一个有系统的政治思想与政治模式，并以经学的面目为其‘尊王’论张本”③。庄存与在构建其思想体系过程中，董仲舒《春秋繁露》是其重要思想来源，这里仅以其书《奉天辞第一》为例加以说明。庄存与开篇就讲：“初一曰建五始。元正天端，自贵者始”④。这显然与董仲舒在《玉英》中所讲有继承关系：“是故《春秋》之道，以元之深正天之端，以天之端，正王之政，以王之政正诸侯之即位，以诸侯之即位正竟内之治。五者俱正，而化大行。”⑤ 紧接着庄存与说：“天人大本，万物所系。”⑥ “天人相与之际”是董仲舒思想的重点内容。庄存与提出“次三曰大一统”⑦，董仲舒则强调“《春秋》大一统者，天地之常经，古今之通谊也”⑧。庄存与提出“次四曰通

---

① ［清］庄存与撰、郭晓东等点校：《春秋正辞》，上海：上海古籍出版社，2014，第133页。

② 曾亦、郭晓东：《春秋公羊学史》，上海：华东师范大学出版社，2017，第886页。

③ 郭晓东：《〈春秋正辞〉前言》，见［清］庄存与：《春秋正辞》，上海：上海古籍出版社，2014，第3页。

④ ［清］庄存与撰、郭晓东等点校：《春秋正辞》，上海：上海古籍出版社，2014，第7页。

⑤ ［清］苏舆撰、钟哲点校：《春秋繁露义证·玉英》，北京：中华书局，1992，第70页。

⑥ ［清］庄存与撰、郭晓东等点校：《春秋正辞》，上海：上海古籍出版社，2014，第7页。

⑦ ［清］庄存与撰、郭晓东等点校：《春秋正辞》，上海：上海古籍出版社，2014，第7页。

⑧ ［汉］班固：《汉书·董仲舒传》，北京：中华书局，1962，第2523页。

三统。三代建正，受之于天，文质再复，制作备焉”[①]，董仲舒在《三代改制质文》中也有系统相关阐述。庄存与提出“次五曰备四时。谨于尊天，慎于养人，圣人以顺动，则日月光明，庶物露生。阴佐不可右，刑谥不可任”，这更是董仲舒在诸多篇章中反复申说的内容。庄存与提出“次七曰审天命废兴”[②]，这些与董仲舒在《尧舜不擅移、汤武不专杀》等文中所论相合。庄存与提出“次八曰察五行祥异。天乎与人，甚可畏也”[③]，灾异学说也是董仲舒《春秋》学的一大特色。庄存与提出“次九曰张三世。据哀录隐，隆薄以恩，屈信之志，详略之文，智不危身，义不讪上，有罪未知，其辞可访”[④]，董仲舒在《楚庄王》中有详细的相关解释。该书其他篇卷对董仲舒学说的引用阐发也所在多有，兹不赘述。

庄存与虽不以经学家自居，但其学术依然受到很多学者的好评。阮元在其《庄方耕宗伯经说序》中引其业师李晴川对庄存与的称赞之语：“宗伯践履笃实，于六经皆能阐抉奥旨，不专专为汉宋笺注之学，而独得先圣微言大义于语言文字之外，斯为昭代大儒。”[⑤] 庄存与一生著述成果丰硕，除《春秋正辞》外，尚有《尚书既见》《周官记》《毛诗说》等。可见庄存与之

---

① ［清］庄存与撰、郭晓东等点校：《春秋正辞》，上海：上海古籍出版社，2014，第7页。

② ［清］庄存与撰、郭晓东等点校：《春秋正辞》，上海：上海古籍出版社，2014，第7页。

③ ［清］庄存与撰、郭晓东等点校：《春秋正辞》，上海：上海古籍出版社，2014，第8页。

④ ［清］庄存与撰、郭晓东等点校：《春秋正辞》，上海：上海古籍出版社，2014，第8页。

⑤ ［清］阮元：《庄方耕宗伯经说序》，见《味经斋遗书·卷首》，光绪八年本。

学术并非与乾嘉汉学对立，反而与汉学派联系十分紧密，并未割裂，当然庄存与应该还没有今文经学的自觉意识。甚至有学者称其为乾嘉汉学的别派支流。①

总之，称庄存与为今文经学的开山可，称其已确立了清代今文经学的门户则过。清代学术在常州学派兴起之后的新动向，对此后百余年的学术史产生了深远的影响。

（二）孔广森与《春秋繁露》

孔广森与庄存与有师徒之谊，他们在学术上也具有相同的旨趣。

孔广森（1752—1786），字众仲，山东曲阜人，孔子六十九代孙。孔广森幼承庭训，后来又受业名门，《清史稿》称其“聪颖特达，尝受经戴震、姚鼐之门，经、史、小学，沉览妙解”②。孔广森于学无所不窥，尤长于《公羊》，“生平经书皆博涉，颛门尤长《春秋》《戴记》，而积力终在《春秋公羊传》”③。孔广森勤于著述，虽终年仅三十五岁，却留下了大量著作，著有《春秋公羊经传通义》《大戴礼记补注》《声类分例》《礼学卮言》《经学卮言》《仪郑堂文集》《勾股难题》等数十卷。其中，《春秋公羊经传通义》体现了孔广森的经学思想，他自己也十分看重此书：“余生平所著书，讵逮古人？《公羊》一编，差堪自信。”④

---

① 曾亦、郭晓东：《春秋公羊学史》，上海：华东师范大学出版社，2017，第865页。

② ［清］赵尔巽等：《清史稿》，北京：中华书局，1977，第13207页。

③ 支伟成：《清代朴学大师列传》，长沙：岳麓书社，1998，第85页。

④ ［清］孔广森：《春秋公羊经传通义》，见孔广廉《校刊公羊春秋通义叙略》，上海：上海古籍出版社，2014，第239页。

孔广森和庄存与一样，认为《春秋》重义不重事。他说："鲁之《春秋》，史也。君子修之，则经也。经主义，史主事。事故繁，义故文少而用广。世俗莫知求《春秋》之义，徒知求《春秋》之事，其视圣经竟似《左传》记事之标目，名存而实亡矣。"[①] 孔广森对董仲舒也十分景仰，认为"胡毋生、董生既皆此经先师，虽义出传表，卓然可信，董生绪言犹存《繁露》"[②]，并在书中多次引用《春秋繁露》。但孔广森所理解的《公羊》学与董仲舒并不尽相同。《公羊》微言尤在"三科九旨"，"三科九旨"在《春秋繁露》中皆有迹可循。但孔广森却另有他解："《春秋》之为书也，上本天道，中用王法，下理人情。……天道者，一曰时，二曰月，三曰日；王法者，一曰讥，二曰贬，三曰绝；人情者，一曰尊，二曰亲，三曰贤。"[③] 这种看法不仅不同于董生，亦与历代说《公羊》者迥异。董仲舒看重的"《春秋》王鲁""为汉制法"等观念也遭到了孔广森的批驳："博士弟子因端献谀，妄言西狩获麟是庶姓刘季之瑞，圣人应符，为汉制作，黜周王鲁，以《春秋》当新王，云云之说，皆绝不见本传，重自诬其师，以召二家之纠摘矣"[④]。孔广森虽赞同董仲舒"《春秋》无达辞"之说，却强调辞例的异同，"十二公之篇，二百四十二年之纪，文成数万，赴问数千，应问数

---

① ［清］孔广森：《春秋公羊经传通义》，见孔广廉《校刊公羊春秋通义叙略》，上海：上海古籍出版社，2014，第 724 页。

② ［清］孔广森：《春秋公羊经传通义》，见孔广廉《校刊公羊春秋通义叙略》，上海：上海古籍出版社，2014，第 730 页。

③ ［清］孔广森：《春秋公羊经传通义》，见孔广廉《校刊公羊春秋通义叙略》，上海：上海古籍出版社，2014，第 722 页。

④ ［清］孔广森：《春秋公羊经传通义》，见孔广廉《校刊公羊春秋通义叙略》，上海：上海古籍出版社，2014，第 723 页。

百，操其要归，不越乎同辞、异辞二途而已矣"[1]。而且孔广森并未恪守《公羊》家法，不仅对《左传》《穀梁》时有引用，而且还广泛引用历代经师观点。据黄开国先生统计："《公羊春秋经传通义》一书，从汉代到清代的历代学者，如董仲舒、胡毋生、刘向、刘歆、何休、王祖游、何焯、刘敞、胡康侯、萧楚、徐彦、啖助、赵匡、赵汸、黄道周、惠士奇、戴震、姚大夫、庄存与等人关于《春秋》的论说，都有采获。"[2] 黄开国先生称孔广森"博采众家之长"，换个角度视之何尝不是不守家法的表现。

当然孔广森本人并没有要守《公羊》门户的自觉，从本质上说，孔广森仍为汉学中人，江藩《国朝汉学师承记》将孔广森纳列其中并称赞孔广森"深于戴氏之学，故能义探其原，言则于古也"[3]；支伟成在其《清代朴学大师列传》中也将孔广森列入"皖派经学家"。

（三）庄述祖、宋翔凤与《春秋繁露》

庄述祖（1750—1816），字葆琛，号珍艺，晚号檗斋，庄存与之侄，《清史稿》称其"述祖传存与之学，研求精密，於世儒所忽不经意者，覃思独辟，洞见本末。著述皆义理宏达，为前贤未有"[4]。庄述祖也著述颇丰，有《夏小正经传考释》《尚书今古文考证》《毛诗考证》《毛诗周颂口义》等。可见庄述祖所传之学，仍不脱汉学窠臼，在庄存与的立场上不仅没有前进，

---

① ［清］孔广森：《春秋公羊经传通义》，见孔广廉《校刊公羊春秋通义叙略》，上海：上海古籍出版社，2014，第724页。

② 黄开国：《公羊学发展史》，北京：人民出版社，2013，第485页。

③ ［清］江藩著、钟哲整理：《国朝汉学师承记》，北京：中华书局，1983，第105页。

④ ［清］赵尔巽等：《清史稿》，北京：中华书局，1977，第13218页。

反而有所退步。

宋翔凤（1779—1860），字虞庭，一字于庭，江苏长洲（今苏州）人。宋母是庄述祖之妹，他“尝随母归宁，因留常州，从舅父受业，遂得闻庄氏今文学之家法绪论。比长，更游段懋堂门，兼治东汉许、郑之学”①。宋翔凤兼重考据学，著有《论语说义》《论语郑注》《大学古义说》《孟子赵注补正》《过庭录》等。其中《过庭录》一书，是其考据学的代表作，在晚清经学札记诸书中成就较高。宋翔凤的学术立场也倾向于今文经学，他曾经作有《拟太常博士答刘歆书》，对今文经学多有回护。以《公羊》释《论语》，为宋翔凤学术之一大特色，比如他引董仲舒《三代改制质文》来解释《论语·为政》“殷因礼于夏，所损益可知也；周因礼于殷，所损益可知也；其或继周者，虽百世可知也”，强调《公羊》家“通三统”之义。宋翔凤晚年所收门人戴望也沿袭师说，以《公羊》释《论语》，对董仲舒多有引述。

庄述祖、宋翔凤等人虽号称庄存与学术传人，实际上对庄存与的学术发扬有限，尤其未能张庄存与《春秋》学之门户。

（四）刘逢禄

刘逢禄（1776—1829），字申受，号申甫，江苏武进人。他出身名门，祖父刘纶官至大学士，外祖庄存与、舅父庄述祖都是学术名家。庄述祖曾经称赞刘逢禄：“吾诸甥中，刘申受可以为师，宋虞庭可以为友。”刘逢禄著有《尚书今古文集解》《左

---

① 支伟成：《清代朴学大师列传》，长沙：岳麓书社，1998，第134页。

氏春秋考证》《公羊春秋经何氏解诂笺》《春秋公羊经何氏释例》《穀梁废疾申何》《论语述何》《箴膏肓评》《发墨守评》等。相对而言，刘逢禄才真正光大了常州学派门户。

刘逢禄具有考据学根基，又能发挥《公羊》学大义。蔡长林先生《常州学派略论》称："刘氏可谓对考据学操入室之戈者。他纯熟地运用考据学的方法义例，从事《公羊》学的研究，将庄氏家学推向学术的第一线。"[①] 支伟成称刘逢禄"其为学务明大义，不专章句。本董生春秋窥六艺家法，本六艺求观圣人之志，故所著《公羊春秋（经）何氏释例》十卷三十篇，寻其条贯，正其统纪，以微言大义刺讥褒讳挹损之，文辞洞然，推极属辞比事之道"[②]。《公羊春秋（经）何氏释例》是清代《公羊》学的奠基之作，刘逢禄对董仲舒推崇备至，他说："传《春秋》者言人人殊，惟公羊氏五传。当汉景时，乃与弟子胡毋子都等记于竹帛。是时，大儒董生下帷，三年讲明，而达其用，而学大兴。故其对武帝曰：'非六艺之科、孔子之术，皆绝之，弗使复进。'汉之吏治经术彬彬乎近古者，董生治《春秋》倡之也。"[③] 但《春秋繁露》并非纯经学著作，尤其不是注疏章句之书，于是深具考据功力的刘逢禄选中了条例化色彩更浓的何休《春秋公羊经传解诂》，并由何氏上推到董仲舒。在他看来，要认识圣人之大道，舍此无由。他说："圣人之道，备乎五经。而《春秋》者，五经之管钥也。……拨乱反正莫近《春秋》，董、何之言受命如

---

① 彭林主编：《清代学术讲论》，桂林：广西师范大学出版社，2005，第50页。

② 支伟成：《清代朴学大师列传》，长沙：岳麓书社，1998，第133页。

③ 刘逢禄著、郑任钊校点：《春秋公羊经何氏释例·叙》，北京：北京大学出版社，2012，第1页。

响，然则求观圣人之志、七十子之所传，舍是奚适焉?”①

前已述及，何休《春秋公羊经传解诂》对董仲舒多有申说，故而刘逢禄在《春秋公羊经何氏释例》中对董仲舒也多有阐发，比如刘逢禄在解释“张三世”时更欣赏董仲舒的表达，他以自注的形式说：“董子《观德篇》云‘稻之会先内卫’，《奉本篇》云‘诸侯伐哀者皆言我’，俱胜何氏注义。”② 刘逢禄在《春秋公羊经何氏释例》的《通三统例》中云：“盖以王者必通三统而治，道乃无偏而不举之处。自后儒言之则曰法后王，自圣人言之则曰三王之道若循环，终则复始，穷则反本，非仅明天命所授者博，不独一姓也。夫正朔必三而改。故《春秋》损文而用忠。文质必再而复，故《春秋》变文而从质。”③ 这与董仲舒《三代改制质文》等篇中的观点一脉相承。他在《名例》所说的“然则辨名正分，莫著于《春秋》”，也是董仲舒所一再强调的。他在《贬、绝例》中所说的“扶阳抑阴之心，辅相天地之道”④，与董仲舒对待阴阳的态度完全相合。他在《律意轻重例》中所说的“抑又闻之董生，《春秋》‘显经隐权，先德而后刑’，其道盖原于天”⑤，也是董仲舒一贯的主张。在《王鲁例》

① 刘逢禄著、郑任钊校点：《春秋公羊经何氏释例·叙》，北京：北京大学出版社，2012，第2页。

② 刘逢禄著、郑任钊校点：《春秋公羊经何氏释例·叙》，北京：北京大学出版社，2012，第4页。

③ 刘逢禄著、郑任钊校点：《春秋公羊经何氏释例》，北京：北京大学出版社，2012，第7页。

④ 刘逢禄著、郑任钊校点：《春秋公羊经何氏释例》，北京：北京大学出版社，2012，第89页。

⑤ 刘逢禄著、郑任钊校点：《春秋公羊经何氏释例》，北京：北京大学出版社，2012，第104页。

中，刘逢禄对"《春秋》王鲁"之义进行了解释，"王鲁"即董仲舒《春秋》学的主要内容。《灾异例》更是沿袭了董仲舒的灾异学说："善乎！董生之言曰：'《春秋》之所讥，灾害之所加也；《春秋》之所恶，怪异之所施也。'推此以应变，是谓求病而用药。圣人拨乱反正，尤重于'上律天时、下袭水土'，必至于太平以瑞应为效，而后地平天成之道著，则莫近诸《春秋》也。"①

至于《春秋公羊经何氏释例》对《春秋繁露》字句的引用，更是所在多有。如《张三世例》"古之造文者，三画而连其中谓之王"②，引自《春秋繁露·王道通三》；《讥例》"董子云：'悖乱之征，细恶不绝之所致'"③，此约引《春秋繁露·王道》文字；《贬、绝例》"然犹以为托之空言不如见诸行事之深切著明"④，不仅见于《史记·太史公自序》的引用，也见于《春秋繁露·俞序》；《讳例》"温城董君赞《春秋》曰：'唐棣之华，偏其反而。岂不尔思？室是逮而'"⑤，见于《春秋繁露·竹林》。《主书例》"董生有言：'《春秋》辨是非，故长于治人。文成数万，其旨数千，万物之聚散皆在《春秋》。'又曰：

---

① 刘逢禄著、郑任钊校点：《春秋公羊经何氏释例》，北京：北京大学出版社，2012，第208页。

② 刘逢禄著、郑任钊校点：《春秋公羊经何氏释例》，北京：北京大学出版社，2012，第4页。

③ 刘逢禄著、郑任钊校点：《春秋公羊经何氏释例》，北京：北京大学出版社，2012，第67页。

④ 刘逢禄著、郑任钊校点：《春秋公羊经何氏释例》，北京：北京大学出版社，2012，第89页。

⑤ 刘逢禄著、郑任钊校点：《春秋公羊经何氏释例》，北京：北京大学出版社，2012，第128页。

‘《诗》无达诂，《易》无达占，《春秋》无达辞，从变从义，而一以奉人’”①，前一句见于《史记·太史公自序》和《春秋繁露·玉杯》，后一句见于《春秋繁露·精华》。

刘逢禄还有《左氏春秋考证》一书，认为《左氏春秋》与《春秋》无关，并不是解释《春秋》的传：“‘左氏春秋’，犹《晏子春秋》《吕氏春秋》也。直称‘春秋’，太史公所据旧名也。冒曰《春秋左氏传》，则东汉以后之以讹传讹者矣。”② 刘逢禄还把刘歆作为主要的攻击对象：“太史公时名《左氏春秋》，盖与晏子、铎氏、虞氏、吕氏之书同名，非传之体也。《左氏传》之名，盖始于刘歆《七略》。”③ 经学的今古文之争主要是围绕着《春秋公羊传》与《春秋左氏传》展开，刘歆更是晚清经学话题中的重点人物。在刘逢禄之前治《公羊》者，无论是否兼采《左传》《穀梁》，都少有质疑《左传》性质者，而刘逢禄不仅提出了自己的质疑，并且试图去证明它。刘逢禄重新挑起了中断两千年的今古文之争，故宗今文者对刘逢禄称赞有加，宗古文者则以始作俑者目之。总之，刘逢禄对晚清学术发展产生了重要的影响则是毋庸置疑的。

刘逢禄对晚清学术的影响还在于培养出了龚自珍、魏源等知名学者。嘉庆二十四年（1819），龚自珍在北京得遇刘逢禄并向其问学而通《公羊》大义，“此举对龚自珍实有改变其一生学

---

① 刘逢禄著、郑任钊校点：《春秋公羊经何氏释例·叙》，北京：北京大学出版社，2012，第193页。

② ［清］刘逢禄：《左氏春秋考证》，见顾颉刚主编：《古籍考辨丛刊》（第一集），北京：社会科学文献出版社，2010，第439页。

③ ［清］刘逢禄：《左氏春秋考证》，见顾颉刚主编：《古籍考辨丛刊》（第一集），北京：社会科学文献出版社，2010，第461页。

术方向的异乎寻常的意义”①。在北京向刘逢禄问学的还有魏源。后来龚自珍、魏源会试落第，刘逢禄写下《两生行》以表达惋惜之情，称龚自珍“之江人文甲天下”，称魏源“无双国士长沙子”。由是，今文经学之门户大盛。

二、国门初开时期的《春秋繁露》研究

大清王朝在经历了二百年治平之局后，遇到了来自海上的全新对手，国门洞开，迎来“三千年未有之变局”。社会的剧烈变迁，必然会影响学术研究的走向，这一点在《春秋繁露》的研究史上也有所体现。

（一）龚自珍与《春秋繁露》

龚自珍（1792—1841），字璱人，号定盦（一作定庵），浙江仁和人。龚自珍出身名门，其父龚丽正官至江苏按察使，著有《三礼图考》《国语补注》《两汉书质疑》等，其母是著名学者段玉裁之女。龚自珍幼年不仅受到父母的熏陶，而且十二岁就开始向外祖父段玉裁学习《说文》，有着深厚的学术根基。后来他去北京参加会试，遇到刘逢禄，从而转向今文经学。晚年龚自珍还曾有诗念及此事：“端门受命有云礽，一脉微言我敬承。宿草敢祧刘礼部，东南绝学在毗陵。”自注：“年二十有八，始从武进刘申受受《公羊春秋》，近岁成《春秋决事比》六卷。刘先生卒十年矣。”②

① 陈其泰：《清代公羊学》，北京：东方出版社，1997，第 117 页。

② ［清］龚自珍著、王佩诤校：《龚自珍全集》，上海：上海人民出版社，1999，第 514 页。

最能体现龚自珍《公羊》学思想的就是《春秋决事比》。《春秋决事比》学主《公羊》，偶采《左传》《穀梁》，尤其推崇董仲舒，“凡建五始，张三世，存三统，异内外，当兴王，及别月日时，区名字氏，纯用公羊氏；求事实，间采左氏；求杂论断，兼采穀梁氏，下采汉师，总得一百二十事。独喜效董氏例，张后世事以设问之。……每一事竟，忾然曰：假令董仲舒书完具，合乎？否乎？”① 可惜全书已经散佚，今存自序、目录和五篇问答于《龚自珍全集》之中，仅能略知其梗概。龚自珍《春秋决事比》沿袭董仲舒《春秋决狱》的路径，贯彻了“原心定罪”的原则，其《问答第一》云：“乙问：《春秋》假立吏，许世子狱如何？答乙：书许世子止弑其君买，是拟死；书葬许悼公，是恩原之。《春秋》之吏，闻有父饮子药而死者，急欲成子之意拟之死。俄而《春秋》闻之，闻其愚孝，无有弑志，乃原之。”② 许世子是董仲舒等《公羊》家解释“原心定罪”时的典型。龚自珍还将这一原则进一步推广：“丁问：今律，误杀人有勿论，有论减等，中《春秋》某律？答：襄公二十五年，吴子谒伐楚，门于巢卒。公羊子：‘入巢之门而卒也。’何休曰：‘吴子伐楚过巢，不假途入巢门，门者以为欲犯巢而射之，君子不怨所不知，故与巢得杀之。’”③

董仲舒《春秋繁露》对权变思想进行了系统论述，龚自珍

---

① ［清］龚自珍著、王佩诤校：《龚自珍全集》，上海：上海人民出版社，1999，第 234 页。

② ［清］龚自珍著、王佩诤校：《龚自珍全集》，上海：上海人民出版社，1999，第 56 页。

③ ［清］龚自珍著、王佩诤校：《龚自珍全集》，上海：上海人民出版社，1999，第 61 页。

《春秋决事比》也体现了权变的原则，比如："丁问赵鞅。答丁：书赵鞅入于晋阳以叛，是拟死；书晋荀寅、士吉射，入于朝歌以叛，晋赵鞅归于晋，是恩原之。《春秋》之吏，闻有无君命而称兵君侧者，拟之死。俄而《春秋》闻之，闻其除君侧之恶人也。曰：外臣有兵柄者，当如是矣。乃原之。"[1] 这与董仲舒等《公羊》家称许祭仲一样，是对权变的充分肯定。

龚自珍撰写《春秋决事比》时鸦片战争尚未爆发，但作为时代先觉者，他已经感受到来自异域的冲击，并在《春秋决事比》中有所表达："《春秋》假立楚为夷狄，若曰后有王者，四裔之外逆乱，非守土之臣所告，宜勿问，视此文可也。曷为宜勿问？问之则必加兵。中国盛，兵力盛，加兵则服，则必开边，则是因夷狄之乱以收其土地，仁者弗为也。中国微，兵力微，加兵则不服，则必削边，则丧师、糜饷、削边以取夷狄笑，智者弗为也。故勿问者，《春秋》之家法，异内外之大科也。"[2] 龚自珍仿佛预见到"丧师、糜饷、削边"将成为此后数十年对外交往的常态。

龚自珍也秉承董仲舒等《公羊》家通经致用的传统，在《春秋决事比》中将《春秋》大义与清朝当代法律相比附，以匡正当代之失。他说："甲问：据大著《律细目篇》，罕睹非常之义，何为而作乎？答：欲令今之知律者有所溯也。语曰：称曰自古，古曰在昔，昔曰先民，吾所以作。今律与《春秋》小

---

① ［清］龚自珍著、王佩诤校：《龚自珍全集》，上海：上海人民出版社，1999，第56页。

② ［清］龚自珍著、王佩诤校：《龚自珍全集》，上海：上海人民出版社，1999，第58页。

龃龉，则思救正之矣，又吾所以作。”①

龚自珍并非严格意义上的经学家，并未恪守《公羊》家法。他对《左传》《穀梁》偶有采纳：“周公以叔父相犹子，亲之甚，贵之甚，诛不避母兄，用亲以灭亲焉。石碏诛石厚，鲁君子左邱明曰：‘大义灭亲。’皆其变也。”龚自珍对公羊子和何休多有修正：“公羊氏失辞者二，失事实亦二；何休大失辞者一。庆父弑二君，罪百于牙，酖牙也是，则逸庆父也非，逸庆父是，则酖牙也非。二者安所据？赵盾匿穿，何以书弑？二者安所别？周公诛管、蔡，季友得匿庆父，二者安所正？一以为道，一以为律，皆异吾所闻。”② 对其师刘逢禄也不尽遵从：“郑玄驳《五经异义》曰：‘汉尊薄太后，礼之变，古礼未之有也。’郑氏不通《春秋》，不得据周法难汉质家法。又告之曰：予说此事；与刘礼部异。”但对董仲舒则始终尊崇有加，把其学说作为自己立论的重要依据：“戊问：大著援经文妾为君母者之称，与诸师往往不合，如何？答：……据董子曰：……故龚自珍援此比《春秋》。”③

相对于其他纯粹的经学家，龚自珍留下的经学著作并不多，不过在他大量的杂论文章中，不少也体现了他的经学思想以及对董仲舒思想学术的发展。《公羊》三世说是董仲舒《春秋》学的核心观点之一，三世是从据乱世到升平世到太平世，具有

① ［清］龚自珍著、王佩诤校：《龚自珍全集》，上海：上海人民出版社，1999，第61页。龚自珍原文为“据大箸”。“箸”显然系“著”之误。

② ［清］龚自珍著、王佩诤校：《龚自珍全集》，上海：上海人民出版社，1999，第59页。

③ ［清］龚自珍著、王佩诤校：《龚自珍全集》，上海：上海人民出版社，1999，第64页。

一定程度的进化色彩。受董仲舒的启发，龚自珍把《公羊》三世也推广到其他经典之中，他说："三世，非徒《春秋》法也。《洪范》八政配三世，八政又各有三世。愿问八政配三世？曰：食货者，据乱而作。祀也，司徒、司寇、司空也，治升平之事。宾师乃文致太平之事"。不仅《洪范》可以配三世，其他还有"问:《公刘》之诗于三世何属也？答：有据乱，有升平"，"问：《洛诰》属何世？答：有升平，有太平"，"《礼运》之文，以上古为据乱而作，以中古为升平"，"《士礼》十七篇，纯太平之言也"①。晚清《公羊》学重微言轻大义的特点在龚自珍这里已显现无遗。在考察社会发展现实时，龚自珍将社会发展划分为治世、衰世和乱世："吾闻深于《春秋》者，其论史也，曰：书契以降，世有三等，三等之世，皆观其才；才之差，治世为一等，乱世为一等，衰世为别一等。衰世者，文类治世，名类治世，声音笑貌类治世。"② 衰世虽说各方面都类似治世，但平庸的表象下积累着各种矛盾，处于爆发的前夜。龚自珍对衰世景象的批判，也充分体现了《公羊》学的批判精神和董仲舒《春秋繁露》中所表达的忧患意识。

如何解决衰世的危机呢？龚自珍给出的答案是"自改革"！本身《公羊》家就有受命改制之说，董仲舒面对西汉的现实政治更是呼吁进行"改弦更张"式的"更化"，深受董仲舒影响的龚自珍也认为只有改革才是走出衰世的唯一出路。董仲舒强

---

① ［清］龚自珍著、王佩诤校：《龚自珍全集》，上海：上海人民出版社，1999，第46—48页。

② ［清］龚自珍著、王佩诤校：《龚自珍全集》，上海：上海人民出版社，1999，第6页。

调“天不变，道亦不变”，与“道”背离的西汉社会现实必须进行变革。龚自珍也认为存在着亘古不变的道，“天下有亿万年不夷之道”，但现实中的政权却“无八百年不夷之天下”。八百年是周代所开创的极限纪录，历史上更多的王朝不过十几年、几十年，其原因何在呢？“则以拘于一祖之法，惮于千夫之议”。最终前朝的失败，恰成为后人改革的契机。龚自珍认为：“一祖之法无不敝，千夫之议无不靡，与其赠来者以劲改革，孰若自改革？”①

龚自珍振聋发聩的呼吁，可以看成是晚清改革思潮的先声。龚自珍并没有见到衰世向乱世的最终转变，但他的论著成为乱世中人们应对挑战的重要资源，从而在清代学术史、思想史上产生了非常重要的影响。

（二）魏源与《春秋繁露》

魏源（1794—1857），名远达，字默深、墨生、汉士，号良图，道光二十五年（1845）进士。他与龚自珍有“龚魏”之称，二人在学术上具有一定相似性，也有明显的区别。在《春秋繁露》学术史上，魏源的贡献更突出，撰有《董子春秋发微》《春秋繁露注》等。相对于龚自珍，魏源今文经学的立场更明确，极大地推动了晚清今文经学的发展。

魏源反对乾嘉汉学的考据学风，尤其反对学者过分推崇东汉学术。他说：“今世言学，则必曰东汉之学胜西汉，东汉郑、

---

① ［清］龚自珍著、王佩诤校：《龚自珍全集》，上海：上海人民出版社，1999，第6页。

许之学宗六经。”魏源的学术追求是“由董生《春秋》以窥六艺条贯，由六艺求圣人统纪，旁搜远绍，温故知新，任重道远，死而后已”。[①] 在魏源看来，东汉卫宏、杜林、贾逵、马融诸人“土苴西京十四博士今文之学，谓之俗儒”，而以董仲舒为代表的西汉儒生远超东汉诸儒之上。他说：“夫西汉经师，承七十子微言大义，《易》则施、孟、梁丘……《春秋》则董仲舒、隽不疑之决狱……求之东京，未或有闻焉。其文章述作，则陆贾《新语》以《诗》《书》就高祖，贾谊《新书》为汉定制作，《春秋繁露》《尚书大传》《韩诗外传》，刘向《五行》、扬雄《太玄》，皆以其自得之学，范阴阳，矩圣学，规皇极，斐然与三代同风，而东京亦未有闻焉。”[②] 魏源评价清代汉学为“锢天下聪明知慧使尽出于无用之一途”[③]，因而宗汉学者对魏源多有批评，如章太炎说：“道光末，邵阳魏源夸诞好言经世……乃思治今文为名高；然素不知师法略例，又不识字，作《诗、书古微》……尤乱越无条理。”[④]

清代汉学盛行时期的《春秋》学以《左传》为主，魏源以钱大昕为对象，批驳了汉学家的《春秋》学立场，他说：“左氏详于事，而《春秋》重义不重事。”古文经学家认为《左传》记事要远胜于《公羊》，魏源则说，假如非要从记事的角度来衡量的话，孔子之《春秋》也不如《左传》：“如第以事求《春

① ［清］魏源：《魏源集》，北京：中华书局，1976，第 242—243 页。
② ［清］魏源：《魏源集》，北京：中华书局，1976，第 151 页。
③ ［清］魏源：《魏源集》，北京：中华书局，1976，第 359 页。
④ 章太炎著、陈平原编校：《中国现代学术经典·章太炎卷》，石家庄：河北教育出版社，1996，第 258 页。

秋》，则尚不足为左氏之目录”。[①] 前人言《公羊》，多引《穀梁》以为助力，魏源则并《穀梁》而斥之：“穀梁非卜商高弟，传章句而不传微言，所谓中人以下不可以语上者。”[②] 魏源认为《穀梁传》之所以不及《公羊传》就在于没有三科九旨等微言：“无三科、九旨则无《公羊》，无《公羊》则无《春秋》”。[③] 魏源认为“微言”才是《春秋》的根本要义之所在，不过“即治《公羊》者亦或未之信也”[④]。

魏源十分推崇董仲舒，但千百年来董生之学却不受重视，即便常州学派诸人也更看重何休。魏源说：“《汉书·儒林传》言：‘董生与胡毋生同业治《春秋》’。而何氏注但依胡毋生条例，于董生无一言及；近日曲阜孔氏、武进刘氏皆《公羊》专家，亦止为何氏拾遗补缺，而董生之书未之详焉。”他认为原因就在于董生非章句之学，实则董生之学远在何休之上，“抉经之心，执圣之权，冒天下之道者，莫如董生”。魏源尤其推崇《三代改制质文》，他说：“至其《三代改制质文》一篇，上下古今，贯五德、五行于三统，可谓穷天人之绝学，视胡毋生条例有大巫小巫之叹。”为此，魏源决意撰写《董子春秋发微》一书：“今以本书为主，而以刘氏《释例》之通论大义近乎董生附诸后，为《公羊春秋》别开阃域，以为后之君子亦将有乐于

① ［清］魏源：《魏源集》，北京：中华书局，1976，第132页。

② ［清］魏源：《魏源集》，北京：中华书局，1976，第133页。

③ ［清］魏源：《魏源集》，北京：中华书局，1976，第133页。

④ ［清］魏源：《魏源集》，北京：中华书局，1976，第134页。前人多有称《魏源集》中《公羊春秋》上下两篇是刘逢禄的作品，实际上魏源亲受刘氏之学，对刘氏之学有所申论也属自然，魏源肯定也赞同文中观点。而且就文字的激烈风格来看，或许有刘氏之底本，但最终仍由魏源笔削而成。

斯。”[1] 可惜其书未成，仅存序目于文集。

魏源于国门洞开之际倡导通经致用，继承了董仲舒《春秋》学的现实主义传统。魏源认为西汉学术的真精神就在于“以经术为治术”，而汉学家们“毕生治经，无一言益己，无一事可验诸治者乎”[2]，他所编著的《圣武纪》《海国图志》《皇朝经世文编》等，都是致用精神的体现。面对各种矛盾积聚的社会现实，魏源积极主张变革，这大概也是魏源推崇《三代改制质文》的重要原因。他认为“善琴弈者不视谱，善相马者不按图，善治民者不泥法”，对经典也不可过于拘泥，“读周孔之书，用以误天下，得不谓之庸儒乎”[3]。显然，他的这些思想主张中都有《春秋繁露》的影子。

（三）王闿运与《春秋繁露》

王闿运（1833—1916），少负才名，然仕途不顺，遂致力于著述，著有《春秋例表》《春秋公羊传笺》《论语训》等，著述之丰，用力之勤，影响之巨，学界罕有其匹。王闿运治学以今文经学为主，尤其是其《春秋公羊传笺》，依托《春秋》经、《公羊传》和何休注，阐释了《公羊》学的微言大义。其书虽以何休注为主，但因何休在很大程度上承接了董仲舒的体系，因而在《春秋公羊传笺》中也可以看到《春秋繁露》的影响。

“张三世”是《公羊》学家的根本观念，也是王闿运在

---

① ［清］魏源：《魏源集》，北京：中华书局，1976，第135页。
② ［清］魏源：《魏源集》，北京：中华书局，1976，第24页。
③ ［清］魏源：《魏源集》，北京：中华书局，1976，第49页。

《春秋公羊传笺》中着力申说的。不同于前人，王闿运将三世观念更为广泛地运用到对《春秋》的解释中。如《春秋》经中，鲁隐公八年夏六月辛亥，“宿男卒”。何休解释说，作为小国之君本不当记录其卒，但宿国最早和鲁隐公接触，根据《春秋》王鲁之义，应当受到褒奖。但王闿运却从三世义例的角度对此加以阐释，认为：“不名，传闻世小国正例也。当时卒而日者，起时月日为三世之法，其实正例不分大小国，皆当日也。滕侯见朝，故侯卒，宿若亦侯卒，则例不明，从本爵而时卒，则三世例不明，故日录之。录之犹不名，三世例见矣。”① 就这样，王闿运把《春秋》的时月日例也与三世说联系在了一起。王闿运的《公羊》学也与其政治主张有关，他说：“必张三世者，见为政以渐。”② 《公羊》家多主张变革，王闿运不反对变革，不过他主张渐变而非剧变。

王闿运还将其《春秋》学运用于对《论语》的解释。《论语·为政》云：“子曰：殷因于夏礼，所损益，可知也；周因于殷礼，所损益，可知也。其或继周者，虽百世，可知也。”对此，王闿运《论语训》解释道：“因其礼而损益之，不过文质也。以《春秋》垂法，得文质之中，可百世，俟圣人也。”③《论语·卫灵公》云：“颜渊问为邦。子曰：行夏之时，乘殷之辂，服周之冕，乐则韶舞。”对此，王闿运《论语训》解释道：

---

① ［清］王闿运撰、黄巽斋点校：《论语训·春秋公羊传笺》，长沙：岳麓书社，2009，第170页。

② ［清］王闿运撰、黄巽斋点校：《论语训·春秋公羊传笺》，长沙：岳麓书社，2009，第526页。

③ ［清］王闿运撰、黄巽斋点校：《论语训·春秋公羊传笺》，长沙：岳麓书社，2009，第16页。

“孔子去文从质，且欲改家天下之法，亦知后世不能复乐。”[①] 王闿运与宋翔凤等人相似，也以《三代改制质文》之义解释《论语》，对“《春秋》王鲁”也有所申说：“春秋无王，尤无所应，所以记之者，示托王于鲁。鲁即王者，非鲁史也。”[②]

王闿运对董仲舒也有所不取，多把《春秋》灾异朝着平实的方向解释。对于鲁隐公三年日食，王闿运解释道：“异者阴阳之失，征象戒人者也。夏、商以来，以日食可算而知，不以为异。……说者多以日食卅六，当杀君卅六，意或然乎？俗儒又以为验历法之疏密，则术官之事，非经典大义也。”[③] 在王闿运的时代，科学日渐昌明，灾异学说殊难取信于人。

单纯从学术立场看，王闿运的贡献有限，论者多有微词。梁启超在《清代学术概论》中说：“闿运以治《公羊》闻于时，然故文人耳，经学所造甚浅，其所著《公羊笺》，尚不逮孔广森。”[④] 今人陈其泰说：“王闿运并未能掌握公羊学说变易进化的哲理和紧密联系政治的特点，他所作的《春秋公羊传笺》并未能摆脱经注家的旧轨。他为《公羊传》所作的注解，毫无‘微言大义’可言，可见对公羊学说的实质相当隔膜。”[⑤] 不过，王闿运对开启学风的贡献不可忽视，“在王闿运的影响下，（尊经）

---

① ［清］王闿运撰、黄巽斋点校：《论语训·春秋公羊传笺》，长沙：岳麓书社，2009，第110页。

② ［清］王闿运撰、黄巽斋点校：《论语训·春秋公羊传笺》，长沙：岳麓书社，2009，第154页。

③ ［清］王闿运撰、黄巽斋点校：《论语训·春秋公羊传笺》，长沙：岳麓书社，2009，第154页。

④ 梁启超：《清代学术概论》，见朱维铮编：《梁启超论清代学术二种》，上海：复旦大学出版社，1985，第63页。

⑤ 陈其泰：《清代公羊学》，北京：东方出版社，1997，第269页。

书院院生不再是顾帖括之学的颓废士子，而是养成了忧患国运的学术品格，敢于抨击时弊、议论国事，这种风气给晚清四川书院教育注入了生机与活力，对蜀学学风的转变也起到了振衰起敝的作用”①，这也可视为对董仲舒《春秋》经世学风的继承。

（四）廖平与《春秋繁露》

廖平（1852—1932），以学术多变而闻名，早年在家乡接受了传统宋学教育，后来受张之洞影响而改宗乾嘉汉学。1878 年王闿运入川主讲尊经书院，廖平又受王闿运影响，学术取向由乾嘉汉学转向今文经学。廖平学术号称六变，与本书主题相关者为第二变以后之尊今抑古。而其人在学术史上的影响，也正在于尊今抑古。当廖平学术转入今文经学后，立即斥古文经学为伪学，他认为《周礼》是刘歆为王莽篡权而伪造的，刘歆同时还篡改了《史记》等作品。他的这些说法极大地启发了康有为的《新学伪经考》。梁启超《清代学术概论》称：“今文学运动之中心，曰南海康有为。然有为盖斯学之集成者，非其创作者也。有为早年，酷好《周礼》，尝贯穴之著《政学通议》，后见廖平所著书，乃尽弃其旧说。……（廖平）其人固不足道，然有为之思想，受其影响，不可诬也。”②

廖平一生勤于著述，据陈文豪先生考证，廖平有六部关于

---

① 刘平：《王闿运〈春秋公羊传笺〉学术思想研究》，长沙：湖南大学出版社，2012，第 217 页。

② 梁启超：《清代学术概论》，见朱维铮编：《梁启超论清代学术二种》，上海：复旦大学出版社，1985，第 63 页。

《公羊》学的著作，其中“《公羊三十论》集中代表了廖平在构建尊孔尊经的经学理论前的春秋公羊学，而《公羊补正》则代表着廖平在构建经学理论之后的春秋公羊学”[①]。廖平《公羊三十论》是否符合《公羊》原意暂且不论，其倡言“孔子改制”在近代学术史上产生了巨大影响则是事实。

廖平在构建其思想体系过程中，董仲舒的《春秋繁露》是其重要思想资源和立论参照。“《春秋》王鲁”“孔子素王”“为汉制法”等观念，都始于董仲舒《春秋繁露》，后来逐渐成为《公羊》学微言大义的主要内容。廖平《公羊三十论》认为，前人对“《春秋》王鲁”和“孔子素王”的认识有误。他认为，孔子修《春秋》，鲁国尚且在其褒贬之列，怎么可能会有“王鲁”之义？他认为，如果“王鲁”说可以成立，将会导致《春秋》中出现两个王，“《春秋》有二王，不惟伤义，而且即传推寻，都无其义。此可据经传二断其误矣”。他认为，“王鲁”当为“据鲁”之误。廖平在考察“王鲁”说形成过程中对董仲舒多有驳证，他说:“‘王鲁’之说，始于董子，成于何君。董子《繁露》言《春秋》有王法，其意不可见，故托之于王鲁云云。何氏因之，遂专主其说。按董子立义依违，首改‘素王’之义，以为托鲁之言。此董子之误。后贤当急正之者也。”[②] 廖平认为素王即空王，空设王义，目的在于制法，他说：“素王本义非谓孔子为王。素，空也；素王，空托此王义耳……谓设空王以制

① 黄开国：《公羊学发展史》，北京：人民出版社，2013，第610页。
② ［清］廖平著、李耀仙主编：《廖平选集》（下），成都：巴蜀书社，1998，第141页。

治法而已。”[1] 廖平认为，既然是空托王义，那么孔子在《春秋》中所讲就不必求其符合春秋时期的史实，孔子只是借事明义而已，他说：“《春秋》之书，因行事加王心，加损变化以见制度，不可以时事求之者也。故齐、晋，侯也，而托以为公；吴、楚，王也，而抑以为子；明监者之制，而出单伯、祭仲，不必当时有是制也。明改制之意，而黜杞称子，不必当时有是号也。……凡私所改易处，皆设文以显之，比义以起之，故不可以实事求之也。”廖平所言虽未必合于孔子本意，但自能言之成理。他认为春秋的现实制度多为周制，而孔子修《春秋》则参考了四代之制。他认为只有明白了这些，“得此并行，乃能圆通耳”[2]。廖平还对“孔子素王”进一步引申，认为不仅孔子修《春秋》体现了空王之义，其他经典也体现了这一点，他说：“孔子受命制作，为生知，为素王，此经学微言传授大义。帝王见诸事实，孔子徒托空言，六艺即其典章制度。”[3] 此说极大地启发了康有为的《孔子改制考》。

廖平为学好高论，于前代学者多有臧否。相对而言，虽于董生亦时有所驳正，但对董生之推崇远在其他诸子之上。廖平在《用董论》中说：“董子说《春秋》，好杂引五行、阴阳家言，并及图谶悠谬之说，如《重政》《二端》篇之论元年，《官制象天》篇之论十端，《楚庄王》篇之论三世，《名号》篇之论

① ［清］廖平著、李耀仙主编：《廖平选集》（下），成都：巴蜀书社，1998，第142页。
② ［清］廖平著、李耀仙主编：《廖平选集》（下），成都：巴蜀书社，1998，第146页。
③ ［清］廖平著、李耀仙主编：《廖平选集》（上），成都：巴蜀书社，1998，第175页。

王君，支离失据，咸非本旨。”他认为董仲舒的这些言论不妨删去，“凡此之类，言之迷误，后生删之，澄清尘雾，不以遗漏为嫌”，但何休在《春秋公羊经传解诂》中却对这些内容一再申说，“悉编注中，使人炫惑浮词，不见精切之意，此其误也”。廖平所认可的董子精髓，何休反而忽略了，“乃董子至精要义，则多所阙略。如《爵国》篇论二伯、方伯、卒正三等之制，文字精贯，确为先师遗说，乃略不留意。《考功名》篇之考绩，为《春秋》褒贬进退之程式，所当精考详审，定为准则者，亦无所究心。其大例如见得不得、大八夷之分、轻轻重重、好志遗微、合通缘求、伍比偶类览、诸屠赘之类，且其中所引先师之说及《春秋》特义，以今本考之，亦不下百条，皆为何君所无”。在廖平看来，何休对董仲舒的取舍，无异于买椟还珠，“大约意录空言，厌收典记，质实难于考详，虚词便于摭拾。故凡议论之词，则连篇袭取，义例所在，则择便乃存。去液存肤，还珠买椟”。正是因为何休的取舍不当导致董仲舒在学术上不受重视，乃至于与王符、王充等人被并列视之。廖平认为，当今学者就应该“悉删繁文，独探朴说。钩潜麟于深渊，驱螯于荒野。此其转败为功，固一假手之劳已”。[①] 廖平对董仲舒的理解是否成立且不论，但他试图恢复董学之旧的倡议却不容忽视。此前的研究者虽说都认可董仲舒的成就远在何休之上，但他们不能摆脱经学章句注疏的窠臼，对何休的关注和研究多于《春秋繁露》。廖平则是对何休大张挞伐，几乎彻底否定，同时提倡深

① ［清］廖平著、李耀仙主编：《廖平选集》（下），成都：巴蜀书社，1998，第175页。

入研究董学，从而对后来康有为撰写《春秋董氏学》有所启发。

廖平之学后来还历经多次转变，且越变越怪异，比如他甚至说春秋十二公的年数也是孔子假托的，因为隐、桓和定、哀四公都是二十九年，如此巧合只能是孔子假托，这实在已经把学术当作了儿戏。廖平自身学术变迁的价值意义并不大，他对晚清学术变迁的促进才真正有意义。

三、晚清变局中的《春秋繁露》研究

清代晚期社会剧烈转型中，部分学人从今文经学中寻求应对挑战的思想资源，并把今文经学作为其政治主张的依据。在这一背景下，董仲舒的《春秋繁露》也受到更多关注。

（一）皮锡瑞与《春秋繁露》

皮锡瑞（1850—1908），33 岁中举之后，多次会试落第，遂绝意科场，致力于学术。皮锡瑞学术宗今文，十分推崇西汉初年大儒伏胜，自名其堂为“师伏堂”，学者遂称之为“师伏先生”。皮锡瑞勤于著述，《经学历史》《经学通论》等作品为学林所称道。皮锡瑞对董仲舒虽没有专门的研究，但其诸多作品对董仲舒多有称许。

皮锡瑞学风平实，并不坚持门户之见，“治经出入于古今文之间”[1]。不过皮锡瑞的基本学术立场还是今文经学，他说：“前汉今文说，专明大义微言；后汉杂古文，多详章句训诂。章句

---

[1] 支伟成：《清代朴学大师列传》，长沙：岳麓书社，1998，第 144 页。

训诂不能尽餍学者之心，于是宋儒起而言义理。此汉、宋之经学所以分也。惟前汉今文学能兼义理训诂之长。”① 相对而言，皮锡瑞对古文经学并未完全否定，尤其不取极端今文学以古文为伪学的观点。表现于《春秋》学，皮锡瑞对《左传》也未彻底否定，他说：“综而论之，《春秋》有大义，有微言，大义在诛乱臣贼子，微言在为后王立法。惟《公羊》兼传大义微言，《穀梁》不传微言但传大义，《左氏》并不传义，特以记事详瞻，有可以证《春秋》之义者。故三《传》并行不废。”② 于《春秋》学，皮锡瑞最赞赏的就是董仲舒，他说：“然则《春秋》之学，孟子之后，亦当以董子之学为最醇矣。”③ 皮锡瑞对《春秋繁露》的推许无以复加，他说：“汉人之解说《春秋》者，无有古于是书。而广大精微，比伏生《大传》《韩诗外传》尤为切要，未可疑为非常异议而不信也。”④ 皮锡瑞特别注意到司马迁所引董仲舒的“《春秋》者，礼义之大宗也”，认为这才是董子《春秋》学精要所在，但在汉代却被忽视，隐而不彰。对此，皮锡瑞深以为憾，他说：“董子之学当时见之施行者，特其粗觕，而其精者并未尝见之施行也。”⑤

何休《春秋公羊经传解诂》作为《十三经注疏》之一，是士人的必读书，同时何休最早清晰地表达了三科九旨等《公羊》大义，于是很多人以为它们是何休提出的。皮锡瑞通过对《春秋繁露》的梳理，指出“存三统明见董子书并不始于何休”，他

① ［清］皮锡瑞著、周予同注释：《经学历史》，北京：中华书局，2004，第56页。
② ［清］皮锡瑞：《经学通论》（卷四），北京：中华书局，1954，第19页。
③ ［清］皮锡瑞：《经学通论》（卷四），北京：中华书局，1954，第4页。
④ ［清］皮锡瑞：《经学通论》（卷四），北京：中华书局，1954，第5页。
⑤ ［清］皮锡瑞：《经学通论》（卷四），北京：中华书局，1954，第6页。

说："三科之义，已见于董子之书。《楚庄王篇》曰：'《春秋》分十二世以为三等，有见、有闻、有传闻。有见三世，有闻四世，有传闻五世。故哀、定、昭，君子之所见也。襄、成、宣、文，君子之所闻也。僖、闵、庄、桓、隐，君子之所传闻也。所见六十一年，所闻八十五年，所传闻九十六年。'此'张三世'之义。《王道篇》曰：'内其国而外诸夏，内诸夏而外夷狄，言自近者始也。'此异外内之义。《三代改制质文篇》曰：'《春秋》应天作新王之事，时正黑统。王鲁尚黑，绌夏新周故宋。'又曰：'《春秋》上绌夏，下存周，以《春秋》当新王。《春秋》当新王者奈何？……故曰：绌夏存周，以《春秋》当新王。'此存三统之义。"① 因而皮锡瑞主张应熟读董子之书，尤其是《三代改制质文》，他说："学者试取董书《三代改制质文篇》，深思而熟读之，乃知《春秋》损益四代，立一王之法，其制度纤悉具备，诚非空言义理者所能解也。"② 在皮锡瑞的时代，西学已经广泛传入，他也深受西学观念的影响，赋予《公羊》三世以进化论的色彩。此亦一时之风气。

《公羊》学家历来有经世传统，皮锡瑞也不例外，晚清《公羊》学经世传统体现在积极倡导变革等方面。皮锡瑞将《公羊》大义向着变革引申："《春秋》有素王之义，本为改法而设。"孔子本人虽一介布衣，但并不妨碍孔子倡导变革，"疑孔子不应改制，不知孔子无改制之权，而不妨为改制之言。所谓改制者，犹今人之言变法耳。法积久而必变。有志之士，世不见用，莫

① ［清］皮锡瑞：《经学通论》（卷四），北京：中华书局，1954，第6—7页。
② ［清］皮锡瑞：《经学通论》（卷四），北京：中华书局，1954，第8页。

不著书立说，思以其所欲变之法，传于后世，望其实行。自周秦诸子，以及近之船山、亭林、梨洲、桴亭诸公皆然”[1]。这显然与康有为《孔子改制考》的观点相一致。

甲午战后，皮锡瑞倡导变法，因陈宝箴担任湖南巡抚期间“设时务学堂，俾学者究心当世之务，先生赞助甚勇；而叶德辉等诋为悖正教，附异端；乃为文自明所学，其言友道尤沉痛，殆亦《绝交论》已”[2]。1898年春，皮锡瑞任南学会会长，主讲学术，所言皆贯穿汉、宋，融合中西；宣扬保种保教，纵论变法图强。其讲义及答问均刊于《湘报》上。当顽固派诋毁南学会时，他不避艰险往复辩论，表现出救亡图存的热情。变法失败后，皮锡瑞被清政府革去举人身份并被遣送原籍，但他并没有屈服。晚年的皮锡瑞一直笔耕不辍，而且始终不改学者本色，其为学虽倡经世，但并没有将学术工具化，只为学术而学术，而非为政治而学术。

（二）康有为与《春秋繁露》

康有为（1858—1927），晚清今文经学的核心人物，在晚清的思想史、学术史、政治史上都占据了十分重要的位置。康有为将今文经学作为其变法的理论依据，而董仲舒《春秋繁露》就是其重要的思想文化资源。他不仅在其《新学伪经考》《孔子改制考》等众多作品中对董仲舒时有申说，而且还专门写有《春秋董氏学》一书，以发明董氏《春秋》大义。

---

① ［清］皮锡瑞：《经学通论》（卷四），北京：中华书局，1954，第12页。
② 支伟成：《清代朴学大师列传》，长沙：岳麓书社，1998，第144页。

康有为虽以学者面目示人，其实是一个政治家，其学术不过是为政治服务的工具而已。康氏《新学伪经考》极力攻击刘歆，称刘歆为助莽篡逆而伪造古文经典。钱穆曾撰《刘向歆父子年谱》一文，对“刘歆作伪说”提出了28条反证，而且详考歆莽关系，主张根本不存在刘歆助莽篡逆之说。[①] 康有为称今传《左传》为刘歆割裂《国语》而成，自以为发千古前人所未发，实则康有为立论在前、求证在后，不是论从史出，而是史从论出，把一切与己不利的证据都归为刘歆伪造。至于刘歆伪造行为本身，在康有为看来则根本不需要证明。

康有为《孔子改制考》问世于《新学伪经考》之后，朱维铮先生考证：“据1899年康有为自述，他于清光绪十二年丙戌（1886）已开始撰写，己丑年（1890）又续写。但依照他的学术历程和此书内容来考察，它不可能始属稿于1891年《新学伪经考》问世以前。因而他将此书编辑系于清光绪十八年（1892），而时任万木草堂学长的梁启超以后一再断言此书作于《新学伪经考》之后，应该说符合实际。”[②] 康有为《孔子改制考》着重发挥《公羊》学受命改制之义，为其变法主张提供理论依据，不过它在思想史上的意义远大于其在学术史上的意义。换言之，《孔子改制考》所论是否能够成立暂且不论，但其思想解放之功不可忽视。比如，中国人传统的历史观念就是三皇五帝至夏商周三代的谱系，但康有为在第一卷中就称“上古茫昧无稽”：

---

① 吴涛：《“术”“学”纷争背景下的西汉春秋学》，北京：中国社会科学出版社，2021。

② 刘梦溪主编、朱维铮编校：《中国现代学术经典·康有为卷》，石家庄：河北教育出版社，1996，第340页。

“吾中国号称古名国，文明最先矣，然六经以前无复书记，夏、殷无征，周籍已去，共和以前不可年识，秦汉以后乃得详记。”至于儒者所相信的上古三代盛世，他认为不过是孔子托古改制虚构的，“夫三代文教之盛，实由孔子推托之故”，实际上恐非如此，“故得一孔子而日月光华，山川焜耀。然夷考旧文，实犹茫昧。虽有美盛，不尽可考焉”。[①] 康氏之说在很大程度上破除了传统的历史观念，启发了20世纪的疑古思潮，发挥了巨大的思想解放之功。

在《孔子改制考》中康有为指出，人类历史应当从大洪水开始，大禹治水后，经过两千多年的积累，到春秋时期开始出现大量的贤人，意欲创立学说以规范天下，孔子即其中最杰出者。托古改制为先秦诸子共有，诸子托古之言大抵皆可视为寓言。孔子是儒家的开创者，康有为称孔子为制法之王，具体又包括“新王”“素王”“文王”“圣王”“先王”“后王”等多种含义。素王之义最早见于董仲舒，其言自然成为康有为称引的重点。比如称孔子为“新王”，康有为说：“董子直谓孔子为‘新王’‘继周’。董子一醇儒，岂能为此悖谬之论？盖孔门口说之传也……董生更以孔子作新王，变周制，以殷、周为王者之后。大言炎炎，直著宗旨。孔门微言口说，于是大著。孔子为改制教主，赖董生大明。”[②] 称孔子为“素王”，康有为引用《天人三策》之后说：“董生为汉醇儒，《汉书》亦录其素王之

---

① 刘梦溪主编、朱维铮编校：《中国现代学术经典·康有为卷》，石家庄：河北教育出版社，1996，第343页。

② 刘梦溪主编、朱维铮编校：《中国现代学术经典·康有为卷》，石家庄：河北教育出版社，1996，第522页。

说，见空王之文，何碍焉?”[1] 诸如此类，不再赘引。康有为一再称董仲舒为“醇儒”，而这也是董生言论可靠性的保证，进而董生“醇儒”的身份，又成为康有为理论的背书：“自汉前莫不以孔子为素王，《春秋》为改制之书。其他尚不足信，董子号称‘醇儒’，岂为诞谩?而发《春秋》作新王、当新王者，不胜枚举。若非口说传授，董生安能大发之?出自董子，亦可信矣。”[2] 事实上，康有为对董仲舒的素王之说进行了引申，比如他所谓的“王”，更多的是理想王、概念王，“人只知孔子为素王，不知孔子为文王也。或文或质，孔子兼之。王者，天下归往之谓，圣人天下所归往，非王而何?犹佛称为法王云尔”[3]。而这些观念是董仲舒绝对没有的。

康有为极力论证孔子倡导改制立法以作为其变法主张的理论依据，董仲舒《三代改制质文》因详述受命改制之义受到康有为的推崇，他说：“孔子作《春秋》改制之说，虽杂见他书，而最精详可信据者莫如此篇。”[4] 康有为认为孔子改制等微言大义起初为孔门口传，畏时远害不可书见，到董仲舒的时代，时过境迁，乃书于竹帛：“此盖孔门口说相传非常异义，不敢笔之于书。故虽《公羊》未敢骤著其说。至董生时，时世殊易，乃敢著于竹帛。故《论衡》谓孔子之文传于仲舒也。苟非出自醇

---

① 刘梦溪主编、朱维铮编校：《中国现代学术经典·康有为卷》，石家庄：河北教育出版社，1996，第524页。

② 刘梦溪主编、朱维铮编校：《中国现代学术经典·康有为卷》，石家庄：河北教育出版社，1996，第535页。

③ 刘梦溪主编、朱维铮编校：《中国现代学术经典·康有为卷》，石家庄：河北教育出版社，1996，第526页。

④ 刘梦溪主编、朱维铮编校：《中国现代学术经典·康有为卷》，石家庄：河北教育出版社，1996，第542页。

实如董生者，虽有此说，亦不敢信之矣。幸董生此篇犹传，足以证明孔子改制大义。”①

康有为《孔子改制考》主张六经皆出于孔子，他说：“孔子所作谓之经，弟子所述谓之传，又谓之记。”② 孔子作六经的目的在托事明义：“孔子以布衣而改乱制，加王心，达王事，不得不托诸行事以明其义。当时门人犹惑之，况门外者乎？此孔子之微言，董子能发明之。”③ 六经为孔子所作一说虽非康有为首发，但康有为的极力宣扬无疑扩大了此说的影响力。传统士人价值体系、知识体系都是由六经构建的，康有为一方面宣布古文经典是刘歆伪造的，另一方面又宣布他所认可的真经典——今文经典是由孔子创作的，而孔子创作这些经典的目的是托古改制，至于这些经典内容是否反映了真实的夏商周三代历史则不是孔子创作这些经典时考虑的重点。换言之，无论古文经典还是今文经典，其真实性都需要存疑。康有为创此论的目的在于为变法张目，未必存有彻底摧毁传统价值体系的用意，但客观上，康氏之说确实对传统价值体系起到了巨大的解构作用，对其思想解放之功，并不能因康氏之说是否成立而忽视。

由上述可知董仲舒《春秋繁露》之于康有为思想体系的重要性，故而康有为编撰《春秋董氏学》直接对董仲舒的《春

---

① 刘梦溪主编、朱维铮编校：《中国现代学术经典·康有为卷》，石家庄：河北教育出版社，1996，第543页。

② 刘梦溪主编、朱维铮编校：《中国现代学术经典·康有为卷》，石家庄：河北教育出版社，1996，第568页。

③ 刘梦溪主编、朱维铮编校：《中国现代学术经典·康有为卷》，石家庄：河北教育出版社，1996，第593页。

秋》学进行阐释也就是很好理解的事情了。[①] 康有为《春秋董氏学·自序》称其撰述宗旨为："因董子以通《公羊》，因《公羊》以通《春秋》，因《春秋》以通六经，而窥孔子之道本。"而康有为之所以选择董仲舒作为认识孔子大道的入口，就是因为董仲舒所言"是皆孔子口说之所传，而非董子之为之也"。[②]

朱维铮先生所编《中国现代学术经典·康有为卷》收有《春秋董氏学》，不仅对其详加校勘，施以现代标点，而且在卷首写有一篇言简意赅的说明，极有助于理解《春秋董氏学》。朱维铮先生认为："康有为主编的《春秋繁露》研究，打破了清代汉学家的专经研究传统。他以凌曙注本为原典，撇开从文字音韵入手进行训诂考证辨伪的惯例，直接从事'原典'诠释。他的办法是先行归纳，将《繁露》中阐述同类概念的句段摘抄合并，而后从中对概念或术语的含义进行演绎，推导出他所中意的结论。这种方法是反传统的，却合乎康有为下过苦功的西方欧式几何关于公理、定理、比例那套逻辑。因而《春秋董氏学》，从康有为论证所谓孔教的原教旨的角度来看，是开创性的。例如卷六下'权势'则，康有为按语称'孔子创制，皆本权势'，'势者，道之父而礼之曾祖父也'，居然认为道和礼都由权势所生，岂是儒家理论？又如同卷'夷狄'则，徐勤按语由《繁露》论晋楚相争而夷夏互变，居然推论出董仲舒是主张破除

① 康氏此书如同他的其他作品一样，都是在其指导下，众多弟子通力协作完成的。无论是其最初所署的写作时间光绪二十三年，还是后来改署的光绪十九年，都在其两考完成之后，这是无疑的，其用意显然是为其变法主张进一步构建理论支撑。

② 刘梦溪主编、朱维铮编校：《中国现代学术经典·康有为卷》，石家庄：河北教育出版社，1996，第109页。

国界的先知，‘若无董子，则华夏之限终莫能破，大同之始终末由至也。’这又岂是儒家理论？因此，《春秋董氏学》其实是在重新诠释传统经学的基本概念，给这些概念注入康有为自己的‘微言大义’，从而提出了关于中西体用同异的若干争论问题。”①

然董仲舒及其《春秋繁露》只不过是康有为用来做大旗的虎皮而已，而康氏的发挥多有超越董生者。比如《三代改制质文》云：“《春秋》应天作新王之事，时正黑统，王鲁，尚黑，绌夏，亲周，故宋。”对此，康有为阐释道：“《诗》有三颂。《周颂》《鲁颂》《商颂》，孔子寓亲周，故宋，王鲁之义。不然，鲁非王者，何得有颂哉？自伪《毛》出而古义湮，于是此义不复知，惟太史公《孔子世家》有焉。公羊传《春秋》，托王于鲁，何注频发此义，人或疑之，不知董子亦大发之。盖《春秋》之作，在义不在事，故一切皆托，不独鲁为托，即夏、商、周之三统，亦皆托也。”② 在《楚庄王 》的三世说之后，康有为发挥道：“三世为孔子非常大义，托之《春秋》以明之。所传闻世为据乱，所闻世托升平，所见世托太平。乱世者，文教未明也。升平者，渐有文教，小康也。太平者，大同之世，远近大小如一，文教全备也。大义多属小康，微言多属太平。”③显然，康氏的发挥为董生所未有。

---

① 刘梦溪主编、朱维铮编校：《中国现代学术经典·康有为卷》，石家庄：河北教育出版社，1996，第106页。

② 刘梦溪主编、朱维铮编校：《中国现代学术经典·康有为卷》，石家庄：河北教育出版社，1996，第136页。

③ 刘梦溪主编、朱维铮编校：《中国现代学术经典·康有为卷》，石家庄：河北教育出版社，1996，第137页。

康有为《春秋董氏学》对董仲舒的阴阳五行思想和政治思想也都有涉及。不过，康有为在论述这些内容时，仍试图与《春秋》扯上关系，并最终转化为自己的政治主张。他说："至于汉初，诸老师犹传授。荟萃其全者，莫如《春秋》家；明于《春秋》者，莫如董子。自元气阴阳之本，天人性命之故，三统三纲之义，仁义中和之德，治化养生之法，皆穷极元始，探本混茫。孔子制作之本源次第，籍是可窥见之。"康有为的论证方法很简单，董仲舒不及孟子、荀子，但能说出孟荀所不能知的话，就是因为得到了孔子口传之义："孔子之道，本暗曶湮断久矣，虽孟、荀命世亚圣，犹未能发宣，江都虽醇儒，岂能逾孟越荀哉？有道者，高下大小，分寸不相越，苟非孔子之口口相传，董子岂能有是乎？此真孔子微言大义之所寄也。"①

康有为在其他作品中也始终贯穿《春秋》微言大义，并最终朝着有利于自己政治主张的方向进行阐释。比如康有为沿着宋翔凤等人的路径，将《公羊》三世用于对《论语》的注解。《论语·季氏》云："孔子曰：'天下有道，则礼乐征伐自天子出；天下无道，则礼乐征伐自诸侯出。自诸侯出，盖十世希不失矣；自大夫出，五世希不失矣；陪臣执国命，三世希不失矣。天下有道，则政不在大夫；天下有道，则庶人不议。"对此，康有为发挥道："政出天子，此拨乱制也……由此推之，一统之君主专制，百世希不失。盖由乱世而至升平，则君主或为民主矣。……政在大夫，盖君主立宪。有道，谓升平也。

① 刘梦溪主编、朱维铮编校：《中国现代学术经典·康有为卷》，石家庄：河北教育出版社，1996，第221页。

君主不负责任，故大夫任其政。……大同，天下为公，则政由国民公议。盖太平制，有道之至也。此章明三世之义，与《春秋》合。惟时各有宜，不能误用，误则生害；当其宜，皆为有道也。”从孔子之言，康有为推演出《公羊》三世的新解：据乱世当推行君主专制，升平世当推行君主立宪制，而太平世则为共和。康有为不惜改孔子原文以就己说，经他改过的《论语》讲道：“天下有道，则政在大夫。天下有道，则庶人议。”[①] 他强调原文中那两个“不”字都是后人妄增的。康有为认为当时的中国正处于升平世的历史阶段，因而只能用君主立宪制。如果在升平世而用太平世的制度则会生害，各个时代的制度，不能乱用。

为进一步阐释《春秋》学，康有为还撰有《春秋笔削微言大义考》一书。[②] 康有为认为，要探究孔子大道只能从《春秋》大义入手。他在自序中引用《孟子》之后说：“然则六艺之中，求孔子之道者，莫如《春秋》。于《春秋》之中有《鲁春秋》之史文，有齐桓晋文之事，有孔子之义。惟义乃为孔子所制作。然则求孔子之道于《春秋》之义，其不误乎？董子，群儒首也。汉世去孔子不远，用《春秋》之义以拨乱改制，惟董子开之，凡汉世学官师师所传，惟《公》《穀》二家，实皆孔门弟子后学口说。”[③] 但在儒学之外法家大行，在儒学之内又有古文经学，

---

① 康有为著、楼宇烈整理：《论语注》，北京：中华书局，1984，第249—250页。

② 於解康在为《春秋笔削微言大义考》一书所做的《评介》中称：“作者《自序》称，‘此书旧草于广州羊城之万木草堂及桂林之风洞’，1899年随《清议报》馆一并被焚，后于1900年12月至1901年8月补成，然书中述及1904年游历法国及1911年袁世凯迫清帝退位事，可知全书后续屡有增补。”

③ ［清］康有为：《春秋笔削微言大义考》，桂林：广西师范大学出版社，2016，第20页。

于是导致“三世之说不诵于人间，太平之种永绝于中国。公理不明，仁术不昌，文明不进”①。好在天未丧斯文也，两千年后康有为悟出了当初孔子笔削《春秋》的微言大义。康有为撰此书的目的就在于使“孔子太平之仁术，大同之公理，不坠于地，中国得奉以进化，大地得增其文明”②。

（三）梁启超与《春秋繁露》

梁启超（1873—1929），早年曾协助康有为编撰《新学伪经考》《孔子改制考》等作品，后来在戊戌变法中也发挥了重要的作用，所以世人以“康梁”并称两人。实际上，康梁之间有着很大的不同，至少在学术领域内不可简单将两人等同视之。康有为的作品，无论是“两考”，还是《春秋董氏学》《论语注》《春秋笔削微言大义考》等著作，虽说是旧瓶装新酒，但毕竟旧瓶还在，从形式上还是传统学术的规制体例。而梁启超则发展而为新瓶装新酒，成为传统学术转型的重要代表性人物。“戊戌变法前，梁启超帮助其师康有为编纂《孔子改制考》，尚沿用传统著述体例，于汇集先秦以降的各家言说后，再自下断语。1902年发表的《论中国学术思想变迁之大势》则已有了质的改变，以我为主的论述方式，使历代读书人动辄引用的‘子曰诗云’失去了至高无上的地位，被还原为真正意义上的史料加以运用。”③

---

① ［清］康有为：《春秋笔削微言大义考》，桂林：广西师范大学出版社，2016，第22页。

② ［清］康有为：《春秋笔削微言大义考》，桂林：广西师范大学出版社，2016，第23页。

③ 梁启超撰、夏晓虹导读：《论中国学术思想变迁之大势·前言》，上海：上海古籍出版社，2001，第12页。

梁启超1902年发表的《新史学》已表现为对传统学术的实质性超越。他在《新史学》中对传统史学进行了激烈的批判，认为传统史学有六病三恶果，六病为“知有朝廷而不知有国家”“知有个人而不知有群体”“知有陈迹而不知有今务”“知有事实而不知有理想”“能铺叙而不能别裁”“能因袭而不能创作”；三恶果为“一曰难读”“二曰难别择”“三曰无感触”[①]。激烈的言辞，反映出梁启超对旧史学的态度。传统史学中的正统论以及受《春秋》学影响的“春秋笔法”，都在被否弃之列，如《新史学·论正统》对正统观念的批判：“‘统’字之名词何自起乎？殆滥觞于《春秋》。《春秋公羊传》曰，‘何言乎王正月，大一统也。’此即后儒论正统者所援为依据也。庸讵知《春秋》所谓大一统者，对于三统而言。《春秋》之大义非一，而通三统实为其要端。通三统者，正以明天下为天下人之天下，而非一姓所得私有；与后儒所谓统者，其本义既适相反对矣。”[②]

晚清输入的西学中，影响最大的是经由严复《天演论》而广泛传播的斯宾塞社会达尔文主义，使进化的观念深入人心，并被普遍接受为常识。梁启超《新史学》中所表现出来的观点是，“运用于社会历史研究的进化论，实际上是一种庸俗的进化论，中间还夹杂着《公羊》三世说的成分”[③]。这一点充分体现在梁启超《新史学·史学之界说》中，他说：“历史者，叙述进

① 梁启超：《新史学·中国之旧史》，见易鑫鼎编：《梁启超选集》（上），北京：中国文联出版社，2006，第298—304页。

② 梁启超：《新史学·中国之旧史》，见易鑫鼎编：《梁启超选集》（上），北京：中国文联出版社，2006，第309页。

③ 周予同主编：《中国历史文选》（下），上海：上海古籍出版社，1980，第359页。

化之现象也。”① 他在区分循环和进化的不同时，就曾引用《公羊》学说加以说明：“《春秋》家言，有三统，有三世。三统者，循环之象也，所谓三王之道若循环，周而复始是也。三世者，进化之象也，所谓据乱、升平、太平，与世渐进是也。三世则历史之情状也，三统则非历史之情状也。”② 他认为世间所有的进化现象中，“历史者，叙述人群进化之现象也”③。梁启超认为历史并不仅止于叙述，还在于探索规律：“历史者，叙述人群进化之现象，而求得其公理公例者也。”④ 而探究规律的目的在于运用：“夫所以求其公理公例者，非欲以为理论之美观而已，将以施诸实用焉，将以贻诸来者焉。”最终梁启超仍然将规律归结于“进化”:“历史者，以过去之进化，导未来之进化者也。”⑤

（四）章太炎与《春秋繁露》

鲁迅称其师章太炎为“有学问的革命家”，在晚清的学术史上，章太炎始终高举革命的大旗，其学术观点也都与这一立场有关。康有为始终顽固坚持君主立宪的主张，认为其时之中国尚处于升平世，不可施行民主共和。流亡海外的康有为成立了

---

① 梁启超：《新史学·中国之旧史》，见易鑫鼎编：《梁启超选集》（上），北京：中国文联出版社，2006，第304页。
② 梁启超：《新史学·中国之旧史》，见易鑫鼎编：《梁启超选集》（上），北京：中国文联出版社，2006，第306页。
③ 梁启超：《新史学·中国之旧史》，见易鑫鼎编：《梁启超选集》（上），北京：中国文联出版社，2006，第306页。
④ 梁启超：《新史学·中国之旧史》，见易鑫鼎编：《梁启超选集》（上），北京：中国文联出版社，2006，第307页。
⑤ 梁启超：《新史学·中国之旧史》，见易鑫鼎编：《梁启超选集》（上），北京：中国文联出版社，2006，第308页。

“保救大清光绪皇帝公司”，简称保皇会，宣扬保皇、立宪的主张，他还发表了《答南北美洲诸华商论中国只可行立宪不可行革命书》。章太炎则针锋相对地写了《驳康有为论革命书》，称光绪皇帝“载湉小丑，未辨菽麦”。章太炎虽为此付出三年牢狱之灾的代价，但革命之志不改。

在宣扬革命的同时，章太炎主张“用国粹激动种姓，增进爱国的热肠”。其论学亦与康有为针锋相对，并站在古文经学的立场上对康有为援引为立宪依据的今文经学进行驳斥，因而，章太炎对《公羊》学说和董仲舒也极力痛斥。《公羊》学说重视微言大义，而章太炎则称《春秋》不过是一部史书，说：“《春秋》，往昔先王旧记也。”[①] 章太炎不同意晚清儒者借《公羊》三世以明进化之义的言论，强调进化之义非三世所能明，说：“世儒或憙言三世，以明进化。察《公羊》所说，则据乱、升平、大平，于一代而已矣。礼俗变革，械器迁讹，诚弗能于一代尽之。”[②] 康有为等人极力推崇董仲舒，章太炎自然要对董仲舒大加挞伐，说：“董仲舒以阴阳定法令，垂则博士，神人大巫也。使学者人人碎义逃难，苟得利禄，而不识远略。”[③]

章太炎对董仲舒《春秋决狱》更是深恶痛绝。在早年的《訄书·儒法》中，章太炎说：“仲舒之《决事比》，援经附谶，有事则有例。比于酂侯《九章》，其文已冗，而其例已枝。已用

① 陈平原编：《中国现代学术经典·章太炎卷》，石家庄：河北教育出版社，1996，第193页。

② 陈平原编：《中国现代学术经典·章太炎卷》，石家庄：河北教育出版社，1996，第205页。

③ 陈平原编：《中国现代学术经典·章太炎卷》，石家庄：河北教育出版社，1996，第228页。

之，斯焚之可也！著之简牍，拭之木觚，以教张汤，使一事而进退于二律。后之廷尉，利其生死异比，得以因缘为市，然后弃表埻之明，而从缪游之荡。悲夫，儒之蠹，法之弊也。”① 后来章太炎将《訄书》修订为《检论》时②，把《儒法》篇题改为《原法》，但对董仲舒的痛斥有增无减，说：“仲舒之折狱二百三十二事，援经附谶，比于酂侯、叔孙，其文已枝。同时张汤、赵禹所增朝律、越宫律、监临部主、见知故纵诸篇，皆不若依附《春秋》甚也。以是教汤，使一事而进退于二律。后之廷尉，利其轻重异比，上者得以重秘其术，使民难窥，下者得以因缘为市。然后弃表埻之明，而从缪游之荡。悲夫！经之虮虱，法之秕稗也。”③ 这里，章太炎还作了一条注释：“汉世儒者，往往喜舍法律明文，而援经诛心以为断。……盖自仲舒以来，儒者皆为蚩尤矣。”④

章太炎的学术成就罕有其匹，但无论是从思想解放的角度，还是从对《春秋繁露》研究的角度来说，其影响都十分有限，诚如梁启超所言：“炳麟谨守家法之结习甚深，故门户之见，时不能免……而对于思想解放之勇决，炳麟或不逮今文家也。”⑤ 但是，章太炎对董仲舒决绝的否定态度是前所罕见的。

---

① 章炳麟著、徐复注：《訄书详注》，上海：上海古籍出版社，2000，第70页。

② 关于《訄书》修订为《检论》的过程，可参看1996年上海古籍出版社出版的《求索真文明》中朱维铮的《訄书发微》。

③ 陈平原编：《中国现代学术经典·章太炎卷》，石家庄：河北教育出版社，1996，第220页。

④ 陈平原编：《中国现代学术经典·章太炎卷》，石家庄：河北教育出版社，1996，第221页。

⑤ 梁启超：《清代学术概论》，见朱维铮编：《梁启超论清代学术二种》，上海：复旦大学出版社，1985，第78—79页。

第五章
现当代学者的《春秋繁露》研究

进入现当代，董仲舒及其《春秋繁露》依然是学者关注的重点，并不断有重量级的研究成果涌现。现代学者对《春秋繁露》的研究更多的是将它纳入现代学术体系之中，用现代学术方法对其进行全面阐释；当代学者对《春秋繁露》的研究则是不断探索《春秋繁露》“再阐释”的新视角，同时其文本研究也达到前所未有的高度。

民国时期的《春秋繁露》研究

1911年清朝的灭亡，不仅终结了帝制政体，也使学术从传统逐渐转向现代。在学术转型的过程中，董仲舒及《春秋繁露》研究也随之有所转变。

一、民国初年今文经学的余绪

在晚清的思想史版图上，今文经学无疑是影响最大的学术流派。民国初年，今文经学的影响又持续多年，并最终转化为疑古思潮。这一时期，依然有学者从今文经学的立场关注《春秋繁露》。

（一）苏舆与《春秋繁露义证》

苏舆（1874—1914），字嘉瑞，号厚庵，是王先谦的高足，和王先谦一样，苏舆的政治立场十分保守。戊戌变法失败后，苏舆收集王先谦、叶德辉等人反对和诽谤变法维新诸论著、书牍、奏折，编成《翼教丛编》，并以卫道士自居，成为湖南当时反对新政最力者之一。[①]

① 苏舆的《春秋繁露义证》虽主要完成于晚清，但出版于民国初年，所以放在民国初年的学术背景下加以叙述。

苏舆的学术立场明显带有晚清湘学的今文色彩，不过，与康有为等人不同，苏舆是纯粹站在今文经学的立场上。苏舆撰写《春秋繁露义证》的缘起就是不满于康有为对董仲舒的歪曲利用，他说："余少好读董生书，初得凌氏注本，惜其称引繁博，义蕴未究。已而闻有为董氏学者，绎其义例，颇复诧异。"① 此处所指显然是康有为的《春秋董氏学》。由康有为开始，苏舆又上溯到常州学派以来的晚清今文经学，说："国朝嘉道之间，是书大显，缀学之士，益知钻研《公羊》。而如龚（自珍）、刘（逢禄）、宋（翔凤）、戴（望）之徒，阐发要眇，颇复凿之使深，渐乖本旨。承其后者，沿讹袭谬，流为隐怪，几使董生纯儒蒙世诟厉，岂不异哉！"② 他在该书《例言》中，又以自注的形式对康氏进行批驳："光绪丁戊之间，某氏有为《春秋》董氏学者，割裂支离，疑误后学。如董以传所不见为'微言'，而刺取阴阳、性命、气化之属，摭合外教，列为'微言'，此影附之失实也。三统改制，既以孔子《春秋》当新王，则三统上及商周而止。而动云孔子改制，上托夏、商、周以为三统。此条贯之未晰也。鄫取乎莒，及鲁用八佾，并见《公羊》，而以为口说，出《公羊》外。此读传之未周也。其他更不足辨。"③

因而，苏舆《春秋繁露义证》在阐释董仲舒之说的同时，坚守《公羊》经学立场，对晚清极端今文经学的"非常异议可

---

① ［清］苏舆撰、钟哲点校：《春秋繁露义证·自序》，北京：中华书局，1992，第1页。

② ［清］苏舆撰、钟哲点校：《春秋繁露义证·自序》，北京：中华书局，1992，第2页。

③ ［清］苏舆撰、钟哲点校：《春秋繁露义证·例言》，北京：中华书局，1992，第3页。

怪”之论进行辩驳，尤其在涉及《公羊》微言大义处，更是如此。在《楚庄王》“《春秋》分十二世为三等”处，苏舆对极端晚清今文经学三世进化之说进行了反驳，他说：“董子言三世，不用乱世、升平、太平之说，要以渐进为主。所谓拨乱世，反之正也。”① 实际上，董仲舒虽未明言，但何休注中所言三世之义在《春秋繁露》中都可以找到痕迹。对此，苏舆也并非不知，在《俞序》结尾处，苏舆引用何休注文对《公羊》三世的阐述来解释《春秋繁露》，可见苏舆心中是清楚的。不过对于三世说，苏舆并不愿多说，因而此处他全引何休之言，自己却不置一词。

董仲舒对汉武帝提出要进行改弦更张式的“更化”，晚清极端今文经学也倡导变法改制，苏舆则尽量发挥董仲舒“道不变”的观点，把改制仅仅局限在改正朔、易服色等方面。对《楚庄王》“王者必改制”之说，苏舆先是强调“改制”之说是“相传旧说”②，认为到《春秋纬》时才将改制与孔子作《春秋》相联系，“惟《春秋纬》云：‘作《春秋》以改乱制。’自是遂有以改制属孔子《春秋》者”。苏舆还强调，即便是《春秋纬》所说，也不过是改“乱末流之失”。至于《三代改制质文》，苏舆也认为不过是董仲舒为了借助《春秋》而劝谏汉武帝而已，他说：“此盖汉初师说，所云正黑统、存二王云云，皆王者即位

① ［清］苏舆撰、钟哲点校：《春秋繁露义证·楚庄王》，北京：中华书局，1992，第10页。

② ［清］苏舆撰、钟哲点校：《春秋繁露义证·楚庄王》，北京：中华书局，1992，第15页。

改制应天之事，托《春秋》以讽时主也。”[①] 董仲舒明明在《天人三策》中提出对汉家制度进行彻底的“更化”，苏舆却认为董仲舒所讲的“更化”仅限于改正朔、易服色，他说：“《对册》云：‘《春秋》受命所先制者，改正朔、易服色，所以应天也。’意可见矣。……迄武帝太初元年，始采诸人说正历，以正月为岁首，色尚黄，数用五。董子此书，作于太初之前，盖汉初儒者通论，非董创说。故余以为董子若生于太初后，或不断断于是。……后人因此动言改制，则愈谬矣。”对何休注文中可与董生相印证者，苏舆也斥为谬误，并强调谬误者为何休，而非董生，他说：“隐二年注云：‘《春秋》有改周变命之制，孔子畏时远害，又知秦将燔诗书，其说口授相传。至汉公羊氏及其弟子胡毋生等，乃始著于竹帛。’遂为诞说所祖。以文不见《公羊》，诬及董子，不知此文固甚明也。”[②] 由此可见，苏舆之《春秋繁露义证》与康有为之《春秋董氏学》，不过五十步笑百步而已。

苏舆说：“以改道为邪言，董生之患深矣。”的确，董仲舒认为“改道”是不可接受的，但苏舆没有认识到董仲舒眼中的西汉王朝恰恰是改了道。董仲舒所理解的道是王道，汉承秦制而来的是霸道，王道与霸道不可并立。苏舆恰恰是董仲舒所批判的“闻其名而不知其实者也”。[③] 董仲舒说：“若夫大纲、人

① ［清］苏舆撰、钟哲点校：《春秋繁露义证·楚庄王》，北京：中华书局，1992，第16页。
② ［清］苏舆撰、钟哲点校：《春秋繁露义证·楚庄王》，北京：中华书局，1992，第16页。
③ ［清］苏舆撰、钟哲点校：《春秋繁露义证·楚庄王》，北京：中华书局，1992，第17页。

伦、道理、政治、教化、习俗、文义尽如故，亦何改哉?"[①] 在董仲舒的眼中，西汉王朝的现实恰恰是把这些不该改的改了，他说："故王者有改制之名，无易道之实。"由此可知，董仲舒心目中的道，并非秦皇汉武的道，而是"主尧之道而已"。[②]

关于董仲舒的"孔子素王"说，苏舆也因康有为曾力主此说而称之为谬论。对《俞序》中所言"孔子曰：'吾因其行事而加乎王心焉'"，苏舆将其解释为"古圣明王"而非孔子："王以行事为实行其事，未得汉诂。此言圣人因衰世往事，加以明王致治之深心"。对"以为见之空言，不如行事博深切明"，苏舆解释道："空陈古圣明王之道，不如因事而著其是非得失，知所劝戒。"[③] 对董仲舒《天人三策》中有关"素王"的言词，苏舆选择了视而不见。对《玉杯》中董仲舒所说"是故孔子立新王之道"，苏舆无法回避，就在备引两汉关于"素王"之论后，表示赞同应劭的说法，孔子不过是确立了治国之道，而非以"素王"自居。为此，苏舆不惜自乱家法，引杜预之说以为援助，他说:"素犹空也，孔子自立素王之法耳，非敢自谓素王。此语（应劭之语）最明。说者造为素王素臣之说，郑氏《六艺论》又云：'孔子自号素王。'谬矣！晋杜预《春秋左氏传序》已斥之。"对《公羊》家"以《春秋》当新王"，苏舆解释说这是后人的观念，而非孔子作《春秋》所自居，他说："是汉世儒

---

① ［清］苏舆撰、钟哲点校：《春秋繁露义证·楚庄王》，北京：中华书局，1992，第18页。

② ［清］苏舆撰、钟哲点校：《春秋繁露义证·楚庄王》，北京：中华书局，1992，第19页。

③ ［清］苏舆撰、钟哲点校：《春秋繁露义证·俞序》，北京：中华书局，1992，第159页。

者并以《春秋》为一代之治，盖后人尊孔以尊王之意，非孔子所敢自居也。……王迹熄而《春秋》作，周道亡于幽厉，熄者其迹，亡者其道，非《春秋》敢于夺王统也。"[①] 孔子是否作《春秋》，以及孔子作《春秋》时所思所想的真实历史是一回事，而《公羊》学的立场是另一回事，"以《春秋》当新王"是《公羊》学的根本立场之一。

汉代《公羊》学家的"为汉制法"说，也为苏舆所不取。苏舆认为将《公羊传》中的"后圣"解释为汉，并不始于董仲舒，而是始于两汉之际的纬书。他说："公孙述引《谶记》，以为孔子做《春秋》为赤制，而断十二公。（苏舆自注：纬书尤多，不具引）于是《春秋》为汉制作之说出矣。"苏舆认为："后圣者，必在天子之位，有制作之权者。汉之臣子尊《春秋》为汉制作，犹之为我朝臣子谓为我朝制作云尔。盖出自尊时之意，于经义无预也。后人不明其旨，而附会支离。"[②]

《尧舜不擅移、汤武不专杀》最能体现董仲舒的民本思想，而苏舆则直接断定此篇为伪作，并举了五个例子以证明其说。其实是苏舆保守的政治立场，使他根本不愿意相信董仲舒赞同革命。苏舆是观念先行，再试图证明它，故苏舆的证明经不起推敲。比如第一条，苏舆因为文中有"周无道而秦伐之"，便称与董仲舒对秦的态度不合。前已述及，这不过是董仲舒为了行文之便而说的话，与董仲舒一贯对秦的态度并没有关系。再如，

---

① ［清］苏舆撰、钟哲点校：《春秋繁露义证·玉杯》，北京：中华书局，1992，第29页。

② ［清］苏舆撰、钟哲点校：《春秋繁露义证·玉杯》，北京：中华书局，1992，第29页。

苏舆强调汉景帝曾经说过“学者不言汤武革命不为愚”，“董生笃学，岂容忽先帝遗言，为此雷同之论”。实际上，这只是汉景帝在特殊场合下的发言，并没有明确将这句话作为法令实施，在汉景帝之后言汤武革命不算犯忌讳。《春秋繁露》中也并非仅此一处提到汤武革命，比如《王道》中就记载了商纣王的暴行以及最后武王伐纣的经过，《天人三策》中也不忘记拿桀纣作为反面典型。不仅董仲舒，公孙弘在给汉武帝的对策中也说：“桀纣行恶，受天之罚，禹汤积德，以王天下。因此观之，天德无私亲”①。

除却因苏舆政治立场因素所导致的以上诸缺点，从整体上看，《春秋繁露义证》还是有价值的。首先，苏舆充分吸收了前人的校勘成果，在前人的基础上整理出《春秋繁露》的可靠文本，相对于董天工、凌曙等人的著作，《春秋繁露义证》的校勘质量明显胜出一筹。其次，《春秋繁露义证》对《春秋繁露》的注解也体现了较高的学术水准。苏舆不仅师从王先谦，有着坚实的学术功底，而且还充分吸收了乾嘉汉学的成果，因此《春秋繁露义证》无论是对字词的注解，还是对名物制度的解释，都堪称精确。再次，苏舆对前人旧说的搜集也明显超越董、凌等人，其搜罗不仅广博，而且精当。最后，在不涉及政治立场的情况下，苏舆对《春秋繁露》的阐释也还算平实详尽。比如《仁义法》中，董仲舒曰：“仁之为言人也，义之为言我也，言名以别矣。”苏舆详引诸家之说，阐释了“仁”“义”观念的由来，指出：“是古释仁为爱人，无异说也。惟义训我，则董创

① ［汉］班固：《汉书·公孙弘传》，北京：中华书局，1962，第2617页。

说。”同时，苏舆也指出，董仲舒对“义”的解释也应该有所本：“然《吕览》言‘责人以仁，自责以义’，则董此义亦有所本。”①

（二）崔适与《春秋繁露》

崔适（1852—1924），与章太炎一样受业于俞樾之门，但后来受康有为影响而转向今文经学。作为政治家的康有为，内心深处对自己所倡导的学说的真实态度到底如何，我们不得而知，但崔适对康有为的学说却信以为真，并试图证明它，其《史记探源》《春秋复始》等书即为此而撰。

崔适《史记探源》在某种程度上可被视为《新学伪经考》的续篇，康有为称刘歆为了助莽篡逆而伪造了古文经典，并且篡乱了《史记》等文献，崔适《史记探源》则意在证实刘歆对《史记》的篡乱。《史记探源》的主要观点见于其卷一《序证》。崔适认为刘歆篡乱《史记》是其庞大篡伪工程中重要的一环，他说：“刘歆之续《史记》，非不足于太史公也。亦既颠倒五经，不得不波及龙门以为佐证，而售其为新室典文章之绝技也。”②崔适之武断远过于康有为，对一切与己说相左之材料，都认定是刘歆作伪，而一切与己说相左的材料，又被他当成刘歆作伪本身的证据，如此循环论证。

《春秋复始》是崔适在北京大学讲授“《春秋公羊》学”时的讲义基础上整理而来的。崔适《春秋复始》将《公羊》经传

① ［清］苏舆撰、钟哲点校：《春秋繁露义证·仁义法》，北京：中华书局，1992，第249页。
② 崔适著、张烈点校：《史记探源》，北京：中华书局，1986，第1—2页。

中有关某一人物的内容前后汇辑起来，称之为“始终”，从经文中归纳出“凡例”，称之为“比类”。崔适自称师法董仲舒《春秋繁露》，他说：“二者董生《繁露》实兼之，今师其意而证明之，援异说而纠正之。庶于古人之得失，经义之是非，若纲在网，有条不紊。”[①] 在《春秋复始》中，崔适不仅指出《左传》是刘歆所伪作，而且提出《穀梁传》也是刘歆的伪作。他说：“歆造《左氏传》以篡《春秋》之统，又造《穀梁传》为《左氏》驱除。”[②] 因而，《春秋复始》不仅把《左传》作为批驳的对象，而且把《穀梁传》也作为重要的批驳对象，这在《春秋》学史上是前所未有的。晚清今文经学虽然认为《穀梁传》不传微言，但并没有人对它的真伪提出质疑。崔适的论证，基本上都是臆想，根本不能成立。后来，张西堂受崔适影响，撰有《穀梁真伪考》，并试图证明其说，不过因太过武断，后来也逐渐没有人再提起了。[③]

《史记探源》《春秋复始》作为今文经学的殿军，在学术史上自有其地位，但其地位并不建立在其观点本身是否成立的基础上。

二、现代学术确立后的《春秋繁露》研究

新文化运动的兴起，宣告了传统学术的终结。现代学术确立后的重大转变，不仅仅体现在学术规范、学术表达的不同上，

---

① 崔适：《春秋复始》，北京：北京大学出版部，1918 年排印本，第 6 页。

② 崔适著、张烈点校：《春秋复始》，北京：北京大学出版部，1918 年排印本，第 2 页。

③ 吴涛：《“术”“学”纷争背景下的西汉〈春秋〉学》，北京：中国社会科学出版社，2021。

还体现在学术立场的不同上。传统学术，不论属于哪个学派，都是儒学的信仰者，他们都相信自己的研究是为了维护圣教，探究圣人之心，扩大儒学之军。但现代学者，除却少数遗老遗少，不论其文化立场是保守还是激进，都不再是传统意义上的儒生。比如，在《春秋繁露》研究上，现代学者基本上都把《春秋繁露》作为客观的研究对象，深入挖掘其在中国思想史、学术史上的意义，或摄取其精华用来为当代文化建设服务，而不是通过《春秋繁露》来阐释圣人之心。同时，当代《春秋繁露》研究者所用的研究方法也有重大进步，无论胡适还是侯外庐、郭沫若，他们所用的审视历史的理论与工具都与传统学者迥然不同。也正因有了新视角、新理论、新方法，《春秋繁露》的学术研究才呈现出全新的面目。自此后，但凡治思想史、学术史、秦汉史者，对《春秋繁露》多有涉及。这里仅举其要者，以见梗概。

（一）作为哲学史、思想史研究对象的《春秋繁露》

1. 胡适与《春秋繁露》

一般认为，现代哲学史研究的开端是胡适《中国哲学史大纲》。不过，如同胡适的许多作品一样，《中国哲学史大纲》并没有写完，仅写到战国末年，但它的开创意义功不可没，对此后的学术研究起到了很大的引领作用。在这本书中，胡适并没有直接研究《春秋繁露》，但后来的诸多《春秋繁露》研究者至少在理论和方法上都受到过它的影响。

1930 年，胡适写了《中国中古思想史长编》，显然其用意在于接续《中国哲学史大纲》，不过此书胡适也没有写完，仅仅写到西汉中期。在《中国中古思想史长编》中，胡适终于亲自对董仲舒研究了一番，不过并未充分展开。胡适认为儒学中存在一个倡导积极有为的派别，他称之为“有为主义”，说：“这种有为主义，董仲舒说的也很明白恳切。”[①] 胡适高度赞扬这种积极有为的态度，他说：“贾生的有为主义得罪了当时的权臣贵人，终于迁谪而死。晁错的有为主义终于害他自己朝衣斩于东市。董仲舒的有为主义也使他下狱，定死罪，幸而不死，也落得废弃终身。……他们的积极有为的精神，不但建立了汉帝国的一代规模，还影响了中国两千年的政治思想与制度，他们的牺牲是值得我们同情的。”[②]

在与司马迁做对比时，胡适又称董仲舒为干预派，称司马迁是放任派。他说：“他（董仲舒）的理想的社会是一个重新封建的调均社会。他在《繁露》第二十七八两篇里略说这个理想。”[③] 对于董仲舒的重德轻刑主张，胡适说：“贾谊也曾提出这个问题，但董生加上宗教的色彩，使这个问题成为儒教的一部分。”[④] 对于董仲舒的历史地位，胡适也给予高度的评价，他说：“董仲舒的许多主张，有一些后来竟成为汉朝的制度。”[⑤]

相对而言，胡适对董仲舒《春秋繁露》的研究中并没有特别的真知灼见，以今人的眼光来看，胡适的看法多流于皮相，但胡适研究的更多意义体现在对新路径的开辟上，如同蔡元培在《中国哲学史大纲》的序中所说：“给我们一种研究本国哲学

---

① 胡适：《中国中古思想史长编》，合肥：安徽教育出版社，1999，第 263 页。
② 胡适：《中国中古思想史长编》，合肥：安徽教育出版社，1990，第 267 页。
③ 胡适：《中国中古思想史长编》，合肥：安徽教育出版社，1990，第 292 页。
④ 胡适：《中国中古思想史长编》，合肥：安徽教育出版社，1990，第 299 页。
⑤ 胡适：《中国中古思想史长编》，合肥：安徽教育出版社，1990，第 302 页。

史的门径”[1]。

2. 冯友兰与《春秋繁露》

相对于胡适，冯友兰对董仲舒《春秋繁露》的研究则要深入很多。冯友兰1930年完成《中国哲学史》上册，止于董仲舒《天人三策》中所提“罢黜百家”的建议；1934年完成《中国哲学史》下册，起始便是对董仲舒的系统研究。

在董仲舒的思想体系中，阴阳五行思想无疑占了很重的分量。晚清今文经学兴起过程中，董仲舒《春秋繁露》虽说受到高度重视，但其思想体系中的阴阳五行思想却没有受到足够重视。当中国哲学史学科兴起后，大家对董仲舒《春秋繁露》的关注重点就从《春秋》学转向了阴阳五行思想。

冯友兰高度重视董仲舒，他并没有孤立地看待董仲舒，而是以董仲舒为其时代的代表。他说：“此时之时代精神，此时人之思想，董仲舒可充分代表之。”[2] 冯友兰认为西汉是“阴阳家空气弥漫之时代”[3]，他对董仲舒的研究也从阴阳五行思想入手，对元、天、阴阳、五行、四时等观念进行了梳理。比如，他在谈及董仲舒思想体系中的“天”时说：“董仲舒所谓之天，有时系指物质之天，即与地相对之天；有时系指有智力有意志之为自然。”“有智力有意志之自然”是冯友兰自创的名词，对此他解释道：“有智力有意志之自然一名辞，似乎有自相矛盾之处；然董仲舒所说之天，实有智力有意志，而却非一有人格之上帝，

① 胡适撰、耿云志等导读：《中国哲学史大纲·序》，上海：上海古籍出版社，1997，第3页。
② 冯友兰：《中国哲学史》（下册），上海：华东师范大学出版社，2000，第9页。
③ 冯友兰：《中国哲学史》（下册），上海：华东师范大学出版社，2000，第8页。

故此谓之为自然也。”①

冯友兰高度评价董仲舒的天人感应论，他说：“人在宇宙间之地位，照此说法，可谓最高矣。”② 关于董仲舒的人性论，冯友兰对比了董仲舒与孟子、荀子，以及与孔子言论的不同后，认为：“董仲舒之论性，盖就孔、孟、荀之说而融合之。”③ 对于董仲舒的纲常伦理，冯友兰尤其指出其循环论证模式：“盖儒家本以当时君臣、男女、父子之关系，类推以说阴阳之关系；及阴阳之关系如彼所说，而当时君臣、男女、父子之关系，乃更见其合理矣。”④ 对董仲舒政治思想中的其他内容，冯友兰也注重梳理其渊源，比如他在对比了董仲舒“爱利”观念和墨子的学说之后说：“天以爱利人为意，王者法之，亦以爱利人为意，此点与墨子之学说有相同处。”⑤ 对于董仲舒的均平思想，冯友兰说：“自贵族政治破坏后，人民在经济方面自由竞争之结果，秦汉之际，新起之富豪多，贫富不均之现象显。当时有识之士，多以为言。董仲舒盖亦力欲矫此流弊者也。”⑥ 冯友兰在指出董仲舒三统论荒谬的同时，也指出其价值之所在，认为“此说吾人虽明知其为不真，要之在哲学史上不失为一有系统的历史哲学也”⑦。

冯友兰并未忽视董仲舒的《春秋》学，他说：“《春秋》一

---

① 冯友兰：《中国哲学史》（下册），上海：华东师范大学出版社，2000，第 11 页。
② 冯友兰：《中国哲学史》（下册），上海：华东师范大学出版社，2000，第 18 页。
③ 冯友兰：《中国哲学史》（下册），上海：华东师范大学出版社，2000，第 21 页。
④ 冯友兰：《中国哲学史》（下册），上海：华东师范大学出版社，2000，第 23 页。
⑤ 冯友兰：《中国哲学史》（下册），上海：华东师范大学出版社，2000，第 27 页。
⑥ 冯友兰：《中国哲学史》（下册），上海：华东师范大学出版社，2000，第 28 页。
⑦ 冯友兰：《中国哲学史》（下册），上海：华东师范大学出版社，2000，第 33 页。

经，以前儒者虽重视，然自经董仲舒之附会引申，而后儒所视为《春秋》之微言大义，乃始有有系统之表现；盖董仲舒之书于《春秋》，犹《易传》之于《周易》也。”[①] 不仅如此，“及董仲舒讲《春秋》……而孔子之地位，亦由师而进为王”[②]。至于《春秋》学在董仲舒思想体系中的地位，冯友兰说：“《春秋》乃董仲舒所谓‘天理’之写出者，所谓‘体天之微’者也。”[③]

1947 年，冯友兰把在宾夕法尼亚大学讲课时的讲稿整理成《中国哲学简史》，此书虽号称简史，但实际上它讨论董仲舒的内容相比于《中国哲学史》并没有简略。在《中国哲学简史》中，冯友兰对董仲舒的历史地位有了更为深入的认识。他说，“汉朝继承秦朝的政治统一的思想，继续秦朝未竟的事业，就是建立政治与社会的新秩序。董仲舒（公元前约 179—前约 104 年），就是按这样的意图进行理论化的大理论家”[④]，“董仲舒所要做的就是为当时政治、社会新秩序提供理论的根据”[⑤]。《中国哲学简史》对董仲舒思想体系具体内容的梳理，与《中国哲学史》（下册）并没有根本不同，都属于冯友兰将对董仲舒的认识全部纳入为新秩序提供理论依据的框架中去理解的。

3. 萧公权与《春秋繁露》

萧公权《中国政治思想史》在民国时期是教育部审定的大学教材，因而此书在民国时期学术史上颇受关注。在《中国政治思想史》的第九章第三节，萧公权对董仲舒的政治思想进行了梳理。

---

① 冯友兰：《中国哲学史》（下册），上海：华东师范大学出版社，2000，第 11 页。
② 冯友兰：《中国哲学史》（下册），上海：华东师范大学出版社，2000，第 33 页。
③ 冯友兰：《中国哲学史》（下册），上海：华东师范大学出版社，2000，第 35 页。
④ 冯友兰著、涂又光译：《中国哲学简史》，北京：北京大学出版社，1996，第 165 页。
⑤ 冯友兰著、涂又光译：《中国哲学简史》，北京：北京大学出版社，1996，第 166 页。

前已述及，董仲舒的政治思想、哲学思想和《春秋》学是一个整体。其中“天”是董仲舒思想体系中的最高权威。萧公权也把重点放在董仲舒的天人论上，他说：“欲明董子之政治思想，当先略述其哲学思想。”[①] 萧公权认为董仲舒天人理论的对象是国君，而非普通百姓，他说：“董子天人关系之理论实为天君关系之理论。”[②] 限制君权，是董仲舒天人论的重点，而民本革命学说和灾异学说则是其天人论的重要体现。对此，萧公权说，“天权对君权之限制有二：一曰予夺国祚，二曰监督政事。前者为革命受命之理论，后者为灾异谴告之理论”[③]，“吾人当注意，董子言天人，其意实重革命而轻受命，详灾异而略祯祥”[④]。萧公权认为这是董仲舒思想的价值所在，“与汉代曲学阿世之儒，推天命以媚时君者，皮毛相似，而精神迥殊。吾人不可因其同持五行阴阳之说而混之也”[⑤]。

而董仲舒政治思想中的德主刑辅、倡导礼治、尊贤任能等观念，由于不具备独特性，萧公权基本没有述及。董仲舒的纲常伦理思想，在民国时期早已成为已陈刍狗，萧公权对此也未置一词。在经济史研究日益受到重视的背景下，董仲舒的富民观念和限民名田主张引起了萧公权的注意。

（二）民国《春秋》学史视域下的《春秋繁露》研究

近代学术转型之后，对于中国传统经学的研究也还在继续，

---

① 萧公权：《中国政治思想史》，沈阳：辽宁教育出版社，1998，第 274 页。
② 萧公权：《中国政治思想史》，沈阳：辽宁教育出版社，1998，第 275 页。
③ 萧公权：《中国政治思想史》，沈阳：辽宁教育出版社，1998，第 278 页。
④ 萧公权：《中国政治思想史》，沈阳：辽宁教育出版社，1998，第 279 页。
⑤ 萧公权：《中国政治思想史》，沈阳：辽宁教育出版社，1998，第 230 页。

但正如周予同先生所倡导的，新研究更注重“史”的研究，传统经学研究成果仅成为学者的研究对象和史料来源，中国经学史学科逐渐形成，如同周予同先生所说：“在现在，经学之继承的研究已大可不必，而经学史的研究当立即开始。”①

在经学史研究中，董仲舒绝对是不可忽视的。周予同先生自己就从历史的角度来认识董仲舒：“董仲舒的思想是儒家、经生和方士的混合体。……他是完全代表新兴地主阶级的人物。……董仲舒却是代表一个新兴的阶级向政治当局协议政治权的分配。”②

《春秋》学史是经学史的重要组成部分。在民国《春秋》学史研究中，董仲舒《春秋繁露》始终受到高度关注。这里略举陈柱、杨树达、段熙仲的研究以见其梗概。

1. 陈柱与《春秋繁露》

陈柱出身书香门第，自幼就对《春秋》学有着浓厚的兴趣。1928 年陈柱在上海大夏大学任教时出版了《公羊家哲学》一书，受到普遍赞誉。在自序中，陈柱对孔子是否作《春秋》、《春秋》三传到底哪个更符合《春秋》原意等问题，虽说有自己的看法，却不愿意去争论。陈柱的态度是搁置这些传统经生的根本问题，直接把书命名为《公羊家哲学》，他说：“盖今所传之《春秋公羊传》，与其谓为孔子之《春秋》，无宁谓为公羊之《春秋》；自董仲舒、何休以下，皆说公羊之学，而亦各不能

① 朱维铮编:《周予同经学史论著选集（增订本）》，上海：上海人民出版社，1998，第 97 页。

② 朱维铮编:《周予同经学史论著选集（增订本）》，上海：上海人民出版社，1998，第 501—502 页。

尽其同，与其定孰为公羊之真，无宁统名为公羊家之学。”[①] 陈柱称其撰述《公羊家哲学》一书的目的，就是为了让世人明白公羊家之学是什么样子。可见，陈柱的研究与传统经生的经学式研究不同，其研究应被纳入史学的范畴。在《公羊家哲学》中，《春秋繁露》是重要的研究对象。陈柱说:“今按其书（《春秋繁露》）论《春秋》之旨，发明公羊家言，甚多精语。”[②]

陈柱的《公羊家哲学》也具有鲜明的时代特征。由前述苏舆著《春秋繁露义证》可知，苏舆着实被董仲舒的民本思想吓着了，竟称《尧舜不擅移、汤武不专杀》为伪作。而陈柱则把革命放在首位来讲，他说：“公羊学说之富于革命思想，则显而易见。”[③] 革命不仅可以公开讲，而且占据了道义的制高点，这是应该被充分肯定的。民国社会动荡不安，渴望统一安定的社会环境是大家普遍的心理。这一点体现在陈柱《公羊家哲学》中就是，他一再引用董仲舒《春秋繁露》，把《春秋》尊王解释为统一。民国年间战乱频仍，民众呼唤和平。陈柱的《公羊家哲学》在引用《春秋繁露》之后说：“董子此言，于《春秋》弭兵恶战之旨，可谓深切矣。此可以代表公羊家之思想矣。”[④]

不过陈柱的《公羊家哲学》更多的是采纳董仲舒《春秋繁露》以证《公羊》之说，而不是以董仲舒《春秋繁露》作为专门的研究对象，这与前人由研究《春秋繁露》以达《公羊》学的路径是不同的。

---

① 陈柱著、李静校注：《公羊家哲学》，上海：华东师范大学出版社，2014，第10页。
② 陈柱著、李静校注：《公羊家哲学》，上海：华东师范大学出版社，2014，第138页。
③ 陈柱著、李静校注：《公羊家哲学》，上海：华东师范大学出版社，2014，第11页。
④ 陈柱著、李静校注：《公羊家哲学》，上海：华东师范大学出版社，2014，第39页。

2. 杨树达与《春秋繁露》

杨树达先生在训诂学、文字学等领域内取得了丰硕的成果，他在《公羊》学上也有很深的造诣，也曾经向苏舆、梁启超等人学习，有着深厚的今文经学的基础。抗战开始之后，杨树达先生以学术报国，于1941年完成了《春秋大义述》一书，他在自序中说："二十八年秋，乃以是经设教，意欲令诸生严夷夏之防，切复仇之志，明义利之辨，知治己之方。"①

杨树达对董仲舒极为推崇，《春秋繁露》成为他写作《春秋大义述》的主要依据。他说："汉代大儒，首推董子。《春秋繁露》一书，今虽残缺不完，而义据精深，得未曾有。本书于董书说明经义者录之特详"②。杨树达在凡例中提到魏源的《董氏春秋探微》和苏舆《公羊董义述》两书都未能完成，他对此深以为憾，因故其《春秋大义述》亦有"绍述先哲"之意。因而，《春秋大义述》虽本《公羊》以立义，实则以《公羊》从董生。比如《春秋大义述》特别强调复仇，将《复仇》作为本书的首篇，而在申述复仇大义的时候，首先引用的就是《春秋繁露·竹林》，而非《公羊传》之文。类似情况在《春秋大义述》中有多处。

不过，《春秋大义述》为救时之作，并非纯粹意义上的经学史研究。就其方法而言，也是立论在先，根据现实中国所面临的困境，提出若干《春秋》大义，然后从《春秋繁露》《公羊传》《穀梁传》等文献中寻找佐证。其所言，并非不能成立。比

① 杨树达：《春秋大义述·自序》，上海：上海古籍出版社，2007，第7页。
② 杨树达：《春秋大义述·凡例》，上海：上海古籍出版社，2007，第9页。

如复仇的确是董仲舒等《公羊》学家所非常强调的《春秋》大义，但杨树达不是从《春秋繁露》或者《公羊传》中归纳出复仇的大义，而是先立复仇之义，再求证于《春秋繁露》等文献。

3. 段熙仲与《春秋繁露》

段熙仲先生对《公羊传》及今文经学有着浓厚的兴趣，早在20世纪30年代就著有《公羊春秋三世说探源》一文。段熙仲任教于中央大学时，以所撰《春秋公羊学讲疏》作为讲稿，其书大体完稿于1948年，后来又有过一些修订。此书一直没有机会出版，直到2002年才由南京师范大学出版社出版。

近代以来，《公羊》学虽成为显学，但多数情况下都不过是借用《公羊》画皮而已。段熙仲在自序中说，他撰述此书意在"复其本真"，而"义莫明于董君"，在这个过程中，董仲舒《春秋繁露》肯定是其写作的重要依据。因而，《春秋公羊学讲疏》的学术路径是："乃所愿则以《公羊》为《公羊》，先求之《传》，次求之董、何，次求之清儒之专治《公羊》者。"[1] 比如在该书第三编《属辞》中，第一章《述传》梳理了《公羊传》中对孔子修《春秋》属辞的记载，第二章《述董》从《春秋繁露》中找出董仲舒所认为的孔子修《春秋》属辞的情况，一共归纳出二十二条；第三章《述何》从何休《春秋公羊经传解诂》中寻找何休所理解的孔子修《春秋》之属辞。在该书第四编《释例》中，董生不言条例，对《春秋繁露》少有提及。若论篇幅，该书二、三、四编所占篇幅过半，但全书要旨显然在

---

① 段熙仲著、鲁同群等点校：《春秋公羊学讲疏·凡例》，南京：南京师范大学出版社，2002，第1页。

第五编《义》，比事、属辞、条例不过是《公羊》学家的手段，而大义才是其重点，因而《春秋公羊学讲疏》的精华即在此编，全书论及《春秋繁露》最多的部分也在此编。

在第五编第二章《述董》中，段熙仲说："温城董君善言《春秋》之义，犹任城何君之善言例也。何君遭党锢，覃思《公羊》者十余年，而成《解诂》。公羊学之不亡，何君之力为多。董君目不窥园，亦云精力，世传《繁露》，虽非全书，而二端、十指，则凡《春秋》义旨之荦荦大者，已多揭橥。"[①] 在此编中，段熙仲先引用康有为从《春秋繁露》中总结出的《春秋》大义，然后补充了自己从《春秋繁露》中所总结的《春秋》大义，然后逐条展开。在展开的过程中，除了《公羊传》本身，董仲舒《春秋繁露》是其最主要的材料来源，而就理论体系来说，《春秋繁露》的重要性甚至超过了《公羊传》。比如在讲"三正"之义时，段熙仲先罗列了《公羊传》中的条文，然后按照时间顺序引用了《尚书大传》、《天人三策》、《春秋繁露》、《礼记》、《淮南子》、《史记》、《汉书》、纬书、《白虎通义》、《三国志》等文献，详细阐释"三正"之说的含义，而其核心观点则秉承了董仲舒的《春秋繁露·三代改制质文》。在论述改制之义时，段熙仲详细阐释了董仲舒的改制学说。他说，"董君说改制有再而复者，有三而复者，有四而复者，有不易者"[②]，

① 段熙仲著、鲁同群等点校：《春秋公羊学讲疏》，南京：南京师范大学出版社，2002，第417页。

② 段熙仲著、鲁同群等点校：《春秋公羊学讲疏》，南京：南京师范大学出版社，2002，第453—454页。

“新王改制之说，董君较何君言之大详，其导源皆出于孔子”[①]。至于本编第八章《善善恶恶》中所取《春秋》大义之是非标准，更是多同于董生。如论经权，段熙仲曰：“董君之言经权，足与《传》相发明。”[②] 论信义，则曰：“董君曰：‘《春秋》之义，贵信而贱诈。诈人而胜之，虽有功，君子弗为也。’（《对胶西王》）《公羊》之学，正其谊不谋其利，明其道不计其功。彼以成败论人者，乌足以语此？”[③]

《公羊》学派的《春秋》大义，虽或在《公羊传》中有明文，但更多的则是由董仲舒、何休等人提出的，后被归于《公羊》，进而被名为《春秋》。后世《公羊春秋经传解诂》因为得以列入十三经注疏，成为世人必读书，于是很多人误以为诸多《春秋》大义源自何休，实则何休虽未明言董生，但其大义多源于董生，至少董生提出这些大义都远在何休之前。比如《春秋》王鲁是《公羊》家的根本大义之一，段熙仲在引用了《三代改制质文》之后说：“此则王鲁之说远起于何君以前之明证。”[④] 再如“异内外”之义“自近者始”，段熙仲说：“董君《繁露·仁义法》篇，发明《春秋》此义尤详。”[⑤] 至于这些《公羊》家所谈大义，

---

① 段熙仲著、鲁同群等点校：《春秋公羊学讲疏》，南京：南京师范大学出版社，2002，第457页。

② 段熙仲著、鲁同群等点校：《春秋公羊学讲疏》，南京：南京师范大学出版社，2002，第562页。

③ 段熙仲著、鲁同群等点校：《春秋公羊学讲疏》，南京：南京师范大学出版社，2002，第575页。

④ 段熙仲著、鲁同群等点校：《春秋公羊学讲疏》，南京：南京师范大学出版社，2002，第473页。

⑤ 段熙仲著、鲁同群等点校：《春秋公羊学讲疏》，南京：南京师范大学出版社，2002，第506页。

到底是否真的属于《春秋》，在《公羊》家看来是一个立场问题，而非是非问题。段熙仲对清代《公羊》学术的评价，也着重考察其对董仲舒《春秋繁露》中所提大义的阐释，比如段熙仲评价孔广森："按孔氏说三世异辞，发明董君屈伸之志甚畅。"①

同时，如同汤大民所言："段熙仲教授被学界称为当代'今文经学家'，是指他是一位研究今文经学的专家，而不是今文经学教条和主张的信奉者。他虽强调'家法'，但其旨归为'复其本真'，而不是信以为真，所以他并不囿于门派之见。"② 段熙仲虽重视董仲舒，但他并不是董仲舒的维护者，比如《春秋公羊学讲疏》的《强干弱枝》章最能体现他"复其本真"而非信以为真的立场，在本章中，他一再申述董仲舒君尊臣卑、父尊子卑、夫尊妻卑之说，并且解释了《公羊》学家所认为的《春秋》大义的真实含义，而不像康有为等人那样不惜曲解古人，给古人套上不合身的西装。"三纲"观念是董仲舒的核心政治观念之一，段熙仲并未因其观念不符合当代的主流价值观而选择忽视，或者强作新解。当然，在段熙仲的时代，民主自由等观念已绝对是主流价值观，自不需要如同康有为一样去曲解古人来宣扬它。

晚清以来，《公羊》学以经世为特色，段熙仲此书撰于国难方殷之际，亦不能不有所寄托，如《救中国，攘夷狄》诸篇，皆有深意在焉。

---

① 段熙仲著、鲁同群等点校：《春秋公羊学讲疏》，南京：南京师范大学出版社，2002，第498页。

② 汤大民：《以公羊为公羊，继绝学为后学——读〈春秋公羊学讲疏〉》，《书品》2005年第4期，第54页。

新中国成立后的《春秋繁露》研究

中华人民共和国成立后,《春秋繁露》学术研究呈现出非常明显的时代性。

一、改革开放前的《春秋繁露》研究

1949 年到 1978 年的 29 年间,学术研究在确立了辩证唯物主义和历史唯物主义作为根本指导思想和研究方法的同时,也难免受到政治因素的干扰,有着浓重的时代印记。

(一)新中国成立之初的《春秋繁露》研究

新中国成立后的 17 年中,哲学史研究(或者称之为思想史研究)普遍确立了唯物主义的研究方法和指导思想,但存在着将唯物主义公式化、教条化的倾向。董仲舒作为封建社会统治阶级的一员,在新中国成立之初,其思想体系被当时的研究者彻底否定。我们以侯外庐先生《中国思想通史》为例,以窥当时学术研究之概貌。《中国思想通史》(第二卷)第三章对董仲舒进行了全面的研究,董仲舒的《春秋》学被命名为“中世纪神学正宗思想”,其对董仲舒体系的定位是:“从思想史的渊流而言，董仲舒执行了这样的任务：他给新宗教以系统的理论说明，把阴阳五行说提到神学的体系上来，把'天'提到有意志的至上神的地位上来，把儒家伦常的父权（它作为封建秩序的表征）和宗教的神权以及统治者的皇权三位一体化。总的来说，董仲舒完成了'天'的目的论。"[①] 如此说来，董仲舒思想体系显然应该被否弃。而且，在侯外庐先生等人看来，董仲舒对思想体系的构建也是建立在他提前窥见了汉武帝圣意的基础上："董仲舒窥见武帝的圣意，便把《春秋》二百四十余年间的故事经验，比例推衍出适合于最高皇权的原理。"[②]

董仲舒《春秋繁露》的思想体系，在该书中被划分为如下几个部分：

第一，董仲舒的神学世界观及其天人关系。董仲舒的思想体系不仅是唯心主义的，而且被冠以神学的标签，"他的中心思想，所谓'道之大原'所从'出'的'天'，显系有神圣性的上帝"[③]。董仲舒构建其思想体系的用意在为现实秩序的合理性提供论证，尤其是论证君权的神圣性，"董仲舒所企图提供的正是天、道、圣人的三位一体——在这里，圣人是天子，道德是国家的事务；于是，皇权与教权、神学的教义与国家的法权便绝对地统一起来，东方的中古封建制政权获得了东方的宗教圣

① 侯外庐、赵纪彬、杜国庠、邱汉生：《中国思想通史》（第二卷），北京：人民出版社，1957，第89—90页。

② 侯外庐、赵纪彬、杜国庠、邱汉生：《中国思想通史》（第二卷），北京：人民出版社，1957，第91页。

③ 侯外庐、赵纪彬、杜国庠、邱汉生：《中国思想通史》（第二卷），北京：人民出版社，1957，第99页。

光的点染”[1]。董仲舒的阴阳观念和五行思想也都被纳入这一框架来理解。董仲舒所讲的天人关系，也被视为天君关系。如前所述，董仲舒天人理论所要约束的对象是君而非普通百姓，但毕竟董仲舒在构建这一理论时，并未排除普通人。在《中国思想通史》中，天子被视为唯一的“人”，“天人感应的‘人’，不是一个自然人，而是人的头脑的领袖又是所谓‘圣人’，而圣人的位置又是三代圣王，是最高的统治者。汉代皇帝应该是这样的‘人’”[2]。

第二，董仲舒的历史观、伦理学、人性论及其政治思想。《中国思想通史》认为，上述世界观落实到现实社会中，就是董仲舒的历史观、伦理观、人性论和政治论。董仲舒的历史观是循环论，“他根据着‘天之道终而复始’的循环论，建立起黑白赤三统说的互相交替循环的历史哲学”。董仲舒的伦理学即其纲常观念，他“又根据其‘王道任阳不任阴’——‘阳尊阴卑’的世界观，建立起‘三纲五纪’的伦理学”。[3] 董仲舒的政治思想则是“根据其神学的天道观念，把王者规定成为承天命统治人民而完成天的意志的最高地主”，“更以‘屈民而伸君’为根据，使社会的阶级秩序绝对化，使社会等级制度宗教化，以隐蔽阶级的对立”。[4] 董仲舒的人性论是，“根据着天道不能有阳而

---

① 侯外庐、赵纪彬、杜国庠、邱汉生：《中国思想通史》（第二卷），北京：人民出版社，1957，第100—101页。

② 侯外庐、赵纪彬、杜国庠、邱汉生：《中国思想通史》（第二卷），北京：人民出版社，1957，第108页。

③ 侯外庐、赵纪彬、杜国庠、邱汉生：《中国思想通史》（第二卷），北京：人民出版社，1957，第109页。

④ 侯外庐、赵纪彬、杜国庠、邱汉生：《中国思想通史》（第二卷），北京：人民出版社，1957，第110页。

无阴的原理，又规定人民之性叫做‘瞑’，只有统治者的教化而后可善”①。

第三，董仲舒的知识论及其逻辑思想。董仲舒的知识论“实为儒学庸俗化的典型”②。两千多年前的董仲舒显然不可能具备今天的认识水平，在《中国思想通史》看来，“其所说的自然法则，皆非出于客观的研究，而是出于主观的比附，是一种由比附而成的拟人主义的系统”③，因而董仲舒的方法也必然是机械的，而非辩证的。董仲舒的逻辑方法，最终依然被引入现实政治，成为中世纪统治理论的基石，“其演绎的途径是从一到多，从心到物的波状扩张推理。此一逻辑的推理形式与董仲舒在伦理学上的动机论，在法律学上的诛心说，均密切相关。而最重要的，即此种推理的终始程序，完全是当时中央集权主义的统治术的反映”④。

由此可知，《中国思想通史》的确指出了董仲舒《春秋繁露》思想体系中的若干弊端，但从整体上将其纳入中世纪统治思想的体系中加以理解，未免失之简单，过于标签化；而且侯先生等人的论述，带有比较明显的意识形态色彩。研究思想史，只能将研究对象还原到其具体所在的历史背景之中去理解，否则站在今人的立场上（不管这个立场是唯物主义还是唯心主义

① 侯外庐、赵纪彬、杜国庠、邱汉生：《中国思想通史》（第二卷），北京：人民出版社，1957，第111页。
② 侯外庐、赵纪彬、杜国庠、邱汉生：《中国思想通史》（第二卷），北京：人民出版社，1957，第115页。
③ 侯外庐、赵纪彬、杜国庠、邱汉生：《中国思想通史》（第二卷），北京：人民出版社，1957，第117页。
④ 侯外庐、赵纪彬、杜国庠、邱汉生：《中国思想通史》（第二卷），北京：人民出版社，1957，第121—122页。

的）去看待古人，不是研究，而是批判，这就不是写《中国思想通史》，而是写《中国思想批判通史》了。

（二）“文革”中的《春秋繁露》研究

“文革”中，正常的学术研究受到极大冲击，其间一些研究，比如“批儒评法”，其成果仅对研究“文革”本身有价值，而从《春秋繁露》学术史的角度来看，乏善可陈，不论可也。

二、改革开放以来的《春秋繁露》研究

改革开放以来，学术研究自身的规律得到尊重，学术研究逐渐恢复了客观性、独立性。关于董仲舒及《春秋繁露》的研究逐渐增多，其学术价值也有了很大提高。

（一）20 世纪 80 年代的《春秋繁露》研究

20 世纪 80 年代以思想解放的标签被载入史册，从关于董仲舒《春秋繁露》的研究中也可以看出这一特点。这里可以对比任继愈先生和周桂钿先生的研究，思想解放的痕迹就宛然可寻了。

1. 任继愈与《春秋繁露》

任继愈先生早在 1963 年就主编完成了四卷本《中国哲学史》，后来虽多次改版，但其基本体系、核心观点，并没有发生根本性改变。这套《中国哲学史》曾作为教材在很多大学使用，影响了好几代人。其中，第三篇第六章对董仲舒《春秋繁露》做了专门的研究，将董仲舒思想体系定性为“唯心主义形而上学哲学体系”，指出“董仲舒对于封建统治事业所担当的任务，

就在于适应当时封建统治者的时代要求和需要，从地主阶级统一的封建中央集权的基本立场出发，建立一套完整的封建神学唯心主义的思想体系”。[1] 书中，董仲舒的思想体系被划分为六个方面：“巩固封建专制主义中央集权尊君、一统的政治理论”“天人感应目的论的唯心主义世界观”“‘天不变道亦不变’的形而上学思想方法”“以名正实的唯心主义认识论”“建立四大绳索的道德观”和“‘三统’‘三正’的循环论的唯心史观”。

进入20世纪80年代，任继愈先生又主编了《中国哲学发展史》，这套书并不能被简单地看成是《中国哲学史》的放大版，虽说二者在基本观点上并没有根本变化，但《中国哲学发展史》减少了意识形态的色彩，减少了赋予学术研究的非学术职能。在《中国哲学发展史》中，董仲舒的思想体系被定性为“天人感应神学体系”，作者在介绍这一体系时紧扣“天人感应”的主题，在叙述时尽量使用客观的语言，而非批判讨伐式的价值判断。《中国哲学发展史》给董仲舒的历史定位，也明显不同于《中国哲学史》：“董仲舒的认识水平，反映了西汉前期中国地主阶级为了寻求统一的思想所能达到的一般水平，哲学、宗教、科学混杂不分。今人看来是荒谬的，当时人认为是严肃的、认真的、宏大的理论体系，在漫长的中华民族认识史上，董仲舒这个环节缺少不得。”[2]

但《中国哲学发展史》从整体上依然把董仲舒的思想纳入统治集团的统治思想体系中。比如，关于董仲舒的义利观，《中

---

① 任继愈主编：《中国哲学史》（第2册），北京：人民出版社，1963，第73页。
② 任继愈主编：《中国哲学发展史（秦汉）》，北京：人民出版社，1985，第363页。

国哲学发展史》认为："这一主张表明他把地主阶级一个阶级的利益说成是合于'义'、符合'道'的原则的。像君臣的统属关系、三纲五常的封建秩序，这些'道''义'，恰恰是维护地主阶级利益的最高原则。"①

2. 周桂钿与《春秋繁露》

周桂钿先生长期致力于秦汉哲学思想的研究，尤其对董仲舒的研究有突出贡献。1989 年，周桂钿先生出版了《董学探微》一书，这是 1949 年以来关于董仲舒研究的第一本有价值的专著。1990 年，黄生文先生发表书评《董学研究的突破与超越——读〈董学探微〉》，的确，用"突破"和"超越"来评价《董学探微》在学术史上的地位并不为过。

首先，《董学探微》不再简单地给董仲舒贴上地主阶级的成分标签，不再简单把董仲舒的思想体系看成是统治思想的组成部分。这些在今天看来或许都是理所当然的，但在当时则是一种巨大的突破。从这个意义上说，周桂钿先生是有勇气的。长期以来，三纲五常被认为是董仲舒的一大罪状，董仲舒所有的思想都被认为是为了维护君主及其统治集团的利益。周桂钿先生则认识到了董仲舒限制君权的思想特点，他说："如果说三纲是束缚人民的三条绳索，那么，天人感应论则是专为皇帝特制的精神枷锁。"②

其次，在很长时间内，我们对哲学史、思想史的研究有简单标签化、条块化的倾向。简单地用唯物主义和唯心主义等外

---

① 任继愈主编：《中国哲学发展史（秦汉）》，北京：人民出版社，1985，第 362 页。
② 周桂钿：《董学探微·前言》（第一版），福州：福建教育出版社，2015，第 3 页。

来术语界定中国古代思想家，并不足以反映中国古代思想家思想的面貌。周桂钿先生的研究，从整体上看，在努力突破这一限制。比如，长期以来董仲舒的思想体系都被认为是唯心主义的，周桂钿先生则给出了新的见解，称："董仲舒哲学，形式是唯心的，内容是唯物的。"① 对董仲舒的思想体系，周桂钿先生从十二个方面入手进行研究，分别是：宇宙论、人性论、仁义论、义利论、贤庶论、德才论、贵志论、名讳论、辞指论、常变论、中和论和大一统论。这对后人认识董仲舒的思想，无疑有很大帮助，周先生的开创之功也不可埋没。

再次，相当长一段时间内，中国古代思想家除了墨子、王充、范缜等少数人之外，都在被否定之列，周桂钿先生则毫不掩饰自己对董仲舒的欣赏和肯定。

周桂钿先生的研究更敢于突破既有的权威认识，更敢于舍弃此前的研究方法。就董仲舒和《春秋繁露》的研究史来看，从任继愈先生到周桂钿先生，正是思想逐渐解放的过程。

（二）20 世纪 90 年代以来的《春秋繁露》研究

20 世纪 90 年代以后，随着经济的腾飞，学术也日趋繁荣。体现在对《春秋繁露》的研究上，最显著的特点是越来越多的人突破了哲学史研究的藩篱，思想史的研究成为两汉学术研究的主流，同时也逐渐有人开始从经学史甚至是经学的角度来研究《春秋繁露》。

---

① 周桂钿：《董学探微·前言》（第二版），福州：福建教育出版社，2015，第 3 页。

1. 20 世纪 90 年代以来经学史研究中的《春秋繁露》

1949 年以后，经学史研究逐渐被冷落，除了复旦大学周予同教授等少数学者外，少有问津。即便周桂钿先生对董仲舒进行了突破性研究，但在提及董仲舒的《春秋繁露》时依然将其作为哲学史研究的对象，而经学史本身所关注的话题，并未引起周先生的兴趣。改革开放以后，随着《周予同经学史论著选集》的出版，经学史研究逐渐引起学界的关注。20 世纪 90 年代以后，经学史研究持续升温，作为两汉经学重镇的董仲舒《春秋繁露》，受到了高度关注。

马勇先生于 1990 年率先出版了《汉代春秋学研究》，董仲舒《春秋繁露》是全书关注的重点之一。这是新中国成立后从经学史的角度研究《春秋繁露》的开创之作。当然，一定时代的学术是一定时代社会的产物。20 世纪 90 年代初，过去的研究框架还有很大的影响力，这一点在马勇先生《汉代春秋学研究》中也有所体现。比如，董仲舒《春秋繁露》的《春秋》大义并未引起马勇先生的过多关注，他首先关注的是董仲舒将《公羊》学与阴阳五行观念的糅合。他认为董仲舒构建这一体系意在服务于现实的君主专制，他说："中世纪的不平等既然是合理的，那么人们就应当遵循它、维护它。在这方面，作为统治阶级思想构思者的董仲舒，可谓殚精竭虑，不遗余力。"① 马勇先生对董仲舒"更化"思想的理解，也仅限于"改正朔""易服色"

① 马勇：《汉代春秋学研究》，成都：四川人民出版社，1992，第 64 页。马勇后来对自己的观点也有所修正，但是马勇在 2015 年出版的《帝国设计师：董仲舒传》，将董仲舒定位为帝国设计师，显然也有失偏颇。前已述及，董仲舒心目中的理想国绝对不是郡县制下的君主专制。

“制礼乐”三个方面，这恰是董仲舒所谓改制的表象。

20世纪90年代的董仲舒《春秋繁露》研究中，比较有特色的还有蒋庆先生的《公羊学引论》，蒋庆先生宣称自己的作品是一部经学著作，而非研究经学的著作。抛开蒋庆先生的经学立场不言，《公羊学引论》对董仲舒的《春秋繁露》给予了高度的关注。首先，蒋庆先生所列举“公羊学基本思想”基本条目，无一例外都可以溯源于《春秋繁露》。诸如“以《春秋》作新王”“《春秋》王鲁”“孔子素王”“孔子改制”等内容，完全承自《三代改制质文》，并沿着晚清今文经学的路数做了进一步发挥。其次，蒋庆非常推崇董仲舒《春秋繁露》，《春秋繁露》是其立论的主要依据。他说：“董仲舒、何休皆公羊大家，无人不知。仲舒著《春秋繁露》，何休著《公羊解诂》均是发挥公羊奥义、阐明《春秋》条例的专著……二子生逢两汉经学隆盛时代，能总结前人经学研究之成果，苦学精思而发扬光大之，故于《春秋》经传说记、公羊大义微言多所发明，把公羊学推向一新的阶段，使公羊学能成为一门独立完整的学问，跃居今文经学的主干。自此而后，两千年间，凡言公羊学者皆准此二子。故二子出，《春秋》经方可读，《公羊学》方可解；若无二子，《春秋》经必为断烂朝报，《公羊传》尽是无闻焉尔。呜呼，二子之于圣学，其功何可量哉！”①

此后，但凡治《春秋》学史或者两汉经学史者，都会对董仲舒一再关注。就笔者目力所及，略举数例加以介绍，如有疏

① 蒋庆：《公羊学引论——儒家的政治智慧与历史信仰》，沈阳：辽宁教育出版社，1995，第85—86页。

漏还祈请见谅。

姜广辉先生《中国经学思想史》（第二卷）中称董仲舒为“把春秋学推向高潮最有功的人物”，关于《春秋繁露》的诞生，姜先生说：“董仲舒成为西汉春秋公羊学的大师，《春秋繁露》成为诠释《春秋》并使之达到高峰的代表作，实是先秦以来经学发生史内在的逻辑发展与西汉时代机遇二者结合的产物。”① 在总结董仲舒《春秋繁露》时，姜先生说：“董仲舒对《春秋》经传的阐释，主要包括：突出《春秋》在儒家六经中的地位，论述它具有纲纪天下的神圣法典的意义；‘大一统’的政治观；‘张三世’的变易观；‘通三统’的改制观；‘德刑相兼’；天人感应和谴告说；经权之说。”② 相对于具体的《春秋》大义，姜先生更看重董仲舒对《春秋》政治意义的阐释。

戴维先生《春秋学史》高度重视董仲舒，他认为“董仲舒是发展《公羊春秋》大义者”，而董仲舒的学术体系则是“从《春秋》中的一些微言出发，结合西汉初的政治问题，从而阐发其所谓为政治服务的大义的，他的《公羊春秋》学其实是新形势下的政治学。《春秋》学本身是儒家思想在历史、政治领域的表现，就这一点来看，董仲舒的《公羊春秋》学是《春秋》学内在的逻辑发展的必然”③。在戴维先生看来，董仲舒思想体系的重点为：“董仲舒对《春秋》微言大义的发挥，主要集中在大一统、存三统、张三世、天人感应诸论题上，而他对《春秋》

---

① 姜广辉主编：《中国经学思想史》（第二卷），北京：中国社会科学出版社，2003，第49页。

② 姜广辉主编：《中国经学思想史》（第二卷），北京：中国社会科学出版社，2003，第54页。

③ 戴维：《春秋学史》，长沙：湖南教育出版社，2004，第67页。

中具体事例的研究，《春秋繁露》中处处皆是。”①

赵伯雄先生《春秋学史》也将董仲舒定位为“一代《公羊》大师”。赵伯雄先生认为董仲舒《春秋》学的创新有三个方面：“以《春秋》当新王”“《春秋》分十二世为三等”和“《春秋》变周之制”。他认为董仲舒的解经方法是：“董氏主要是通过分析经文的字序，分析经所记事的相互关系以及分析经文遣词造句的规律来阐发经中的‘大义’的。”② 赵伯雄先生高度肯定了董仲舒在中国学术史上的重要地位，说：“当然，在我们今天看来，他的某些解释明显地是强词夺理、生拉硬扯，但这并不重要；重要的是我们可以从中看到汉代儒生研究《春秋》的方法。事实上，汉以后历代的经学家对《春秋》的研究，基本上都是沿着这个路子前进的。而且再深一步来说，可以认为，以董仲舒为代表的汉儒对《春秋》经义的解说，对后世中国人的思想方法也是发生了不容忽视的影响的。”③

黄开国先生《公羊学发展史》用了十多万字的篇幅来介绍董仲舒《春秋繁露》，他对董仲舒最为看重的是“《春秋》为素王所立新王之道”。他说：“春秋公羊学在其发展史上的变化，常常是从对孔子的新解释入手的。对孔子的不同解释，春秋公羊学的内容也随之而发生变化，由此而形成了不同时期的春秋公羊学。董仲舒春秋公羊学的出发点，是将孔子神化为受命于天的素王，将《春秋》说成是孔子的改制之作，并以此为基础，

---

① 戴维：《春秋学史》，长沙：湖南教育出版社，2004，第74页。
② 赵伯雄：《春秋学史》，济南：山东教育出版社，2004，第143页。
③ 赵伯雄：《春秋学史》，济南：山东教育出版社，2004，第153页。

从《春秋》中发明出一套带有神秘色彩的春秋公羊学理论。”① 显然，这些属于《公羊》学中微言的部分。同时，黄开国先生也梳理了《春秋繁露》中属于大义的内容。黄开国先生强调：“董仲舒所谓义，与《公羊传》的含义有着不同的时代内容。《公羊传》是在战火纷飞的战国历史条件下来发明《春秋》，所以，提出了以文王之正为理想的大一统，企盼着大一统的实现。董仲舒则是在皇权的大一统已经实现的历史条件下，来阐发《春秋公羊传》之义的。所以，证明中央集权的大一统的合法性、合理性，并为其提供长治久安的理论方略，就决定着董仲舒春秋公羊学发明大义的基本方向与大体内容，而这一切都是围绕着王道的论述来进行的。”②

曾亦、郭晓东先生《春秋公羊学史》对董仲舒也有详尽的研究，曾、郭二位先生在梳理董仲舒《春秋》大义的时候，更注重它们与董仲舒天人之学的关系。他们认为：“董仲舒之天人思想，实为其《春秋》学之义理基础。《春秋繁露·楚庄王》云：‘《春秋》之道，奉天而法古’，正此义也。《繁露》中所阐发的《春秋》诸义理，如大一统、通三统、灾异说等，俱与其天人思想有关。”③ 至于《公羊》学的微言，曾、郭二先生也注重董仲舒对他们的开创性贡献，“其实，《公羊传》未有‘孔子改制’之明文，唯哀十四年《传》谓孔子‘制《春秋》之义’，亦仅此而已。然后世言改制者，不过出于董仲舒推衍《公羊传》

---

① 黄开国：《公羊学发展史》，北京：人民出版社，2013，第162—163页。

② 黄开国：《公羊学发展史》，北京：人民出版社，2013，第195页。

③ 曾亦、郭晓东：《春秋公羊学史》，上海：华东师范大学出版社，2017，第235页。

文所致耳"[1]。"后儒讥邵公'非常异议可怪'者，泰半可溯源于董氏，邵公不过述先师之说而已。"[2]

许雪涛先生《公羊学解经方法——从〈公羊传〉到董仲舒春秋学》重点关注了董仲舒《春秋》学的方法路径，他将董仲舒《春秋》学的方法分为三个层级：对《春秋》文本的解读，《春秋》大义在董仲舒思想体系中的地位以及董仲舒对《春秋》大义的发挥和时代精神之关联。比如，在第一个层级，许先生又分为解读文本表面含义的方法和探求《春秋》之心的方法。解读文本表面含义的方法有六个：对比；由因知果和因共明殊；不求通辞；推察史实，明其诡辩；以意见志；由变知常，详而返一。而探求《春秋》之心，又包括了两个方面：求志和求指。比如，对于求志，许雪涛解释道："'志'相当于心理学中的'动机'，但侧重于道德层面。……其言'徐而味之''察视其外，可以知其内也'，不外是心理层面对《春秋》所记事件之回应。"[3]

余治平先生《董子春秋义法辞考论》不仅梳理了董仲舒《春秋繁露》中的微言大义，而且对董仲舒所讲《春秋》笔法进行了分析。在《春秋》大义微言方面，余先生又将通三统、《春秋》当新王等称为"董仲舒《春秋》法统"，并以全书三分之一的篇幅进行了专门的论述，重点阐释了《三代改制质文》一篇。他说："然而，如果说《三代改制质文》篇蕴藏着董仲舒政治哲学、历史哲学的丰富内容，描绘出董仲舒《春秋》法统

---

① 曾亦、郭晓东：《春秋公羊学史》，上海：华东师范大学出版社，2017，第252页。
② 曾亦、郭晓东：《春秋公羊学史》，上海：华东师范大学出版社，2017，第253页。
③ 许雪涛：《公羊学解经方法：从〈公羊传〉到董仲舒春秋学》，广州：广东人民出版社，2006，第139页。

的架构、谱系，因而颇值得后学做仔细深入的清理与研究，则应该不会引起人们太多的反对。”① 至于《春秋》笔法，余治平先生没有用“笔法”一词，他用的是“辞法”。余先生在段熙仲先生的基础上对董仲舒的二十二种辞法进行了研究，并将董仲舒的辞法与《春秋》辞法进行了对比。当然，所谓《春秋》辞法是余先生在历代《公羊》学家的著述中归纳总结出来的，应该称之为“《公羊》辞法”更为合适。

宋艳萍先生《公羊学与汉代社会》一书，首先对汉代的《公羊》学进行了研究，董仲舒当然是其重点研究对象。她认为董仲舒思想体系的核心是认识《公羊》学的关键：“因公羊学独得‘《春秋》之旨’，董仲舒又是创立公羊学的领军人物，如果能抓住董仲舒思想的核心，便能对‘《春秋》大义’进行把握。”② 那么，董仲舒思想体系的核心是什么呢？“笔者以为，董仲舒思想的核心是他的‘仁义说’。”③ 她认为董仲舒的仁义说是统领董仲舒《春秋》学的基础，这在董仲舒《春秋》学的诸多方面都有所体现，比如她说：“董仲舒的‘通三统’思想和他的‘仁义说’有着密切关系，它是以‘仁义说’为基础的。”④ 宋艳萍先生更关注《公羊》学说与汉代社会之间的联系与互动，对《春秋繁露》的关注也是如此。

2. 20 世纪 90 年代以来思想史研究中的《春秋繁露》

改革开放以来，思想史研究摆脱了哲学史的束缚，且方兴

---

① 余治平：《董子春秋义法辞考论》，上海：上海书店出版社，2013，第 120 页。
② 宋艳萍：《公羊学与汉代社会》，北京：学苑出版社，2010，第 61 页。
③ 宋艳萍：《公羊学与汉代社会》，北京：学苑出版社，2010，第 62 页。
④ 宋艳萍：《公羊学与汉代社会》，北京：学苑出版社，2010，第 63 页。

未艾，涌现出了大量的成果。

关于两汉思想史研究，早在 1989 年就出版了祝瑞开先生的《两汉思想史》。祝先生对董仲舒的关注首先是其政治主张而非哲学史研究。祝先生首先关注其世界观，称董仲舒的政治主张是"'仁义'的改良政治和'限田''去奴婢'的进步主张"，从而对董仲舒有所肯定。但祝先生对董仲舒的肯定仍有所保留，他说："这些主张反对官僚、贵族、大地主把持官位的特权，反映了中小地主、富裕农民要求参与统治的愿望。董仲舒的'仁义'理论和改良主张，从根本上说是为了加强统治农民，巩固封建统治，所以又具有明显的反动性。"①

1996 年金春峰先生在其 1985 年旧作的基础上推出了《汉代思想史》的修订版，在许多方面都有创见。比如，相当长时间内董仲舒的阴阳五行思想都被作为神学体系而遭到批判和否弃，金春峰先生就此指出，阴阳五行观念并非董仲舒个人的观点，他说："两汉时期，阴阳五行思想就像酵母一样扩散到各个思想领域，不论自然科学如医学、天文学，或哲学思想如道家、儒家等，都深受阴阳五行的影响。"② 金先生在其他诸多方面也都有公允平实的看法，比如对董仲舒思想体系的整体认识，他说："董仲舒思想以儒家思想为基础，吸收了黄老思想、法家思想、阴阳家思想，是一个在更高的阶段上融合了各家思想的更发展了的思想体系。"③

在思想史研究领域内，政治思想史是一个很重要的视角，

---

① 祝瑞开：《两汉思想史》，上海：上海古籍出版社，1989，第 115 页。
② 金春峰：《汉代思想史》，北京：中国社会科学出版社，1997，第 146 页。
③ 金春峰：《汉代思想史》，北京：中国社会科学出版社，1996，第 209 页。

改革开放以来从政治思想史的角度进行的董仲舒研究也取得了丰硕的成果。刘泽华先生是当代政治思想史研究的奠基人，他主编的《中国古代政治思想史》对董仲舒高度重视。他说："董仲舒以儒为主，揉以阴阳五行、法、墨等思想，形成了系统的天人政治论，对于传统政治思想的形成和发展有重大影响，可谓前承孔、孟，后启朱、王。"①

陈苏镇先生《汉代政治与〈春秋〉学》从学术与政治互动的角度来审视汉代《春秋》学的发展，而董仲舒也是其研究重点。后来，陈苏镇先生将它进一步整理为《〈春秋〉与"汉道"：两汉政治与政治文化研究》。在研究董仲舒的政治学说时，他抓住了董仲舒政治学说"以德善化民"的特征，从董仲舒的人性论入手，认为"董仲舒'以德善化民'说的基础，是他对人性问题的独到看法"②。制礼作乐是化民的手段，而对于礼，"董仲舒所强调的应是体现在各项具体制度中的'亲亲而多仁朴'的基本原则"③。陈先生认为："汉朝在制礼作乐之前应先用虞舜礼乐教化百姓，是董仲舒特有的提法。其用意是鼓吹和三代'礼治'不同的'以德化民'。"④ 陈先生对董仲舒《春秋》学的阐释比较关注《公羊》学家的拨乱反正说，将张三世等《公羊》学家的《春秋》大义与拨乱反正结合起来。至于董仲

---

① 刘泽华主编：《中国古代政治思想史》，天津：南开大学出版社，1992，第 301 页。

② 陈苏镇：《〈春秋〉与"汉道"：两汉政治与政治文化研究》，北京：中华书局，2011，第 162 页。

③ 陈苏镇：《〈春秋〉与"汉道"：两汉政治与政治文化研究》，北京：中华书局，2011，第 165—166 页。

④ 陈苏镇：《〈春秋〉与"汉道"：两汉政治与政治文化研究》，北京：中华书局，2011，第 167 页。

舒在学术史上的地位，陈先生认为董仲舒是“汉道”的开创者，他说：“在董仲舒看来，《春秋》不仅反对‘不任德教而任刑’的法治主义，对荀子及其后学所宣扬的‘周道’即礼治主义也持否定态度。为了证明这一点，董仲舒又提出了与其‘汉道’理论相应的‘王道’与‘天道’的理论。”①

栗玉仕先生的《儒术与王道：董仲舒伦理政治思想研究》，重点关注董仲舒思想体系的伦理政治思想。他说：“董仲舒的伦理政治思想，或者说他所表达的历史‘合题’，既反映了时代的特点，又回答了封建社会的一般性问题。其唯心主义的‘天学’形式下，包含着充满生命力的伦理政治的现实内容。”② 栗先生将董仲舒的伦理政治思想概括为“大一统的伦理架构”“仁义之道与德主刑辅的立国原则”“具体的改革措施和治国方策”。

另外，张立文先生主编的《中国学术通史》（秦汉卷），张岂之先生主编的《中国思想学说史》（秦汉卷），郑师渠先生主编的《中国文化通史》（秦汉卷），许抗生、聂保平、聂清合著的《中国儒学史》（两汉卷），姜国柱、辛旗合著的《中国思想通史》（秦汉卷）等众多秦汉思想史研究的作品，也都对董仲舒《春秋繁露》进行了专门研究，各有特色，限于篇幅，此处不再一一介绍。

3. 20 世纪 90 年代以来哲学史研究中的《春秋繁露》

哲学史和思想史毕竟属于两个不同的学科，思想史的研究

---

① 陈苏镇：《〈春秋〉与“汉道”：两汉政治与政治文化研究》，北京：中华书局，2011，第 189 页。

② 栗玉仕：《儒术与王道：董仲舒伦理政治思想研究》，北京：中国社会科学出版社，2012，第 3 页。

并不能代替哲学史的研究。在当代哲学史研究中，《春秋繁露》依然不断受到关注，大量新成果不断涌现。

王永祥先生的《董仲舒评传》对董仲舒思想体系的梳理可以分为两个部分。第一部分是该书的第三、四、五、六章，在这四章中，王先生介绍了董仲舒的宇宙观、天人感应目的论、天道论和认识论，这部分主要是介绍了董仲舒的哲学思想。在介绍董仲舒的宇宙观时，王先生称之为“自然神论的宇宙观”。他说：“实际上既不能把董仲舒的宇宙论看成是如西方中世纪信奉上帝那样的宗教神学观，即神本论的宇宙论，也不应将其看作以元气为本的朴素唯物主义的宇宙论，更不是以纯时间概念元为本的客观唯心主义的元一元论的宇宙论，而是纯粹中国式的以神秘化的自然之天为本的宇宙论，更确切说就是：将自然之天封建人伦化和神圣化的自然神论。”① 第二部分是该书的第七、八、九、十、十一章，在这几章中，王先生介绍了董仲舒的人性论、伦理观、历史观、王道论和治国思想，这部分主要是介绍了董仲舒的政治思想。

曾振宇、范学辉先生《天人衡中——〈春秋繁露〉与中国文化》不仅看重董仲舒思想体系本身的价值，更看重董仲舒思想体系对中国文化的影响。比如治中国哲学史者，非常看重先哲所论之“气”，曾、范两位先生首先梳理的也是董仲舒关于“气”的理论在中国古代文化史上的重要性。他们说：“董仲舒的气理论是中国古典气哲学发展史上一个不可或缺的环节，它

---

① 王永祥：《董仲舒评传》，南京：南京大学出版社，1995，第90页。

标志着建立在气本原基础上的中国古典哲学本体论的最终确立。”①

余治平先生《唯天为大——建基于信念本体的董仲舒哲学研究》，把“信念”上升到“本体”的高度来认识。他认为，“中国可能没有西方式的哲学本体论，但是中国何尝缺乏过最真实的本体”②，董仲舒的巨大贡献在于“借助阴阳五行学说，以天道的方式，阐释出天的信念本体的哲学意义”③。余先生认为，《公羊》学家的政治哲学体系非常完善，但并未能取信于人，就是因为忽略了本体性论证，而作为《公羊》学家的董仲舒，其贡献就在于“要为公羊学的外王哲学建立一种坚实牢靠的基础——天。由他所确立的根据，使得人们有理由且不得不相信。这是董仲舒超越公羊旧学的地方，可以称为公羊新学”。余先生对董仲舒给予很高评价，他说：“董学是兼蓄内外、圣王之精髓的，是真正的儒家”④。

刘国民先生的《董仲舒的经学诠释学及天的哲学》在梳理了董仲舒对《春秋》《公羊传》的诠释、董仲舒的人道思想以及董仲舒天的哲学之后，特别关注了董仲舒的哲学思想对文学的影响。刘先生说：“董仲舒‘法天道’的哲学思想，蕴含着‘文本于天’的观念。‘法天道’，不仅包含着对天地自然形态

---

① 曾振宇、范学辉：《天人衡中——〈春秋繁露〉与中国文化》，郑州：河南大学出版社，1998，第35页。

② 余治平：《唯天为大——建基于信念本体的董仲舒哲学研究·导言》，北京：商务印书馆，2003，第1—2页。

③ 余治平：《唯天为大——建基于信念本体的董仲舒哲学研究》，北京：商务印书馆，2003，第44页。

④ 余治平：《唯天为大——建基于信念本体的董仲舒哲学研究·导言》，北京：商务印书馆，2003，第3页。

之美的体认和描述，而且包含着对天地仁德之善的赞颂和效法。这一方面促进了人们对天地自然之美的重视；另一方面，加强了人们对天地仁德之善的关注。天地的仁德之善构成了文学作品的思想内容，具有感发人心的力量，影响了后世文学对道德内容的特别重视。”① 刘先生还认为，董仲舒哲学思想天人合一的境界、“诗无达诂”的解释理论和微言大义的写法，都对后世文学实践和文学理论产生了深远影响。

相对而言，黄朴民先生《天人合一——董仲舒与两汉儒学思潮研究》具有明显的“史学”色彩。② 黄朴民先生将董仲舒的思想体系纳入两汉儒学思潮的发展背景中去认识，在研究董仲舒思想体系本身的同时，也把董仲舒思想体系产生的背景、董仲舒思想体系对汉代政治军事进程的影响以及后世对董仲舒思想体系的继承与发展进行了全面介绍。比如，黄朴民先生注意到董仲舒思想体系与西汉中后期社会批判思潮之间的联系，他说：“类似的言论在《春秋繁露》中更是不胜枚举，这是具有现实意义的，汉代儒学的某些进步性正体现在这种社会批判精神的身上。”③

聂春华先生《董仲舒与汉代美学》从研究两汉美学的角度来认识董仲舒的思想体系。他认为董仲舒的美学体系由四个方

---

① 刘国民：《董仲舒的经学诠释及天的哲学》，北京：中国社会科学出版社，2007，第 372 页。

② 思想史和哲学史的界域并不是截然分开的，或许黄朴民先生的研究可以被纳入思想史的范畴。这里之所以将它作为哲学史的成果，是因为黄朴民先生在梳理董仲舒思想体系本身时，首先关注的是董仲舒天人合一的思想观念。

③ 黄朴民：《天人合一——董仲舒与两汉儒学思潮研究》，长沙：岳麓书社，2013，第 171 页。

面构成："董仲舒的美学体系便主要由美的信仰、自然美论、礼乐美论和经学诠释美学构成。"① 在谈论美与信仰时，聂先生也从"天"开始讲起，他说："人格神之天作为自然界和人类社会的至上神和最终目的，其实也就是美这一现象的最终本体和源头，故神性美在董仲舒美学思想中占据着最为重要的本体性位置。"②

4. 20 世纪 90 年代以来关于《春秋繁露》文本的整理和研究

对《春秋繁露》文本的整理和研究，是开展《春秋繁露》研究的基础。改革开放以来，关于《春秋繁露》文本的研究也取得了辉煌的成就。

首先要介绍的是钟肇鹏先生主编的《春秋繁露校释》。钟肇鹏先生致力于《春秋繁露》文本的整理研究数十年，20 世纪 80 年代又得到于首奎和周桂钿两位先生的帮助。钟先生于 1994 年出版的《春秋繁露校释》一书，是迄今为止关于《春秋繁露》文本整理研究最权威的成果，时至今日，此书的价值并未有丝毫降低，依然是研究《春秋繁露》的文本基础。

《春秋繁露校释》的校勘工作，以武英殿聚珍本为工作底本，广泛参考《春秋繁露》的多种版本，计有：宋江右计台本、永乐大典本、明钞宋本、无锡华氏兰雪堂活字本、周沩阳（采）刊本、王道焜刊本、沈鼎新刊本、两京遗编本、程荣汉魏丛书本、何允中汉魏丛书本、王谟汉魏丛书本、清四库全书本、抱经堂丛书本、凌曙《春秋繁露注》、苏舆《春秋繁露义证》、董天工《春秋繁露笺注》、谭献《董子》、张宗祥《董子改编》。

---

① 聂春华：《董仲舒与汉代美学》，桂林：广西师范大学出版社，2013，第 108 页。
② 聂春华：《董仲舒与汉代美学》，桂林：广西师范大学出版社，2013，第 129 页。

通过对各本异同的对照分析，《春秋繁露校释》整理出了关于《春秋繁露》的权威文本，并且写出了详细的校勘记。比如，《楚庄王》："公子庆父之乱，鲁危殆亡，而齐桓安之。"《春秋繁露校释》在"安"字下校勘记曰："'安'，周本、王本、沈本、程本、两京本、王谟本、谭本并作'公'，黄、孔、纪校作'安'。案：大典本、明钞本、凌本、苏本并作'安'，是。'齐桓'，苏本'桓'作'侯'，误。"[①]《春秋繁露校释》吸收了大量前人的校勘成果，仍以《楚庄王》为例："内省不疚，何忧何惧，是已矣。"校勘记曰："'是已矣'，惠校去'矣'字。卢校：'已''矣'二字疑一衍。案：惠校是。"[②] 钟肇鹏先生还辑佚出《春秋繁露》逸文十多条，为诸本所无。

《春秋繁露校释》对文本的整理还包括划分段落和标点。前人的分段有许多不完善处，比如《王道》"鲁隐之代桓立"句到篇末，各本并未划分段落，极其不便于读者阅读。《春秋繁露校释》则根据文意将之划分为九个自然段，在便利读者的同时，也使该篇的结构与文意更加清晰。比如《玉杯》："《春秋》之好微与？其贵志也。"各本断句并不相同，苏舆《春秋繁露义证》断句是："'与'字绝句，言《春秋》之好微，以其贵志也。"[③] 钟肇鹏先生认为这句话不应该断开，他说："案：此当作一句读，'与'犹'以'也。"钟先生在引用了《左传》和《公羊传》中的例证后说："这里'与其贵志'即以其贵志之意，用

① 钟肇鹏主编：《春秋繁露校释》，济南：山东友谊出版社，1994，第9页。
② 钟肇鹏主编：《春秋繁露校释》，济南：山东友谊出版社，1994，第11页。
③ ［清］苏舆撰、钟哲点校：《春秋繁露义证·玉杯》，北京：中华书局，1992，第38页。

法相同。苏舆、陶洪庆并从‘与’字断句，以‘与’为语助，虽亦可通，但以作一句读为长。”①

在《春秋繁露》的注释方面，钟肇鹏先生也充分吸收了前人的研究成果。首先，钟肇鹏先生对前人的注释成果搜罗得非常广泛，如董金鉴《春秋繁露集注》流传并不广泛，杨树达《春秋繁露札记》为杨氏手批本，曾宇康《春秋繁露义证补》仅有稿本存世，收集起来非常不易。其次，钟肇鹏先生广泛征引前人的学说，以帮助读者理解董仲舒的思想。比如对《同类相动》“今平地注水，去燥就湿，均薪释火，去湿就燥”，钟肇鹏先生注释时引用了《尸子》《荀子》《吕氏春秋》《邓析子》以及桓谭《新论》，使读者在明晓文意的同时，也对董仲舒这一思想观念的由来及其影响有了清晰的认识。

书末所附的几篇附录，也都极具价值。附录五《董仲舒著作著录》，详细记载了历代公私书目中对董仲舒《春秋繁露》的著录，对于我们了解《春秋繁露》的流传情况非常有帮助。

相对于《春秋繁露校释》，曾振宇、傅永聚先生《春秋繁露新注》最大的特点在于简明。《春秋繁露校释》数百万字的篇幅对于普通读者来说，确为畏途。而曾振宇、傅永聚先生在吸收借鉴前人的基础上，对《春秋繁露》作了简注，非常有利于《春秋繁露》的普及。近年来，周桂钿、程郁等先生也出版了《春秋繁露》的译注本，极方便初学入门者使用。类似这样的著作有很多，这里不再一一罗列了。

这一时期对《春秋繁露》文本的整理研究还包括对珍稀善本的复制，比如国家图书馆出版社（原书目文献出版社）的

① 钟肇鹏主编：《春秋繁露校释》，济南：山东友谊出版社，1994，第50页。

《北京图书馆古籍珍本丛刊》第二册就影印出版了宋嘉定四年江右计台本《春秋繁露》，2002 年有关部门启动的“中华再造善本”工程又影印出版了单行本。

这里仅梳理了笔者所见的若干专著，而对专篇论文没有涉及。事实上，许多论文的影响力不在专著之下，尤其近年来魏彦红教授连续主持编辑出版的论文集《董仲舒与儒学研究》在海内外均有广泛影响。河北《衡水学院学报》的专栏，也成为有关《春秋繁露》与董仲舒研究的重要平台。为省篇幅计，有关论文不再展开介绍。

三、中国香港、台湾及海外的《春秋繁露》研究

1949 年以后，部分学人迁居中国香港、台湾及海外，他们的研究成果虽略显薄弱，但因其独特的学术风格而体现出独有的学术价值。关于《春秋繁露》的研究，这里仅略举数例，以知其梗概。

徐复观先生早年师从熊十力，1949 年后长期在香港中文大学等港台高校任教，其研究更具有史学色彩。徐先生《两汉思想史》对董仲舒及《春秋繁露》给予了充分重视，他说：“汉代思想的特征，是由董仲舒所塑造的。……他是有意识地发展《吕氏春秋·十二纪·纪首》，以建立无所不包的哲学系统的，并把他所传承的《公羊春秋》乃至《尚书》的《洪范》组入此一系统中去，以促成儒家思想的转折。”[①] 徐复观先生也注意到董仲舒与西汉现实政治体制之间的关系，他说：“可以说，近代

① 徐复观：《两汉思想史》（第二卷），上海：华东师范大学出版社，2001，第 182—183 页。

对统治者权力的限制，求之于宪法；而董氏只有求之于天，这是形成他的天的哲学的真实背景。但结果，专制政治的自身，只能为专制而专制，必须彻底否定他由天的哲学所表现的思想，使他成为第一个受了专制政治的大欺骗，而自身在客观上也成了助成专制政治的历史中的罪人；实则他的动机、目的，乃至他的品格，决不是如此。所以这是思想史上很难处理的一位大思想家。”① 徐氏此论，显然比那些简单否定、讨伐董仲舒者要深刻得多。

韦政通先生于20世纪80年代在台湾推出《中国思想史》时，受到海峡两岸哲学界的广泛关注。韦政通先生在论及董仲舒时，首先探讨的是西汉朝廷尊儒运动，因为毕竟董仲舒的《天人三策》明确提出了罢黜百家的建议。而这样的独尊对儒学又意味着什么呢？韦政通先生说：“仲舒由于承借了最具繁衍性的阴阳家思想，而创出一套天人哲学的大系统，使他能在与各家的竞争中得到胜利，也使他成为前汉最具有代表性，影响也最大的思想家。但是，先秦儒学的真精神，以及思想最具创意的部分，由于无法和专制体制相整合，也断送在他的手中。这个真精神就是人文或人本主义，这个最具创意的部分，就是心性之学，这是儒学的大本大源，也是儒家最具特色的部分。”② 虽说立场、方法不同，但两岸学者对董仲舒的认识却往往能得出近似的观点，这也是近代以来思想学术内在逻辑发展的结果。至于他们的观点是否能够成立，或者说后人如何看待他们的观

① 徐复观：《两汉思想史》（第二卷），上海：华东师范大学出版社，2001，第183—184页。

② 韦政通：《中国思想史》，上海：上海书店出版社，2003，第317页。

点，则是另外一个问题了。

不仅中国本土学术圈关注董仲舒，就连海外汉学家对董仲舒的关注也与日俱增，比如美国学者桂思卓撰有《从编年史到经典：董仲舒的春秋诠释学》。一般来说，在研究《春秋繁露》时都会遇到《春秋繁露》成书经过的问题，不同的学者在研究这一问题时所采取的视角和方法会有所不同。桂思卓之书所选取的三个视角是董仲舒的生平、董仲舒作品的流传、《春秋繁露》的作者，关于其中第三个视角，桂思卓解释道："《春秋繁露》的内在特征同样是考察这一文献之作者的一个视角。它的词汇、语法、修辞方式、文献体裁、观点及结构样态将阐明两个问题：把《春秋繁露》改造成现有文本状态的过程、被用来汇编《春秋繁露》的资料"[①]。桂思卓认为今本《春秋繁露》中不仅有董仲舒的作品，也有其他人的作品。桂思卓的观点能否成立且不论，其视角确实值得借鉴。在对董仲舒思想本身的认识上，桂思卓也强调董仲舒思想体系与西汉现实政治之间的关系，"在把君主描绘成圣王和高级祭司时，董仲舒强调，皇帝必须使自己服从于儒家经典业已揭示出来的天的权威，作为这种权威的守护者、传达者及解释者，儒家官员的学者型牧师身份在重要性上等同于皇帝的双重角色"[②]。

美国汉学家韩大伟在其《中国经学史·秦汉魏晋卷：经与传》中也对董仲舒及《春秋繁露》给予了高度关注。他对董仲

① 桂思卓著、朱腾译：《从编年史到经典：董仲舒的春秋诠释学》，北京：中国政法大学出版社，2010，第69页。

② 桂思卓著、朱腾译：《从编年史到经典：董仲舒的春秋诠释学》，北京：中国政法大学出版社，2010，第253页。

舒的定位是："作为这样一位集大成者，董仲舒更像是政治哲学家，而非纯粹的古典学者。他整合了天、地、人三种要素，并将宇宙中的偶然性和人世间日常生活同时纳入其中。"① 不同于此前的经学史著作，韩大伟尝试从阐释学的角度来认识秦汉时期的经学历程。具体到董仲舒及其《春秋繁露》，韩大伟特别强调了董仲舒重诠释轻注释的特点，他说："由于董仲舒将其对《公羊传》的研究定位在挖掘文本的政治学意蕴以及《春秋》的修辞术等方面，而不是探讨文本以编年史形式所记录的事件之历史背景或确认事件所涉及的人物身份，故董仲舒的研究过程及其成果重诠释而轻注释是自然的。"② 他还尤其关注董仲舒在《正贯》中所归纳的"授天瑞""志得失""论罪定诛""立义定序""戴贤方表谦义""幽隐不相踰（谕）而近之则密矣"。应该说，韩大伟的视角很能给人以启发。

① ［美］韩大伟著、黄笑译：《中国经学史·秦汉魏晋卷：经与传》，北京：社会科学文献出版社，2019，第94页。
② ［美］韩大伟著、黄笑译：《中国经学史·秦汉魏晋卷：经与传》，北京：社会科学文献出版社，2019，第100页。

结　语

董仲舒的《春秋繁露》在中国思想史上具有举足轻重的地位，但凡治思想史、学术史、哲学史或者秦汉史的学者都或多或少会对《春秋繁露》有所研究。但一个不争的事实是，在当下《春秋繁露》毕竟是一部相对小众的经典，在社会大众中的认知度并不高。之所以如此，我想原因无非是以下几个方面：

首先，《春秋繁露》的阅读体验感不佳。在汉代思想家中，董仲舒的文笔算是比较好的，这从收录在《汉书·董仲舒传》中的《天人三策》就可见一斑。但《春秋繁露》毕竟不是董仲舒生前就整理出的定本，而是后人将他在不同时间和地点针对不同情况所写的文字编在一起，难免显得有些芜杂。

其次，《春秋繁露》的思想内容与当代人之间存在着巨大的隔阂。如本书第二章所述，无论是董仲舒的《公羊》学，还是董仲舒的阴阳五行思想，抑或是董仲舒的政治思想，社会大众理解起来都有一定的难度。

再次，新文化运动以来，在对传统文化的批判中，董仲舒也成为被批判的重点，从而形成了大众对董仲舒的负面认知。新文化运动以来对传统文化的批判，其价值如何暂且不论，但在“打倒孔家店”的口号下，董仲舒及其《春秋繁露》多少被打上了“糟粕”的标签。尤其是新中国成立伊始的历次“运动”对董仲舒的口诛笔伐，通过各种媒介的宣传成为很多人知识体系中的“常识”。改革开放后，虽说学界对董仲舒的评价有所变化，但这种变化更多是在学术范围内，社会大众并没有参与，因而学术界的认知未能有效影响大众。于是，很多人对《春秋繁露》不屑一顾，根本不会想到去找来一读。

既然是这样，对这部小众经典还有必要耗费那么多精力去琢磨它吗？有一小部分学者去研究它不也就足够了吗？普通人还有了解它的必要吗？或者说，它对当今社会还有那么大的价值吗？

我的答案是肯定的！首先，从个体的角度来说，我们不应该简单接受别人对《春秋繁露》的评价，关于到底它是一部什么样的典籍，在进行价值判断之前，应该自己下点儿功夫先去了解它，然后再评价它。虽说当代人阅读古籍有一定难度，好在有很多学者出版了《春秋繁露》的译注本，我们借助译注本读起来并不算很难。而当你真的读了《春秋繁露》之后，肯定不会是一无所获的。尤其是，当你读进去之后就会发现其中不乏睿智的闪光点，作为思想家的董仲舒一定会让你学到人生的智慧。

其次，文化自信对于当代中国社会的价值和意义是不言自明的，而文化自信的建立并不是仅靠呼喊空洞的口号，而是要靠真正地去了解我们到底有什么文化，其中又是什么构成了文化自信的根基。近代以来对中国传统文化的批判当然不是没有意义的，但要知道近代以来对中国传统文化的批判更多是基于清末民初的社会现状。沉淀于清末民初的文化能够代表中国传统文化的全貌吗？要想了解中国传统文化的全貌，显然应该把轴心时代以来两千多年的文化历程作为一个整体，而《春秋繁露》就是这一文化历程中不可或缺的一环。

再次，建立文化自信是为了当代文化的建设，从而为中华民族的伟大复兴提供精神助力，而在当代文化建设中，《春秋繁露》也可以是重要的文化资源。社会主义核心价值观是当代中国社会的主流价值观念，社会主义核心价值观与中国传统文化之间有着明显的关联。比如，民本思想是《春秋繁露》的重要内容之一，在中国传统民本思想发展史上占据着重要的地位。虽说不能将民主与民本混为一谈，但传统民本思想之中也有若干合理内核，对于我们当代民主建设起到一定借鉴作用。董仲舒若干伦理思想，比如他的仁义观、义利观等，对于我们构建友好和谐的社会也有积极的意义。

当然，当你认真读了《春秋繁露》之后，肯定也会发现其中有不少糟粕。有些是时代的局限所致，比如董仲舒对天地万物的认知不可能超越他所处的时代，董仲舒的理论论证也显得十分粗糙。在董仲舒生活的时代，专制皇权已经绝对确立，《春秋繁露》体现了董仲舒试图限制专制皇权的努力，也体现了专制皇权对儒学的改造。而对《春秋繁露》中这些内容的深入探究，对于今天的中国也不是没有价值的。近代新文化运动中所批判的东西并不是凭空产生的。我们往上溯源的话就会发现，《春秋繁露》也是其中一个重要的源头。探究中国传统文化从先秦一步步发展到晚清民初的历程，也可以使当代中国人更加清醒，探究如何在文化建设中避免重蹈历史覆辙。

同时我们也应知道，一部典籍形成以后，人们如何解读它就不是它所能左右的事情了，后人对它的阐释也是后人所处时代精神面貌的一个折射。因此，《春秋繁露》诞生后的两千年间，历代的阐释者虽代不乏人，但不同时代的阐释所呈现出的迥异面目也是值得后人深刻反思的。

当代学术界关于董仲舒《春秋繁露》的研究与既往研究最大的不同就是，当代研究由多元的研究路径生发出丰富的研究成果，而这也恰是当代中国社会自由包容的体现。我们期待着，有更多的人来读《春秋繁露》，来了解董仲舒的思想及其价值。

后　记

早在写博士论文的时候，我就已看过多遍《春秋繁露》，但目的仅仅在于寻找对自己有用的材料，对董仲舒思想体系本身并没有太多留心。从 2007 年博士毕业到洛阳师范学院工作以来，虽说对两汉思想史依然保持着浓厚的兴趣，但毕竟没有再做过与两汉思想史有关的工作。而对《春秋繁露》的关注也仅剩下偶尔看看知网上的文章，以及看到有关《春秋繁露》的研究著作会下意识地买下来。

2018 年春，在导师姜建设教授的推荐下，我承担了济南出版社《中华元典学术史》丛书中《〈春秋繁露〉学术史》的写作任务。不久在重庆开会，遇到丛书主编李振宏教授，李振宏教授又详细地向我解释了写作要求、篇章结构等相关事宜。我在答应两位老师承担这一任务时，其实心里是没底的，不仅由于对《春秋繁露》本身已经非常生疏了，而且对后世的《春秋繁露》研究著作更是没有概念。在接受这一任务后，因忙于教学工作以及自己的各种杂务，迟迟没有动笔，直到 2020 年春节前后才开始动笔。在动笔之前，我绝对没有想到自己会在这样的状态下开始《〈春秋繁露〉学术史》的写作，除了有网课以外，倒真的少了其他事情的干扰，可以相对安心地投入写作之中。不过由于我拖沓的工作效率，以及对相关领域的生疏，原定于六月底完成的工作被拖到了八月底。

在写作的过程中，我深深地感受到自己学养的不足，尤其是语言的枯涩，更是有自知之明。出版社要求“学术写作，大众阅读”，注重学术表达的流畅，但自己写出来的东西与这一要求相去甚远，心中颇为忐忑。好在能对拙著感兴趣并愿意阅读它的人肯定对中国思想史有比较深的了解，也许会原谅我的愚拙。

文中所出现的引文，很多是以繁体字本为基础的，在出版过程中进行了简化，其中部分标点和简化字又依据了某些权威的简化版本。如：《史记》引文，依据 1982 年中华书局繁体字点校本《史记》，标点和简化字另参照 1999 年中华书局韩兆琦译注的“中华经典名著全本全注全译丛书”《史记》版本；《汉书》引文，依据 1962 年 6 月的中华书局繁体字点校本《汉书》，标点和简化字另参照 1999 年 2 月中华书局出版的简体字本《汉书》；《十三经注疏》引文依据阮元校刻的 1980 年中华书局影印本，标点和简化字另参照李学勤主编、北京大学出版社 1999 年 12 月出版的《十三经注疏》标点本；等等。个别地方文字的简化和标点笔者有不同理解时，也未完全遵照上述版本，此种情况在脚注里作了说明。

由于水平所限，书中难免有粗疏错误之处，祈请师友及读者诸君对拙稿提出批评指正。尤其对当代董仲舒《春秋繁露》的研究，我并不熟悉，如有疏漏，还请诸君教我。

最后要感谢姜建设教授、李振宏教授的信任和指导，以及济南出版社为拙稿出版所付出的努力。

吴　涛

2020 年 8 月 31 日

2020 年 12 月初我收到济南出版社寄来的排印稿，正准备校看时，12 月 16 日却突然传来业师姜建设教授辞世的噩耗！是姜老师把我引入学术之门，我的每一点进步都有姜老师的心血与付出。近些天在校看书稿时，与姜老师交往的点点滴滴不时浮现在眼前。姜老师是研究《尚书》的专家，也承担了济南出版社《中华元典学术史》丛书的《〈尚书〉学术史》的写作。拙稿能与姜老师大作并列于一套丛书之内，于我是莫大的荣幸，本来想着能借此机会再多向姜老师请教，没想到，姜老师却遽归道山……天丧斯文，小子何述焉！唯有加倍努力，争取能做出成绩，庶几不负姜老师所望！

吴　涛

2021 年 1 月 29 日又记